国家出版基金项目
NATIONAL PUBLICATION FOUNDATION

国之重器出版工程

网络强国建设

物联网在中国

物联网与能源互联网

Internet of Things and Energy Internet

刘建明　林弘宇　陶雄强　编著

電子工業出版社
Publishing House of Electronics Industry
北京 · BEIJING

内 容 简 介

本书全方位阐述了物联网、能源互联网的发展现状、关键技术及其应用。全书共 12 章，第 1 章介绍了能源互联网的概念、国内外发展现状，电力物联网典型架构及其对能源发展的作用；第 2～4 章介绍了能源互联网的感知技术、信息与通信技术及区块链技术；第 5～9 章系统地阐述了能源互联网在用电、供能、输电、变电、配电等环节的关键技术及应用；第 10 章介绍了能源互联网的芯片技术；第 11 章阐述了能源互联网在巡检领域的创新技术及应用；第 12 章介绍了典型应用场景的解决方案。

本书可作为能源、电力、物联网等专业的本科生和研究生教材，也可供相关专业的从业人员参考。

图书在版编目（CIP）数据

物联网与能源互联网 / 刘建明，林弘宇，陶雄强编著. —北京：电子工业出版社，2021.6
（2022.6 重印）
（物联网在中国）
ISBN 978-7-121-41245-5

Ⅰ. ①物…　Ⅱ. ①刘…　②林…　③陶…　Ⅲ. ①物联网－应用－能源发展－研究－中国
Ⅳ. ①F426.2-39

中国版本图书馆 CIP 数据核字（2021）第 097796 号

责任编辑：李　敏　　　　文字编辑：赵　娜
印　　刷：固安县铭成印刷有限公司
装　　订：固安县铭成印刷有限公司
出版发行：电子工业出版社
　　　　　北京市海淀区万寿路 173 信箱　　邮编：100036
开　　本：720×1 000　1/16　印张：26.75　字数：495 千字
版　　次：2021 年 6 月第 1 版
印　　次：2022 年 6 月第 4 次印刷
定　　价：149.00 元

凡所购买电子工业出版社图书有缺损问题，请向购买书店调换。若书店售缺，请与本社发行部联系，联系及邮购电话：（010）88254888，88258888。

质量投诉请发邮件至 zlts@phei.com.cn，盗版侵权举报请发邮件至 dbqq@phei.com.cn。

本书咨询联系方式：（010）88254753 或 limin@phei.com.cn。

《物联网在中国》（二期）编委会

《国之重器出版工程》编辑委员会

本书编委会

序 言

能源领域正面临新一轮深刻变革，能源互联网已经成为推动我国能源革命，构建清洁低碳、安全高效现代能源体系的重要举措。能源互联网不是现有各类能源系统的简单组合，而是能源系统发展演进的高级形态，是以清洁高效为主导、以电为中心、互联互通的现代新型能源体系，是能源领域未来发展的基础平台。

物联网是指通过各种信息传感设备，实时采集任何需要监控、连接、互动的物体或过程等信息，与互联网结合形成的一个巨大网络。其目的是实现物与物、人与物的连接，即“万物互联”，方便识别、管理和控制。物联网是让所有能够被独立寻址的普通物理对象实现互联互通的网络。物联网应用涉及人类社会生活、各行各业的生产运行等多个领域。

本书结合物联网与能源互联网相关领域的理论研究和实践，从关键技术到典型应用，全方位阐述了物联网与能源互联网的发展现状和关键技术。本书论述了能源互联网提出的背景、概念、研究现状和发展趋势；重点介绍了能源互联网常用的几种感知技术、与此相关的边缘计算与虚拟现实技术和时空位置服务等内容；描述了物联网技术在用电信息采集系统、综合能源管理系统、电动汽车充换电系统及车联网平台、智能家居系统、智能楼宇监控系统、智能园区监控系统、分布式电源监控系统、智慧能源服务系统等方面的应用；介绍了输电线路状态监测系统的整体架构，包括导线振动监测、导线覆冰监测、导线舞动监测、导线风偏监测、导线温度监测、电缆本体及通道状态监测等技术及应用。

本书从电力生产实践出发，阐述了基于物联网技术的智能变电站智能感知、智能变电站综合在线监测、变电站智能辅助监测、故障智能识别、变电站物联网汇聚及安全接入等关键技术；围绕智能传感技术在配电网中的应用、图像智能化分析技术在配电网中的应用、基于物联网技术的配网分支线路故障诊断、基于物联网的配电网智能化分析平台技术四个场景，介绍了物联网技术在配电网中的典型应用；介绍了物联网技术在家庭能源管理、智慧路灯管理、储能技术、综合能源管理、源网荷的协调等方面的示范应用。

刘建明教授 2009 年牵头负责和承担了国家科技重大专项和 2011 年的“973 计划”两个物联网在电力领域的研究与应用项目，随后负责了“863 计划”等项目，参编此书的各位专家长期从事物联网技术与应用的研究工作，本书是这些研究工作的成果总结。

本书内容新颖，介绍了很多工程应用案例，对推动我国物联网技术在能源互联网中的应用具有重大意义。

2021 年 4 月

前言

能源互联网是一种互联网与能源生产、传输、存储、消费及能源市场深度融合的能源产业发展新形态，具有设备智能、多能协同、信息对称、供需分散、系统扁平、交易开放等主要特征。能源互联网将通信、信息、传感、控制等技术与能源发展进行深度融合，实现各种能源，尤其是清洁能源的合理应用。

电力物联网是一个实现电网基础设施、人员及所在环境识别、感知、互联与控制的网络系统，基于先进的传感器、控制和软件应用程序，充分利用大数据、云计算、物联网、移动互联网、人工智能等现代信息技术和先进通信技术，将能源生产端、能源传输端、能源消费端数以亿计的设备、机器、系统连接起来，形成了能源互联网的物联基础。

本书是《物联网与智能电网》的姐妹篇，6 年前很多老师和朋友就建议我再编写一本有关能源互联网的书籍，尽管我很早就开始策划了，可是迟迟没有下定决心编写。在这里要感谢张琪司长，2018 年年初，她给我打电话，要我下定决心尽快组织编写。经过大家的努力，2019 年年底我们完成了初稿，之后我对全书进行了检查和修改，最终完稿。当把书稿提交给出版社时，我才感觉到这项艰苦的“工程”终于完成了。

本书结合物联网与能源互联网相关领域的理论研究和实践，从关键技术到典型应用，全方位阐述了物联网与能源互联网的发展现状和关键技术，本书共 12 章。

第 1 章论述了能源互联网的提出背景、概念、研究现状和发展趋势，然后介绍了电力物联网的典型应用架构。主要编写人员有刘建明、甄岩、白晖峰和霍超等。

第 2 章重点介绍了能源互联网常用的几种感知技术、与此相关的边缘计算与虚拟现实技术和时空位置服务等内容。主要编写人员有陈文康、刘畅、刘建明、闫龙川和张港红等。

第 3 章论述了能源互联网中无线通信网络的业务需求，分别对电力无线专网技术、近距离微功率无线通信技术和无线公网通信技术进行了具体论述。主要编写人员有陶雄强、闫淑辉、冯世英、陈平、孙蓉和侯莹莹等。

第 4 章重点介绍了在能源互联网中如何使用区块链技术提升数据在信息流中的验证与交互效率。主要编写人员有颜拥、于卓、郭少勇和朱少敏等。

第 5 章介绍了智能用电中的关键技术、系统和平台、用户侧能源互联网。主要编写人员有刘宣、刘岩和李祥珍等。

第 6 章介绍了能量收集技术的背景和现状、能量来源，并针对太阳能电池、基于电磁感应的发电机、基于摩擦电效应的机械能电能转换、热能发电机和电力传感器供电五个关键技术方向的能量收集技术进行了具体介绍。主要编写人员有丁文伯、陆诚越、李嘉荣和苑佳楠等。

第 7 章介绍了输电线路状态监测系统的整体架构，包括导线振动、导线覆冰、导线舞动、导线风偏、导线温度、电缆本体及通道状态监测等技术及应用。主要编写人员有杨景刚、赵恒、谭笑和肖小龙等。

第 8 章主要阐述了基于物联网技术的智能变电站智能感知、智能变电站综合在线监测、变电站智能辅助监测、故障智能识别和变电站物联网汇聚及安全接入等关键技术。主要编写人员有杨景刚、李玉杰、贾骏和肖小龙等。

第 9 章主要围绕智能传感技术在配电网中的应用、图像智能化分析技术在配电网中的应用、基于物联网技术的配网分支线路故障诊断、基于物联网的配电网智能化分析平台四个场景全面介绍了物联网技术在配电网中的典型应用。主要编写人员有沈海平、殷志华和鲁方林等。

第 10 章主要介绍了能源互联网中几种常用的传感芯片，如电流、温度、振动、力等传感芯片，重点介绍了它们的基本技术原理、电路及其应用。主要编写人员有王峥、马日红、尉中杰和杨文等。

第 11 章介绍了基于物联网的变电、配电、输电机器人，可穿戴巡检设备，以及巡检数据智能诊断的相关技术及应用。主要编写人员有杨景刚、孙蓉、刘子全和刘媛等。

第 12 章重点介绍了物联网技术在能源互联网中的典型应用，包括家庭能源管理、智慧路灯管理、储能技术、综合能源服务与管理、源网荷的协调等。主要编写人员有刘建明、林弘宇、姚国风、郑耀东、雷博、李琳、陈振宇、马琎劼、罗凯明、许苑、陈文康、刘畅、陈健和索智鑫等。

在这里，我要感谢所有参加编写的作者，感谢参加合稿的各位编辑！

感谢华北电力大学李成榕教授、清华大学许海旺教授、北京邮电大学张琳教授对本书的评审，他们仔细阅读了初稿，提出了很多中肯的意见。

感谢提供素材和负责校对的黄文涛、王威、李建、江林、张瑞兵、卫琳、马圳江、代美玲、魏欣、高明等朋友。

感谢电子工业出版社在本书出版过程中给予的大力支持，感谢徐蕾薇、李敏编辑的帮助。

希望本书能够对关心物联网技术和产业发展的各级领导、高校师生及产业链相关领域的工作人员等有所裨益，能够为我国能源互联网产业发展添砖加瓦。

由于笔者水平有限，书中难免有局限和不足之处，欢迎广大专家和读者不吝指正。

刘建明

2020 年 8 月

目 录

第 1 章

能源互联网概述

能源互联网是可再生能源优先、以电能为基础、以其他能源为补充的集中式和分布式互相协同的多元能源结构，通过以互联网技术为管控运营平台，实现多种能源系统供需互动、有序配置，进而促进社会经济低碳、智能、高效地平衡发展的新型生态化能源系统。

能源互联网将通信、信息、传感、控制等技术与能源发展进行深度融合，实现了各种能源，尤其是清洁能源的合理应用。

物联网在能源行业被广泛应用于智能穿戴、新能源汽车、充电桩、电池管理系统、电源等各种应用场所。在创新应用发展方面，物联网正在帮助企业更好地了解其能源消耗并进行调整，从而降低其能源消耗和成本。在节能降耗方面，物联网帮助企业和消费者减少能源消耗，最大限度地满足人们对能源的需求。

物联网已经对能源行业产生了影响，其影响力还将继续增强。21 世纪，科技创新促进了更安全、更高效电网系统的发展，同时解决了成本高昂的问题。物联网技术与能源行业的深度融合将推动能源革命与发展。

本章首先论述能源互联网的提出背景、概念、研究现状和发展趋势，然后介绍电力物联网的典型应用架构。

1.1 能源互联网的发展

2004 年《经济学人》（*The Economist*）杂志发表了《建设能源互联网》（*Building the Energy Internet*）一文，首次提出建设能源互联网（Energy Internet），通过借鉴互联网自愈和即插即用的特点，将传统电网转变为智能、响应和自愈的数字网络，支持分布式发电和储能设备的接入，以减少大规模停电事故及其影响。2011 年美国经济趋势基金会主席杰里米·里夫金（Jeremy Rifkin）在其著作《第三次工业革命》（*The Third Industrial Revolution*）一书中指出，由于化石燃料的逐渐枯竭及其造成的环境污染问题，在第二次工业革命中奠定的基于化石燃料大规模利用的工业模式正在走向终结。里夫金预言，一种以新能源技术和信息技术的深入结合为特征的新的能源利用体系，即“能源互联网”即将出现。而以能源互联网为核心的第三次工业革命将给人类社会的经济发展模式和生活方式带来深远影响。2015 年 2 月，时任国家电网公司董事长、党组书记刘振亚在《全球能源互联网》一书中提出了建设“全球能源互联网”的理论构想：全球能源互联网以特高压电网为骨干网架（通道），以输送清洁能源为主导，由跨国、跨洲的骨干网架和涵盖各国各电压等级的电网构成，能够将风能、太阳能、海洋能等清洁能源输送给各类用户。

2015 年 9 月 26 日，国家主席习近平在纽约联合国总部出席联合国发展峰会并发表题为《谋共同永续发展　做合作共赢伙伴》的重要讲话，讲话中提到，“中国倡议探讨构建全球能源互联网，推动以清洁和绿色方式满足全球电力需求”。2017 年 5 月 14 日，“一带一路”国际合作高峰论坛在北京举行，国家主席习近平出席开幕式并发表主旨演讲，演讲中提到，“抓住新一轮能源结构调整和能源技术变革趋势，建设全球能源互联网，实现绿色低碳发展”。2016 年 2 月 29 日，国家发展和改革委员会、国家能源局发布《关于推进“互联网+”智慧能源发展的指导意见》（发改能源〔2016〕392 号），文件中指出，“‘互联网+’智慧能源（以下简称能源互联网）是一种互联网与能源生产、传输、存储、消费以及能源市场深度融合的能源产业发展新形态，具有设备智能、多能协同、信息对称、供需分散、系统扁平、交易开放等主要特征。在全球新一轮科技革命和产业变革中，互联网理念、先进信息技术与能源产业深度融合，正在推动能源互联网新技术、新模式和新业态的兴起”。

能源互联网将信息流、业务流和能源流进一步深度融合，实现智能互动，是一种能源产业发展新形态，相关技术、模式和业态均处于探索发展阶段，以可再生能源为主的能量供应源，通过互联网技术，实现分布式发电和储能的灵活接入及交通系统的电气化，并在广域范围内分配、共享各类能源。能源互联网需要完成精准、高效的数据分析，以应对大量分布式能源的接入、多种业务并发和联合数据分析需求。能源互联网是推动我国能源革命的重要战略支撑，对提高可再生能源比重、促进化石能源清洁高效利用、提升能源综合效率、推动能源市场开放和产业升级、形成新的经济增长点、提升能源国际合作水平具有重要意义。

在国家大力实施“一带一路”倡议，全方位加强能源国际合作的大背景下，构建全球能源互联网意义重大。能源互联网之所以在改善全球能源资源配置中发挥重要作用，关键在于其兼具促进资源优化和协调资源配置的双重意义。当今世界面临的重要问题是：能源资源分布不均衡，资源所在地（国）缺少用户，用户所在地（国）缺少能源。这个问题在亚洲、非洲、拉丁美洲甚至欧洲、美国等国家和地区普遍存在。要完成推动全球能源互联网发展这样一项伟大的事业，需要促进电网与电源的有效沟通，促进电力与经济的有效衔接，促进经济与政治的有效协同，从资源、技术、规则、标准等方面促进各国、各地区共同努力，促进能源在全球范围的可持续发展。

对于能源互联网这一概念，有不同的定义，里夫金所倡导的能源互联网主要是利用互联网技术实现广域内的电源、储能设备与负荷的协调，最终目的是实现由集中式化石能源利用向分布式可再生能源利用的转变。另一种观点认为能源互联网是一种在现有电网基础上通过先进的电力电子技术和信息技术，融合大量分布式可再生能源发电装置和分布式储能装置，能够实现能量和信息流动的新型高效电网结构。美国北卡罗来纳州立大学黄勤教授主持的 2008 美国国家科学基金项目“未来可再生电能传输和管理”（*The Future Renewable Electric Energy Delivery and Management*，FREEDM）中，提出了类似的概念。

对于能源互联网，里夫金认为它应具有以下四大特征：①以可再生能源作为主要的一次能源；②支持超大规模分布式发电系统与分布式储能系统接入；③基于互联网技术实现广域能源共享；④支持交通系统的电气化，即由燃油汽车向电动汽车转变。这是在能源互联网的能源组成分布管理及应用上做出的总结。能源互联网相对智能电网而言，是一个更广泛、更宏观的概念，智能电网是其中的一个子模块，或者说是其中的一部分。因此，能源互联网不仅应具备智能电网的基本特点——自愈性、安全性、高效性、经济性、集成性，而且要环境友好，实现可再生能源的“即插即用”，以及与用户终端的实时交互。

借助能源互联网，用户可以清晰地了解电源储能的分布情况、用电侧能源需求状况，借助系统控制网络实现能源储备和能源需求的匹配，同时还可以将自身分布式能源储能借助能源交易平台开展能源在线交易、转售等业务，发掘能源的商品属性。能源互联网技术可通过加强能量传输来提升综合效能，不同的能源门类，如风电、太阳能等资源，均可在能源互联网平台上实现资源供求平衡，实现信息流、资金流和能源（量）流的有效配置、协同和协调。能源互联网诞生于全球能源危机和环境问题这一大背景下，旨在实现清洁能源对传统化石能源的替代，解决化石能源燃烧产生的环境问题。

能源互联网的发展涉及发电、输配电、售电和用电侧等多个环节，包括发电阶段的分布式电源和储能，输配电阶段的智能变电站，用电端的智能电表、充电设施、售电服务，以及相关的配套设施和系统平台等。

能源互联网具备能源协同化、能源高效化、能源商品化、能源众在化、能源虚拟化、能源信息化等特征，主要体现在以下几个方面。

（1）支持由化石能源向可再生能源转变。

（2）支持大规模分布式、楼宇式发电电源的接入，具备开放性、健壮性和可靠性。

（3）利用大规模氢储能和其他储能设备的接入，实现能源就地收集、就地存储和就地利用。

（4）具有双向互动性，即用户在消耗能源的同时，也是能源的生产者。

（5）发挥分布式能源的时空互补和电网的广域配置特性。

（6）实现“冷热气电”联产，以及电能和其他形式的能量相互转化，支持向插电式和燃料电池电动汽车的转型。

（7）利用互联网技术升级电力系统，信息通信技术渗透于能量流动的各环节。

为了应对未来可再生能源的规模化利用，在能源互联网构想提出之前，各国都把以新能源和互联网络为基础的智能电网作为新兴产业的培育重点，有针对性地拟订了发展战略和行动路线。

例如，在我国，2016 年，西安交通大学别朝红教授承担了国家重点研发计划“能源互联网的规划、运行与交易基础理论”项目；2018 年，南瑞集团郑玉平教授承担了国家重点研发计划“面向新型城镇的能源互联网关键技术及应用”项目。

相比于智能电网，能源互联网更加强调多种能源形式间的综合互补利用，是一个以电能为主体形式、以智能电网为主要载体的能源生态系统。目前，中国电力企业联合会正牵头并组织清华大学等高校和科研机构开展国家能源互联网系统标准的制定。此外，清华大学、国防科技大学、华北电力大学、天津大学、中国电力科学研究院等高校和科研机构，从能源互联网的基本概念及形态、发展模式及路径、技术框架及拓扑、关键技术分析等方面展开了广泛的研究[1]。近年来，国内针对能源互联网的研究已经取得了一些成果。例如，以分布式可再生能源发电为基础，建立了包含分布式能源、储能装置、智能终端等的能源互联网系统；对能源互联网的需求推动作用和研究现状进行分析，并建立了能源互联网的技术框架模型和能源路由器的基本模型，指出柔性直流输电、直流配电等技术是发展能源互联网急需突破的方向[2]。

1.2　电力物联网的典型应用架构

随着分布式能源、新能源汽车、储能等能源技术的进一步发展，基于电力的能源市场化和用户需求的深度挖掘将成为热点[3]。电力物联网是一个实现电网基础设施、人员及所在环境识别、感知、互联与控制的网络系统，其作为能源互联网建设的重要组成部分，基于先进的传感器、控制和软件应用程序，充分利用大数据、云计算、物联网、移动互联网、人工智能等现代信息技术和先进的通信技术，将能源生产端、能源传输端、能源消费端数以亿计的设备、机器、系统连接起来，形成能源互联网的"物联基础"。

典型的电力物联网架构由下至上可分为感知层、网络层和应用层，如图 1-1 所示。

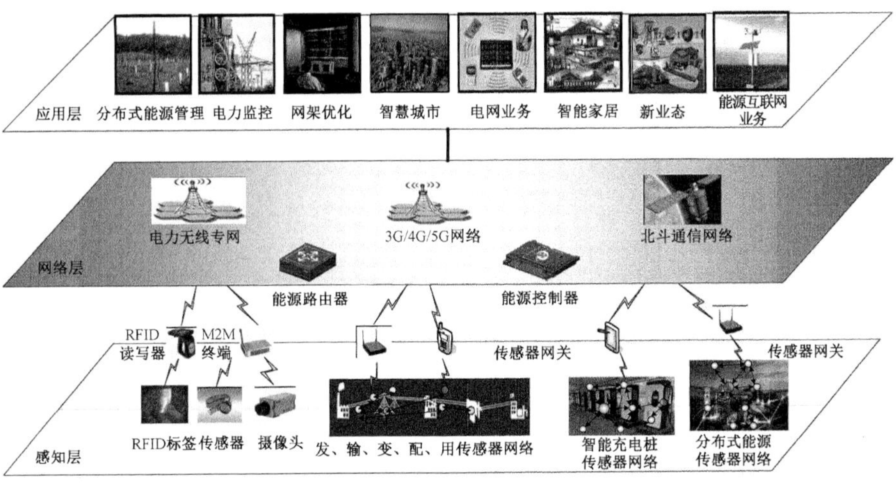

图 1-1　典型的电力物联网架构

其典型应用场景主要有配电侧应用、用电侧应用、新业态应用等。

1.2.1　配电侧典型应用架构

目前配电网面临的主要问题有：对配电侧的变压器、开关节点等关键电气设备缺乏负荷动态监控，设备运行寿命难以最优化等。

一方面，台区线路信息采集、处理和实时监控缺乏可视化的数据交互、管理、监控及调度平台，难以实现对台区线路运行状态的监控及评估；在配电网线路侧存在故障时，难以基于有效、可靠的基础数据进行快速定位，分析故障原因，难以快速调度相关资源处理问题，严重影响了台区配电信息采集业务的发展和应用。

另一方面，台区配电信息采集主站系统仅能对配电线路信息进行采集，而用电信息采集主站系统仅能对低压用户用电信息进行采集，两者之间相互隔离，未能形成统一，配电和用电的数据信息不能共享，严重影响配电网的电能质量和稳定运行。同时，缺少对关键电气设备的主要运行参数监测，如配电网络中的变压器、开关、柜、箱门的温度、局部放电等，缺少对于关键设备的运行环境参数监测，如环境温度、湿度，从而严重影响了低压配电网的电能质量和运行的稳定性，无法保障故障的快速修复，影响了供电的可靠性。

智能配变终端是集用电信息采集、设备运行状态监测、智能控制与通信等功能于一体的二次设备。台区配电信息采集系统是对台区线路信息进行采集、处理和实时监控的系统，可以实现台区线路运行状态评估。智能配变终端和台区配电信息采集系统为配电网的运维管理、用电服务等业务提供了技术载体，对深化电力物联网在配电网的应用，提升配电网信息化、智能化水平起着极为重要的作用。

配电台区自动化系统可监控一些关键电气点的环境，如配电房的温度、湿度等，此外还可利用智能锁对各级柜、箱门等进行监控，融合电力用户用电信息采集系统和台区配电信息采集系统，进一步扩展实现对配电台区进行全景感知。

配电侧电力物联网的典型应用架构如图 1-2 所示。

面向配电台区的应用场景构建的电力物联网架构在感知层主要包括智能电能表、无功补偿装置、三相不平衡监测装置、剩余电流动作保护装置、充电桩设备、分布式能源设备、分路监测单元（Line Terminal Unit，LTU）、环境监测设备等，并部署采用具有本地通信（如 HPLC）的智能配变终端，完成数据的采集、存储、边缘预处理等功能，然后通过网络通信（如无线公网、电力无线专网）上传到配电自动化主站（物联管理中心）进行大数据、人工智能分析等，以实现智能预测与决策。智能配变终端（Transformer Terminal Unit，TTU）主要完成的功能包括与智能电表交互、低压配电台区网络拓扑识别、配电变压器状态监测及健康诊断、低压配电台区的无功补偿与三相不平衡监测、低压配电台区分布式电源设备监测、低压配电网停电故障研判、精益线损分析等。

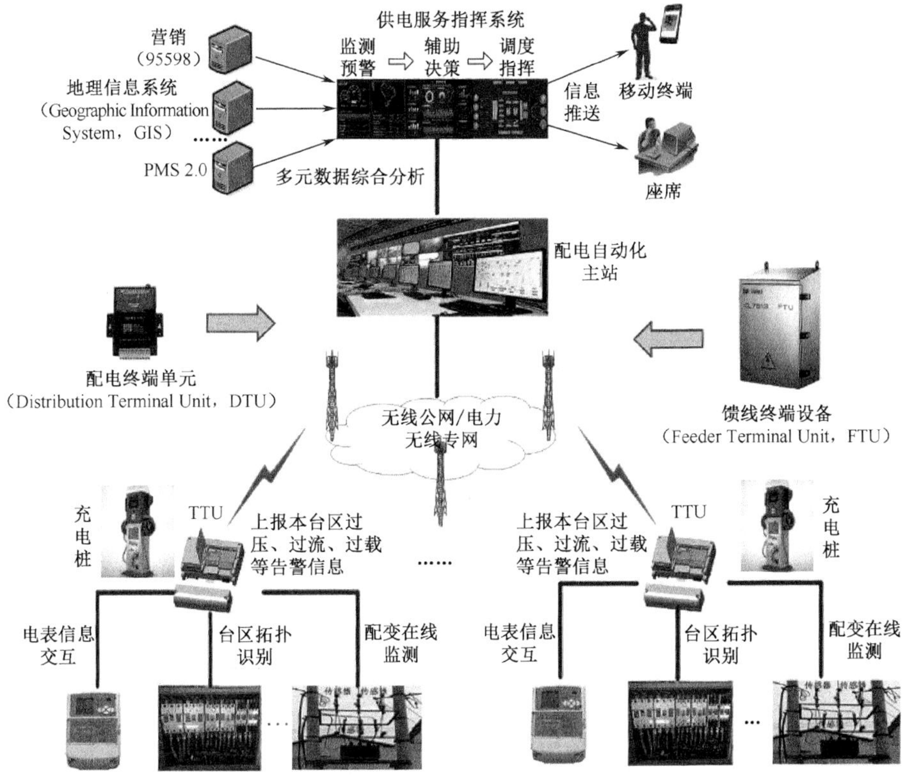

图 1-2　配电侧电力物联网的典型应用架构

通过此框架，在配电侧可实现的功能主要有以下几个。

（1）部署 TTU、FTU、DTU，实时获取 10kV 及以下配电设备停电、送电、重过载、低电压和三相不平衡等异常信息。

（2）识别台区内配变低压侧出线、分支箱、分支线、用户接入点层级关系，自动更新拓扑异动信息。

（3）自动推送和告警配电站房配电设备异常信息、配电电缆局部放电及故障定位信息、六氟化硫（SF_6）泄漏、门禁闯入等信息。

（4）基于分布式 DTU，通过本地通信网络实现就地故障研判和隔离，采用 0.4kV 配电自动化技术，将配变电源信息通过本地通信网络推动至应用层，实现低压负荷快速转供。

（5）通过智能配电终端实时采集电动车充电桩运行状态数据、电量数据、告警事件和台区配变容量限制信息，实现电动汽车有序用电。

在此框架之上，还可扩展以 LTU 为核心的现场采集部件，由高速电力线载波、微功率无线、RS485 等本地通信方式构成的本地接入网络，以智能配变终端为代表的边缘物联代理，由无线公网/专网等远程通信方式构成的接入网络，以及由前置机、主站组成的平台采集系统，可实现对低压台区线路的信息采集、实时监控、数据分析、运行状态评估、资源调度及故障处理等功能。

1.2.2 用电侧典型应用架构

目前在低压台区用户侧存在光伏发电、分布式能源、储能装置、电动汽车充电桩等设备，此外，还有水、热、气等多种计量表/计，现有的用电信息采集终端无法实现上述设备的数据采集，额外安装采集设备增加了建设和维护成本；用户用电、储能装置馈电、发电的数据均须上传至主站结算，增加了通信压力和主站处理压力；储能装置不能根据用电负荷压力进行充放电控制，缺少有效的用电负荷控制手段[4]。

低压集抄集中器/能源控制器是实现低压用电台区内智能电表、水热气表、储能装置、充电桩等设备数据采集的智能网关，为用电信息采集主站提供用电数据支撑，边缘计算、人工智能等技术可以实现电能生产与消费的综合结算，根据用电负荷指导储能装置与充电桩等设备进行有序充电，保证台区的用电稳定。用电侧电力物联网的典型应用架构如图 1-3 所示。

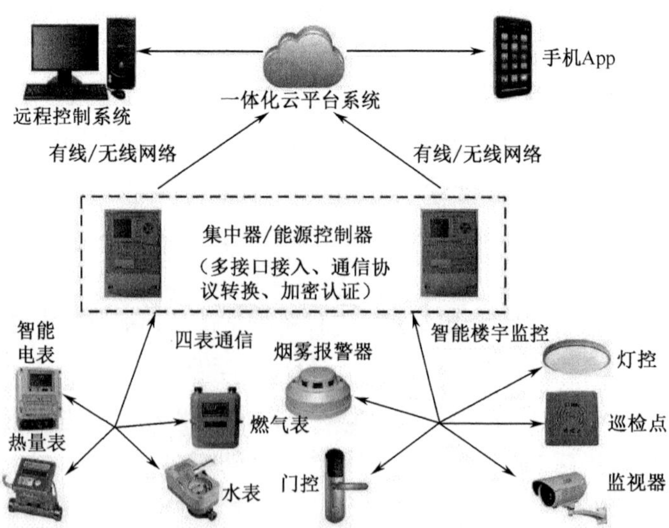

图 1-3 用电侧电力物联网的典型应用架构

面向用电侧应用场景构建的电力物联网应用架构分为采集系统主站、通信信道、采集设备三层。该架构包含智能电表、智能水气热表、光伏发电、分布式能源、储能装置、电动汽车充电桩、智能楼宇监控所部署的各类传感器等，并部署采用具有本地通信（如 HPLC、RS 485、LoRa、CAN）的能源控制器，完成感知数据的采集、甄别、清洗、筛选、加工，通过边缘计算完成本地决策，并通过网络通信（如公网、电力无线专网）传输到系统主站（物联管理中心）进行大数据分析[5, 6]。采集系统主站围绕前置服务、数据存储、主站应用及系统整体运维四个方面开展。在前置服务方面，完成终端接入、服务并发处理；在数据存储方面，完成读写操作、数据备份、数据修复和校验；在主站应用方面，应用部署满足海量数据统计分析的时效性要求，实现接口有效管理，均衡系统负载压力；在系统整体运维方面，完成提高主站监测能力，采用有效的自动化运维手段，最终达到“采集零延迟、数据无误差、应用多样化、费控全用户、监控全景化”的目标。

该架构的主要功能有：水气热多表集抄、智能电表数据采集、事件采集与上报、远程费控、用电负荷控制、台区线损分析、综合能源管理、智能楼宇监控等。

1.2.3　新业态典型应用架构

未来新能源在能源体系中承担主要能源供给任务，但目前弃风率、弃光率仍然较高，缺乏对能源的整体调度和利用[7]。另外，用电设备种类繁多，对电能形式的需求不同，对电网本身的电能质量也会造成影响，缺乏对整个电力网的统一监控优化。能源路由器是组件模块式结构，包括采用功率器件的电力电子变压器和服务器集群，其中服务器集群主要包括通信模块和控制模块，具有大量数据的分析管理功能。储能技术通过建立能量缓冲区的方式为能源互联网提供了灵活可靠的能量流基础，具备能量时移的能源互联网会更加安全、稳定、坚强。风电、光伏等清洁能源容易受环境、气候等因素影响，发电具有间歇性的特点，输出功率波动较大。可以通过不同的储能系统抑制分布式电源的功率波动，减少分布式电源对用户电能质量的影响。

另外，目前国家大力推广电动汽车产业链发展，鼓励国有企业等大力建设充电设施，由此衍生出以电力新能源发展为主的生态圈，从而带动社会上充电基础设施建设、电动汽车分时租赁运营业务的开展。在此基础上还需要从便捷的分时租车、智能停车、充电预约等方面开展对用户智能出行体验的提升，同时加强对充电设施的运维管理，提升充电设施使用率，均衡配电网使用效率，提升充电设施运营收益。具体的相关建设包括：集设置管理、车辆管理、租赁服务、充电服务、支付管理和订单管理于一体的电动车智慧出行平台；实现车联网，可为运营商提供设施运维管理、充电运营管理、租赁运营管理等服务；建立运营单位与用户之间的桥梁，沉淀基础用户，吸纳潜在用户；为电动车用户提供智慧出行、智能充电等服务；为政府充电设施规划提供有力的数据支撑，促进新能源产业的发展。

因此，典型的电力物联网架构也可延伸应用到新业态中，其典型的应用架构如图 1-4 所示。

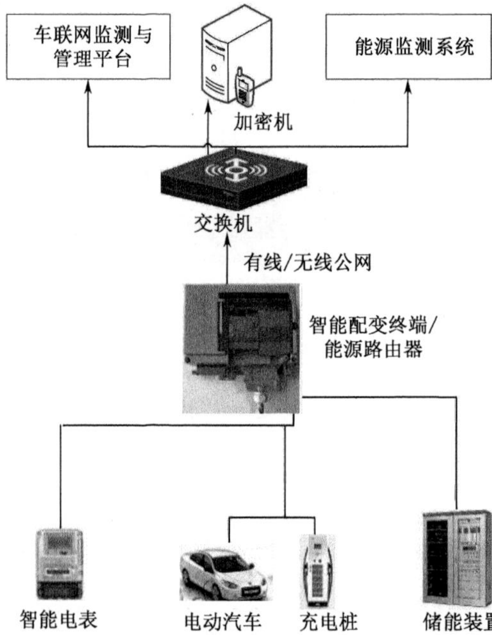

图 1-4　新业态电力物联网的典型应用架构

能源路由器应用于配电领域，在电力物联网的典型应用架构中属于感知层中的边，采集终端收集微网内用电量需求、电压、电流、故障、剩余电量、电能质量等信息，如分布光伏风电的发电量信息、储能系统的剩余电量信息、三相不平衡设备感知的电流不平衡度、无功补偿装置感知的无功补偿需求。各种采集部件将感知的电参量和非电参量通过有线公网或无线公网传送到能源路由器中。能源路由器通过网络自动寻址、模型自动辨识、信息提取分析、计算处理，将微电网内的信息在局域网内汇合后再通过骨干网上传到云端，广域网内的信息全部在此汇合，企业平台通过不同的业务模型和应用需求（如各局域网内电能量的需求、电能质量的要求、电能形式的要求及使用低价电的客户需求），根据整个广域网内的所有信息，进行统一分析计算，然后下达指令，实现整个电力物联网内所有设备的统一监测控制、电力能量交换、协调优化控制、电能质量治理、故障预警告知、用户互动服务等。

储能系统装置通过本地网络与配变终端连接，再由配变终端通过公网与企业中台的分布式能源监测设备连接，通过供电峰谷和用电负荷的需求分析，对储能系统进行充放电控制，从而达到调峰平谷的目的。

智能配变终端以电动车智能充电服务平台为基础，涵盖“智能移动终端—车—充电终端—智能地锁”各环节，典型应用主要采用远程和近场混合的无线通信及微功率自组网技术，实现分时租赁业务中对车辆的控制、智能充电业务中对充电车位的控制和充电设施智能运维。它主要由智能充电终端、车位管理终端、应用 App+运营管理平台等多主体组成。智能充电终端与车位管理终端采用微功率近距离通信技术，通过智能充电终端（含智能充电桩、智能充电插座、智能充电网关）、车位管理终端（智能地锁）及车载终端三者之间的自组网无线通信，实现车辆识别、智能地锁升降，从而确保充电车位的智能控制；运营管理平台采用远程通信技术，实现运营管理平台、应用 App 与智能充电终端的数据交互，完成终端设施监测、充电预约服务、充电控制及费用结算等业务，同时对业务数据进行采集和统计分析；应用 App 实现与车载终端、智能充电终端间的数据交互，完成充电控制、车辆控制及支付结算等业务。

参考文献

[1] 周孝信，曾嵘，高峰，等. 能源互联网的发展现状与展望[J]. 中国科学：信息科学，2017（2）：5-26.

[2] 严太山，程浩忠，曾平良，等. 能源互联网体系架构及关键技术[J]. 电网技术，2016（1）：105-113.

[3] 张国荣，陈夏冉. 能源互联网未来发展综述[J]. 电力自动化设备，2017（1）：68-77.

[4] 孙其博，刘杰，黎彝，等. 物联网：概念、架构与关键技术研究综述[J]. 北京邮电大学学报，2010（3）：1-9.

[5] 程学旗，靳小龙，王元卓，等. 大数据系统和分析技术综述[J]. 软件学报，2014（9）：1889-1908.

[6] Atzori L, Iera A, Morabito G. The Internet of Things: A survey[J]. Computer Networks, 2010, 54(15): 2787-2805.

[7] Gubbi J, Buyya R, Marusic S, et al. Internet of Things (IoT): A Vision, Architectural Elements, and Future Directions[J]. Future Generation Computer Systems, 2013, 29(7): 1645-1660.

第 2 章

能源互联网中的信息感知技术

能源互联网对现有的感知和信息通信技术提出了更高的要求。未来能源领域的通信网络将实现横向覆盖能源生产、能源传输、能源存储、能源消费各环节，纵向延伸至物理层、传输层、信息层及感知层。其中，感知层实现能源采集与控制，包括由各种传感器组成的感知装置，各类传感器如压力传感器等均发挥着重要的作用。在感知层，信息采集方式主要包括二维码标签、RFID 标签、摄像头、GPS 模块、各种类型传感器（如声、光、电、热、压力传感器，温湿度传感器，化学、生物传感器）和光纤探头等[1]。在各类传感器中，流量传感器、压力传感器和温度传感器近年来一直保持持续稳定增长的态势，三者合计占据各类传感器市场一半以上的份额，分别为 21%、19%和 14%。

本章重点介绍能源互联网中常用的几种感知技术，以及与此相关的边缘计算与虚拟现实技术、时空位置服务等内容。

2.1 能源互联网的信息感知

能源互联网的信息感知过程，在感知层，通过在输电、变电和配电各环节中的电力设备上安装电子标签（又称射频识别标签，Radio Frequency Identification，RFID）、智能传感器、二维码、红外感应器和激光扫描仪等信息感知设备，获取电力设备的状态信息、位置信息、属性信息等，将所有变压器、开关、线路、杆塔、电表、车辆等电力设备构成一个相互连接的大网络。智能信息感知设备用于采集电网设备的运行状态参数、运行环境参数和设备身份识别信息等实时数据，此类信息感知设备主要包括 RFID 和智能传感器，它们种类繁多、数量庞大，不同厂家的信息感知模式和数据规范也不尽相同。

智能感知设备通常采用无线方式传输数据，设备的电池电量、无线带宽和传输速率受到很大限制。因此，需要建立统一的信息感知模型，实现各类感知设备的无缝接入，同时减少实时传输数据的报文数，降低感知节点的信息采集传输功耗，延长感知设备的生命周期[2]。

（1）在感知层，需要建立统一的信息感知模型，包括统一标识、统一语义和统一数据表达格式，规范感知层的数据接入，实现各类感知设备的无缝接入，降低智能感知设备感知能耗，延长智能感知设备的生命周期。例如，可依据国际电工委员会（International Electrotechnical Commission，IEC）制定的 IEC 61850-7-4 标准中的设计原则，将用逻辑设备、逻辑节点、数据对象描述的抽象模型作为整个设计思路的架构，结合电气与电子工程师协会（Institute of Electrical and Electronics Engineers，IEEE）制定的 IEEE 1451.4 标准中的传感器电子表单（Transducer Electronic Data Sheet，TEDS）思想，实现感知层设备的抽象数据模型。依据 IEC 61970-301 中公用信息模型的基本概念，选用 CIM/XML 作为感知层抽象模型在汇聚控制器设备上的一种描述语言，便于与主站进行数据交换。

（2）在网络层，通过建立高性能的、从监测装置到通信网络的接入通道，按照规范化的统一通信规约实现对数据的传送，完成从感知层“统一信息感知模型”到网络层“统一通信规约”的自适应映射，兼容各种通信传输模式（如光纤、电力线载波、无线通信等）。

（3）在应用层，将多种数据信息统一管理并提供统一的数据服务，支持各类业务应用，实现更深层次的资源共享和应用融合，通过数据模型标准化、接口标准化、服务组件化等改进实现数据集中存储、业务集中部署，使应用系统得到实用化。

2.2 能源互联网的感知技术

2.2.1 传感技术

随着智能电网建设的不断升温，智能化设备尤其是低压智能配电设备需求不断加大，呈现智能化、信息化、自动化、融合化的发展趋势。当前大部分设备在工作时都离不开电源，受电源和区域限制，导致设备工作可靠性差，因此开发微功耗的传感器和无源传感器是必然的发展方向。

新型智能传感器融合采集、通信、控制功能，由传统的模拟量向数值化转变，从而实现配电网的在线监控、自我诊断、状态预警等智能化应用。通过集成高速处理芯片，实现多样化传感技术，利用智能传感器的高速处理能力，实现智能决策技术，如线损定位、故障分析、预测分析等功能。能源互联网应用需要双向交互、多业务融合，实现多种业务场景（如功率优化、负荷控制功率等），采用更有效的方式调整，提高其经济性和实用性。利用智能传感技术，可以实现智能感知和高效互动，从而提升运维管理效率，提高配电运行可靠性。

以下介绍几种主要的传感技术。

1. 微机电系统传感器

微机电系统（Microelectro Mechanical Systems，MEMS）传感器是采用微机械加工技术制造的传感器，目前已研制出加速度计、压力传感器等产品。

（1）加速度计是用来测量物体加速度的仪器。MEMS 加速度计通常指微型加速度计，与传统加速度计相比，其体积较小，质量更小。根据测量原理，可将其分为压阻式微加速度计、电容式微加速度计等。

（2）MEMS 压力传感器根据敏感机理的不同，可分为压阻式、电容式和谐振式 MEMS 压力传感器等；根据形状的不同，可分为圆形、方形、矩形 MEMS 压力传感器等。MEMS 压力传感器可用于多个工业控制领域。

2. 温度传感器

温度传感器品种繁多，按测量方式通常可分为接触式和非接触式温度传感器两类，按照材料及电子元件的特性可分为热电阻和热电偶两类。热电阻测温是基于金属导体的电阻值随温度的变化而变化这一特性来进行温度测量的。目前制造温度传感器热电阻使用较多的材料是铂、铜、镍、锰和铑等。热电偶测温是指将两种不同材料的导体或半导体焊接起来，构成一个闭合回路，当导体之间存在温差时，产生电动势，形成热电效应，完成温度传感的工作。

3. 局部放电传感

根据全国电力系统高压开关设备事故统计，绝缘事故主要是由绝缘部分的闪络造成的。由于在事故潜伏期可能产生放电，通常可通过对放电的监测得到相关信息。如图 2-1 所示，特高频局部放电检测系统通过接收内部局部放电产生的特高频电磁波，实现局放的检测和模式识别，并对设备状况进行实时动态监测，具有极强的抗干扰能力和较高的灵敏度。GIS 局部放电在线监测技术应用前景广阔，但目前在传感器可靠性、抗干扰能力等方面有待进一步提高。

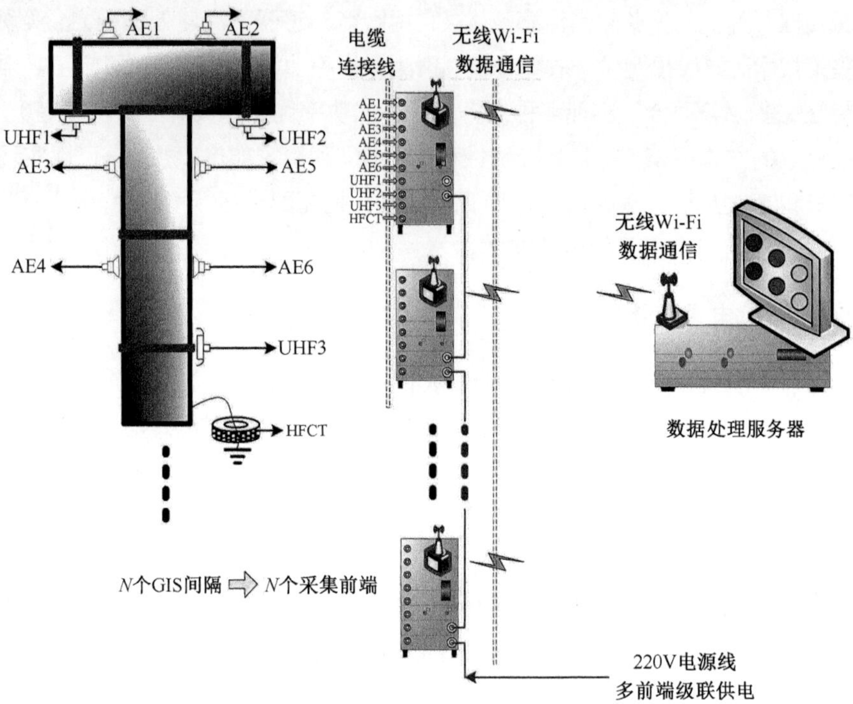

图 2-1　GIS/开关柜特高频局放在线监测系统结构

4. 油色谱监测

油色谱分析是通过对油中典型故障特征气体（如氢气、乙炔、总烃、碳氧气体）的含量、增长率或相对比值进行分析，来诊断变压器是否存在过热、局部放电、绝缘老化等典型绝缘缺陷的方法。现阶段国内外产品化的变压器油中溶解多组分气体在线监测方法主要有气相色谱法和光声光谱法两类。气相色谱法是使用气体分离的分析方法，如图 2-2 所示为气相色谱在线监测系统。气相色谱在线监测响应速度较慢，最快 2 小时 1 次，且需载气耗材。该方法运用于变压器油中气体在线监测产品时，需要先解决好自动油中脱气、在线气体分离和检测等问题。光声光谱法通过检测气体分子吸收电磁辐射后产生的压力波来检测气体浓度，特点是不需要载气及气体分离，检测频率可设置 1 小时 1 次。该方法测量的是样品吸收光能的大小，如反射光、散射光等，对测量干扰很小，光声室容积较小，有利于提高油气分离效率。

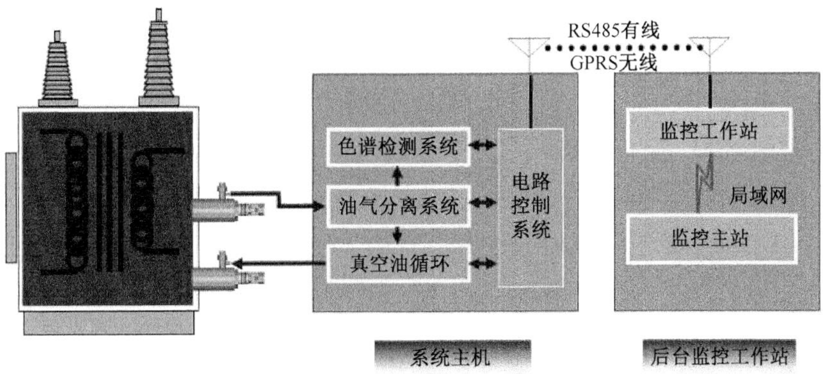

图 2-2　气相色谱在线监测系统

5. 电力变压器变形监测

电力变压器是电力系统中的重要设备，变压器绕组是发生故障较多的部件之一。电力变压器绕组变形是指绕组尺寸和形状发生变化，如轴向和径向尺寸的变化、器身位移、绕组扭曲等[3~5]。通常离线检测实时采集模型变压器原、次边的电压和电流信号后，针对电压和电流传感器采集信号的特点，应用小波变换等去噪算法除去噪声，再利用离散傅里叶变换的高精度相位识别法辨识各正弦量间相位差，得到负载情况下变压器绕组等效电路的短路阻抗。

6. 配电网感知设备

配电物联网架构中的感知主体是构建配电物联网时获取数据的基础，包括智能配电终端、环境监测感知设备、电气量量测保护控制设备，还包括分布式能源、智能电表、电动汽车充电设备、能效监测终端、智能路灯等各类用电基础设施。配电网感知设备可分为边缘节点和感知节点，边缘节点是配电物联网端层中数据汇聚的核心联络点，其核心功能包括数据汇聚、边缘计算、应用集成；感知节点是配电物联网底层的基础数据感知源，其核心功能是智能监测、全面感知、控制保护。随着计算能力和存储能力的增强，未来的配电物联网将向智能化、多元感知、设备融合的方向发展。

随着感知设备的日益增多和业务功能的日益丰富，通过全面完善的软硬件接口、协议标准化体系，可实现设备间、设备与系统间的互操作和即插即用。配电网感知设备网络结构如图 2-3 所示。

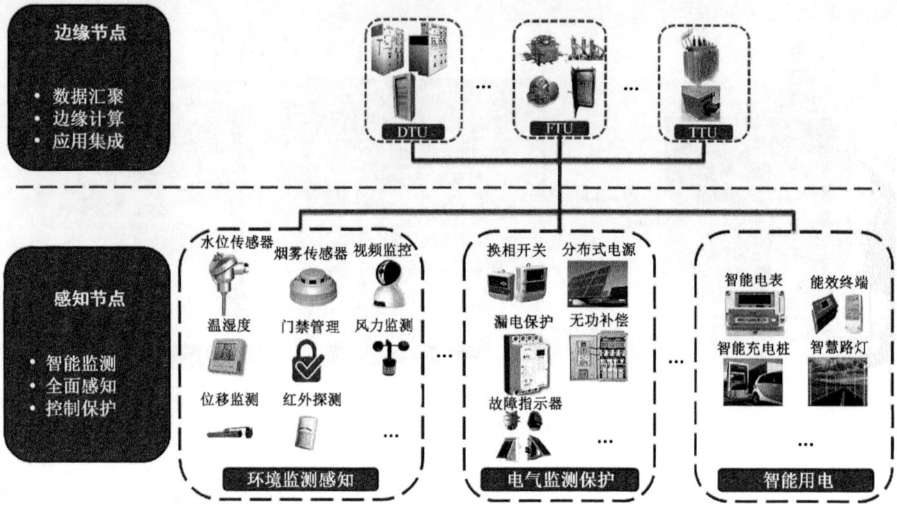

图 2-3　配电网感知设备网络结构

2.2.2　电力系统运行与监测

随着电力物联网技术、信息技术的加快发展，当前的电力系统运行与监测主要依靠远程监控系统。其由调度中心、电站监控中心、通信平台、电站远程测控终端、计量测量（智能电量仪，如三相电压互感器、三相电流互感器、交流接触器、主动红外入侵探测器、温湿度传感器等）等设备组成，系统架构如图 2-4 所示。

智能配电监控系统是基于目前流行的物联网技术所推出的满足用户供电要求的监控系统[6~9]，它不仅可以监控供电质量，还可以配合其他系统完成多种工作。例如，对配电室进行远程智能监控，实现五遥功能；对电力开关进行远程分合闸操作和进行电量管理等重要工作；对各回路设置报警功能，实现事故实时预警和历史故障报警查询；对高低压配电柜主回路的温度、电流、电压、功率因数和电量等参数进行实时监测。

1. 五遥功能

五遥功能是指在常规的遥信、遥控、遥测、遥调四个功能之外，增加了“遥设”功能。

（1）遥信：对开关运行状态、保护工作等进行实时监视。

（2）遥控：对选择的开关等进行远程控制。

（3）遥测：对系统电压、电流、有功功率、无功功率、功率因数、超限报警、频率等进行采集、分析、处理、记录等，可自动生成报表。

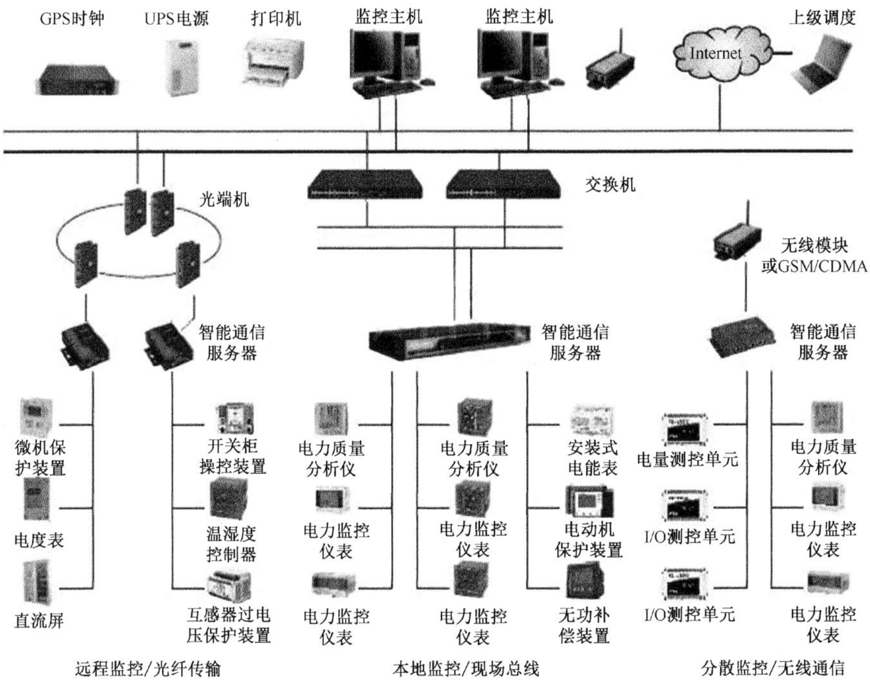

图 2-4　电力远程监控系统架构

（4）遥调：对有载变压器进行调压（升/降），从而对部分电力设备进行远程调整。

（5）遥设：对继电保护装置的定值、控制字进行设定，从而对各种设备、仪表进行远程设置。

2. 高低压配电柜电量监测及开关监控

配电柜监控系统主要对机房配电柜进线电量、配电屏及主要开关状态进行监测。通过在配电柜上的输入处安装电量检测仪，监测市电输入的电压（三相）、电流（三相）、频率和功率等；用电源转换模块连接需要监控的开关的输出，经过 off 触点或 D&H 转换模块的输出转换，实时监测重要开关的供电情况。

监控软件实时显示并保存各配电柜总进线的各监测参数数值，实时显示各监测开关的工作状态，设定电压、电流的限值，监控各相电压、电流、频率、功率因素及功率、过载、过压等实时信息，当超过允许值或开关异常跳闸时，发出报警信息。

监控内容包括：①各种配电柜，如市电配电柜、UPS 配电柜、切换柜等；②各种配电屏，如直流屏、交流屏、整流器等；③重要配电开关供电情况。

3. 高低压变压器监测

变压器的监测内容主要有：①油浸式变压器一般监测油温、油位、瓦斯（开关量：轻瓦斯报警、重瓦斯跳闸）情况等；②干式变压器一般监测温度（温度模拟量，开关量：高温报警、超温跳闸）情况等；③箱变干式变压器，则监测风机工作情况、三相电流（如有电流互感器）、柜门关闭、高压侧失压情况等。

4. 电缆无线测温

电缆温度监测系统由温度监测器、上位计算机、温度采集电缆三部分组成。系统通过对电缆接头或电缆本身的连续温度测量，监测电缆运行情况。电缆温度监测还可接入各种环境探测器，如离子烟雾传感器、微波红外传感器、浸水探测器等。电缆温度监测及时发出预警信号，从根本上避免了电缆事故的发生。电缆的接头处多为现场制作，如果制作、安装不到位，一旦运行，容易因发生电接触问题而超温。通过连续测量电缆和电缆接头温度的变化情况，可及早确定电缆过热情况，及时避免电缆火灾隐患。

5. 设备温度状态监测

需要进行温度在线监测的电力设备及其部位主要有中压开关设备、干式变压器中压绕组、柱上变压器（公用变压器）低压出线端、箱式变电站。

目前，箱式变电站安装越来越多，箱式变电站将相关设备组合在全封闭的箱体内，因为封闭甚至多重封闭，所以会影响设备散热。又由于设备降容幅度难以合理确定，这些都可能导致内部设备超温。目前，箱式变电站一般仅对变压器油温进行监测，并随其温度变化自动开通或关闭通风机，对变压器出线端、低压开关和高压开关进出线端的温度也应进行在线监测。

2.3 能源互联网中的边缘计算与虚拟现实技术

2.3.1 边缘计算

据互联网数据中心（Internet Data Center，IDC）预测，全世界40%以上的数据需要在边缘进行分析、处理和存储。作为未来可能接入设备最多的物联网生态圈，能源互联网是一个广泛应用边缘计算技术的场景，产业发展空间大。

边缘计算架构包括感知层、边缘层和云服务层，如图 2-5 所示。

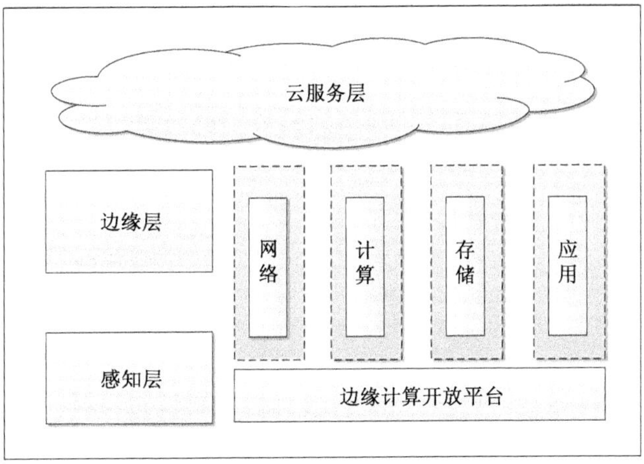

图 2-5　边缘计算架构

能源互联网应用边缘计算，可通过共享通信基础设施，降低建网成本，同时满足行业业务、策略、安全及运营方面的特殊需求。

边缘计算对应智能终端中的网络行为监测模块、协议解析模块、数据融合计算模块等。利用协议识别的结果，分别完成链路层性能分析、网络层性能分析、传输层性能分析和应用层性能分析等功能。

2.3.2　虚拟现实技术

随着虚拟现实技术越来越成熟，以及各种信息化技术、设备的改善，虚拟现实技术在电力系统中的应用会越来越受重视。例如，虚拟现实技术与数字化电力系统技术的结合，将在电力系统未来的发展方向——电力系统数字化的进程中显示出其重要作用[10]。

传统的电力监控系统（如数据采集与监视控制系统）一般基于二维组态系统构建，其运行流程图主要为二维一次接线图，用二维图形符号的方式显示变电站内的所有用电设备和回路，为调度、集控中心提供瞬时电量（三相电流、三相电压、有功功率、无功功率、有功电度、无功电度、功率因数、频率等）、各回路断路器的运行状态、各回路的故障情况等实时信息。

2.4　能源互联网中的时空位置服务

目前，“通导遥”（通信、导航、遥感）卫星一体化信息实时智能服务已成为全球范围内的研究热点与前沿方向。其中，空天信息网络（PNTRC）是基础核心，这里的 P 是定位（Positioning），N 是导航（Navigation），T 是授时（Timing），R 是遥感（Remote Sensing），C 是通信（Communication）。建设电力 PNTRC 五位一体信息网络，可以支撑电网防灾减灾、输电线路巡视、电力气象预报和应急通信等各业务应用方向，实现能源互联网状态实时监测，为全球范围内的能源互联网业务需求提供可靠、一流的智能服务。能源互联网状态实时监测网络如图 2-6 所示。

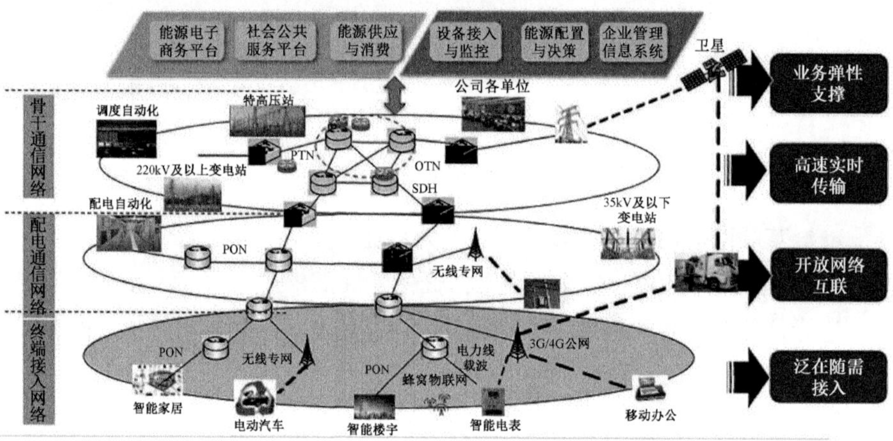

图 2-6　能源互联网状态实时监测网络

开展位置服务通信导航终端设备研究，是为了实现具有高精度定位、导航、授时、通信、安全接入等功能的终端设备产品国产化，满足能源互联网空天地一体化信息网络应用需求和位置服务需求，适用于配电自动化、智能巡检、输电线路监测、用电信息采集等应用场景[11]。其重大意义主要包括：推进电力行业芯片自主化及工业级芯片应用进程；满足电网各专业对位置服务和通信导航应用的需求；打造位置服务核心产品，促进北斗卫星、电力位置服务网、电力无线专网、低功耗窄带广域物联网等融合应用；促进形成基于电力物联网的端边侧设备科研成果及产业化发展；进一步保障电网安全稳定运行，提高电网智能化水平。

电力行业在时空位置服务领域的需求主要包括以下几项。

（1）电力工程测绘和基础数据采集。为近 3 亿台/套 GIS 平台中管理电力设备设施的坐标位置及设备台账的更新提供高精度位置服务。

（2）电力杆塔变形/位移/地质灾害监测应用。对电力杆塔及周边地质形变进行实时监测，分析形变发展趋势；实现监测实时性、自动化，极大地减少人力、物力浪费。

（3）智能巡检和移动作业应用。智能巡检将逐步替代或辅助运维人员开展例行巡检等工作，如变电站巡检机器人和线路巡检无人机等；统一车辆和电动汽车/充电桩的巡检和人员移动作业。

（4）北斗应急通信指挥。配合北斗数传终端、车载终端、智能穿戴等设备，实现北斗短报文和卫星定位服务，达到通信全覆盖，人员、车辆在任何区域遇到险情都可以一键报警并提供位置信息。

（5）管理及生产大区时间同步和精准授时服务。现场人员考勤和位置管理、设备资产和作业的精准授时，信息大区时间同步。

（6）北斗设备模块化。实现电力通用定位授时通信设备应用，电力系统人员、设备依托通用北斗时空芯片/模块/接收机来精确定位授时和安全通信；用于移动设备和智能装备。

相关产品系列主要包括时空位置芯片、时空芯片模组、终端设备、北斗设备等，如图 2-7 所示。

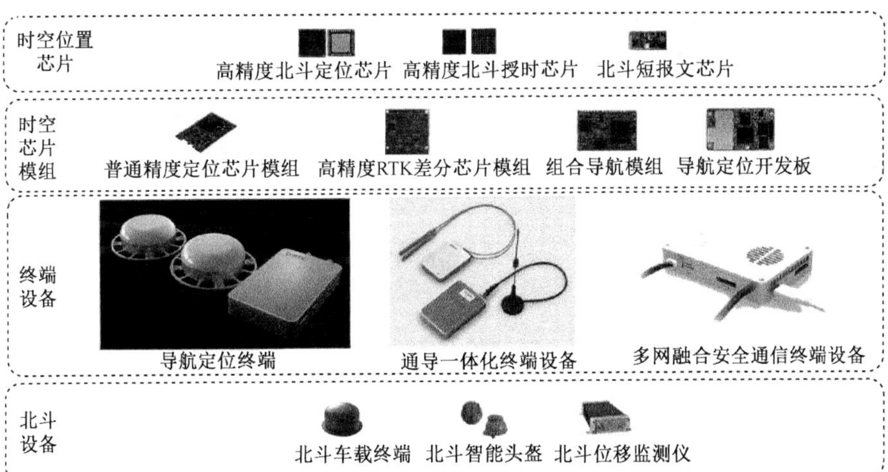

图 2-7　位置服务产品系列

2.4.1　时空位置芯片

为了充分满足电网对高精度定位、授时、短报文应用的需求，需要大力开展北斗高精度时空位置芯片的研制，基于北斗位置服务网，研发基带捕获算法、基带跟踪算法、时空解算算法、实时动态（Real-time Kinematic，RTK）差分算法，并将其嵌入芯片当中，实现电力系统时空位置服务设备核心器件的自主化，逐步实现对全球定位系统（Global Positioning System，GPS）芯片的替换[12]。

北斗时空位置芯片主要包括高精度北斗定位芯片、高精度北斗授时芯片、北斗短报文芯片，三者分别具备高精度定位能力、时钟信息秒脉冲输出能力和短报文通信能力，可广泛应用在移动作业终端、智能穿戴、智慧工/器具、北斗安全帽等中，为电网统一授时授频、移动作业、应急指挥、用电信息采集等提供重要的核心基础保障，满足智能运检设备模块化和本质一体化要求，有效解决复杂电磁环境的电磁兼容性等问题，保障电网设备授时、定位、通信的安全性和可靠性。

2.4.2 时空芯片模组

时空芯片模组具备独立的电源管理，集成天线、接口及多种功能芯片，嵌入终端设备中。通过内嵌算法，将通信、导航定位功能进行高度集成整合，满足高精度导航定位和通信应用的需要。时空芯片模具作为终端层核心基础组件，将终端层接入无线网络，实现数据传输和交换。

时空芯片模组可根据应用场景需要，提供高精度 RTK 导航定位、组合导航定位、室内外一体化导航定位功能。通过安全芯片确保安全接入，并可根据应用场景和业务需要，增加高精度授时、短报文通信功能，可支持多种网络传输协议（以下一种或多种：4G 无线通信、电力线载波、光纤通信等）。时空芯片模组产品体积小，具有抗干扰、低时延、低功耗等技术优势，具备高可靠性和易维护性，可满足车辆、输电线路无人机、变电站机器人等高精度移动作业和立体化巡检的需要。通导一体化芯片模组与电气、物理、环境传感器进行集成，可在设备状态监测、故障预警、杆塔位移监测、线路舞动等方面发挥重要作用。

在能源互联网中推荐使用的模组为亚米级定位模组、高精度 RTK 定位模组、高精度组合导航模组。

2.4.3 终端设备

除时空位置芯片和时空芯片模组以外，通常实际使用的是位置服务导航定位终端，如图 2-8 和图 2-9 所示。作为独立设备，该终端设备可方便用户快速、方便地接入位置服务网，其主要技术指标如表 2-1 所示。

图 2-8　位置服务导航定位终端

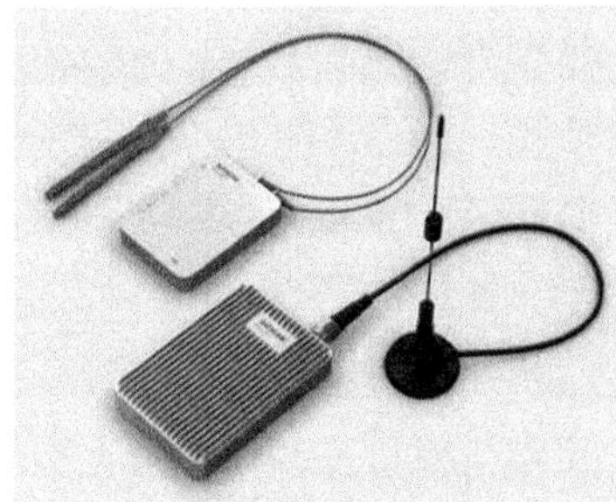

图 2-9　空天地通导一体化终端设备

表 2-1　位置服务导航定位终端主要技术指标

定位精度	水平：1cm+1×10^{-6}cm；垂直：2cm+1×10^{-6}cm
定向精度	（0.2/R）°（R 为天空端两根天线之间的距离，单位为 m）
测速精度（RMS）	0.03m/s
使用频点	GPS L1&L2，BEIDOU B1&B2
接口类型	CAN、UART、USB
功　　耗	5.2W
电压要求	3～12S（12～52 V）
电　　流	0.45 A（12 V）

参考文献

[1] 荆孟春，王继业，程志华，等. 电力物联网传感器信息模型研究与应用[J]. 电网技术，2014，38（2）：532-537.

[2] 邓鹏程，谢俭. 电力物联网统一信息感知模型研究[J]. 湖南电力，2014（3）：4-7.

[3] 王卫强，夏莅武. 电力变压器绕组变形监测方法[J]. 电气时代，2012（10）：82-83.

[4] 蒋煊，董丽金，曹健. 电力变压器绕组变形现场试验分析[J]. 城市建设理论研究（电子版），2016（10）：32-36.

[5] 范竞敏，曹建，丁家峰. 电力变压器绕组状态实时监测算法[J]. 电力自动化设备，2010，30（3）：81-85.

[6] 常东来，王恒友. 风光储供电系统中的能量控制策略[C]. 中小型风能设备与应用，2014.14（2）：34-37.

[7] 陈明. 风光储联合供电系统容量优化及控制方法研究[D]. 西安：西安理工大学，2016.

[8] 江全元，石庆均，李兴鹏，等. 风光储独立供电系统电源优化配置[J]. 电力自动化设备，2013，33（7）：19-26.

[9] 许泽阳. 风光储联合供电系统设计[J]. 电器与能效管理技术，2018（11）：71-75.

[10] 夏桦康. 压电-电磁复合振动能量采集及其电能提取技术研究[D]. 南京：南京航空航天大学，2017.

[11] Kaur K, Garg S, Aujla G S, et al. Edge Computing in the Industrial Internet of Things Environment: Software-Defined-Networks-Based Edge-Cloud Interplay[J]. IEEE Communications Magazine, 2018(56.2): 44-51.

[12] Shi Weisong, Dustdar S. The Promise of Edge Computing[J]. Computer, 2016(49.5): 78-81.

第3章 能源互联网中的无线通信技术

能源互联网是各类能源互联互通、优化共享的平台，是海量能源信息的承接节点，能源互联网的建设需要坚强的信息网络做保障。无线通信技术以其快速的发展态势、广泛的应用场景为能源互联网建设起到了重要的支撑作用。

本章首先论述了能源互联网中无线通信网络业务需求，然后分别对无线专网通信技术、近距离微功率无线通信需求和无线公网通信技术进行了具体论述。

3.1 无线通信网络业务需求

作为服务于行业用户的电力无线通信网，满足能源互联网的业务需求是网络建设的出发点，对业务需求的满足程度是评价无线专网好坏的重要依据。脱离实际业务需求而单纯追求个别技术指标的高低没有太多的实际意义。本节对能源相关领域的业务需求做简要分析，为电力无线专网建设提供必要的参考。

下面将从业务应用的角度出发，依据国家标准、行业标准和相关企业标准，结合用户的实际需求，分析无线通信网络需要承载的业务需求。

3.1.1 智能电网业务需求

电力无线专网承载的业务包括基本业务和扩展业务，覆盖采集类、控制类和移动类三个领域，其中既有面向采集和控制的小颗粒数据传输业务，也有面向多媒体的大颗粒传输业务[1]。这里结合国家能源局、国家电网的相关标准规范，对电力智能电网业务的通信需求做分析，明确业务终端通信接入在传输带宽、通信时延、数据可靠性等方面的要求指标。

1. 配电自动化

1）业务特征

（1）业务功能特征：根据 DL/T 814—2013《配电自动化系统技术规范》，配电自动化业务用于监视和控制配电网的运行情况。

（2）业务流向特征：配电自动化通信系统用于传输上行方向的遥信、遥测业务，以及下行方向的常规总召、遥控命令，具有上行业务流量大、下行业务流量小的特点。

（3）业务工作周期特征：终端心跳周期为秒级；终端时钟同步和主站总召周期为分钟级；遥控、遥信频率不固定。遥测业务配电终端在电压变化 1V、电流变化 10mA 或 50mA 时，向主站上传一次数据。

（4）业务终端工作环境特征：配电终端应能在户外的恶劣天气下正常工作，在环网柜或地下配电室等弱信号环境中工作的终端应能够稳定运行。

2）业务通信要求

（1）通信可靠性要求：配电终端在线率要求不低于 95%；遥信正确率不低于 95%；遥信成功率不低于 90%。

（2）业务移动性要求：要求终端固定。

（3）业务峰值速率要求：光纤专网的接入速率要求为 19.2kbps，其他方式要求为 2.4kbps。

（4）业务时延要求：不同配电业务的时延要求如表 3-1 所示。

表 3-1　不同配电业务的时延要求

业　　务	实时性需求
遥测	小于 30s
遥信	小于 60s
遥控	小于 2s

（5）业务终端上联接口要求：配电自动化业务应支持以太网及 RS 232/RS485 接口。

2. 用电信息采集

1）业务特征

（1）业务功能特征：用电信息采集业务支持用电信息的自动采集、用电分析、计量异常监测、实时监控等功能。

（2）业务流向特征：用电信息采集业务包括终端上传的状态量和主站下发

的总召命令，具有上行业务流量大、下行业务流量小的特征。

（3）业务工作周期特征：专变采集业务每天采集 1 次，集中抄表业务主站每天集中采集 1 次，终端的脉冲心跳每小时 1 次。

（4）业务终端工作环境特征：室内环境。

2）业务通信要求

（1）通信可靠性要求：遥控成功率不低于 99.99%；单次采集成功率不低于 95%；周期采集成功率不低于 99.5%。

（2）业务移动性要求：终端固定。

（3）业务峰值速率要求：用电数据采集业务的速率要求约为 1.05kbps，负荷控制指令的速率要求约为 2.5kbps。

（4）业务时延要求：用电信息采集业务的时延要求如表 3-2 所示。

表 3-2　用电信息采集业务的时延要求

业　务	时延要求
主站巡检终端重要信息	小于 15min
系统控制操作响应	不大于 5s
常规数据召测和设置响应	小于 15s
历史数据召测响应	小于 30s
系统对客户侧事件的响应	不大于 30min

（5）业务终端上联接口要求：用电信息采集业务应支持以太网口、TTL 串口、USB 接口；负荷控制和专变采集业务应支持以太网口、TTL 串口、RS 232 串口。

3. 精准负荷控制

1）业务特征

（1）业务功能特征：精准负荷控制用于实现快速负荷控制。

（2）业务流向特征：在主站与终端之间交互控制指令等数据信息。

（3）业务工作周期特征：遥测周期为 80ms、遥信周期为 10ms。

（4）业务终端工作环境特征：室内环境。

2）业务通信需求

（1）通信可靠性要求：精准负荷控制未对单个终端运行状态及通信可靠性提出明确要求。

（2）业务移动性要求：终端固定。

（3）业务容忍最大时延要求：毫秒级系统最大时延为 650ms，秒级系统最大时延为 8.7s，分钟级系统最大时延为 5min。

（4）业务终端上联接口要求：精准负荷控制业务应支持以太网接口。

4. 视频监控

1）业务特征

视频监控业务一般用于施工现场或配电房，用于将视频通过无线网络传到办公管理区域。

2）业务通信需求

普清视频传输速率要求为 2Mbps，高清视频传输速率要求为 4Mbps，下行控制信息传输速率约为 10kbps。

5. 电力应急通信

1）业务特征

（1）业务功能特征：电力应急通信分为突发事件场景和重要保电场景。突发事件场景要求能够快速建立指挥中心与现场之间的通信通道，保障关键业务的通信；重要保电场景要求保障现场临时业务，保证生产控制业务通道的运行。

（2）业务流向特征：应急指挥功能的业务为指挥中心与现场间双向传输的语音或视频；保证用电场景的业务流向为电力业务的原本流向。

（3）业务终端工作环境特征：电力应急通信终端的工作环境需要满足 DL/T 5505—2015《电力应急通信设计技术规程》的要求。

2）业务通信需求

（1）业务移动性要求：应急指挥功能要求终端支持高速移动性；电力运行控制业务恢复或加固要求终端固定。

（2）通道性能要求：应急指挥和电力运行控制的性能要求如表 3-3 和表 3-4 所示。

表 3-3　应急指挥的性能要求

业　务	传输速率	丢　包　率	端到端时延
语音	不小于 22.5kbps	不大于 1%	不大于 600ms
视频	不小于 512kbps	不大于 1%	不大于 600ms
数据	不小于 512kbps	不大于 1%	不大于 600ms

表 3-4　电力运行控制的性能要求

业　务	传输速率	误　码　率	端到端时延
调度电话	不小于 64kbps	不大于 10^{-3}	不大于 150ms
交流线路保护	不小于 2048kbps	不大于 10^{-6}	不大于 20ms
安全稳定控制	不小于 2048kbps	不大于 10^{-6}	不大于 30ms
调度自动化	不小于 2048kbps	不大于 10^{-6}	不大于 30ms
直流控制保护	不小于 2048kbps	不大于 10^{-6}	不大于 30ms

3.1.2　新能源领域业务需求

新能源是指传统能源之外的各种能源，主要包括太阳能、风能、生物质能、地热能等。新能源具有污染小、储量大、分布广等特点。下面以光伏、风电新能源为例，介绍新能源领域的业务需求。

1. 光伏能源

随着太阳能光伏发电技术的不断发展与推广，光伏行业也迎来了自己的春天，得到了大力发展。为了对光伏电站进行数字化、科学化的管理，数据监控已成为光伏发电系统的标配，实现对光伏电站的“可监可控”，这样可以随时发现电站的问题，降低维护成本，提高故障处理效率，进而提升电站收益。

数据监控已成为光伏系统必不可少且至关重要的组成部分。为了使发电系统稳定、可靠、高效地运行，必须对分布式光伏发电设备进行有效监控，通过获取各设备的运行参数，及时判断和分析系统运行的情况。

数据监控包括上行数据通信采集和下行远程控制两部分。

（1）上行数据通信采集是光伏能源最基本的业务需求，也是实现实时监控和远程监控的基本条件。采集信息包含各设备的各项实时参数。

（2）下行控制方面，系统能够把控制命令转换成设备能够识别的指令，使设备执行预期的动作。

2. 风电能源

风力发电技术是将风能转化为电能的技术。风力发电通信主要包括系统通信和场内通信。系统通信主要利用有线方式，为接入电网的运行、经营和管理等提供传输和交换所需要的各种信息。场内通信主要指各风力发电机组与升压站监控主机之间的通信，承载的主要业务有以下几项。

（1）监测数据：风速、风向、功率、电压、电流、温度等。

（2）控制数据：风机的开机、停机、复位、偏航等。

（3）视频数据：风机监控、场站监控。

（4）语音数据等。

3.2 无线专网通信技术

本节结合频谱政策，对常见无线专网技术做简要介绍，并对能源领域无线专网产业的发展进行分析，给出无线专网适用的应用场景。

3.2.1 电力无线专网频谱资源

能源互联网和智能电网对无线频谱资源的需求日益增长，结合国家无线电监测中心（国家无线电频谱管理中心）的频谱政策和电力业务需求，对 230MHz、1800MHz 和 1400MHz 三个频段的政策和应用特性简要分析如下。

1. 230MHz 频段政策

1991 年 4 月 12 日，国家无线电管理委员会《关于印发民用超短波遥测、遥控、数据传输业务频段规划的通知》（国无管〔1991〕5 号）指出，将 223.025～235.000MHz 作为遥测、遥控、数据传输等业务使用的频段，其中 F1、F2、F3、F4 频率组由国家无线电管理委员会办公室指配；其余 F5、F6 频率组由各省、自治区、直辖市无线电管理委员会办公室根据各地的具体情况制定本频段的频率规划和频率指配方案[2]。具体规划了 103 个频点，用于满足 8 个部门当时对超短波遥测、遥控、数据传输业务不断增长的需求。其中，能源部 40 个频点用于电力负荷监控系统。

电力部门在 40 个频点上开展了专变数据采集和负荷控制等单一业务，随着智能电网的建设，电力业务终端规模快速增长，具有泛在、多业务特性，分布式能源、移动应用和视频业务等新型业务产生，对通信提出了新的需求。工业和信息化部（以下简称工信部）对电力行业开展 230MHz 频段业务应用给予了大力支持。

在工信部无线电管理局的支持下，通过对试点验收（验证基于离散载波聚合技术），实现了对 230MHz 频段多个离散频点的聚合使用，以及通信宽带化，提高了频谱效率，验证了大规模终端接入支撑性能，开展了智能电网新型业务，并拓展了物联网相关的增值业务。试验网在运行期间，在承载电力业务方面能够与窄带数传电台邻频共存，可以避免相互干扰，提高了 230MHz 频段使用的灵活性和效率。

2018 年 8 月，工信部规定，为进一步提高 223～235MHz 频段频率利用效率和效益，满足电力、燃气、人防、水务等行业无线数据传输和能源互联网应用需求，调整 223～226MHz 和 229～233MHz 频段（已分配的专用频率除外）频率使用规划，将该频段用于采用时分双工（TDD）方式载波聚合、动态频谱共享技术的无线数据传输系统。电力无线专网建设进一步取得明确的频段政策支持，在 230MHz 频段具备使用更多频谱资源的条件，从而进一步推动了能源互联网的发展。

2. 1800MHz 频段政策

目前，在发达城市及省会城市，轨道交通得到快速发展，轨道交通企业在地铁中采用 1785～1805MHz 频段建设车地无线通信系统，能够提供如车辆调度、车载视频监控、公共安全信息管理等业务，提高出行的安全性，为旅客带来更好的出行体验；电力无线专网采用 1785～1805MHz 频段建设，承载配电自动化、用电采集、变电站机器人和移动视频等业务；石油无线宽带专网系统承载油田数据采集、输油管线监控、视频和语言等业务，促进了多种重点行业智能化的建设。

2017 年，工信部无线电管理局决定开展 1800MHz 无线接入频段竞争性许可试点工作。2018 年 10 月 16 日，《工业和信息化部关于加强 1447～1467MHz 和 1785～1805MHz 频段无线电频率使用管理的通知》（工信部无〔2018〕197 号）发布。通知规定，应结合各地政府管理、公共安全、社会管理、应急通信、城市规定交通、石油等行业无线电频率的使用需求，统筹制定 1400MHz 和 1800MHz 频段专网系统无线电频率使用规划。

工信部要求不再受理 1800MHz 频段的电力专网频率使用许可申请，以准确把握无线电频率使用许可对象。在多个单位申请 1400MHz 和 1800MHz 频段专网系统无线电频率使用许可时，除预留部分无线电频率用于公共安全等业务使用外，应采用招标、拍卖的方式开展使用许可受理工作。在无线电频率监管上，建立频率回收机制，除因不可抗力外，取得 1400MHz 和 1800MHz 频段专网系统无线电频率使用许可后超过 2 年不使用或使用率显著达不到许可证规定要求的，收回全部或部分无线电频率。

以上举措，最大限度地提高了无线电频率资源的使用效率和效益，可不断提高无线电管理能力和水平，更好地满足各行业、各单位无线电频率资源的使用需求。

3. 1400MHz 频段政策

2015 年 3 月 9 日，工信部无线电管理局印发《工业和信息化部关于 1447～1467 兆赫兹（MHz）频段宽带数字集群专网系统频率使用事宜的通知》（工信部无〔2015〕59 号），决定规划 1447～1467MHz 频段用于宽带数字集群专网系统，满足政务、公共安全、社会管理、应急通信等对宽带数字集群专网系统的需求[3]。

目前，1400MHz 频段的使用有如下要求。

（1）使用该频段的宽带数字集群专网系统采用时分双工的工作方式。

（2）可使用信道带宽为 10MHz、20MHz。

（3）各省级无线电管理机构结合当地的实际需求和应用特点，提出本地区频率使用规划和分配建议，报国家无线电管理机构批准。

该频段主要应用于大中型城市，且建议以共网模式部署，实现与其他无线电应用的兼容共存[3]。

随着 1400MHz 频段的批复使用，全国部分大中型城市已建设了无线宽带专网，提供政府政务、城市管理、公共安全、应急通信等服务，为国家和地方的国民经济发展和社会管理提供重要的技术支撑。

4. 频谱应用小结

在频谱特性上，230MHz 频段具有覆盖广、绕射能力强、抗干扰能力强等特点，在覆盖能力上明显优于 1400MHz 频段和 1800MHz 频段，是宝贵的低频段频谱资源；1400MHz 和 1800MHz 频段具有带宽高、覆盖距离短、符合局部热点覆盖等特点，是难得的高频段频谱资源。

在频谱政策上，工信部无线电管理委员会考虑以“二次牌照”的方式深耕 230MHz 频段，计划批复更多的频段资源用于电力建设无线专网。1400MHz 频段已明确用于各大中型城市无线政务网建设，在公安执勤、交接执法、消防检查等领域也取得了显著成效，电子政务服务惠及全民。1800MHz 频段在各省当地无线管理部门受理下已应用于轨道交通领域，支撑轨道交通事业发展。从 2017 年开始，新疆、安徽、河南等部分地区创新采用竞拍方式竞争性试点 1800MHz 频段的使用许可，部分城市的电力企业很难再申请到该频段的使用权。

3.2.2 电力无线专网技术

电力公司对无线专网技术体制进行了长期探索，先后研究和试验的技术体制长期演进技术（Long Term Evolution，LTE）包括 LTE 230、LTE 1800、McWiLL、Wimax 等。下面从系统背景、关键技术、系统特点、应用情况、技术可演进性等方面分别阐述。

1. LTE 230 介绍

LTE 230 是基于物联网和能源互联网高速发展的背景，为能源等行业深度定制开发的无线专网系统。该系统将成熟的 4G 技术与先进的 5G 技术相结合，基于 230MHz 优质频段成功开发出了同频段宽窄融合的 LTE 230 电力无线专网，为泛在电力物联网提供语音/视频传输、指挥调度、电话会议、移动办公、数据采集、远程控制、即时通信等一体化、多媒体通信无线专网统筹共建解决方案[4]。

LTE 230 自 2009 年正式启动产品开发以来，为电力等能源无线专网提供了先进、成熟的技术手段和最优解决方案，设备成熟稳定，已在电力、石油、人防等重点领域的物联网建设中得到广泛应用。系统同时承担国家部分重大专项，国家基于该系统完成了电力行业相关标准的制定，产业链建设得到迅速发展，并结合相关 5G 技术持续演进。

1）系统构成

LTE 230 无线专网系统采用简洁的扁平化网络架构，最大限度地减少了网元种类，为电力无线专网提供高效实用的方案架构，其系统架构如图 3-1 所示。

（1）基站设备具备无线信号收发功能，实现了无线承载控制、无线资源管理、接入控制、空中接口安全控制等。

（2）核心网设备负责信令处理和传输、数据处理、移动性管理、签约数据管理等功能，提供连接电力业务主站的接口。

（3）网管设备负责无线通信系统的管理和控制。

（4）无线终端负责与主站进行具体业务相关的各种数据通信。产品形态包括采集器、集中器、无线监控摄像头等。

2）关键技术

（1）载波聚合。230MHz 频段的频点呈分布离散的特点，LTE 230 无线专网系统将大规模离散载波进行非连续动态聚合，统一指定给单个或多个用户使用，满足 LTE 230 无线专网系统的终端适应电力系统终端多样性的业务需求，实现离散频谱情况下的高速数据传输。例如，小型化通信模块，单频点即可满足电力小颗粒业务的通信要求，模块成本很低；而高性能终端可自适应聚合不同数量的频点，提供相应的传输能力。

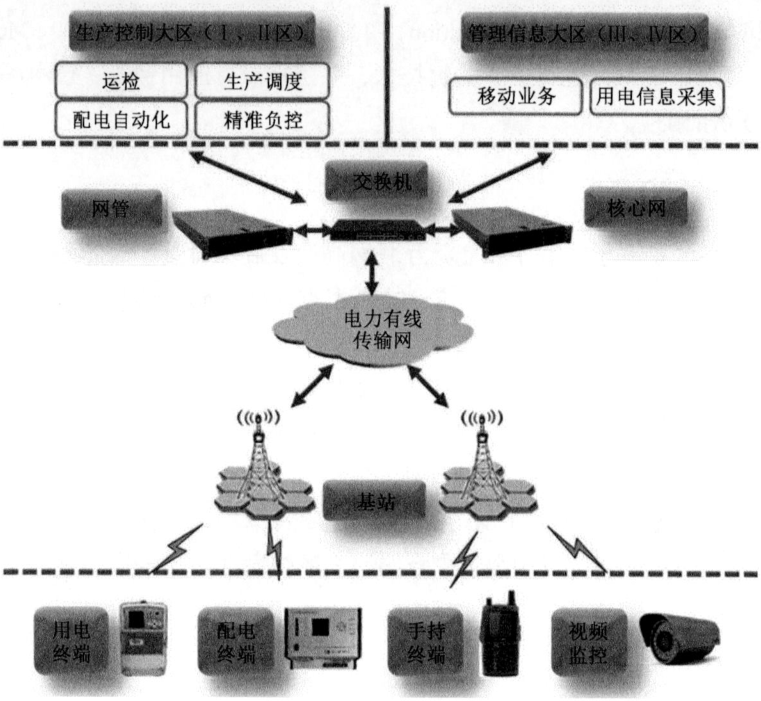

图 3-1　LTE 230 无线专网系统架构

（2）频谱感知。为解决 LTE 230 无线专网系统与可能存在的数传电台之间相互干扰的问题，系统引进频谱感知技术，对于电力的专用频点，当系统感知到有异系统干扰时可立即避让，尽量减少系统间的干扰，实现多系统共存。

3）系统特点

LTE 230 无线专网系统基于频谱的创新应用，采用行业深度定制策略，采用宽窄带一体化设计，具有成本低、覆盖广、信息安全性强、抗干扰能力强等优势，支持海量终端在线，支持多种业务接入，而且具有统筹共建和独立组网等多种灵活实用的建设模式。

（1）频率创新应用。230MHz 频段的使用按照 25kHz 一个频点进行分配，而且是离散分配的。LTE 230 无线专网系统采用载波聚合技术来解决频谱资源受限的问题，取得了良好的效果。

（2）行业深度定制。该系统针对电网业务深度定制，基于协议优化降低传输时延，提升终端接入数量，设计与电力行业标准规范相吻合的通信模组，对主流业务终端进行适配设计。

（3）宽窄带一体化设计。LET 230 无线专网系统基于离散载波聚合技术实现了多个离散频点的高效利用。第三代合作伙伴计划（3rd Generation Partnership Project，3GPP）的 R10 版本中通过多个连续或离散载波间的协同作用，利用更大的带宽来增强系统容量，提高了单小区的吞吐量。系统在同一个无线网络内可针对不同业务部署不同带宽的无线终端，实现宽窄一体、一网多能。

（4）多业务支持。LTE 230 无线专网系统采用动态窄带海量载波聚合技术，如图 3-2 所示，根据业务需求自适应聚合不同数量的子载波，既能适应物联网数据采集、远程控制等小颗粒业务的通信接入需求，又可满足视频、语音等大颗粒业务的通信接入需求，实现对多种业务的支持。

（5）海量终端在线接入。LTE 230 无线专网系统低频段、广覆盖的特点，适用于建设连续覆盖的泛在网络，具有承载空间广泛分布的业务终端接入的先天优势。

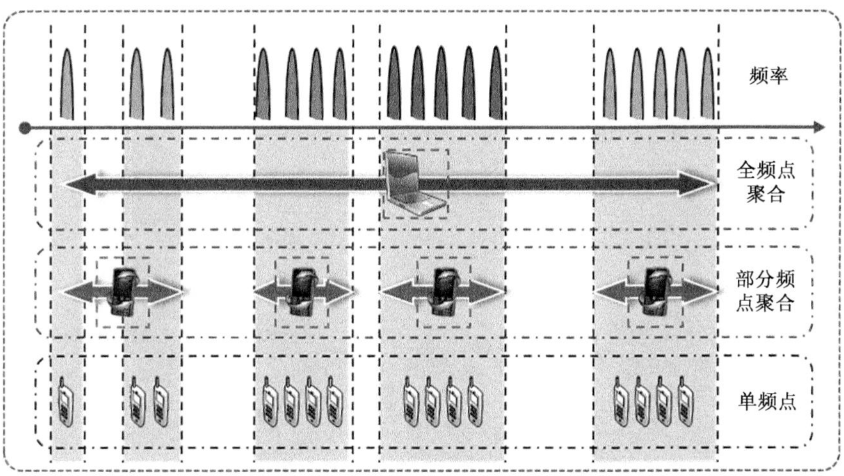

图 3-2　LTE 230 载波聚合示意

LTE 230 无线专网系统通过空口优化，在终端无数据传输时仍然拥有上下行的空口资源，突发上报数据时不需要随机接入过程，使用专有资源进行数据上报，实现对海量用户接入的支持，而且具有能快速响应的高效调度技术。系统采用高层信令优化手段，采用轻无线资源控制（Radio Resource Control，RRC）连接。单扇区实时在线用户承载能力高达 2000 户，非实时在线用户高达 50000

户，满足海量行业终端的在线接入需求。

（6）低成本广覆盖。LTE 230 无线专网系统工作在 230MHz 低频段，传输路损小，绕射能力强，采用 2kHz 子载波，相对于公众 TD-LTE 通信网络功率谱密度有显著提升。系统同时采用时间和频率分集接收技术，采用多帧发送，降低码率，针对多频点的频率特性优化调度算法，实现-3dB 解调，接收灵敏度有明显提升。单基站最远覆盖距离是同类无线通信系统的 5～6 倍，在城区覆盖半径可达 3～5km，农村及郊区开阔地覆盖半径可达 30km，如图 3-3 所示。

覆盖同样大小的区域，LTE 230 无线专网系统所需基站数量仅为其他无线蜂窝系统的 1/10～1/5。设备部署便捷，运维工作量少，所需投资规模小。

（7）信息安全性强。LTE 230 无线专网系统采用与公网隔离的技术，独立成网，以保证行业信息化安全。

系统除采用标准 LTE 安全认证与分发体系外，还创新性地采用了空口数据加密、空口信令完整性保护等措施增强空口安全；终端与核心网之间采用通信终端设备识别、双向鉴权、信令及数据的加密和完整性保护措施；基站与核心网之间采用双向鉴权、Ipsec、安全审计措施。系统同时采用边界安全、基于 IP 地址数据包安全和基于行业用户规约的安全过滤的隔离技术，大幅提升了行业无线专网的安全性。

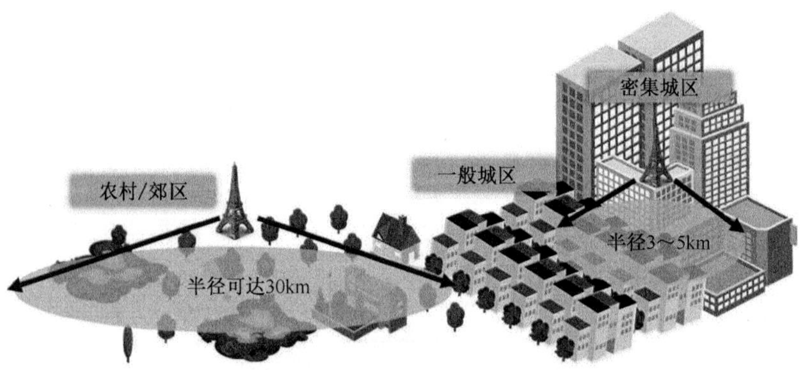

图 3-3　LTE 230 无线专网系统广覆盖示意

（8）超强干扰抵抗。通过采用频谱感知和干扰协调技术等，LTE 230 无线专网系统具备干扰回避能力，保证不同系统的和谐共存和稳定持续运行。

4）成功应用案例

LTE 230 无线专网系统已在全国 10 多个省区市建成近 20 个实际网络。浙江省嘉兴市供电公司自 2010 年起建设的 230MHz 电力无线专网系统是全国首个电力无线专网成功案例，形成嘉兴市 3915km² 的连续覆盖，目前已接入 1.2 万台终端，业务种类和终端规模居全国第一。该系统采集成功率达到 99.7%以上，是很实用化的精品网络，已稳定运行至今。

昆山电力公司自 2013 年起建设的 230MHz 电力无线专网系统是全国第一个与 230MHz 数传电台共存的案例，网络覆盖昆山全境 927km²，接入电力业务终端 9000 余台，承载主要有负荷控制、配变监测等多种配用电关键业务。该系统已实际运行 4 年以上，逐步替换了原有数传电台承载的各类电力业务。

广州市花都区的 LTE 230 无线专网系统是南方电网规模最大的电力无线专网系统，覆盖花都区全境约 500km²，接入电力业务终端 3100 台，承载的业务种类主要是业务计量自动化、配电自动化。该系统已稳定运行 4 年多，满足了用户对配用电业务信息稳定、可靠传输的需求。

5）向 5G 演进

低频段频谱资源是 5G 频谱拓展的一个主要方向。在国际无线频谱的划分中，1GHz 以下频段存在大量离散、空闲的 25kHz 频段资源，为提升这些频段的宽带传输及并发能力，国家计划整合重耕低频段零散、碎片频谱，实现低成本、广覆盖。230MHz 电力无线专网结合实际建设的成功经验和标准化成果，计划联合国内主流无线通信设备厂商，向 3GPP 国际组织提交 5G 标准提案，并力争成为 5G 标准中低频段 25kHz 零散、碎片频谱重耕解决方案。

2. LTE 1800 介绍

TD-LTE 采用基于正交频分复用（Orthogonal Frequency Division Multiple-xing，OFDM）的多址接入技术、多天线技术、载波聚合及高阶调制等关键技术，使该系统具有广覆盖、高带宽、低时延、高安全等特点。

1）系统构成

TD-LTE 系统由演进分组核心网（Evolved Packet Core Internet，EPC）、接入网（又称演进的 UMTS 陆地无线接入网，Evolved UMTS Terrestrial Radio Auess Netwok，E-UTRAN）、用户设备（User Equipment，UE）组成。TD-LTE 网络系统架构如图 3-4 所示。

在图 3-4 中，EPC 中 MME 的主要功能包括 NAS 信令的传输和安全、接入层安全控制、Idle 态的移动性管理、承载管理等；SGW 负责本地网络用户数据处理部分。

3）应用情况

LTE 1800 系统的频段范围为 1785～1805MHz。根据工信部的要求，LTE 1800 系统主要用于电力、交通、石油等行业。

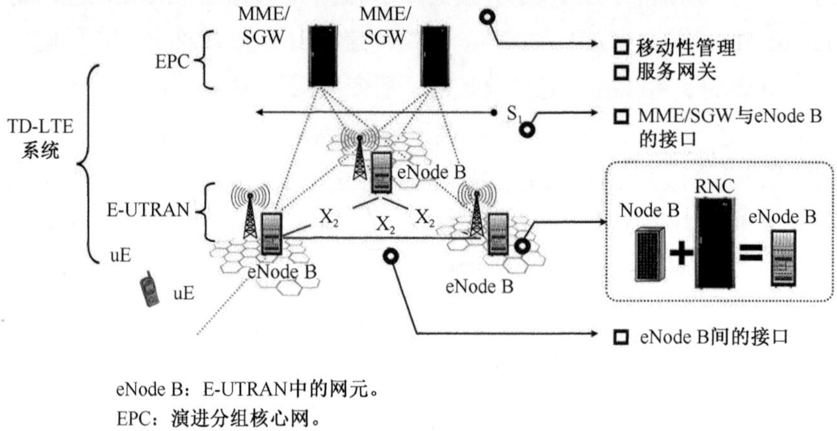

图 3-4　TD-LTE 网络系统架构

3. McWiLL 介绍

多载波无线信息本地环路（Multi-carrier Wireless Information Local Loop，McWiLL）系统是由北京信威通信技术股份有限公司研发的宽带无线接入技术。它是全 IP 架构，全面支持固定、便携和移动模式下的话音、数据、视频和多媒体业务，并可以支持多媒体调度。该系统具有容量高、覆盖面广、成本低的语音业务及高带宽数据的特点。

该系统工作在 1800MHz 频段，基站最大覆盖半径可超过 20km，在 5MHz 带宽上单扇区容量最高可达 15Mbps，不但可以满足窄带语音业务的需求，还可以支持高带宽业务。McWiLL 主要应用于电力、公网、油田、煤炭等行业。

TD-LTE 技术的出现，使 McWiLL 受到了很大冲击，再加上其产业链比较单一，后续技术演进不明确，技术停滞不前，所以在行业应用中，客户越来越倾向于选择 TD-LTE。

4. 数传电台等其他 LTE 介绍

数传电台是借助数字信号处理技术和无线电技术实现的高性能专业数据传输电台，可以传输遥控遥测数据、数字化语音、动态图像等。

1）系统构成

数传电台具备网络结构简单、覆盖广、部署容易、专网专用等优势，其典型网络拓扑如图 3-5 所示。

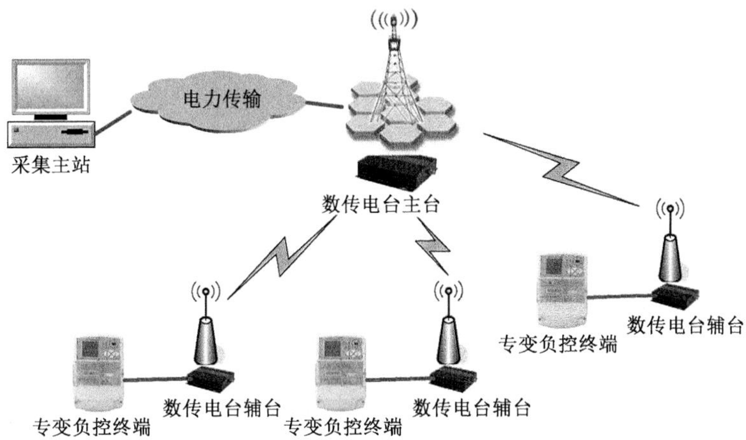

图 3-5　数传电台的典型网络拓扑

专变负控终端通过串口与数传电台辅台连接，再经空口与数传电台主台连接，最后经电力传输网与主站连接，实现端到端的数据通信。

2）系统特点

（1）频谱利用率低，传输速率低。高速数传电台速率仅为 19.2kbps，并且主站在采集数据时仅支持点对点轮询方式。因此，当主站下采集点过多时，轮询一遍花费时间很长，甚至超过 24 小时，无法满足每日数据的采集需求，更谈不上未来 15 分钟一次的实时业务采集需求。

（2）功能单一，安全措施少。数传电台无主动上报功能，出现故障或紧急事件时无法及时上报。无系统级别的专业安全方案。

（3）抗干扰性差，系统内干扰。数传电台频点单一，一旦被干扰就可能导致系统停止工作。当某台数传电台终端处于“长发”的故障状态时，信道被全部占用，导致其所在主台下的终端均无法通信。

数传电台发射功率大（25W），不同地市之间存在干扰，须对频点进行跨地市协调，协调难度大，频点复用度很低，而且对抗干扰要求高。因此，国家无线电委员会分配的 40 个 25kHz 电力专用频点，实际同一个县市一般只能使用 5～8 个，限制了数传电台容量和吞吐量的进一步提高。随着计量终端的增加和各种新业务的开展，数传电台的频点问题必将成为瓶颈。

（4）管理功能弱。现有数传电台无专门网管单元，增加了系统的管理和维护难度。

3）应用情况

数传电台长期以来作为上海、江苏、重庆、沈阳等地专变负控业务的无线专用采集通道，服务于电网。随着从传统电网到智能电网再到能源互联网的演进，数传电台已难以满足电网日益增长的信息化通信需求。

3.2.3 电力无线专网产业发展

电力无线专网产业联盟于 2017 年 9 月成立，多项标准规范启动编制、专用芯片开发并投入应用，所有这些都为无线专网的产业化发展和规模化做了必要准备。

1. 电力无线专网产业联盟

在“十二五”期间，电力无线专网技术取得了一定成果，但由于研发力量薄弱，产业链单一，发展相对滞后，已经不能满足日益增长的市场需求。而通过建立电力无线专网产业联盟，可整合各联盟成员在技术研发、核心制造、行业应用等领域的优势资源，推动电力无线专网产业的发展。

2017 年 9 月 26 日，中国无线电协会电力无线专网产业联盟正式成立，标志着我国电力无线专网建设进入新的重要阶段。产业联盟的成立将促进联盟成员的沟通合作，加强电力无线专网标准体系的建设，共同打造电力无线专网产业生态圈，推动电力无线专网产业的发展。

2. 标准规范

随着电力无线专网产业联盟的成立，推动联盟内成员聚集优势资源，开展产业重大、关键、共性技术联合攻关，制定联盟团体标准，积极推进企业/行业、国家和国际标准化工作，推动联盟成员单位的知识产权共享成为可能。其中企业/行业/国家和国际标准的制定是前提和基础。

1）标准建设规划

（1）统一技术体制和标准体系：①统一技术体制和标准涵盖接口标准、设备标准和测试标准；②立足于联盟团体标准的制定，逐步向企业标准、行业标准、国家标准和国际标准推广。

（2）产业推动及引领：①为电力无线专网产业发展奠定技术基础；②实现各厂家系统设备间互联互通；③有利于打造产业生态圈，推动电力无线专网产业发展。

2）标准体系框架

标准体系框架主要包括以下内容。

（1）总体技术规范：规范电力无线专网系统结构、功能、接口、频率配置、性能和安全等要求的基本说明。

（2）设备技术及测试规范：规范基站、终端通信单元、核心网设备及网元管理系统的功能和性能，以及测试方法。

（3）接口技术及测试规范：规范基站和终端通信单元、基站和核心网设备、网元管理系统与网元设备间的接口通信协议。

（4）互操作测试规范：规范基站和核心网间、终端通信单元和基站间的互操作测试规范。

（5）网络安全规范：规范电力无线专网的安全防护要求、安全防护架构和安全技术要求。

（6）业务需求规范：规范业务等级分类及各等级业务对应的传输特性的要求。

3.2.4 应用场景分析

无线专网可满足多种应用场景的需求。本节从覆盖区域、传输带宽、频谱需求等方面进行分析，给出无线专网需要应对的应用场景。

1. 电力

电力无线专网建设应用场景应结合不同区域和供电场景的业务需求、网络建设与运维成本、各地频率资源政策等因素，适合采用优质低频段建设无线专网，满足安全、泛在电力终端通信接入网建设的需求。

在地理区域上，电力无线专网应覆盖城市、乡镇、农村等多种供电区域，在同一区域及不同区域之间，需要形成连续覆盖的网络，实现业务规划统一接入。

在供电区域上，考虑业务终端的区域分布密度和供电质量需求，当前应覆盖 A+、A、B、C 供电区。随着供电质量的进一步提高，后期考虑实现对 D 类甚至 E 类供电区的覆盖。

在业务承载上，电力无线专网不但需要满足采集、控制类小颗粒业务的需求，部分区域还需要作为有线网的补充，满足应急视频和语音等大颗粒业务的需求，业务种类需要覆盖基础类业务和扩展类业务。

在频谱需求上，首先需要采用 230MHz 低频段优质频谱，无线专网具备广覆盖特性，基于电力现有资产点（变电站、供电所、调度大楼等）实现无线专网的连续覆盖；其次需要采用全国通用的统一频谱资源，无线专网在国家电网范围内具有可复制性与规模化建设的条件，满足国家电网对无线专网统筹规划的需求[6]。

综上所述，电力无线专网应具备低成本连续覆盖、一网全业务承载、采用电力专用的统一低频段频谱等特性，LTE 230 无线专网系统满足上述全部条件，应作为承建电力无线专网的优选技术手段。

2. 新能源（光伏/风电）

1）光伏能源

光伏发电是指利用太阳电池半导体材料的光伏效应将光能转变为电能的技术。在应用形式上有集中式光伏电站和分布式光伏电站两大类，其中集中式光伏电站有山地光伏电站和常规地面光伏电站两种类型。

（1）山地光伏电站。山地光伏电站是指在地表起伏不平的地区建设的光伏电站，如图 3-6 所示。

图 3-6　山地光伏电站实景

现有的光纤通信在面对点多面广、环境复杂的光伏电站通信网络时，有投资高、覆盖难、维护困难、建设周期长等缺点，所以无法通过光纤网络引领和支撑光伏电站通信网络，可以考虑采用 LTE 1800 或 LTE 230 无线专网系统进行业务承载，其中 LTE 230 无线专网系统具有如下优势：①采用低频段 230MHz 组网，相对于 1GHz 以上频谱，具有空间传输衰减慢、覆盖广的优势，开阔地覆盖半径能够达到 30km；②230MHz 频段波长超过 1m，绕射能力强，可有效抵抗建筑物遮挡，在山体遮挡地区，相对高频段厘米波具有明显的绕射优势；③同样是频段优势，LTE 230 无线专网系统不受雨雪雾天气的影响，无论是树木茂盛的夏季，还是落叶的冬季，LTE 230 无线专网系统均能保持良好的覆盖效果，与传统高频段无线通信网络相比优势明显；④LTE 230 无线专网系统无线基站与终端之间无需管道或架空布线，终端施工量小，部署便捷，后期易维护。

从覆盖范围、建网成本和后期维护成本等因素分析，LTE 230 无线专网系统更适合山地光伏电站通信组网，具体组网架构如图 3-7 所示。

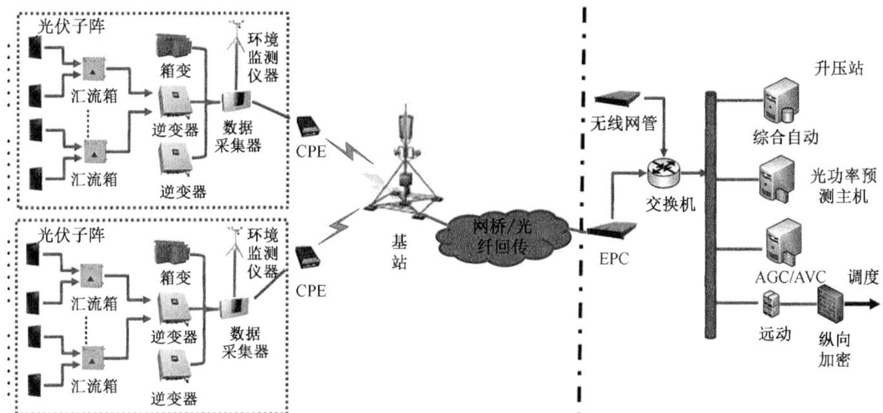

图 3-7　山地光伏电站组网架构

（2）常规地面光伏电站。常规地面光伏电站主要建设在荒漠、戈壁、草原等平地上，地势平坦，周边无高山、高塔及其他建筑物遮挡，无线环境相对简单，无线信号传播较好。在占地面积上，同样规模的常规地面光伏电站和山地光伏电站，常规地面光伏电站占地面积更小，1MW 占地面积约为 13333m^2。

光纤通信具有投资高、覆盖难、维护困难、建设周期长等缺点，综合考虑光伏电站通信网络前期施工便捷、后期易维护等需求，常规地面光伏电站可采用无线专网系统进行通信业务承载。

（3）分布式光伏电站。分布式光伏电站是指在城市建筑物屋顶建设的光伏发电项目，供电系统一般规模较小，可以充分利用当地的太阳能资源，如图 3-8 所示。

分布式光伏电站容量比较小，布局分散，目前各地市基本未采用分布式电源监控子站的形式。分布式电源监控终端直接与主站通信，进行统一管理。35kV/10kV 分布式电源主要采集电能质量、测控、关口计量等信息，电能质量、测控信息由一体化装置统一采集，关口计量信息由用电信息采集系统采集终端采集，并直接与用电信息采集系统交互信息。380V/220V 分布式电源目前主要采集关口计量信息，直接与用电信息采集系统实现信息交互。国家在“十三五”期间积极推动电力无线专网系统建设，对于分布式光伏电站接入，考虑采用有线和无线混合组网方式，相互补充，提升新能源通信接入的可靠性。

图 3-8　屋顶光伏电站实景

2）风电能源

风力发电系统是把风能转化为电能的系统，有些风力发电系统处于交通不便的海上、山区和高原。在这种偏僻地区，通过有线方式传输风电场监控数据成本高、施工难度大，因此更适合采用具有部署方便、成本低特点的 LTE 无线通信网络，如图 3-9 所示。

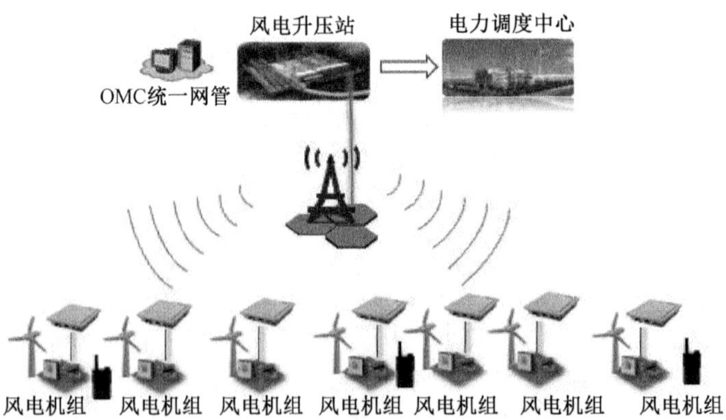

图 3-9　风电场无线接入

3. 石油天然气

由于油气田很多地处偏僻，偷油盗油时有发生，甚至有不法分子故意破坏油气田的井场基础设备，这些行为会严重影响油气田生产安全，进而导致油气田安全事故频发，给国家财产带来巨大损失。

通过对石油天然气行业进行生产数据采集、生产环境视频监控及综合分析对比，可以及时发现石油天然气行业生产运行中的问题或安全隐患，这对石油天然气行业的平稳运行和油气田安全生产起着至关重要的作用。

石油天然气行业无线专网的建设应该满足油气田不同应用场景的需求，油气田应用场景主要考虑以下几点。

（1）覆盖区域要求。国内大多数油气田分布于丘陵、山地、沟壑及沙漠边缘，地形地貌复杂多变，地势落差大。油气田厂站和单井距离远，井场分散于方圆几十千米的区域。

（2）业务要求。对石油天然气行业来说，油气水井井口生产数据的自动采集和远程传输是必备业务，因为这关系到整个石油天然气行业企业的安全平稳运行和油气生产品质。对生产环境视频监测业务的要求有上升趋势。

（3）带宽要求。石油天然气行业的油气水井井口数据量小，单个油气水井生产数据只有 10～20kbps，但是数量巨大。对重点井场、重点路口卡口视频监控带宽要求高，但是数量相对少。

（4）业务实时性要求。油气水井生产数据的采集和传输对实时性要求较高，其中压力、温度等参数支持 3 分钟上传一次数据，功图 10 分钟上传一次数据。对生产环境视频监控业务的实时性要求高。

结合以上需求特点，对油气水井分布相对密集的区域，在以视频业务为主的情况下，宜考虑建设 LTE 1800 无线专网系统；在油气水井分布相对分散的区域，或者以采集可控制类业务为主的情况下，宜考虑建设 LTE 230 无线专网系统，以满足广覆盖的需求。

3.3　近距离微功率无线通信需求

3.3.1　近距离通信频谱资源分析

1. 433MHz 频段资源

1）频段政策

原信息产业部（简称信产部，现已整合划入工信部）2005 年 9 月规定了 433MHz 频段的使用要求。

（1）使用频段：314～316MHz，430～432MHz，433.00～434.79MHz。

（2）发射功率限值：10mW（e.r.p）。

（3）占用带宽：不大于400kHz。

2）使用情况

目前，频段范围433.00～434.79MHz属于国内免许可的工业、科学和医学开放频段。

3）优势及问题

使用这些频段不需要申请授权，但最大发射功率只有10mW，通信距离受限。

2. 470MHz频段资源

1）频段政策

原信产部2005年9月对470MHz频段进行了规范说明。

2）使用情况

在国内，470～510MHz属于国家开放的免费无线计量仪表频段，国内的LoRa系统主要应用在该频段，最大发射功率可达到50mW。

3）优势及问题

使用该频段无须申请授权。

3. 2.4GHz频段资源

1）频段政策

2002年8月原信产部发布了《关于调整2.4GHz频段发射功率限值及有关问题的通知》，为适应无线通信技术的发展，为科研、生产单位研发新技术、新产品提供研究频段和便利条件，满足无线电通信业务的需求，根据我国无线电频段划分规定和频率使用情况，并参照国际上通用的技术标准，决定调整2.4GHz频段无线电发射设备的部分技术参数[5]。

2）使用情况

目前，频段范围2.4～2.4835GHz属于国内免许可的工业、科学和医学开放频段，可用于Wi-Fi、蓝牙设备、点对点或点对多点通信系统。

3）优势及问题

使用这个频段需要申请授权。此频段各类无线设备较多，非常容易互相干扰。

4. 5.8GHz 频段资源

1）频段政策

原信产部 2002 年发布了《关于使用 5.8GHz 频段频率事宜的通知》，对 5725～5850MHz 频段进行了规范说明。

2）使用情况

目前，无线鼠标、无线路由器和数字无绳电话使用 5.8GHz 频段，国内部分地区 LTE-U 设备使用该频段进行宽带数据传输。

3）优势及问题

5.8GHz 频段为开放频段，因此使用该频段比较容易。在没有其他频段可用的情况下，申请使用 5.8GHz 频段无疑是一种理想的选择。但是，5.8GHz 频段性能存在一些不足，如遮挡损耗大、传输带宽较小等。

3.3.2　主要近距离无线通信系统

针对微功率无线通信低功耗、低成本、短距离、低速率的特点，并根据通信技术的发展，各标准化组织如 IEEE、IEC、互联网工程任务组（Internet Engineering Tasko Force，IETF）、欧洲标准化委员会（Comité Européen de Normalisation，CEN）、欧洲电信标准协会（European Tele communications Standard Institute，ETSI）等都制定了标准族，以规范微功率无线通信技术。同时，ZigBee 联盟、HART 通信基金会等有影响力的企业联盟也进行了标准的制定[6]。

1. IEEE 802.15.4 标准

该标准描述了低成本、低功耗、短距离的通信方式。它支持点对点和星形拓扑结构及不同的传输速率，支持冲突避免和选择性分配保证时隙，以保证传输的可靠性，并支持能量监测和链路质量监测。IEEE 802.15.4 标准由 IEEE 802.15.4 标准任务组 4 制定，自 2003 年发布起至今，经过两次修订和数次修正，目前共支持 13 个相互独立的物理层和 12 种不同的调制方式。目前 IEEE 802.15.4 标准任务组 4 正在进行两个标准的制定，分别是：IEEE 802.15.4j，将扩展新的物理层，以支持医疗体域网（Medical Body Area Network，MBAN）的服务，新物理层将工作在 2360～2400MHz 频段；IEEE 802.15.4k，为低能耗关键基础设施监视网络制定物理层规格。

2. Wi-Fi 系统

1）Wi-Fi 背景介绍

Wi-Fi 是一种商业认证，也是一种短距离无线通信技术。与蓝牙相比，它的传输带宽更大、传输距离更远，可应用于网络媒体、掌上设备、客运列车等领域。

2）Wi-Fi 技术原理

直接序列扩频技术是 802.11b 所采取的主要调制技术。在发送端用高码率的扩频码序列扩展信号的频谱，在接收端用相同的扩频码序列将信号解扩，将信号还原到原始状态。

多输入多输出（Multiple Input Multiple Output，MIMO）技术是 802.11n 和 802.11ac 采用的关键技术。MIMO 使用两根或两根以上的发射天线，以及两根或两根以上的接收天线，充分利用无线信道的多径，借助在同样的频率和同样的时隙发送多个数据流的方式，扩大频谱容量。

3）Wi-Fi 技术特点

目前，使用较为广泛的是 802.11n 和 802.11ac，未来还将使用 802.11ax。通过引入 MIMO 技术，Wi-Fi 可以支持更高的数据传输速率；802.11n 的物理层技术使 Wi-Fi 功能更加强大，传输距离更远，并且 802.11n 在功耗和管理方面进行了重大创新，使 Wi-Fi 功耗更低。

3. ZigBee 系统

1）ZigBee 背景介绍

ZigBee 与蓝牙类似，是一种新兴的短距离无线通信技术。该技术可用于传感控制应用，还可应用于小范围的基于无线通信的控制和自动化等领域。

2）ZigBee 技术原理

ZigBee 是一个由若干个无线数传模块组成的无线数传网络平台，数传模块类似移动网络基站，在整个网络范围内，ZigBee 网络数传模块之间都可以相互通信，通信距离支持无限扩展。

3）ZigBee 技术特点

ZigBee 是一种价格便宜、功耗低、可自组网的近距离无线通信技术，并且具有安全、可靠的特点。

4. LoRa 系统

1）LoRa 背景介绍

LoRa 是由 Semtech 公司创建的基于 1GHz 以下频段的超长距离、低功耗数据传输技术标准。该技术提升了物理层硬件的性能，改善了接收灵敏度，实现了低功耗和远距离的统一。

2）LoRa 技术原理

LoRa 的扩频调制采用宽带线性调频脉冲，在进行信息编码时在一定时间内频率会增大或减小。该调制方式主要有两个优点：大幅提高接收灵敏度和收发器对频率误差的健壮性。

LoRa 与其他直接序列扩频技术（如 CDMA、Wi-Fi 系统）有一定区别，主要体现在以下几个方面。

（1）LoRa 使用更高阶的扩频因子，以获得更高的处理增益，有点像 GPS 技术。

（2）容易同步，不需要定期额外地收发信标帧同步。

（3）LoRa 对频率偏移不敏感，一般 ± 30ppm 晶体就可以满足绝大部分应用。

3）LoRa 技术特点

（1）LoRa 可以在同样的功耗条件下比其他无线方式传输得更远，传输距离在城镇可达 2～5km，在郊区可达 15km。

（2）LoRa 工作在 ISM 频段，包括 433MHz 频段、868MHz 频段、915MHz 频段等。

（3）LoRa 容量很高，一个 LoRa 网关可以连接数万个 LoRa 节点，并且具有可扩展性。

5. NB-IoT 系统

1）NB-IoT 背景介绍

NB-IoT 是由华为主导的 NB-CIoT 和爱立信等主导的 NB-LTE 融合的技术标准，技术需求来源于低功耗广域网技术，是 IoT 领域的新兴技术。其典型应用和业务需求如表 3-5 所示。

表 3-5　NB-IoT 的典型应用和业务需求

分　　类	典型应用	上行数据	下行数据	频　　率
事件上报	监控物理条件并触发上报。典型业务如烟雾告警探测器、智能表供电故障通知、篡改通知等	20 字节	0（ACK 可认为是 0 字节，主要是 COAP/DTLS/UDP/IP 开销）	月或年
周期性上报	智能表计（水/电/气）上报、智能农业、智能环境等	20～200 字节	上行数据大小的 50%，ACK 0 字节，收到 UL 数据后直接响应	1 天（40%） 2 小时（40%） 1 小时（15%） 30 分钟（5%）

续表

分　类	典型应用	上行数据	下行数据	频　率
网络控制命令	开关命令、触发表计上报数据的命令	0～20 字节，50% 的情况下需要上行响应	20 字节	1 天（40%） 2 小时（40%） 1 小时（15%） 30 分钟（5%）
软件更新/重配置	软件补丁/升级	200～2000 字节	200～2000 字节	180 天

2）NB-IoT 技术原理

NB-IoT 上下行均支持 180kHz 的射频带宽，终端单天线；子载波宽度为 15kHz；每个无线帧 10ms；引入重复传输机制，最大重复次数为 2048 次；简化了基带处理的复杂度，终端芯片工作电流减小，空口信令和协议栈得到简化。

3）NB-IoT 技术特点

（1）广覆盖。在同样的频段下，NB-IoT 比现有的网络增益 20dB，相当于覆盖面积扩大 100 倍。

（2）大连接。NB-IoT 一个扇区能够支持 10 万个连接。

（3）低功耗。NB-IoT 终端模块的电池寿命可长达 10 年。

（4）低成本。终端模组成本仅几美元。

3.3.3　应用场景分析

1. Wi-Fi 主要应用于高带宽场景，但安全性较低

因为 Wi-Fi 使用的频段不需要任何电信运营执照，因此 WLAN 的无线设备可以提供费用低廉、速率较高的无线空中接口。但是，Wi-Fi 会带来一些安全问题，如无线扫描、欺骗、拒绝服务（Denial of Service，DoS）、破解等。

2. ZigBee 主要应用于简单、低成本场景

（1）智能家居。通过 ZigBee 可以把家里的各种电器设备联系起来，用户在任何地方都能了解家里的情况。

（2）智能路灯。通过 ZigBee 可以实现大规模路灯的远程控制，调节路灯的亮灭、明暗，并在路灯需要维修时上报路灯位置。

（3）医疗监护。在病人身上安装传感器，通过 ZigBee 把病人的血压、体温

等数据上传到监测中心，对病人的身体状况进行监测。

3. LoRa 主要应用于大连接、深度覆盖等复杂场景

LoRa 技术适用于要求功耗低、距离远、大连接及定位跟踪等的物联网应用，如智能抄表、智慧农业、智能交通、智慧城市等领域。

（1）智能抄表。配电箱中安装数据采集设备，将用电量传递给 LoRa 模块，再由网关把数据传递给数据中心，可以实现智能化管理。

（2）智慧农业。LoRa 的定位功能可以用于家畜跟踪，传感器用于监视温度、湿度、风速，可以有效提高农作物产量。

（3）智能交通。在汽车上使用地理位置定位功能可以用于车辆跟踪和事故通知，在停车场通过 LoRa 传感器可以管理车辆，监控车位使用情况。

3.4　无线公网通信技术

3.4.1　无线公网通信技术应用现状

蜂窝概念的提出推动了移动通信从第一代（1G）到第四代（4G）的快速发展，成为当今世界发展最为迅速的领域之一，对人类生活和社会发展产生了重大影响。

4G 技术也称为 LTE，它采用了与 3G 不同的空中接口技术，物理层基于 OFDM 技术进行设计。在系统中采用了基于分组交换的设计思想，使用共享信道，物理层不再提供专用信道。系统支持频分双工模式（Frequency-Division Duplex，FDD）和时分双工模式（Time-Division Duplex，TDD）。同时，4G 系统对传统 3G 的网络架构进行了优化，采用扁平化的网络结构，接入网仅包含 Node B，不再有 RNC。

4G 技术主要包含以下几项核心技术：OFDM 技术、MIMO 技术、基于 IP 的核心网技术、载波聚合技术。

LTE 系统架构分为两部分，如图 3-10 所示。一部分为核心网（MME/SGW），另一部分为接入网 E-UTRAN，接入网仅由单一网元 eNode B 组成。eNode B 与核心网通过 S_1 接口互联，eNode B 之间通过 X_2 接口连接。LTE 的网络架构更加扁平化、架构简单，缩短了通信时延。

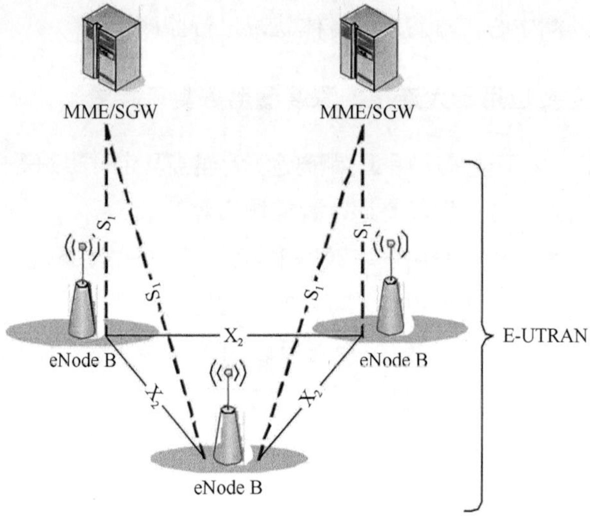

图 3-10　LTE 系统架构

3.4.2　5G 技术在智能电网中的应用

1. 5G 具备多样化的支撑能力

5G 通信技术的出现有望支撑第四次工业革命，无处不在的移动宽带、传感和人工智能的融合将推动行业和社会发生巨大变革。5G 有三大应用场景：增强移动宽带场景、低时延高可靠场景和低功耗大连接场景。

（1）增强移动宽带场景延续了智能终端与网络能力的交互需求刺激，进一步提升了数据传输通信的收发率，即在现有移动宽带业务场景的基础上，对用户体验等性能进行进一步提升，主要还是追求人与人之间极致的通信体验。

（2）低时延高可靠场景主要面向车联网、工业控制等垂直行业的特殊应用需求，这类应用对时延和可靠性具有极高的要求，需要为用户提供毫秒级的端到端时延和接近 100%的业务可靠性保证。

（3）低功耗大连接场景主要面向智慧城市、环境监测、智能农业、森林防火等以传感和数据采集为目标的应用场景，具有小数据包、低功耗、海量连接等特点。这类终端分布范围广、数量众多，不仅要求网络具备超千亿个连接的支持能力，而且要保证终端的超低功耗和超低成本。

2. 5G 在智能电网中的应用场景

截至“十三五”时期末，仅国家电网有限公司各类电力业务终端数量就达

1687 万个，其中，配电自动化三遥、精准负荷控制等电网控制类终端达 24 万台，用电信息采集、电网状态监测等信息采集类终端达 1633 万台，移动作业、移动营销等移动应用类终端达 30 万台。针对增强移动宽带、低时延高可靠、低功耗大连接这三大场景，电力业务的发展趋势和 5G 的特点是匹配的。

增强移动宽带场景在电网中的主要应用是移动巡检业务，包括变电站巡检机器人、输电线路无人机巡检、移动式现场施工作业管控等。通过引入 5G 技术，可以实现现场视频回传，甚至 VR/AR 远程指挥和诊断，完成智能化巡检管理，提高巡检效率。

在低功耗大连接场景下，针对的情况有两种。一种是配电网状态的小数据量监测传感器分布点多面广，仅国家电网有限公司就有 440 万台以上配电变压器。另外，开关柜、环网柜及分支箱等配网相关设备的规模也在 800 万台以上，这对无线网络的大规模接入管理能力和低功耗需求提出了严峻挑战。另一种是大数据量的边缘计算处理，所有数据都经过长途传输上送到计算中心处理，非常浪费资源，必要性也不大。5G 是全新的无线通信技术，和以前的 2G/3G/4G 相比，其中一个特点是其网络架构包含边缘计算和网络切片能力，边缘计算的最大优势就是降低了终端到核心网侧的时延，可以在本地提供闭环控制，增强实时性，满足低时延业务的需求。

3. 5G 技术在智能电网中的应用前景

无线通信技术的快速发展有望使 5G 和能源互联网的有机融合成为现实，同时为电力公司带来额外的效益。5G 灵活的功能架构将提供一个平台，能够支持关键时延敏感类型的控制应用及低功耗、低成本、海量接入的采集应用。其中大规模机器类通信技术可满足电力广深覆盖的业务需求，超高可靠和超低时延通信可满足电力精准负荷控制的业务需求。

5G 网络即将实现真正的“通信无处不在”，面向未来的网络所带来的机会是电网公司不可忽视的机遇。5G 技术除可实现智能电网传统的业务需求外，还可提供实现新的业务模式的机会。由于 5G 技术采用密集的小型蜂窝小区的结构，因此电网公司与移动运营商合作的机会可能会广泛出现，使电力公司分散的资产（如电力塔、输电线和路灯杆等）成为有价值的资产，发挥新的价值。

这些通信网络技术不断演进，可能创造新的商业模式。未来 5～10 年内，电网公司及其通信系统供应商必须及早考虑 5G 技术演进所带来的长期影响，以及面向未来的整体连接。

参考文献

[1] 曹津平，刘建明，李祥珍. 面向智能配用电网络的电力无线专网技术方案[J]. 电力系统自动化，2013，37（9）：82-86.

[2] 闫淑辉，冯世英. 现有无线宽带通信技术在电力行业应用对比分析[J]. 智能电网发展探讨会会刊，2016，6：675-680.

[3] 工业和信息化部. 工业和信息化部关于1447～1467兆赫兹（MHz）频段宽带数字集群专网系统频率使用事宜的通知（工信部无〔2015〕59号）[Z]. 2015-2-26.

[4] 张瀚峰，闫淑辉，冯世英. LTE230系统在智能电网中的应用[J]. 电信网技术，2015，46（1）：29-32.

[5] 信息产业部. 关于调整2.4GHz频段发射功率限值及有关问题的通知（信部无〔2002〕353号）[Z]. 2002-8-23.

[6] 刘建明. 物联网与智能电网[M]. 北京：电子工业出版社，2012.

第4章

能源互联网与区块链

能源互联网从本质上看是一种多方参与、多域业务并存的分布式能源网络环境，随着我国对能源互联网投入的不断加大、政府法规的持续支撑，能源互联网建设的加速度也越来越大，会不断吸引更多主体和资金加入。区块链是一种数据分布式可信存储与验证技术，通过不易篡改的数据构建数据可信、共享的生态。

本章重点介绍在能源互联网中如何使用区块链技术，提升数据在信息流中的验证与交互效率，打破不同企业间的数据壁垒，减少大量冗余操作，通过区块链实现能源互联生态的快速建立，增强不同能源企业间的协作与共享，构建一个更高效、更便捷的能源生产、运营网络，为用户提供更智能的综合能源服务。

4.1 能源互联网与区块链概述

能源互联网是以电力系统、互联网等先进技术为基础的一个复杂多网系统，该系统一次能源的主要来源是可再生能源。与传统电网相比，能源互联网的能源种类更丰富，参与者更多，同时改革了传统电网中的信息交互模式。

由于能源互联网和区块链均具有中心化、开放、智能和共享的特点，因此在能源互联网中引入区块链是十分可行的。此外，在能源互联网中，利用区块链技术承载能量流、信息流获取的状态信息与数据，并结合智能合约参与管理调控环节，提高整体网络的正反馈能力，因此有必要在能源互联网中引入区块链，从不同维度支撑能源互联网的建设。此外，区块链可针对能源互联网中的风险进行改进，主要表现在以下几个方面：区块链以分布式决策自动对交易信息进行处理、传输和存储，从而提高能源互联网中的交易效率，并通过共识机制实现决策结果的最优化；区块链技术采用的加密算法和共识机制有利于提高能源交易系统中的自律性，并加速能源互联网中的信用体系建设；区块链通过串联不同能源子系统的价值，有利于加速新型能源生态圈的构建。

通过把区块链技术应用到能源互联网领域，无论在底层技术层面，还是在运营管理层面，甚至在价值实现上，都会产生重大变革。

4.2 能源区块链

4.2.1 能源区块链的定义

将区块链技术引入能源互联网后，区块链技术为能源互联网提供技术支撑，能源互联网为区块链技术提供应用场景与市场。与传统电网相比，区块链技术的主要优势体现在安全、透明和高效等方面，同时能源互联网存在供需分散、系统扁平化和交易开放等特征。因此，基于区块链的优势和能源互联网的特征，可将能源互联网与区块链进行结合，进而得到能源区块链。能源区块链技术是两类技术系统的结合，其定义与架构、运行原理、关键技术等基础理论都急需建立及完善，为产业化发展提供理论基础和指导意义。

目前，学术界没有关于能源区块链的统一定义，但能源区块链一般指将区块链技术应用于能源领域中，各能源子系统节点（如电力、石油等）使用有序联机的加密区块来存储能源交易数据信息，使用共识机制进行决策，并保证全网数据的一致性，同时利用智能合约自动完成有关数据信息的传递、相互验证或执行，是一种革命性的去中心化能源互联的数据结构[1]。能源区块链示意如图 4-1 所示。

另一种关于能源区块链的定义为，能源区块链是各能源节点使用链式的加密区块验证存储能源交易数据，并使用共识机制实现分布式决策，同时利用智能合约自动完成交易处理的一种全新的去中心化能源结构。基于该结构可实现能源交易中各种流的有效衔接。

结合区块链技术在能源互联网中的应用需求，可以给出如下能源区块链的定义。

从信息化角度理解，能源互联网可视为由一系列分布式综合能源管理系统组成的对等可信网络，而每个综合能源管理系统管理某个确定区域能源子网的生产、运行与调度信息。利用区块链技术对分布式综合能源管理系统间的能量流、数据流和价值流进行对等共享与管理贯通，构成能源区块链。能源区块链架构如图 4-2 所示。

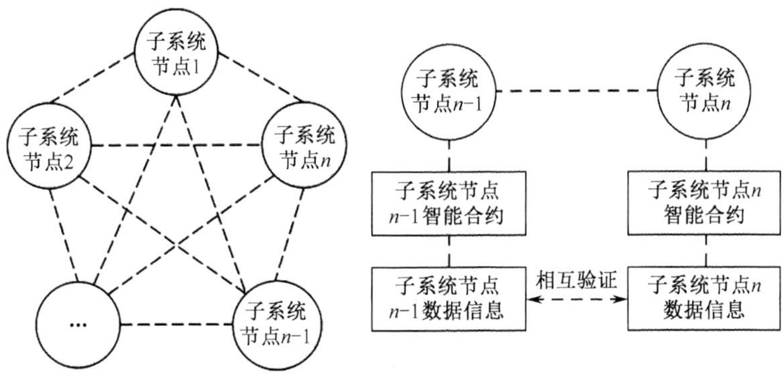

图 4-1　能源区块链示意

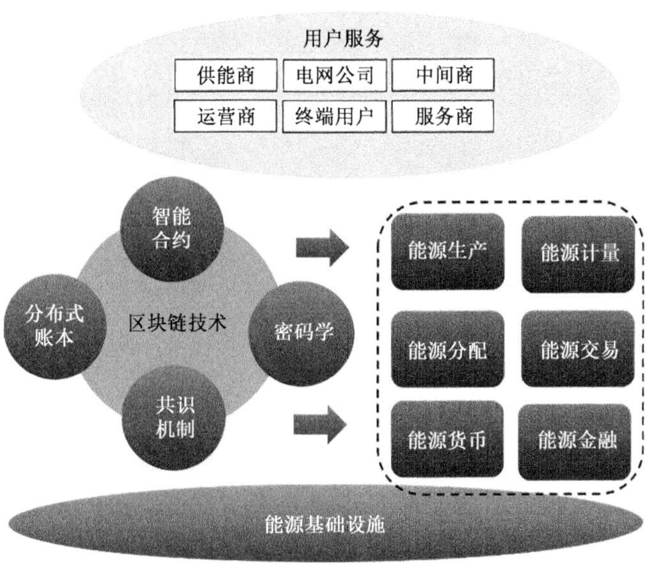

图 4-2　能源区块链架构

能源互联网区别于其他智能电网的重要特点是通过引入能源区块链技术可提升能源互联网中的信息技术属性。能源区块链技术的作用对象是数据，并通过数据分析影响或决定能源网络的运行。因此，能源区块链技术在能源互联网的价值传递中发挥着基础作用。在此类价值传递模式中，参与主体都可以依托能源区块链技术，对所在数据中心进行数据的读取和上传操作，从而分析决策自身的价值需求与价值实现。

4.2.2 能源区块链的特点

（1）由于能源区块链是在能源互联网中引入区块链的，因此能源区块链也具有区块链的一般特点——去中心化，基于 P2P 结构的能源区块链技术不存在中心节点。

（2）数据在多个节点间备份，因此能源区块链中的数据具有良好的健壮性。

（3）数据在一定程度上是透明的。基于智能合约技术，能源区块链的运行规则是透明的，在具有查询权限时，数据也是公开透明、可追本溯源的。

（4）系统自治性。能源区块链通过采用共识算法、智能合约等技术，在完成区块链系统自动运行的同时，可保障系统无须第三方信任担保和监督。

（5）可追溯性。能源区块链通过加盖时间戳来记录和追踪交易信息，同时保证交易信息无法被篡改。

4.2.3 能源区块链的适用维度

区块链可以将传统架构中的数据中心或第三方机构的角色完全替换掉，在网络不可信、节点不可信的情况下利用共识机制建立信任，从而保证数据的真实可信，降低了各对等角色之间的信任成本，从而推动业务开展。能源互联网是电力系统发展的最终形态，本节从功能维度、管理维度和数据资产维度对能源区块链的应用进行分析。

1. 功能维度

由于区块链去中心化的特点，区块链能实现数据的可信任和自组织，所以可将区块链应用于原先需要第三方进行组织和担保的场合，以区块链代替第三方。具体而言，区块链在能源互联网中的能源及其排放的计量认证、能量及其衍生产品的市场交易、能源融资方面占有重要地位。

2. 管理维度

在传统能源结构中，源、网、荷之间存在壁垒，随着在未来能源互联网中不断引入储能技术，壁垒将被打破。然而，不同能源系统之间的耦合性也随着不同技术的引入逐渐增强。在这种背景下，传统能源系统的运行面临极大挑战。因此，可以考虑将区块链引入能源系统，从而为能源系统的互联网化发展提供技术支撑。

3. 数据资产维度

区块链能对需要进行注册、认证、追溯、交易或共享的量进行存储。同时，在能源互联网中，物理能源在坚强电网中流转，而信息与价值在上层的泛在电力物联网中流转。在能源互联网中，物理流支撑电力传输，信息流在物理流的基础上进行运维和信息流转，与物理流深度融合、双向流动。在物理流和信息流的基础上建设开放的、扁平式的、多元化的能源市场，被称为价值流。

4.3　区块链在能源互联网中的应用

4.3.1　区块链在能源互联网中的应用范围

区块链技术具有较高的普适性，可以应用到能源互联网的架构设计和功能运行中。本节从物理和功能两个层面来具体分析区块链技术在能源互联网中的应用约束问题。

能源互联网有其自身发展规律，以时间为序，能源行业一般把能源互联网的发展过程划分为能源互联微网、城市互联、国家互联和全球互联等几个阶段。当前正处于能源互联微网阶段，并将持续较长时间。与此对应，区块链应用到能源互联网时有其物理空间和功能上的约束。

在能源互联微网阶段，可以在微网单元实现区块链技术的典型应用。在这样一个局域空间内，可以把区块链技术与能源互联网技术进行较深度融合，这不仅指在数据的存储处理、决策制定方面，也可以进行智能化执行操作，把人对融合系统的干预降到最低。因此，互联微网是区块链技术充分释放与应用的物理空间。

对城市互联以上的广域空间而言，区块链技术应用的对象有所不同。首先，随着能源互联网的层级上升，区块链网络随之上升到更高层级，即广域空间区块链网络。分布式存储的容量增大，数据种类改变，能源互联网对区块链的业务需求也有所变化。例如，微网层级的客户需求多样化，对区块链应用提出了丰富多样的要求，而广域层级中的参与主体相对减少，能量管理对象相对减少。其次，运行功能有所变化。在微网层级，面对丰富的业务需求，区块链技术与能源互联网技术需要设计并运行在高度自动化状态，避免由于人工过多的参与而带来系统的不确定性[2]。因此，区块链技术需要应用到微网系统的数据采集、分析决策和自动执行的全过程中。但在广域层级，参与主体减少，单次决策的数据量增大，单次操作的能量容量增大，这使参与主体更多地关注价格、交易等利益因素，而非技术因素。因此，对系统的运行管理，人工参与相对增加。这使得区块链技术在数据采集、分析决策方面全面参与，而在自动执行方面则有所选择。

如表 4-1 所示为区块链在物理和功能层面的应用特点。

表 4-1　区块链在物理和功能层面的应用特点

分　类	在物理层面的应用特点	在功能层面的应用特点
能源互联微网	数据种类多，全方位深度应用	业务需求丰富，全面参与运行
广域能源互联	分布式存储容量大，数据量大	业务需求相对少，侧重数据分析，执行层面有选择性

4.3.2　区块链在能源产业链中的价值

考虑区块链去中心化、建立可信环境的技术特性，能源互联网的发展趋势，以及区块链技术在能源互联网中逐渐出现的应用，可以认为区块链技术特性与能源互联网发展理念吻合。设计能源区块链作为底层技术基础，能够为能源供给、能源输送、能源分配、能源消费、能源交易五个能源互联网价值链环节提供服务[3]。区块链在能源产业链中的应用能有效突破能源应用限制，为新型能源供需体系的发展与建设提供关键技术支撑。

1. 能源供给领域

未来能源供给将向分布式和集中式相结合的模式发展。以电力能源供给为例，分布式能源供给的物理特性与区块链的去中心化特性之间有较强的一致性。而区块链技术能有效实现数据的实时更新，这可以实现集中式和分布式系统之间信息的有效、实时共享，避免多种能源基础设施的重复建设。

2. 能源输送领域

能源输送过程中的参与者存在博弈竞争，这需要确保多个角色之间的强制信任，角色之间的交易需要透明化，以保证多种能源输送之间的优化和协调。区块链完美地契合了能源输送需求，将区块链运用到能源输送中，可以构建更加可靠的能源输送系统，系统效率将被大大提升。在能量流方面，需要准确计量网络传输的能量，经过优化与协调的能量流能够确保能源系统安全、稳定地运行。在信息流方面，需要维持系统状态信息的可靠性，基于状态信息完成全局能源系统的评估。区块链数据的可靠性和透明性，能够保障能量流和信息流的可靠计量。区块链技术打破了网络之间的屏障，实现了统一能量计量，消除了多能源系统的网络阻塞，同时提供了开放的交易平台，实现了物理输电权和金融输电权的灵活交易。

3. 能源分配领域

能源分配系统广泛接入分布式能源，使其拓扑结构发生了巨大的改变。其中，多种能源之间需要互相转化，而且与时间空间有着紧密联系，这向能源分配系统的计量发起了新的挑战。结合区块链技术广泛共享的特性和智能合约自动化执行的特性，能源分配系统将在能源分配的合理性上有显著的提升。

4. 能源消费领域

由于智能合约和分布式账本，能源消费侧和能源供给侧的透明度得到了大大的提高，随之影响了区域能源系统的用能需求，也推动了不同能源的合理交叉使用及交互。分布式新能源、用户需求响应、电动汽车等新型负荷的使用，使负荷形式逐渐增多，但各种负荷有不同的调节能力和用电行为。随着售电侧市场的逐步完善，用户的选择更加多样，电价不再被电网公司垄断，用户可以选择不同售电公司进行购电。此外，用户的参与度也更高，用户可以通过调整自身的用电行为来加入各类能源市场。

5. 能源交易领域

国内外案例表明，区块链会率先在能源交易领域发挥作用。区块链技术在交易和计量方面的优越性，可以加深负荷侧在能源系统中的参与度。例如，基于区块链技术构建的透明可靠的售电计量服务平台，可以提供自由切换能源供应商与结算服务。服务平台可对供电商信用进行认证。区块链将在未来电力系统中的分布式/集中式的储能系统调频、调峰方面发挥重大作用。区块链可以进行合理透明的认证和计量，极大地调动了分散式和集中式的储能市场参与的积极性，从而可以提高储能对整个能源系统的贡献。

区块链具有的优点使其在一定程度上满足了能源互联网的需求，因此区块链技术可以很好地应用在能源互联网场景中。同时，为了使区块链技术在能源互联网中应用得当，两者之间的差异化需求也是必须考虑分析的。下面从区块链技术架构层面来分析说明区块链技术在能源互联网中的适用性和差异化需求。

4.3.3 区块链在能源互联网中的应用方式

结合能源互联网的实际业务，区块链的应用方式正在不断被探索。现有的能源互联网中的区块链大致可以总结为两种，一种是技术应用，另一种是商业应用，具体应用模式如图 4-3 所示。

图 4-3 区块链的应用模式

1. 技术应用

技术应用就是将区块链核心技术进行提炼，与能源信息系统深度融合，对现有的能源互联网物理信息系统进行改进。大数据、云计算、物联网、人工智能等新一代信息技术将作为能源互联网的网络基础设施，与区块链形成相互渗透、共同促进的关系，对能源互联网的发展起到极大的推动作用。

在能源互联网场景中，区块链的技术应用主要有以下四个方面。

1）分布式存储

能源互联网的数据将随着能源互联网的发展呈现指数级增长，传统的分布式存储技术解决了海量数据的存储问题，但是未能解决数据真实性和有效性的问题。目前，云存储主要是中心化的，存在安全风险（泄露用户隐私）和成本高等问题。区块链技术采用分布式存储技术，具有不可篡改、安全可信的特点，将数据存储从关系型数据库（已整理数据）、非关系型数据库（适用于处理海量数据）迈入区块链存储时代（安全可信数据）。基于区块链的去中心化云存储能够大幅降低成本，同时使云储存更安全、更快捷、成本更低，解决了传统云存储的安全与成本问题。典型场景包括分布式 CA 证书系统，将证书由集中式托管与认证过渡为多区块节点托管与认证，降低中心服务器的并发压力。

2）分布式计算

目前基于区块链技术的比特币系统全网算力已达海量级，然而比特币系统采用工作量证明机制（Proof of Work，POW）来达成共识，将算力全部用来重复计算随机值，难免浪费。能源互联网中存在很多需要大量算力的情景，如能源系统的运行、调度、分析等，因此需要通过技术攻关来实现区块链强大算力的有效分配和利用，从而提高能源互联网的算力效率，并降低计算成本。

3）协同控制

能源互联网包含海量的市场主体、设备主体，能源互联网的正常运行需要对市场和大量设备进行监测和控制，同时对海量主体进行协调控制，这是非常困难的，市场主体的市场行为使得该问题更加复杂多变。区块链使用共识机制和通信机制，可大规模协调大量分布式节点参与，解决电网设备优化运行、虚拟电厂等涉及大规模主体协同的问题。

4）智能执行

能源互联网的“主干网”为大电网，“局域网”为能量自治单元，如微网、分布式能源等，能源双向按需传输和动态平衡的实现依托开放对等的信息能源一体化架构。结合区块链智能合约的物联网，可实现智能设备的民主自治管理与智能执行，提升能源设备的智能化水平与执行能力。

在控制与调控环节利用区块链的价值体现在：在电力系统中，计量数据和电力运维数据都可以被实时、可信地采集和传输，而利用区块链采集的数据可以用于对能源系统整体的状态进行评估和检测。此外，来自区块链的数据可以帮助上层做出更好的优化决策和调度，而来自上层的优化决策和调度反馈等信息也能够在能源系统中及时传达。决策数据和运维数据的安全对能源系统的安全稳定运行非常重要。区块链保证了数据的真实可信，有力支撑了能源系统数据的分布式维护，从而保障整个能源系统的安全。现有的系统中，隐私泄露是一个不得不面对的痛点，用户的私人信息被包含在用电数据中，而用电数据正在不断被采集，造成了隐私泄露的风险。此外，用户也可能更换售电商。利用区块链对用户数据进行加密不仅能够保障用电数据的所有权与使用权，而且能够将用电数据可靠地保存起来，既保障信息安全，又保护用户隐私。

2. 商业应用

商业应用就是使用现有的区块链框架，利用区块链系统的数据不可篡改、可溯源等特性，解决能源互联网中的价值传递问题，即商业问题，主要应用在能源积分、能源计量、能源交易、能源金融等方面。

1）能源积分

《关于推进“互联网+”智慧能源发展的指导意见》（发改能源〔2016〕392号）明确提出了促进能源领域跨行业的信息共享与业务交融，培育虚拟能源货币等新型商业模式[3]。将能源服务所创造的价值代币化，通过区块链发行虚拟能源货币，并将其作为能源互联网价值传递的介质。类似电费红包等能源积分具备成为虚拟能源货币的潜力，虚拟能源货币的应用将带来新的能源互联网商业模式，为能源市场改革带来新途径。在当前的金融监管环境下，虚拟能源货币面临较大的法律风险，但是类似 QQ 币等封闭体系的能源积分在国内具备一定的可行性。

2）能源计量

能源计量是能源互联网生态圈开展能源金融与能源交易的基石，也是能源互联网中各参与主体关注的核心问题。目前电网公司是能源计量的主要操作者，而电网公司作为能源互联网的参与主体之一，并非中立的第三方，在能源计量中存在不被信任的可能性，而这种不被信任将限制商业活动的开展，制约能源生态的健康发展。通过将智能电能表等采集的能源计量数据在区块链上存储，可以利用区块链链上数据不可篡改的特性来保证能源计量数据的可信性。能源市场中的多主体参与者利用区块链技术建立了信任环境，并提供了强有力的信用背书，为和能源计量直接相关的绿证交易、碳交易、新能源补贴、能效管理及审计、节能量核定等提供了权威的计量数据，以确保各项工作的顺利进行。

由于能源互联网涉及多种繁杂的市场交易，所以计量认证是其实现开放与公平的基础。包括能量交易在内，碳排放、绿证和金融服务都需要可信认证与权威数据。独特的区块链式结构和共识机制保证了数据的不可篡改、真实可信，为能源互联网提供了可信的计量数据与权威的身份认证。利用区块链为绿证交易提供可靠的计量平台，不同的能源系统之间可以实现统一计量和认证。区块链还能为智能电表或电力系统电源管理单元提供数据平台，在该平台上通过一定的验证机制保证高质量数据上链，保障数据的可信度。

3）能源交易

良好的能源交易可以释放能源互联网市场活力，而实现资源优化配置的主要手段是调节价格。集中化的交易中心信任问题一直被人诟病，导致能源交易成本高、信息披露不及时不充分、隐私泄露等问题。利用区块链搭建的多中心能源交易系统，可以为市场多主体提供一个公平、公正、透明的交易平台，为能源交易市场监管提供强有力的技术手段，对影响市场秩序的行为提供历史证据，在需求侧响应、电力市场竞价交易、充电桩支付和电费支付等场景中都具有广泛的应用前景。

未来能源互联网的交易是多元化的，区块链在记账方面的应用具有得天独厚的优势。其原因有如下几个：①区块链中所有上链数据都由记账节点（由共识算法选出）负责，且由后续交易对前向交易进行确认，将第三方金融机构排除在外，交易成本大大降低；②链上信息对授权查询用户公开透明，并且权威可信，除了保障市场主体之间信息的一致和对称，还保障了市场的实时有效；③节点的全量数据存储和哈希算法保障数据不可篡改，从而支撑交易系统的安全可靠；④智能合约可以在触发条件达成后自动执行相应的逻辑，可靠性与执行力均可以被保障，有力支撑了交易市场的公平可靠。例如，将区块链技术引入能源互联网，不仅使电力零售商与发电厂商之间的交易变得更加透明，而且随着处于分布式状态的新能源的接入，用户的角色也由消费者向生产消费者转变，同时区块链也为用户之间基于 C2C 的能量微交易提供了平台。

区块链技术除为能量交易提供平台外，其权威可信并支持溯源的数据还可保证各类交易等行为高效有序地执行。各种能源之间的协同供应是能源互联网高效运行的重要保障。能源互联网中包含电、热、气等多种形式的能源，与传统能源网络相比，未来能源网络中的参与主体扮演的角色越来越多。促进能源系统中多能源供应协同与多参与主体之间的高效协同需要满足以下条件：首先是保证利益被合理分配；其次是保证能源网络中数据真实可靠。由于区块链公开、透明的特性，在能源网络中引入区块链技术后，不仅能够保证多方利益合理分配，还能保证网络中数据不被篡改。例如，区块链中能源主体以分布式状态运行，而且可以完整记录系统中主体的运行状态和能源成本，基于区块链中记录的数据、系统中的节点和相关的利益需求，做出最优决策，进而实现系统中能源的高效利用。

能量传输环节利用区块链数据的价值体现为：在传统能源系统中不仅包含电力，还包含热、气等多种形式的能源，为了实现多能源之间的协同供应和能源融合，需要搭建多方平等的去中心化平台，而区块链提供权威认证与可靠的数据存储，为多能源的融合提供了技术支撑。

4）能源金融

能源金融是指通过整合能源系统中的能源资源和金融资源，实现两者的不断优化融合，进而促进能源产业和金融产业协调发展的系列活动。传统能源金融通常由金融机构提供担保，因此具有流程多、成本高、周期长的特点。区块链通过算法提供信用保证，在算法层面使金融产品投资者和发行者相互信任，从而降低发行成本。基于区块链的能源金融彻底改变了传统能源金融的模式，大大降低了金融产品的发行门槛，为小微金融产品（如分布式光伏等）提供了新的融资渠道，促进产生了新的商业模式。

能源金融作为能源系统的重要扩展，通过吸引投资反过来建设能源互联网。通过区块链技术进行能源众筹，消除第三方机构，降低信任成本的支出，使投资者及时获得分红，保证其权益。同时，区块链也为能源互联网中其他能源资产的证券化和金融化提供了可靠的平台。

4.3.4 区块链在能源互联网中的应用现状

1. 国外应用现状

1）美国纽约市布鲁克林区 TansactiveGrid 项目

美国是区块链研究与应用的先驱之一，技术底蕴丰厚，融资环境良好，为能源区块链的研发与应用做出了良好示范。由美国 LO3 公司和研发商 ConsenSys 共同开发的 TansactiveGrid 项目[4]是世界上最早投入商用的能源区块链项目。

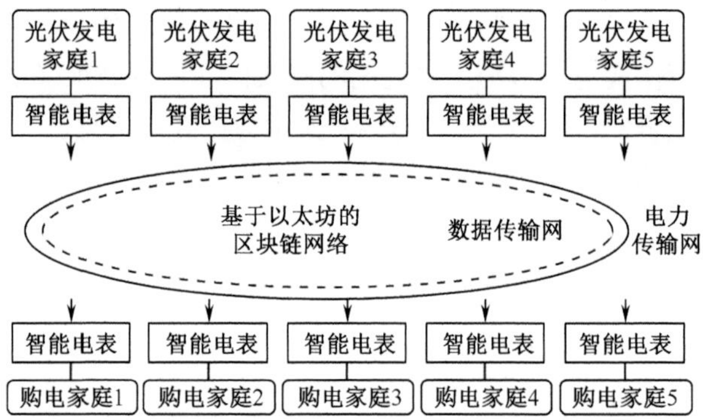

图 4-4 纽约市布鲁克林区 TansactiveGrid 项目

共有 10 个家庭参与了 TansactiveGrid 项目，其中，5 个家庭安装了光伏发电系统，作为供电节点；5 个家庭从安装光伏发电系统的家庭处购电，购电系统基于 P2P 构造。在整个过程中，无须第三方机构参与。在这个项目中使用的智能电表可对用户的发电、购电数据进行采集，并将数据传输至公共区块链平台。该项目根据发电节点中智能电表记录的数据构建代币，这些代币可在区块链钱包中进行交易。

结果表明，该项目的社区居民参与者可节省购电费用，同时安装了光伏发电系统的居民还可出售剩余电量以获得收益。该项目对其他能源区块链的项目起到了示范作用，但是该项目实验规模太小，对较大规模的微电网还需要进行进一步验证。

2）欧盟 Scanergy 项目

为减少温室气体排放，提高能源利用效率，基于区块链技术的能源互联网中的发电无须远距离和升降压传输，而且交易采取分布式模式，避免了长距离传输时的线路能耗。欧盟第七框架计划资助了 Scanergy 项目，其整体构成如图 4-5 所示。

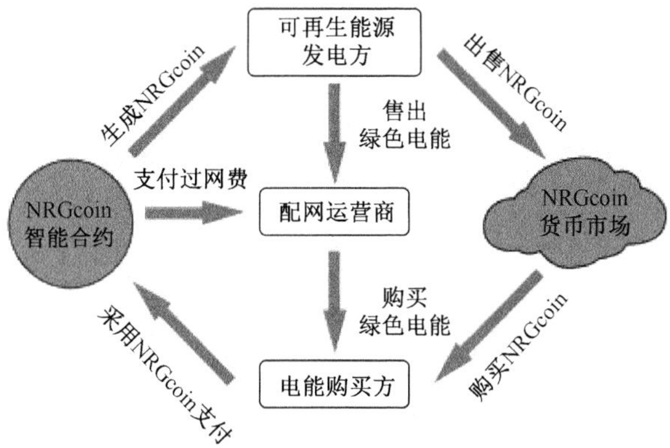

图 4-5 欧盟 Scanergy 项目整体构成

Scanergy 项目基于以太坊的智能合约平台。当发电节点向电网中输入电能或向其他节点出售电能时，运营商会进行认证，并基于智能合约向发电节点发放虚拟代币（NRGcoin）。当购电节点购买电力时也使用虚拟代币进行支付。

该项目的主要优势有以下几个。①交易简单，激励用户参与交易。②清洁电力的价格被控制在合理的范围内，不会导致市场交易的混乱。③使用代币进行交易，交易快速简便。④各方均能获得收益。由于智能合约的不可更改性，因此无论电价如何变化，原低价购买的代币仍能购买等值的电量，降低了政府的补贴成本。尽管该项目具有很多优势，但该项目在模型、隐私、安全等方面仍需要进一步完善[5]。

3）德国电动汽车 Share&Charge 项目

德国目前正在努力推广清洁能源建设[6]。由于充电公司之间存在交易不透明、协议不统一等合作困难，导致充电桩共享困难，区块链被认为是有效解决这一问题的方案之一[7]。德国 Share&Charge 项目采用区块链技术，针对共享充电桩提供了可落地的方案，其整体构成如图 4-6 所示。

通过 Share&Charge 平台，用户可出租自己的充电桩并设置价格费率等参数，车主可查询充电桩及其信息，通过智能插座与共享充电桩进行连接，并使用手机进行确认，详细的交易信息将存储在平台上[8]。

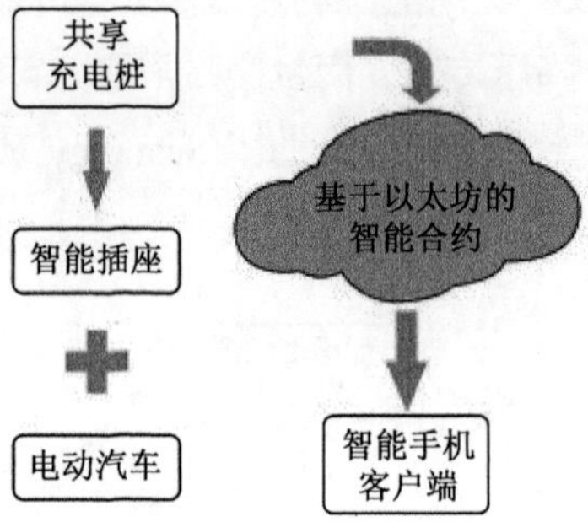

图 4-6　德国 Share&Charge 项目整体构成

目前，该项目在美国加利福尼亚州得到了实施[9]。在实施过程中暴露出了一些新的问题：监管法规和手段不明确，区块链密钥维护困难等[10]。

4）澳大利亚弗里曼特尔项目

澳大利亚在可再生能源目标法案中提出，到 2020 年实现 20%的电力来自可再生能源[11]。澳大利亚的政策导向和充沛的资源为分布式电力交易提供了支持[12]。在弗里曼特尔项目中，利用区块链构建 P2P 的电力和水资源管理和交易平台[13, 14]。该项目整体构成如图 4-7 所示。由于该项目尚未大规模实施，实际效果需要进一步观察[15, 16]。

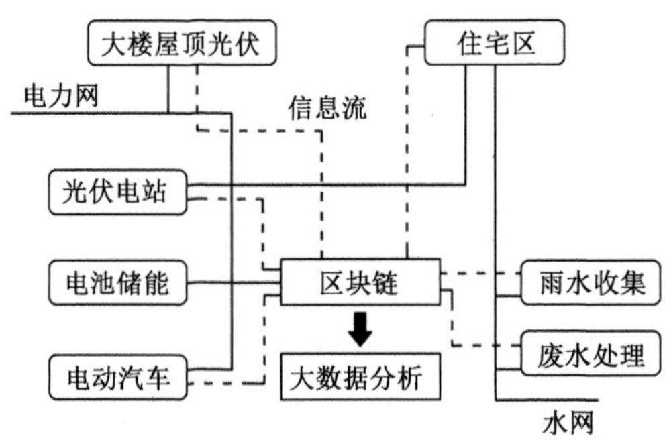

图 4-7　澳大利亚弗里曼特尔项目整体构成

5）非洲 Sun Exchange 项目

非洲的光照资源非常丰富[17]，而电力资源却十分匮乏[18]，因此光伏发电在非洲具有广阔的发展前景。Sun Exchange 项目利用区块链平台在全球范围内进行光伏建设众筹，并将光伏发电系统租赁到当地，换取相应收益给投资者，年投资回报率约 10%[19]。该项目整体构成如图 4-8 所示。

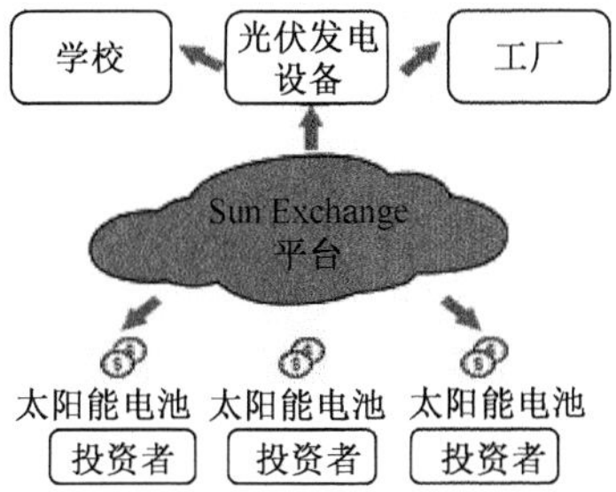

图 4-8　非洲 Sun Exchange 项目整体构成

2. 国内应用现状

1）蛇口能源区块链项目

蛇口能源区块链项目是全球首个基于区块链技术鼓励使用新能源的社区公益项目。该项目由招商局慈善基金会、北德认证、熊猫绿色能源集团及华为公司等机构和公司联合发起。该项目的主要研究目的是通过基于区块链技术的智能合约，关联能源网络中的发电节点和购电节点，进而满足购电居民的用电需求。该项目整体构成如图 4-9 所示。

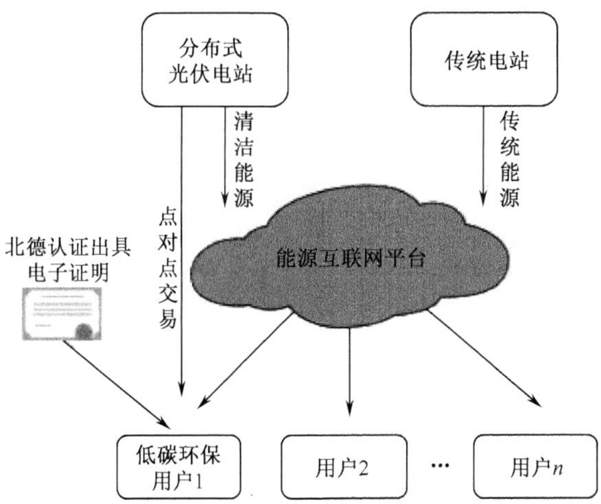

图 4-9　蛇口能源区块链项目整体构成

蛇口能源区块链项目中的光伏发电站可将每日发出的绿色电能通过项目中的区块链平台提供给用户。电力采购节点在购买电力时，可选择使用清洁能源或传统能源，二者的售价相同。但是，当采购节点选择清洁能源时，基于该项目中区块链的智能合约，分布式状态的发电站和用户将进行配对，实现 P2P 交易。同时北德认证将对产生可再生能源的发电节点进行认证，进而促进用户对清洁能源的使用。目前该项目正处于落地阶段，电网公司的参与度较低，项目的有效性有待进一步观察[20]。

在该能源互联网平台中，可基于智能合约实现分布式光伏电站和用户之间的自动匹配。对于绿色清洁能源的交易，可出具证书[21]，以推广清洁能源的使用。

2）能链科技碳票项目

该项目基于区块链为碳资产及其衍生品的交易与管理提供服务[22]。在区块链技术的支撑下，业主、监管部门、碳交易部门和咨询机构间的流程可在链上进行，每笔操作均可通过区块链保障其可信度[23]。其整体构成如图 4-10 所示。

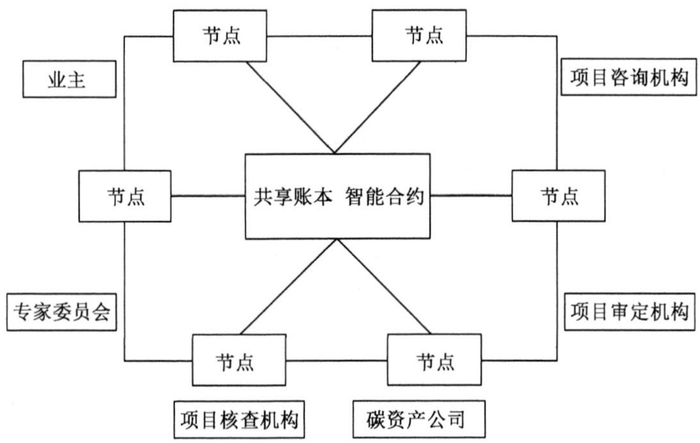

图 4-10 能链科技碳票项目整体构成

由于碳市场交易尚不成熟，目前该项目未获得大规模推广[24]。

3）国家电网有限公司区块链项目

2019 年 1 月 25 日，国家电网有限公司首个自主研发的区块链应用平台在国家电网浙江省电力有限公司顺利上线，标志着国家电网有限公司已具备自主开发应用区块链技术的能力。该应用平台基于自主研发的区块链底层平台，通过区块链和物联网的有机结合，解决了能源计量数据的安全共享问题，从网络、数据、业务三个层面设计区块链在电力物联网中的应用，有效支撑能源互联网建设。

该平台通过在能源计量关口增加区块链网关，确保多方主体数据一致，保障数据安全可信和用户隐私，解决数据安全共享问题，将数据所有权还给数据生产者。基于能源计量数据的可信安全共享，该平台开发了分布式能源交易应用，实现了光伏购售电双方的点对点交易，提升在补贴滑坡情况下的光伏收益，开发了光伏补贴发放应用，通过基于区块链的数据一致性，有效解决了光伏补贴发放审核流程长、成本高等问题，实现了光伏补贴的自动发放。

该平台后续还将开发能效管理、绿证、碳交易、虚拟电厂等应用场景，为开展区块链技术创新应用提供重要参考，促进安全高效、低碳清洁的能源体系建设，助力打造开放、共享型企业。能源计量数据的可信是交易、能效、补贴等诸多应用的核心，因此能源计量是区块链技术在能源互联网中应用的关键点。该项目整体构成如图 4-11 所示。

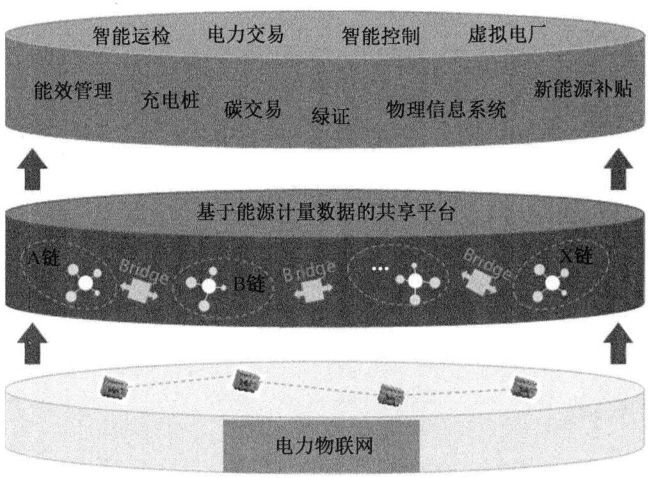

图 4-11　国家电网有限公司区块链项目整体构成

4.4　基于区块链的能源互联网可信数据共享体系

与传统能源网络相比，能源互联网的核心仍是电力系统，其主要一次能源是分布式可再生能源。一言以蔽之，能源互联网是以前沿信息技术作为基础，并融合了其他新能源的能源利用体系[25]。该体系在供需双方之间建立了一种快速、可信、自动的交易模式。现有的能源互联网解决方案由权威第三方管理机构完成，随着能源互联网的发展，该体系将越来越庞大，单点故障的问题逐渐显现，中心机构的服务能力面临巨大挑战，集中式服务与去中心化服务相结合能够提高效率。例如，一户居民可将自家光伏发电的剩余电量提供给同小区居民使用，在这种场景下，两者通过一种可信的数据共享平台直接完成交易，因而具有更高的效率[26]。

区块链是一种构建对等可信网络的技术，可为点对点可信共享提供技术支撑[27]。在零信任环境下展开协作，可降低成本，提高效率，增强安全性[27]。在基于区块链的能源互联网的数据安全可信共享中，需要设计与网络、系统和业务相适配的方案[28]。

4.4.1 可信数据共享体系架构

能源互联网企业内部与外部之间的数据共享，本质上解决了数据提供者与消费者之间的共享问题，主要包括数据资产标识、分布式存储与对等共享三部分[29]，具体内容如下。

1. 去集中化数据统一命名技术及服务

开放式数据索引命名技术（Open Data Index Named，ODIN），基于区块链实现标识自主命名，提供数据内容索引可信交换平台，构建了自主、安全、可信的数据管理体系，奠定了数据消费者与提供者之间的共享基础。

2. 授权数据分布式高效存储

在数据接入时，对其委托授权加密，进而控制访问权限。同时通过设计缓存策略，提供高效、安全的数据获取方式。

3. 支持自主对等的数据高效分发协议

王继业等人提出了基于区块链的数据安全共享网络体系[30]，如图 4-12 所示。该体系在当前互联网的基础上，搭建联盟链或私有链，对数据进行统一标识，通过构建高效分发协议，实现数据在提供者与消费者间自主对等（基于信息中心网络）共享。

4.4.2 开放式命名索引服务

1. 开放式命名索引简介

目前，已有的区块链技术盲从于比特币，以数据作为一种资产进行交易、存储、共享，达成了一致性，但缺乏一定的系统生态设计。为此，需要为资产标识构建一种统一的命名机制，以便数据资产的统一管理。PPk 技术社区创始人陈晖、北京邮电大学郭少勇等人共同设计了 ODIN 标识，用以支持能源互联网服务标识。

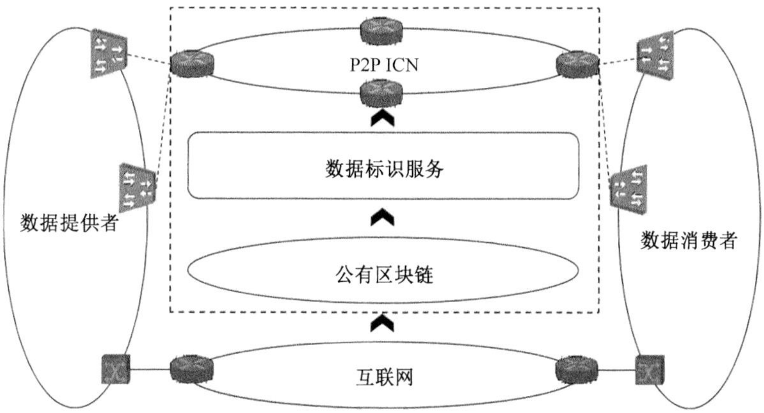

图 4-12　基于区块链的数据安全共享网络体系

ODIN（Open Data Index Name，开放数据索引命名标识）项目作为 PPk 技术社区发布的第一个开源项目。它遵从 URI 规范，包括四个组成要素：标识符、解析系统、元数据和规则。该项目整体结构如图 4-13 所示，由图可知，PPk 技术社区的 ODIN 项目定位于比特币区块链之上的叠加网络层（Overlay Network）+分布式协议层（Decentralized Protocol），往上通过不同开发者自由开发的开源或商业 API，可以支持更多具体业务功能应用 App。

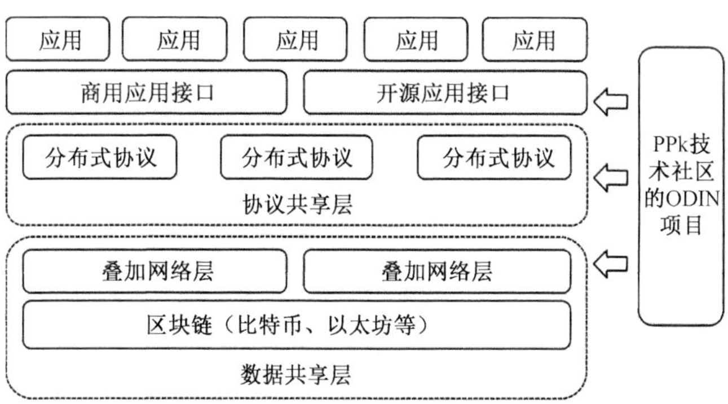

图 4-13　ODIN 开源项目整体结构

ODIN 可以解读为互联网 3.0 的自主域名，是兼容多种公有链定义并可扩展的，支持自由注册、交易的，独特的去中心化的命名标识体系。相比传统的 DNS

域名，ODIN 拥有更多创新特性，可以很好地被应用到大数据、智能设备和物联网等新兴领域。

PPk 技术社区定义并发起建立了一套完全开放、开源的 ODIN 运行机制（见图 4-14），包括基础技术和扩展应用方面。其中，基础技术是一个基于区块链的分布式数据内容索引命名与标识系统，它保证数据内容的自主开放性、安全性、唯一性、永久性和可扩展性。

数据拥有者通过 ODIN 注册客户端，向公有链发送注册数据包。该注册数据被新区块收录后，数据拥有者成功获得一个 ODIN 标识。

数据访问者可以通过区块链上的 ODIN 标识定位到数据访问点 URL，进而访问数据。

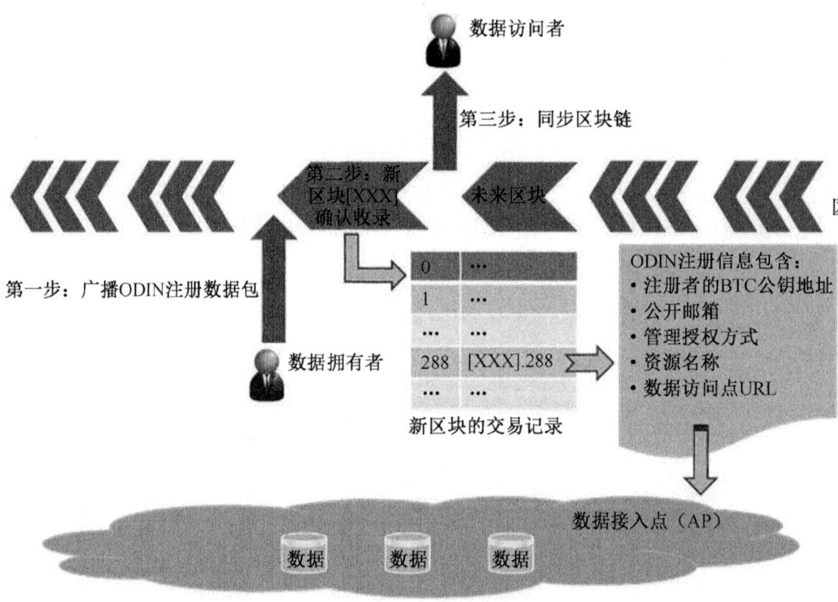

图 4-14　ODIN 运行机制

2. 开放式命名定义

为了适应于多种链结构，ODIN 标识分为一级基础 ODIN 和多级扩展 ODIN，如图 4-15 所示。一级基础 ODIN 用于主链的数据命名标识，多级扩展 ODIN 用于扩展链的数据命名标识。

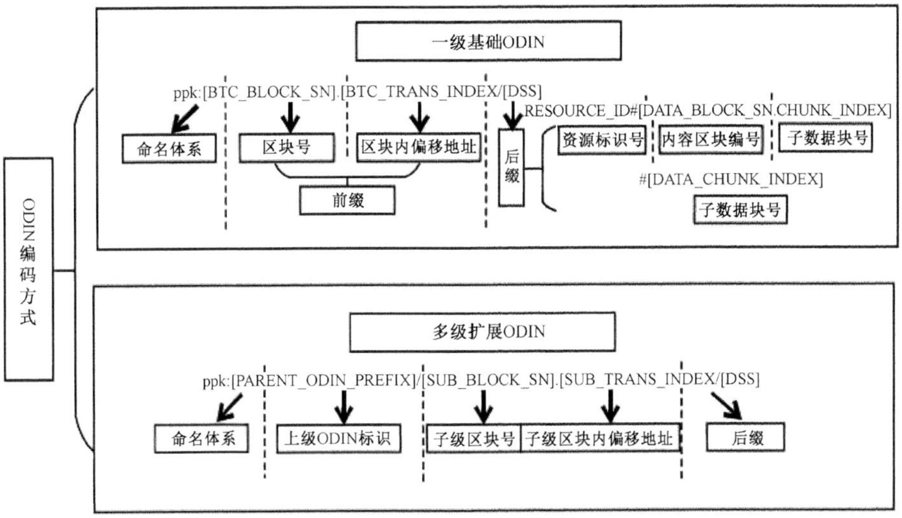

图 4-15　ODIN 命名结构

1）一级基础 ODIN 标识

一级基础 ODIN 标识的标准结构式为

ppk:[BTC_BLOCK_SN].[BTC_TRANS_INDEX]/[DSS]

ODIN 分为命名体系、前缀和后缀三部分，用冒号、斜杠分开。

前缀又以小圆点分为两部分，[BTC_BLOCK_SN]为该 ODIN 在比特币区块链上登记记录所在区块的数字流水号（由比特币网络决定）；[BTC_TRANS_INDEX]为该 ODIN 在比特币区块链上登记记录所在区块内的具体偏移位置的阿拉伯数字编号（从 0 开始寻址）。

后缀（Data Suffix String，DSS）由 ODIN 拥有者可选并自行给出的该 ODIN 标识所对应的具体数据内容定位标识，需要确保具有唯一性。

ODIN 的命名结构使每个数据资源在全网具有自主、安全的唯一索引标识。ODIN 不同于 URL，它是数据资源的索引名称，与实际地址无关。实际上它是一种 URI 或统一资源名称（Universal Resource Name，URN），是信息索引的数字标签和身份证。有了它，数据资源就具有了唯一性和可追踪性。

2）多级扩展 ODIN 标识

多级扩展 ODIN 标识的构建以一级基础 ODIN 标识为基础，利用自有区块链进行扩展。标识用户完成二级 ODIN 注册后，将记录标识信息的自由区块链的区块哈希（Hash）值写入上级骨干区块链，这样可实现标识的合法性验证并确保唯一性。按照该方法，可实现更多级的标识扩展。

多级扩展 ODIN 标识的标准结构为

ppk:[PARENT_ODIN_PREFIX]/[SUB_BLOCK_SN].[SUB_TRANS_INDEX]/[DSS]

其中，[PARENT_ODIN_PREFIX]对应上级 ODIN 标识；[SUB_BLOCK_SN]和[SUB_TRANS_INDEX]为多级 ODIN 在自定义区块链上所在区块号和区块内偏移位置；后缀为数据内容标识，由标识拥有者自主定义，并保证其唯一性。

举例：

ppk:361425.120/99.22/

ppk:361425.120/99.22/ISBN2890321345#

ppk:361425.120/99.22/ISBN2890321345#1.0

ppk:305678.1000/23.678/235.32/ISBN2890321345-P218#

多级扩展 ODIN 标识由用户自定义，结构遵循以下形式：

ppk:[PARENT_ODIN_PRE]/[SUB_TRAN_ID]/[DSS]

其中，[SUB_TRAN_ID]为该标识在用户自维护区块链上的唯一标识，由所属上级标识维护者定义，需要保证能与标准结构式区分开，并且不能包含“/”和“#”。

举例：

ppk:34281.234/12/

ppk:7/11/ISBN2890321678

ppk:7/11/ISBN2890321678#2.1

ppk:3/library/desks/

ppk:3/library/desks/#

ppk:3/library/desks/ISBN2890234789-P247#

4.4.3 能源互联网数据可信共享协议

在能源互联网泛在业务接入网络体系架构中，泛在业务数据通过数据标识进行访问。由于区块链自身存储性能较差，如果将全部泛在业务数据存储在区块链中，则会导致访问效率低下。因此，需要将泛在业务数据与数据标识（ODIN 命名）解耦存储和传输，将相对稳定的数据标识和对应的公钥通过区块链存储，以保证数据标识的不可篡改性，而将实时变化的数据本身通过命名数据网络

（Named Data Networking，NDN）存储和交换，以保证数据的实时性。

泛在业务数据通过数据签名和非对称加密技术保障数据的切片是安全共享的。泛在业务数据的可信共享过程如下。

1. 业务数据签名及验证流程

数据发布者采用自身私钥签名后发布业务数据，签名业务数据通过 NDN 进行传输。数据消费者接收到签名业务数据后，从区块链同步数据发布者公钥信息，采用数据发布者公钥信息解析并使用业务数据，保证业务数据的可信性。其流程如图 4-16 所示。

图 4-16　业务数据签名及验证流程

2. 业务数据加解密流程

数据发布者采用不同数据消费者的公钥对业务数据进行加密，并用自有私钥对业务数据进行签名。签名加密数据通过 NDN 进行存储与传输。对应的数据消费者采用从区块链同步的数据发布者公钥进行验证。验证通过后，数据消费者用自有私钥对数据进行解密获得数据，保证数据的安全切片共享。其流程如图 4-17 所示。

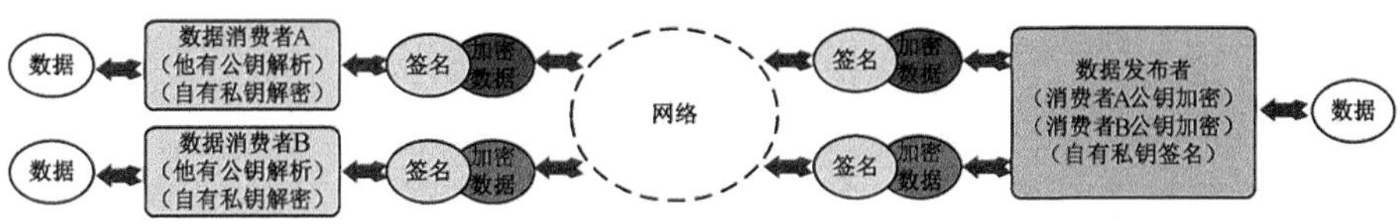

图 4-17　业务数据加解密流程

3. 基于 NDN 的共享流程

基于区块链的高效可靠数据共享协议采用了基于 NDN 的自主对等数据交换机制，并对 NDN 中的数据使用了基于 ODIN 标识的命名体系进行数据标识和解析。

在数据交换流程中，业务系统输入业务标识信息，请求业务数据，通过数据网关向分布式数据可信链节点请求标识解析（若对应数据具有访问限制，有权限则返回数据对应密钥；否则告知无权限访问），得到数据访问地址并将请求签名后打包为兴趣报文，再转发到该地址。兴趣报文进入 NDN 后，路过每个网络节点，都按照 PIT、CS、FIB 的顺序分别对该标识对应的内容进行查找。在某网络节点获取到数据报文后，将数据报文原路返回。最终数据网关获取到报文后（对于有限制报文，用数据对应私钥解密），采用发布者公钥对来源进行验证，其协议栈流程如图 4-18 所示。

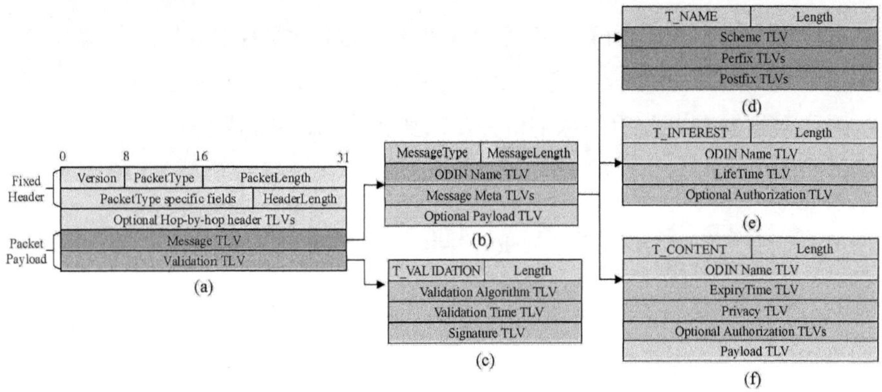

图 4-18　协议栈流程

4.4.4　基于区块链的能源互联网数据共享平台

以基于 NDN 的能源互联网数据共享为例，基于区块链的能源互联网数据共享平台如图 4-19 所示，包括：①负责泛在业务数据可信接入的通信终端物理隔离；②在泛在业务数据传输过程中，泛在业务节点部署运行 CCN 客户端，将接

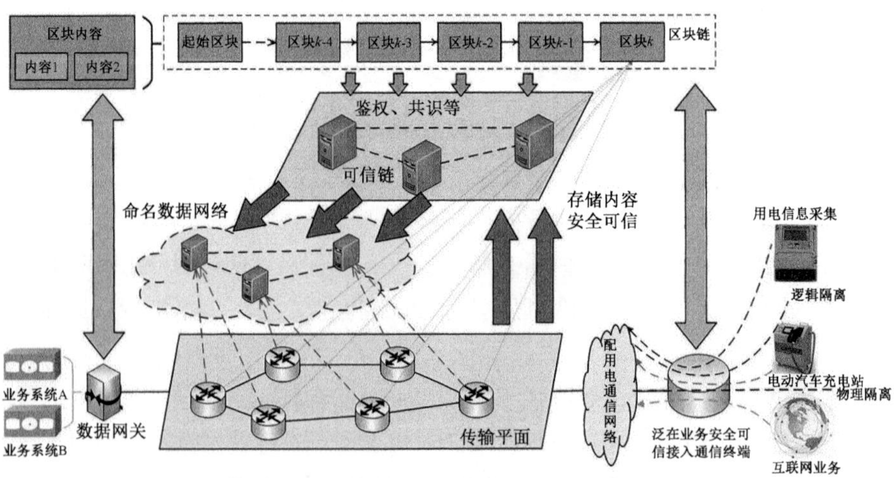

图 4-19　基于区块链的能源互联网数据共享平台

入的泛在业务数据通过内容中心网络进行承载，提供分布式数据存储，提升网络健壮性；③泛在业务节点部署运行区块链客户端，连接区块链网络，对数据标识进行存储、访问等，保证存储内容的安全、可信；④业务系统本地部署数据网关，获取网络内的泛在业务数据，并提供对泛在业务数据携带的签名验证和加密数据解密功能。

4.5　能源设备可信认证技术

4.5.1　基于区块链的身份认证模式

1. 基于 CA 签发证书的区块链身份认证方式

针对一些重点终端的身份认证，出于安全性和可管理性考虑，依然使用基于 CA（证书授权）中心签发的授权证书的方式，以保证对终端设备身份信息的顶层管理。但是，在认证过程中，会使用区块链技术来增强信任机制，即在满足物联网终端泛在交互需求和效率的同时，提供身份认证安全和行为审计安全。

接入物联网中的终端设备以 CA 中心签发的授权证书为信任起点，即所有终端设备是通过 CA 中心获得数字证书的，并在区块链上共识、验证、存储，一旦上链，就会生成相应的区块链数字身份，此时设备的 CA 中心签发的授权证书与区块链数字身份将永久存证，不可篡改。经过一次注册上链后，当该设备接入某一物联网，或者与另一设备交互认证时，设备只需要将认证信息提交给认证节点，认证节点通过区块链来共识验证认证信息的有效性，完成点对点的可信身份认证。

2. 无须 CA 中心签发证书的区块链身份认证方式

电力物联网具有设备多样、应用多元、泛在交互等特性，考虑未来不同场景的智能化终端应用需求，本项目也提供了无须 CA 中心签发证书的区块链身份认证方式，以支撑业务的多样化需求。

在区块链和智能终端的安全芯片中写入满足特定密钥算法要求的公私钥生成机制，如国密 SM2 等。智能终端根据密钥算法自行生成密钥对后，将公钥提交到区块链，实现设备注册，区块链根据预置的设备唯一标识（数字身份）来判断设备注册请求的有效性，共识确认注册通过与否，对注册通过的设备实现数字身份与公钥的绑定，并在区块链上实现共识存证。

3. 终端设备的多级多维权限管理

物联网设备往往拥有某类属性、角色，或者属于某个个人、组织、场景，因此，在认证的同时，还需要考虑对这类多级多维的权限管理需求，如某个已注销组织的设备被禁止接入网络等类似场景，以满足多样化的终端控制需求。

基于区块链建立物联网终端身份模型，将终端设备的各类身份属性绑定到该设备的区块链数字身份之上，在终端设备发出认证请求时，区块链根据业务的实际权限控制规则来共识判断该终端设备是否被允许接入，以此来灵活支撑终端设备的可信身份认证和多级多维的权限管理应用。

4.5.2 基于主从链的可跨域协同的身份认证

通过建设分层管理的可跨域协同的身份认证网络，可以满足终端设备的分域管理需求，例如，将某个区域内或某个业务场景内的终端设备仅通过一条链进行注册和身份认证，可解决大量异构终端身份安全管理和多并发身份认证响应不及时的问题，保证整个电力物联网认证体系的安全性、可靠性与扩展性。链与链之间通过对链身份信息和请求内容的共识来完成数据的交互。基于主从链的可跨域协同的身份认证如图 4-20 所示。

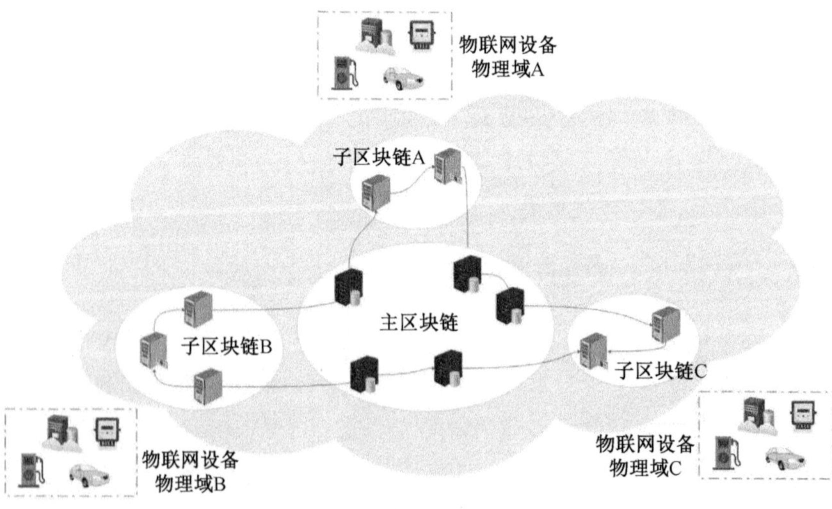

图 4-20 基于主从链的可跨域协同的身份认证

在分层建设上，形成一个多链多层的结构，每个层次的区块链网络仅负责本层级的终端设备的注册和身份认证，并向上级主链提交本层级终端设备的索引信息。在进行设备认证时，一般来说，大量终端设备会在本级域内完成认证，但当有跨域需求时，则需要向上级主链提出认证请求，上级主链对子链的请求需求进行验证，并转发到对应的目标子链。

在整个跨域网络中，子区块链实现对部分物理区域或部分设备数据的区域性管理，这使得不同子区块链各自管理，拥有不同的数据记录速率，有效减轻了大型网络保持操作一致性的压力。

最终，可跨域协同的身份认证网络通过连接各层的身份认证平台，使电力终端设备在物联网边缘无须第三方中央系统管控即可实现多方之间的身份安全互信、数据安全互通，并能自主管控相关通信与数据交易，提升电力物联网整体的安全性、易用性、可交易性与扩展性，支撑多样化的认证业务需求。

4.5.3　能源设备分布式认证应用分析

当前，区块链技术凭借其分布式共识、去中心化总账及非对称加密等优势为用户提供了出色的隐私保护与点对点服务，在“工业 4.0”各领域受到了广泛关注。随着层出不穷的智能设备如智能工厂、智慧城市、智能家居的普及，用户的隐私越来越透明。基于区块链的分布式认证系统可以加强对用户个人信息的保护，同时实现这些单个领域平台之间的数据合作共享，避免集中式平台中普遍存在的高成本、高延时与低效率的缺点。

受限于智能设备的庞大数量与其分布的广泛性，单纯建立基于区块链网络的物联网模式显然无法覆盖所有的智能设备。同时，大量终端产生的数据洪流也给核心网络带来了极大的负担。目前的研究大部分专注于实现设备的认证，但忽略了核心网络的数据堵塞和靠近智能设备的边缘安全。为此，我们引入了结合区块链和边缘计算的物联网分布式可信认证系统。边缘计算作为一个新兴的计算模式，允许智能终端接入和利用边缘节点的存储和计算资源，从而实现终端与边缘节点之间的直接认证。同时，节点之间的互联互通也实现了区块链边缘节点之间的数据共享。由此，一个分布式可信认证系统得以建立，其中区块链作为潜在架构，可以记录设备信息，保护隐私，而边缘计算可以缩短传输时延、提高响应灵敏度。

区块链安全认证和边缘计算节点具备存储和计算能力的优点，因此可以通过三层架构来实现可信认证，缩短智能设备认证过程中的传输时延，同时提高不同物联网区域间信息共享的能力。架构由底层的物理网络层、中间层的区块链边缘节点层、顶层的区块链网络层构成，如图 4-21 所示。为保障设备与边缘节点、节点与区块链之间传输的可靠性与隐私安全，可采用基于区块链非对称加密算法的数字签名算法。同时，可以通过类似于基于置信度传播算法的边缘缓存方案来动态优化节点的缓存，最小化平均时延，提高数据共享性能。

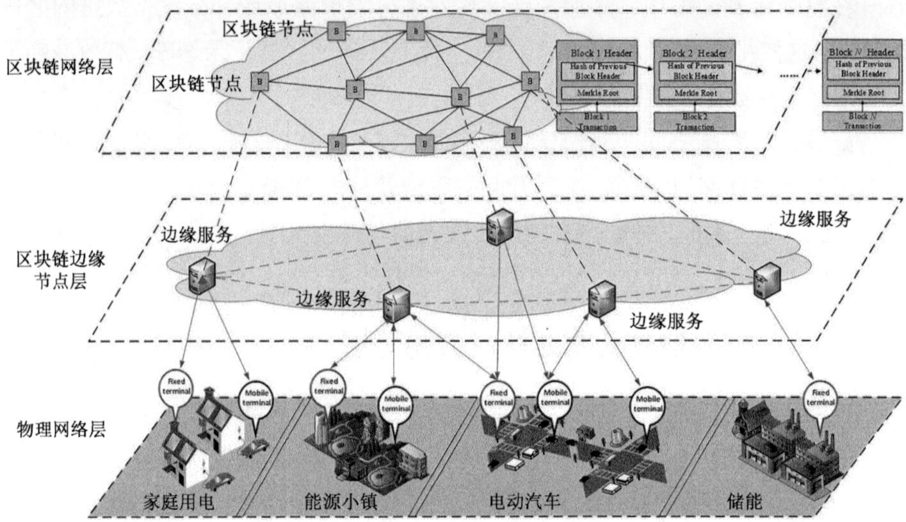

图 4-21　基于区块链和边缘计算的物联网分布式可信认证系统架构

4.6　基于区块链的能源数据保全技术

4.6.1　能源互联网的电子数据保全需求

能源行业的电子数据保全非常重要，也一直得到广泛的应用。电子数据保全使用密码学相关技术，对合约、合同、数据等多种信息进行电子化，然后使用电子签名技术对这些电子化数据进行数字化签名，达到不可否认和不可更改的目的，进而方便司法取证等领域的应用。原则上来说，电子数据的保全在信息安全方面已经做得足够好，可以满足目前市场上对电子数据保全的要求。但是，这种电子数据保全方案仍有许多不完美之处，如中心化部署和存储带来的安全隐患、集中式运营带来的高成本和存疑问题、真实电子数据无法公开和追溯等。因此，电子数据保全急需新的技术来解决上述问题，从而使电子数据保全的应用更加全面和完整。

区块链技术是伴随去中心化产生的，在与电子数据保全业务的结合中，它的诸多优点可以集中应用到电子数据的管理中，因而可能解决上述问题。区块链技术自带密码学属性，可以很好地与电子数据保全结合。区块链技术中使用哈希等密码算法和数字证书，如果将电子数据存储到区块链中，由于区块链以时间戳为顺序排列且不可更改，因此可以很方便地实现电子数据的追溯，同时区块链不可更改的属性也自然得到充分发挥，任何个人和企业，包括电子数据的运营方都没有可能对电子数据进行篡改。这个优势的应用，可以直接和现在市面上的电子数据保全方案互相补充，势必让电子数据保全的应用更加完美。

1. 第三方保全的优势

电子数据证据的提供主要有两种方式：能源企业自身证据和第三方保全证据。其中能源企业自身证据存在以下缺点：①参与主体是利益相关方，身份存疑；②在机构可控范围内，对业务系统、数据、服务器有能力、有动机篡改伪造；③事后取证，证据孤立，自证法律效力不强；④易发生客户抵赖现象，媒体炒作后，弱势方无法自证清白。

相比之下，第三方保全证据具有以下优势：①是独立的存证取证主体；②实时留存交易过程的证据链；③通过司法机关直接提取证据，法律效力强；④相比自证内容，监管机构更信服司法机构的证据；⑤证据形式、取证过程更专业，第三方证据原始、完整，未被篡改或人为伪造。

表 4-2 说明了电子数据保全需求场景、业务表单及动作。

表 4-2　电子数据保全需求场景、业务表单及动作

场　　景	业务表单	动　　作	备　　注
线上互动签名	低压居民生活用电登记、低压现场勘查单、客户表更用电（乙类）申请表、客户表更用电（丙类）申请表、高低压供电方案答复电能表、互感器校验申请表、居民供用电合同、低压电能计量装接单	办理低压业务、查勘工作、供电方案答复确认、合同签订、表计装接	主要涉及 12 个流程环节、58 类业务表单，其中电子表单 19 类，建议完成电子表单改造 33 类
移动终端签名	低压居民生活用电登记表	办理低压业务	
临柜双屏签名	低压居民生活用电登记、客户表更用电（乙类）申请表、客户表更用电（丙类）申请表、居民供电合同表、低压供电方案答复单	指导客户按要求填写，以及在临柜外屏中确认	
电子渠道自助	低压居民用电登记、客户表更用电（乙类）申请表、客户表更用电（丙类）申请表、电能表、互感器校验申请表	办理低压业务	

2. 全生命周期的电子数据证据存管

1）数据采集

采集数据前应进行流程、呈现样式设置，在数据产生的同时进行“完整性采集”，在第一时间瞬间解决证据固化，采用公安部数据完整性鉴别进行摘要计算。

2）数据处理

对已固化的证据采用 AES 256 位加密算法加密，并形成证据报文，包含报文头、报文体、证据源。

3）数据提取

为公证机关、仲裁机构、司法鉴定建立独立的取证通道，让司法机构直接从保全存储库调取已保全的电子数据，并进行一致性校验，最终公证机构以公证书的形式对取证过程和电子数据内容进行直观呈现和形式固定，仲裁机构根据调取的证据直接在线裁决。电子数据证据存管机构如表 4-3 所示。

表 4-3　电子数据证据存管机构

证据来源	证据类型	法律效力	取证成本
机构内部	自证	弱	较低（人力）
其他组织	他证	中	低（人力、差旅）
鉴定机构	他证	中	高（技术鉴定成本高）
公证机构	公证	强	低（1200 元）

（1）保全主体。保全主体包括电网公司、公证处、司法鉴定机构和用户。

（2）保全过程。第一步，个人用户与电子数据提供方达成业务合作意向，生成业务电子文档。签署购电合同的方式有三种：①在柜台购电，签署纸质合同，数据上链；②用户利用 App 在网上购电，签署电子合同，数据上链；③用户在线上购电，签署电子合同，生成数据上链。在签署电子合同的过程中，用户与电子数据提供方分别使用各自的数字证书，依据相关规定签署业务电子合同。完成签署的电子合同将被上传至电子数据提供方维护的内网服务器节点的数据库中。电子数据提供方通过网闸（或隔离摆渡设备）实现内外网互联，有效保证电子数据提供方内部网络、服务器的安全，完成内外网数据安全交互。本保全过程可精准确认签约主体的真实身份，保证文件的不可篡改，定位记录签署的确切时间。

第二步，公证处（司法鉴定机构、仲裁机构）实时从电子数据提供方维护的外网节点同步有效区块数据。完成数据同步后，公证处维护的节点将查找出未被公证的数据，对该类数据进行新的鉴定、仲裁、公证、背书，提高该类数据的权威性、真实性、可信性。完成公证的数据将被重新写入区块链系统中。

第三步，基于区块链技术，司法鉴定机构根据公证处和电子数据提供方实时同步的数据，解析出已完成数据公证的真实业务数据。电子保全机构会将已背书的业务电子数据归档，在用户进行数据查询时，为用户提供业务电子存证和出证服务。

第四步，用户可以向电子数据管理平台提交两类电子数据查询请求，包括按时间查询、按关键字检索查询。同时，为验证数据的真伪，可向公证处提交验证请求，获得电子数据验证结果。

（3）保全技术。民事诉讼法、最高人民法院的证据规则规定从证据的合法性、真实性和相关性三个方面对证据进行审查，电子数据证据存管产品严格按照上述要求设计。国家公证部门对电子数据证据存管产品进行合法性审查，保证提取电子数据证据的合法性；真实性是依托客户业务进行的，在业务进行的同时进行证据固定；关联性是由证据的内容决定的，保全过程根据业务情况预先设置证据内容，最终形成证据链。

在数据保全过程中采用了鉴权机制、通道安全机制、数据完整性鉴别机制、符合 PKI 规范的数据加密机制。通过信封加密技术将加密数据的数据密钥封入信封中存储、传递和使用，不再使用主密钥直接加解密数据，从而可以安全、便捷地使用密钥，专注于开发加解密功能场景。

（4）证据保全公证的优势。①实时取证：电子数据作为一种具有法律效应的证据，被实时保存下来，减少了日后纠纷取证困难的麻烦。②预防纠纷：有具有法律效力的数据作为直接证据，可以有效减少纠纷的产生。③减少讼累，节约诉讼成本：面对纠纷问题，电子数据作为证据真实、有效，利于双方协商解决纠纷，而省去诉讼的步骤，减少诉讼成本。④减轻审判负担：电子证据具有法律效力，当需要审判时，可作为直接证据，减少审判难度，加快审判流程，给诉讼判决减轻负担。

3. 能源互联网电子数据的特征

能源互联网数据在电力生产和使用过程中产生，数据来源涉及电力生产和电能使用的发、输、变、配、用各环节，电能的调度和销售也会产生相应的数据。

在这些数据中，大量核心电子数据有保全需求，涉及电力流通的各环节，电力电子数据有如下特点。

1）数量大

全球性能源互联网和各能源企业信息化系统的不断建设发展，以及物理网技术在各能源行业的大量应用，使能源流通的各领域产生了大量的数据，其中需要进行保全的数据增长速度快，数据量也日益增多。

2）数据类型多

近几年来，电力生产中非结构化数据逐渐增多，已然成为电力电子数据的主要组成部分，由此也带来了处理和分析非结构化数据的难题。

3）处理速度快

一方面，电力生产需要及时平衡发电和用电，因此需要对电力调度等生产数据进行实时处理。另一方面，为满足日常经营需求，需要对客户服务、建设运行、企业营销等各方面的数据进行快速处理。

4）数据准确性高

电力的生产要满足社会需求，在企业方面，计量计费、可保全的电力生产、电力营销等电力数据必须保证准确；在国家经济方面，电力的发展要与经济发展相适宜，社会发展的需要和趋势都会体现在电力设备的规模、运行方式、厂站分布等数据中。

4.6.2 能源互联网的电子数据保全应用场景

区块链开发平台改进了共识算法和加密算法，并提供了可靠的底层区块链技术、丰富完整的接口和通用平台服务，在区块链开发系统的基础上可以快速部署自己的区块链和开发分布式应用。平台设计开发了基于区块链的电力系统数据流转服务和资产管理服务，并提供相关业务接口。

1. 数据流转服务

1）电子票据

当联盟链被纳入新的组织机构时，在区块链网络中存储由其票据信息提取出的对应标识信息，供所有组织机构共享。区块链的技术特点保证了链上票据信息的安心性、真实性、可信性。

2）电子公文流转

在区块链中存储电子公文信息、状态信息，以及公文的修改、流转等行为，保障了公文的安全可信。

3）电子数据溯源

电子数据的整个流转信息都记录在区块链上。一旦未来审计中出现问题，通过查询链上数据就可快速确定问题根源。

2. 资产管理服务

1）数字资产管理

在区块链上记录数字资产（积分、债券、证券、股权等）的获取、累加、使用兑换、赠予、逾期作废等行为，保证数字资产的安全性和真实性。

2）数字资产发行

数字资产可以通过智能合约来发行，并在区块链上记录发行、使用数字资产等行为，从而确保资产的真实性和安全性。

4.6.3　基于区块链的电子数据保全流程

基于区块链的电子数据保全系统如图 4-22 所示。每个组织机构作为区块链网络中的一个节点，在电子数据保全系统中保存业务电子文档，在区块链网络中保存电子数据保全系统中的业务电子文档，被授予权限的机构作为区块链网络中的节点，能够直接查询存储在区块链网络上的业务电子文档。利用区块链

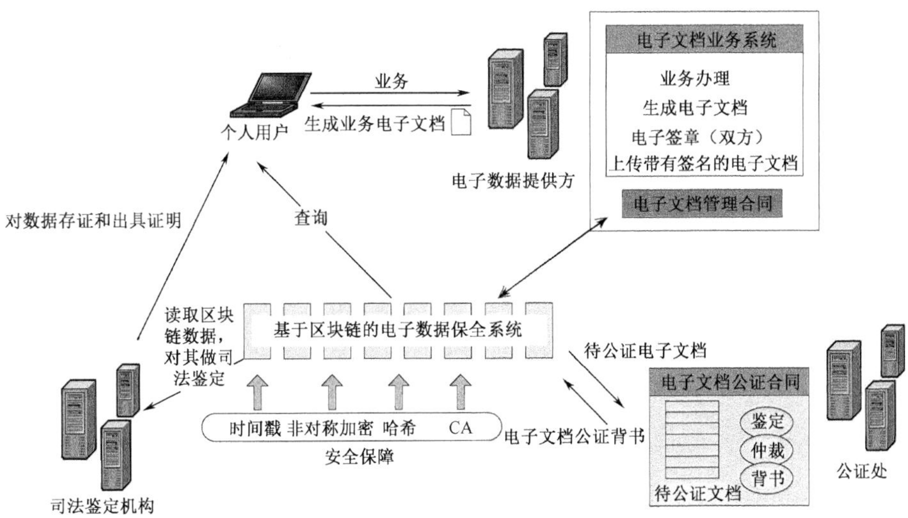

图 4-22　基于区块链的数据保全系统

技术构建的数据共享平台，可供多个组织机构使用，同时可以确保业务电子文档的真实性和一致性。智能合约支持业务电子文档包括生产、存储、更新等的全生命周期管理，提高了跨机构工作的效率，降低了运营成本。

个人用户在电子数据提供方办理业务，电子数据提供方业务系统将业务电子文档发送给数据保全系统，电子数据提供方在数据保全系统的区块链上进行业务电子文档管理。同时，未被公证的业务电子文档可由公证处实时获取，并由公证处进行公证、鉴定、仲裁、背书等操作来提高数据的真实性和可信性。公证处和电子数据提供方的数据可以实时同步给司法鉴定机构，将已公证的数据安全、完整地存储。平台将业务电子文档归档，可按时间查询，也可按关键词检索查询，为客户提供业务电子文档存证和出证服务。最后，个人用户可以在电子数据提供方平台上通过业务电子文档的某个字段来查验数据。

4.7 区块链应用中的信息安全风险评估技术

4.7.1 区块链应用中的信息安全风险分析

区块链分布式节点较多，不仅存在分布式节点被侵入，导致节点账本信息被泄露的问题，还存在源垄断方控制若干大型节点从而对区块链信息安全造成威胁（51%攻击）的问题。具体风险有以下几个方面。

1. 区块链自身安全风险

共识机制保障了区块链的安全，基于算力的 PoW 是目前最流行、应用最广泛的共识机制，要想得到更多的货币，就必须具有更强的算力，最终专用于挖矿的少数大型矿场占据了大部分算力，这与区块链技术去中心化的理念不符。根据理论计算，当掌握整个网络 51%以上的算力时，区块链上的数据就存在被篡改的可能性。此外，强一致性算法的缺点包括去中心化程度低、算法复杂度高等，因此基于区块链的平台在安全性方面存在重大风险。

2. 区块链应用中用户账户安全风险

私钥保护区块链账号并应用于该账号的全部交易，私钥一旦丢失将不能找回，用户将面临永久丢失该账户内数字资产的风险。

3. 区块链应用中匿名性和隐私性风险

例如，不能保证数字加密货币真正的隐私性和匿名性。由于公共总账中公开存储着区块链网络中的所有交易信息，可以利用大数据分析技术发现地址间的关联关系，进而侵害用户的隐私。每个用户可以拥有多个地址，如果任意一个地址假名的真实身份被泄露，则所有交易和相关隐私数据都将面临暴露的风险。

4.7.2　区块链应用中的信息安全风险评估

根据国际、国内的信息安全技术与管理标准，信息安全风险评估是指对信息系统自身存在的缺陷与脆弱性、所面临的外部威胁、利用缺陷对信息系统攻击的可能性进行评估。信息安全风险评估需要同时评估安全事件所涉及的资产价值来判断安全事件的影响，并有针对性地提出相应的防护策略和整改措施，将风险控制在可接受的范围内，从而最大限度地保证信息安全和系统安全。风险评估围绕基本要素（资产、威胁、脆弱性和安全措施等）展开，在评估过程中，应结合基本要素相关的各类属性（业务战略、资产价值、安全需求、安全事件、残余风险等）。区块链应用中的信息安全风险评估主要由计划准备、风险识别、风险分析、风险处理、服务验收五个模块组成，如图 4-23 所示。

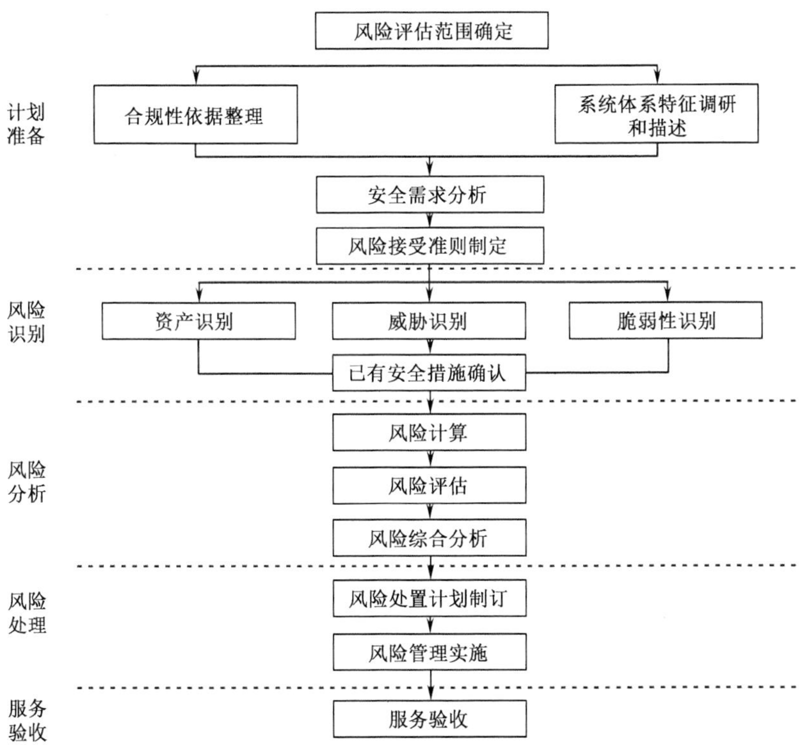

图 4-23　系统信息安全风险评估

区块链应用中的信息安全风险评估主要参照《信息安全技术　信息安全风险评估规范》(GB/T　20984—2007)和区块链应用的具体行业要求，在充分评估行业业务系统在管理、技术及运维方面的威胁、脆弱性及有效性等指标的基础上，对风险进行详尽的分析分级，根据不同的风险级别进行信息资产的风险处置和改造设计。完成威胁分析、保护对象分析、现有控制举措有效性分析及脆弱性分析后，进行风险分析。该评估将依据保护对象重要性等级、脆弱性等级、威胁等级、现有控制措施有效性等级来综合确定风险率和风险后果，最终确定风险等级。

4.7.3　区块链应用中的信息安全风险应对

1. 跨域安全身份管理

区块链技术能够为用户身份的生成、登录认证、使用及销毁的全生命周期管理提供良好的手段。由区块链建立的公钥基础设施(Public Key Infrastructure，PKI)系统，能够实现用户证书可信透明的管理。现有的认证可能有跨机构、跨服务访问的场景，这需要跨越多个安全域进行访问，域内身份管理机制可能各不相同，交叉认证和单点登录是难以实现的。跨域访问也面临用户身份隐私泄露的风险，并且由于身份管理机制不同，也带来了重复认证的时间和计算开销。证书撤销由于计算、通信、存储、时延多方面的差异，总是面临重放攻击的威胁。将区块链技术应用于跨域安全身份管理，可以实现大规模跨域认证、证书及时撤销及跨域系统的良好兼容。

2. 更加细粒度的访问控制

结合区块链技术与常见的访问控制模型，如基于角色的访问控制模型(Role-Base Access Control，RBAC)，以及标准访问控制语言如安全断言标记语言(Security Assertion Markup Language，SAML)等，可以对用户驱动的资源透明地进行访问控制。在跨域访问(跨组织、跨服务)的情况下，要想建立信任关系，需要对多方公开、透明的策略进行合成；同时，若策略存在冲突，则需要被监测和消除，策略需要根据实际情况进行动态调整。在跨域时互操作粒度的定义，可从较细的粒度上实现对动态资源的权限控制。此外，通过建立访问控制机制，结合区块链相应的奖惩机制来维护实体间的信任度，根据实体信任度的不同为其设定相应的角色，通过零信任机制对不同实体赋予不同的权限，从而保护实体间交互的安全性，防范恶意攻击。

3. 更高强度的数据保护和追溯

目前数据的机密性需要将数据加密成密文来保证，考虑到性能和可用性，数据加密通常采用传统的密码学技术实现，如单向哈希函数、对称加密算法和非对称加密算法等，而同态加密等比较强大的密码学工具较少被使用。在数据保护过程中，可以将区块链技术与可信硬件、可信芯片相结合，确保数据在存储、传输、使用过程中的安全性。同时，区块链能够对数据处理全流程进行追踪与管控，基于区块链存储审计日志数据，可保证审计日志数据的真实性。区块链的时间维度特性、可追溯性且无法被篡改的特性能够为入侵检测技术提供真实的审计日志信息和高可信度的操作证明。依赖可信区块链数据，可提供更加具有真实性验证的数据取证能力[31]。

参考文献

[1] 赵曰浩，彭克，徐丙垠，等. 能源区块链应用工程现状与展望[J]. 电力系统自动化，2018，42：1-10.

[2] 刘迎澍，李志超，安笑蕊. 具备多种供电方式的电能路由器：201310156292.3[P]. 2014-12-10.

[3] 中华人民共和国国务院. 关于推进“互联网+”智慧能源发展的指导意见（发改能源〔2016〕392 号）[Z/OL]. 2016-03-01.

[4] Mengelkamp E, Gärttner J, Rock K, et al. Designing Microgrid Energy Markets-A Case Study: The Brooklyn Microgrid[J]. Applied Energy, 2017: 870-880.

[5] Schulze M, Friedrich L, Gautschi M. Modeling and Optimization of Renewables: Applying the Energy Hub Approach[C]. Proc. Int. Conf. on Sustainable Energy Technologies, 2008: 83-88.

[6] The Economist. Building the Energy Internet[N]. [2018-10-05]. https://science.slashdot.org/story/04/03/23/2140242/building-the-energy-internet.

[7] 段青，盛万兴，孟晓丽，等. 一种基于信息物理系统融合的能量路由器：201410236502.4[P]. 2017-01-25.

[8] 孙秋野，张化光，陈磊，等. 一种应用于能源互联网的能量路由器装置：201510082066.4[P]. 2015-07-22.

[9] 谭磊，陈刚. 区块链 2.0[M]. 北京：电子工业出版社，2015.

[10] 袁勇，王飞跃. 区块链技术发展现状与展望[J]. 自动化学报，2016，42（4）：481-494.

[11] Swan M. Blockchain Thinking: The Brain as a Decentralized Autonomous Corporation[J]. IEEE Technology and Society Magazine, 2015, 34(4): 41-52.

[12] Kraft D. Difficulty Control for Blockchain-based Consensus Systems[J]. Peer-to-Peer Networking and Applications, 2016, 9(2): 397-413.

[13] 张宁，王毅，康重庆，等. 能源互联网中的区块链技术：研究框架与典型应用初探[J]. 中国电机工程学报，2016，36（15）：4011-4022.

[14] 朱兴雄，陈绍真，何清素. 基于区块链的微电网系统[J]. 电子技术与软件工程，2018（01）：157-159.

[15] 佘维，胡跃，杨晓宇，等. 基于能源区块链网络的虚拟电厂运行与调度模型[J]. 中国电机工程学报，2017，37（13）：3729-3736.

[16] 刘凡，别朝红，刘诗雨，等. 能源互联网市场体系设计、交易机制和关键问题[J]. 电力系统自动化，2018，13：015.

[17] 杨方，白翠粉，张义斌. 能源互联网的价值与实现架构研究[J]. 中国电机工程学报，2015，35（14）：3495-3502.

[18] Hanx Y, Yang F, Baic F, et al. An Open Energy Routing Network for Low- voltage Distribution Power Grid[C]. First IEEE International Conference on Energy Internet, Beijing, 2017: 320-325.

[19] 薛忠斌. 区块链技术在能源互联网中应用[J]. 煤炭工程，2017，49（5）：46-49.

[20] 何奇琳，艾芊. 区块链技术在虚拟电厂中的应用前景[J]. 电器与能效管理技术，2017（3）：14-18.

[21] 刘新东，李伟华，朱勇，等. 基于多代理技术的分布式电网自愈控制策略研究[J]. 电力系统保护与控制，2012（17）：116-120.

[22] 梁志峰，葛睿，董昱，等. 印度“7.30”“7.31”大停电事故分析及对我国电网调度运行工作的启示[J]. 电网技术，2013，37（7）：1841-1848.

[23] 曾刚，万志宏. 碳排放权交易：理论及应用研究综述[J]. 金融评论，2010，2（4）：54-67.

[24] Huang A Q, Crow M L, Heydt G T, et al.The Future Renewable Electric Energy Delivery and Management (FREEDM) System: The Energy Internet[J]. Proc.the IEEE, 2011, 12, 17: 133-148.

[25] 刘振亚. 智能电网与第三次工业革命[N]. 科技日报，2012-12-05（1）.

[26] Perrod P F, Geid L M, Klok L B, et al. A Vision of Future Energy Networks[C]. Proc. Power Engineering Society Inaugural Conf. And Expo.in Africa, 2005: 13-17.

[27] Huang A Q. FREEDM System-A Vision for the Future Grid[C]//IEEE Power and Energy Society General Meeting, 2010: 1-4.

[28] 查亚兵，张涛，黄卓，等. 能源互联网关键技术分析[J]. 中国科学：信息科学，2014，44（6）：702-713.

[29] 孙宏斌，郭庆来，潘昭光，等. 能源互联网：理念、架构与前沿展望[J]. 电力系统自动化，2015，39（19）：1-8.

[30] 王继业，高灵超，董爱强，等. 基于区块链的数据安全共享网络体系研究[J]. 计算机研究与发展，2017，54（4）：742-749.

[31] 刘敖迪，杜学绘，王娜，等. 区块链技术及其在信息安全领域的研究进展[J]. 软件学报，2018，29（7）：2092-2115.

第5章

物联网与智能用电

智能电网用电环节应用了大量物联网技术，涉及众多系统、平台、设备及传感器，本章主要涉及新能源发电、先进储能、需求响应、微能源网、高级量测体系、高速电力线载波通信等关键技术，从用电信息采集系统、综合能源管理系统、电动汽车充换电系统及车联网平台、智能家居系统、智能楼宇监控系统、智能园区监控系统、分布式电源监控系统、智慧能源服务系统等方面，对功能应用、平台设计、关键指标进行了描述，为依托物联网技术建立智能用电相关系统、平台、工程提供技术基础。智能用电环节作为智能电网覆盖面最广、数量最多的终端设备层级，在物联网技术快速发展的大环境下，必将推动智能用电技术向更加智能、更加精准、更加高效、更加安全的方向发展，给电力用户提供更为便捷的服务体验。

5.1 智能用电中的关键技术

5.1.1 新能源发电技术

我国电能生产、输送和分配的主要方式为集中发电、远距离输电和大电网互联的电力系统，其中大电网不能灵活跟踪负荷的变化，无法及时调整供电量，并且电网事故发生频率高，当电网崩溃时，将造成非常严重的破坏和影响[1]。作为用户侧发电，新能源发电不仅可以解决集中发电、远距离传输的弊端，而且可以根据用户侧选择的更加合理的发电方式，合理配置资源，做到自发自用、余电上网。新能源发电技术主要包括可再生能源发电和燃料电池发电两种。

1. 可再生能源发电

在可再生能源发电中，风能发电、太阳能发电是较为成熟的技术，是新能源发展的重点方向，具有大规模发展的条件和商业前景。可再生能源发电机以风作为原动力，由于风、光具有随机波动性和间歇性的特点，因此可再生能源发电机的电能输出也是波动和间歇的。所以，可再生能源的大规模接入将带来波动功率，从而加重电网负担，影响电网稳定性、电网供电质量和调频调峰能力。

2. 燃料电池发电

燃料电池是类似电池的一种装置，基于电化学原理将化学能直接转换成电能。燃料电池是建在用户终端的分散式电源，通过燃料电池发电会增加电网管理的复杂性，形成许多小电网运作，这些小电网与大电网会有电能交换，从而使入网电量减少，导致管理复杂、调控难度大的情况发生[2~4]。

5.1.2　先进储能技术

能源互联网中存在大规模的可再生能源发电送出和消纳、局域多能源系统灵活高效和经济运行、能源市场自由交易等应用需求，为储能技术提供了发展机遇。契合能源互联网发展需求的几种电力储能技术主要有储热、氢储能和电化学储能等。

1. 储热

储热技术可以有效解决太阳能发电的间歇性问题，使太阳能发电具有较稳定的输出。储热技术主要分为三种，分别为潜热储能、显热储能和化学储热。潜热储能也称为相变储能，利用材料相变时吸收或放出热量。这种储能具有较稳定的温度和较大的能量密度，目前以固-液相变为主。显热储能通过提高介质的温度实现热存储。化学储热利用可逆化学反应储存热能，可实现宽温域梯级储热，能量密度可达显热和潜热储能的 10 倍以上。化学储热技术要求储热介质具备可逆的化学反应，储热材料选择难度大。目前储热技术仍以显热储能和潜热储能为主[5]。

2. 氢储能

氢能利用主要有四个环节，分别为制氢、储氢、输氢、用氢。在工业生产中，制氢方式主要为天然气制氢和煤制氢。近几年，国内外还利用新能源制氢，主要利用新能源发电电解水制氢和用光催化直接裂解水制氢。电解水制氢耗能较高，但是利用电网负荷低谷时期的新能源发电制氢，可以有效提高新能源发电利用率。用光催化直接裂解水也是一种理想的新能源制氢方法，但是该方法的关键点——半导体光催化剂材料技术仍处于研究阶段，光能捕获效率和制氢速率尚不能满足商业化需求[6]。

3. 电化学储能

电化学储能具有安装灵活、响应速度快的特点，能为电网提供功率服务和能量服务。其在抑制新能源发电快速波动、电网调频、微电网能量管理和稳定性支撑、分布式电源接入等方面具有显著的技术优势。当前，电化学储能在电力系统中的应用快速增长[7]。

4. 其他储能方式

除上述储能技术外，电动汽车、传统飞轮储能、抽水蓄能、超导储能、压缩空气储能也是能源互联网中重要的储能形式。

很多专家认为，随着电动汽车的发展，也可将电动汽车作为一种储能设备。按照动力来源，纯电动汽车可分为燃料电池电动车和电池电动车。规模化电池电动车的有序充电和馈入电网能改善电网的运行特性。通过实时或分时电价等激励措施，对电池电动车的充（放）电行为进行调节和控制，是实现大规模电动汽车与电网互动的有效方法，可实现配电网阻塞管理、平移负荷峰谷等功能，减少电动汽车集中充电对电网造成的压力。

5.1.3 需求响应技术

需求响应是电力市场化改革下电力需求侧管理的新方法，通过放松零售端的价格控制和政策激励机制，鼓励用户积极参与电力系统运行，增加需求侧资源在电力市场中的作用，并充分发挥用户侧优化资源配置的能力，引导用户减少或推迟电网运行高峰时段的电力负荷，以平衡电能供需，维护电网稳定运行。需求响应还可以缓解系统短期容量短缺和推迟电网升级投资，能够减少电价波动风险，保证市场稳定运行，降低系统高峰期电价和优化资源配置，对电力工业、环境保护、经济发展有举足轻重的作用，这也是智能电网实现电网坚强、高效、经济、清洁、安全、可靠运行，达到电网经济效益、环境效益和社会效益最大化的目的。

近几年，国内主要在概念引入、政策机制、激励型/电价型项目决策、负荷挖掘分析、基本负荷计算及技术实现架构等方面研究需求响应。需求响应本身是一种市场化的运作机制，通过对其作用机理、经济学原理、机制适用性等基本机制的研究，可以为准确建立需求变化分析与预测、电力系统影响分析及供电侧需求响应决策等环节的数学模型提供基本原则[8]。

5.1.4　微能源网技术

微能源网具有风光气等多种能源输入、冷热电等多种产品输出的多能互补的特点，其充分利用可再生能源和能源的梯级利用技术进行冷热电一体化生产、计划和调度，在提高综合能源利用率和减少二氧化碳排放方面具有显著的作用，并且对用户选择更经济的能源具有指导作用。典型的微能源网包含冷热电联供系统和风光气等其他分布式能源及相关的储能单元，并对所有能源和用户进行统一管理。与微电网最大的区别是，微能源网在能源的生产、传输和消费三个主要环节均涉及多种能源形式。虽然微电网本身也会存在终端用户对电能的转换，但它仅属于用户本身的行为，而微能源网强调的是网内所有能源的互联互补和统一管理。

5.1.5　高级量测体系

高级量测体系（Advanced Metering Infrastructure，AMI）也称智能计量体系（Smart Meter Infrastructure，SMI），它是一个用来测量、收集、储存、分析和运用用户用电信息的完整的网络处理系统，由位于电力公司内的主站管理系统、安装在用户端的智能量测终端和连接它们的通信系统组成。主站管理系统主要包括营销系统服务器、应用服务器（包括数据库服务器、磁盘阵列）、前置采集服务器（包括前置服务器、工作站、GPS 时钟、安全防护设备）及相关的网络设备；智能量测终端主要包括专变采集终端、集中器、采集器及智能交互终端、分布式电源监控终端、电动汽车充放电监控终端[9, 10]、自助用电服务终端等；通信系统主要包括由光纤、3G/4G/5G 无线公网、电力无线专网等构成的远程通信网络，以及由电力线载波、微功率无线、RS-485 总线等构成的本地通信网络。AMI 为电力公司提供了系统范围内前所未有的量测和可观性，使电力公司不但可以向用户提供分时电价，以实现削减峰荷，减少固定资产投资，提高资产利用率和能源效率，也能够促成许多运行和管理方面高级应用的实现[11]。

1. 虚拟仪器技术

虚拟仪器（Virtual Instrument，VI）技术是以计算机为核心硬件平台，利用高性能的模块化板卡，结合高效灵活的软件实现测量、控制和自动化等应用[12]。现在，VI 系统被广泛应用于通信、自动化、航空、电力、电子、生化制药、核工业生产等各种领域。随着虚拟仪器技术的进一步发展和完善，其应用范围会扩展到更多领域。

2. 智能传感器技术

智能传感器技术是一门正在蓬勃发展的现代传感器技术，涉及多种学科。智能传感器除了测量信号调理（如滤波、放大、A/D 转换等）、数据处理、数据显示功能，还具有自校自检自补偿等功能。智能传感器在包含传统传感器的基础上，增加了微处理器。其中，微处理器是智能传感器的核心，它具有数据处理和存储能力，可以对传感器的数据进行计算、存储和处理，还可以调节传感器的内部行为，使采集的数据最优化。

3. 非介入式负荷辨识技术

非介入式（非侵入式）负荷辨识技术利用智能量测设备在用电负荷入口处采集用电数据，通过信号处理与分析技术对用电负荷成分进行分析和辨识，精确获取用电设备的类型和运行情况，由此实现对用电信息的智能化监测，为电力公司分析电能消耗构成、提高负荷管理能力、引导用户合理消费、科学安排负荷的使用时间提供有效的数据支撑。同时该技术还有助于提高电力负荷的预测精度，为电力系统仿真分析、系统规划提供更准确的数据。

现阶段非介入式负荷辨识技术一般考虑两种实现架构。一种是在智能电能表侧进行，如图 5-1 所示；另一种是基于边缘计算的负荷特征分解技术，电能表提取简单的特征值，负荷识别由主站管理系统进行，如图 5-2 所示。前者对智能电能表的计算、存储资源及算法的要求比较高，但一旦在技术上取得突破，较易在现实网络中实现；后者对通信网络带宽要求非常高，电能表挂网数量很多，通信数据量巨大，对现有电网通信环境有较大的改造升级需求。

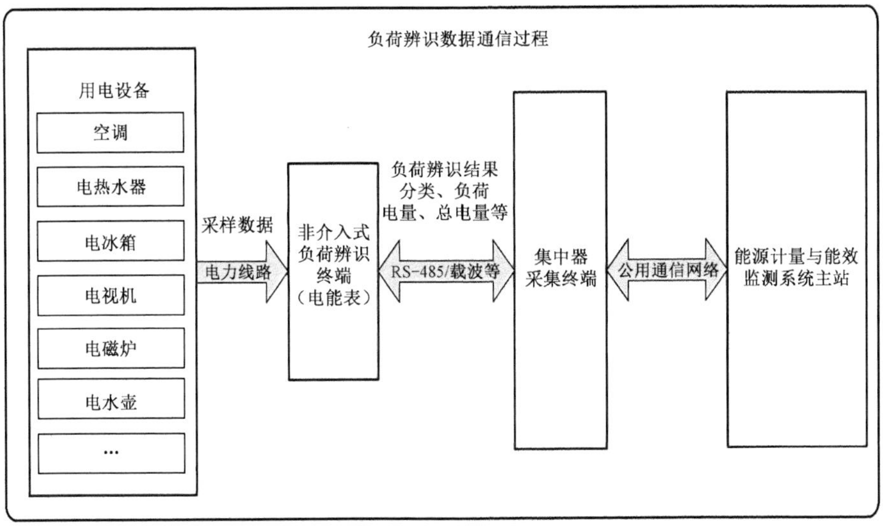

图 5-1　辨识功能集成在智能电能表侧

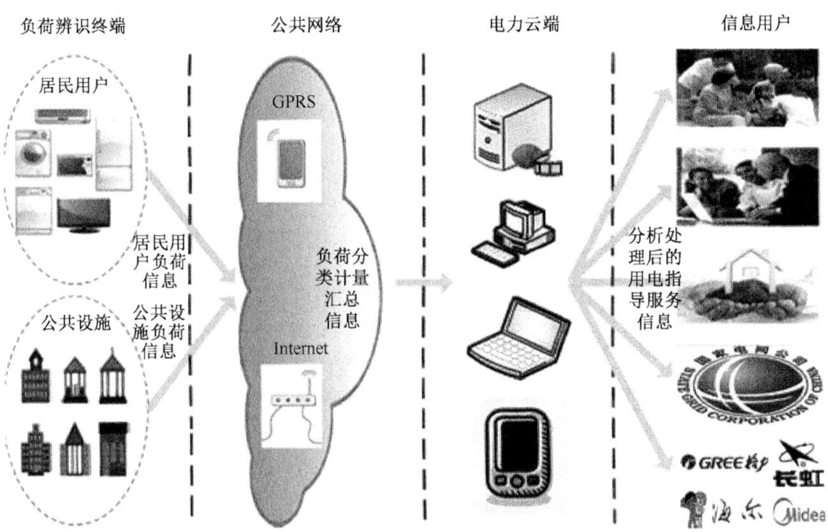

图 5-2　辨识功能集成在主站管理系统

5.1.6　高速电力线载波通信技术

1. 高速电力线载波通信关键技术

1）OFDM 调制技术

OFDM 调制是一种正交多载波调制方式，其主要思想是将信道分成若干正交子信道，将高速数据信号转换成并行的低速子数据流，调制到每个子信道上进行传输。正交信号可以通过在接收端采用相关技术分开，这样可以减少子信道之间的相互干扰。OFDM 通信的基本原理如图 5-3 所示。

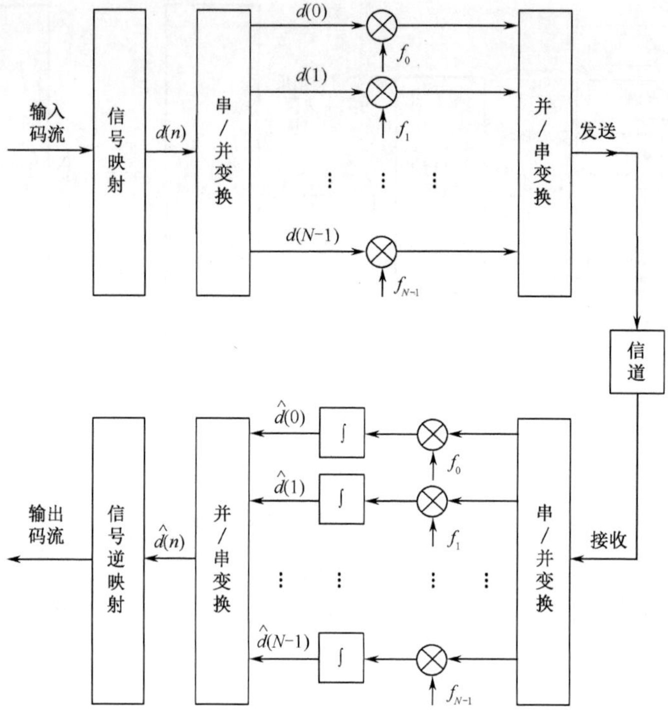

图 5-3　OFDM 通信的基本原理

相同子载波数量的 FDM 与 OFDM 带宽对比如图 5-4 所示。

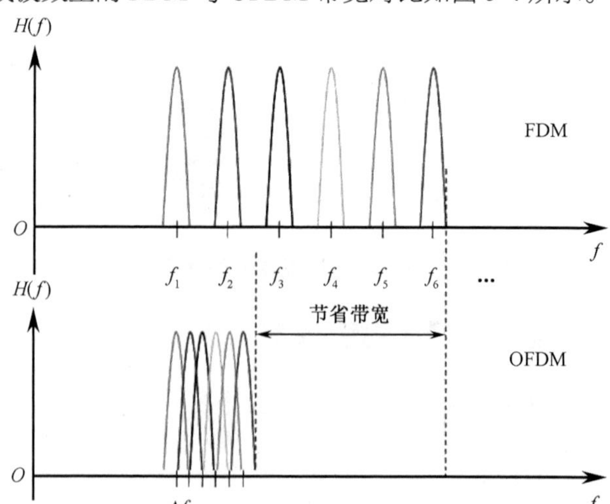

图 5-4　相同子载波数量的 FDM 与 OFDM 带宽对比

在实际应用中，离散傅里叶变换（Discrete Fourier Transform，DFT）的实现一般可运用快速傅里叶变换（Fast Fourier Transform，FFT），如图 5-5 所示。

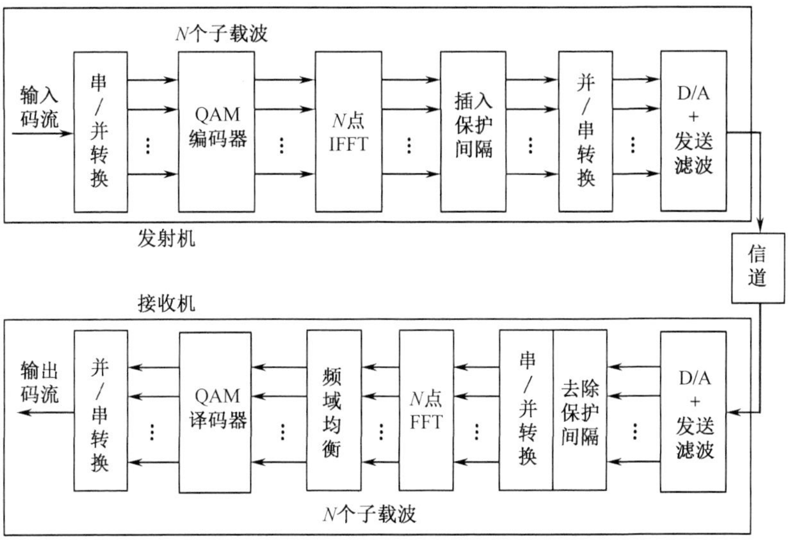

图 5-5　OFDM 的 DFT 实现

OFDM 循环前缀如图 5-6 所示。

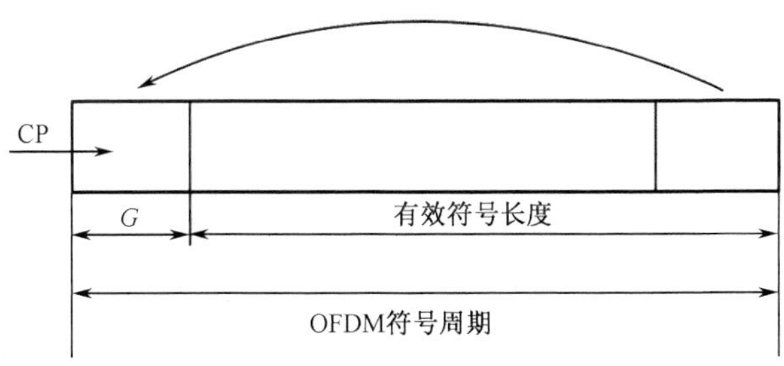

图 5-6　OFDM 循环前缀

2）组网和路由技术

低压配电网电力载波属于分布式网络，成功的通信必须依赖可靠的点对点通信及组网和自动路由实现。成功的点对点通信依据先进的通信手段实现，组网需要可靠的协议保证，自动路由算法需要依据实际工作环境动态地建立、维护和修正[13]。

低压配电网内的负载经常变化，网络上存在各种噪声和脉冲干扰，导致低压电力网呈现一种时变的、非对称的传输特性，从而导致低压电力线通信成功率低、可靠性不强，当网络规模较大且噪声干扰较为严重时，相关研究技术将无法保证通信网络的可靠联通。因此，研究电力线通信网络组网和路由技术是实际应用迫切需要的。由于低压电力线网复杂的网络拓扑结构和物理结构及由此所造成的未知性和时变性，使得低压电力线组网存在很大困难。高效的组网和路由技术一方面可以使整个通信系统的效率得到明显提升，另一方面可以在复杂的通信环境下，确保系统具有良好的健壮性。

3）频谱感知技术

频谱感知，即通过各种信号检测及处理手段获取频谱使用信息的技术，在过去常用于无线电通信中，但在电力线载波通信系统中也有相当大的应用空间。电力线信道上的干扰和噪声是客观存在且很难消除的。对采用宽带 OFDM 技术的电力线信道来说，信道是由若干个并行的正交子载波信道组成的，由于带宽较宽，这些不同频段且数量众多的子载波不可能同时全部受到脉冲的干扰破坏。也就是说，在这些宽带电力线子载波中，总有一些子载波信道是可用的。对宽带 OFDM 电力线系统的可用子载波做频率感知，辨识出那些可用的子载波信道，在发送时，只在这些能用的子信道上发送数据，那些干扰严重的子信道则暂时不用，这就是频谱感知技术的核心思想。

5.2 智能用电中的系统和平台

5.2.1 用电信息采集系统

用电信息采集系统具备对用户的用电信息进行实时采集、处理和监控的功能，可以实现电力用户的全覆盖和用电信息的全采集，全面支持费控管理，是智能电网用电环节的重要基础和用户用电信息的重要来源，可为营销业务应用系统提供必要的基础数据，支撑远程抄表、费控管理、有序用电、用电分析等营销业务应用，促进智能电网条件下的分布式能源接入、电动汽车充电、需求响应、能效管理、电能质量监测等新兴业务的发展，为构建智能用电服务体系奠定坚实的基础[14]。

1. 用电信息采集系统的技术架构

用电信息采集系统从物理上可根据部署位置分为系统主站、通信信道、采集设备三个部分，如图 5-7 所示。

用电信息采集系统由主站层、远程通信层、采集终端层、本地通信层、电能表层组成。主站通过无线公网、230MHz 专网、光纤专网等远程通信技术与采集终端交互，采集终端通过窄带电力线载波、宽带电力线载波、微功率无线、RS-485 等本地通信技术与电能表通信。

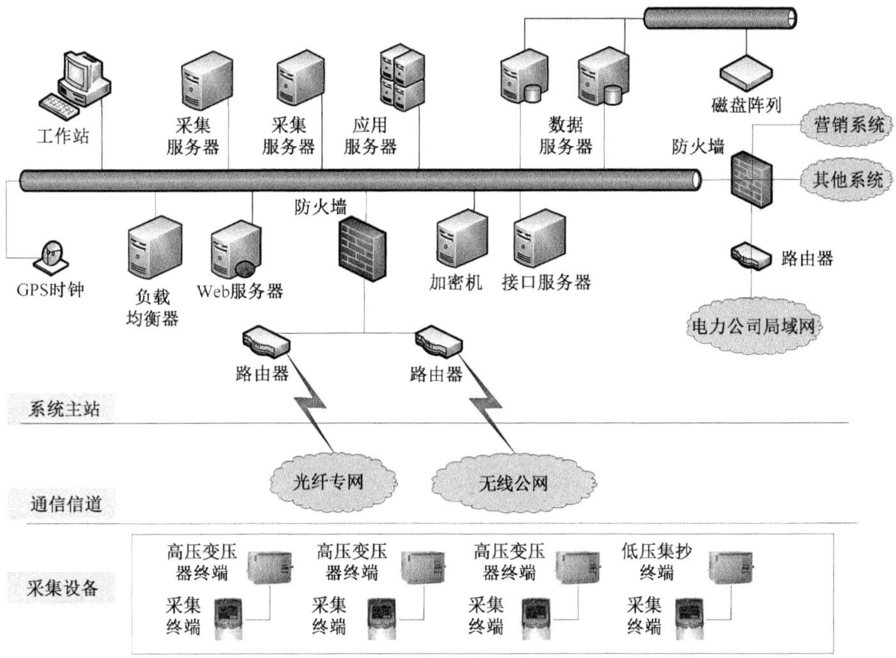

图 5-7　用电信息采集系统技术架构

2. 用电信息采集系统的高级应用

近些年来，随着“互联网+计量”研究的不断深入，用电信息采集系统在能源互联发展中扮演着越来越重要的角色。充分利用“大云物移”等新兴技术，结合能源改革发展需求，加快推动能源互联网建设，将成为各能源行业的研究重点。

1）基于用电信息采集系统的负荷辨识分析

负荷辨识分析作为一门新兴的智能电网支撑技术，以监测居民户内各种类型电器的启停时间、工作状态、能耗情况为目标，使电力用户可以及时了解自己的用电行为，科学制订节能计划，选择合理的用电时间，有针对性地选购不同的电器设备，从而实现更加可靠、精细的电能量管理，有效减少电费支出和电能浪费。

目前研究较为广泛的非介入式负荷辨识分析技术无须对每个设备进行监测，仅需要在居民电力用户入口处安装一个监测装置，通过采集、分析入口总电流和总电压信息来辨识居民户内每个或每类电器的启停状态，从而得到居民的用电规律。相对于传统的户内电器辨识方法，非介入式负荷辨识分析减少了大量的监测设备，同时减少了安装成本和后期维护的时间与费用。此外，传感器安装位置可以选择在用户电表箱总进线处，完全不用进入居民户内进行施工，具有简单、经济、可靠、数据完整、易于快速推广应用等优势。

2）基于用电信息采集系统的大数据分析

随着用电信息采集系统建设工作的不断深入，目前全国已接入的智能电能表超过 5 亿只，基本实现了全量数据的高频采集，每天生成的记录数达到百亿条，产生的数据量达到 TB 级。通过人工智能、大数据等技术，可以深度挖掘所采集数据的价值，更好地服务国家和社会经济发展。目前主要从以下七个方面开展相关大数据研究。

（1）电能表远程误差诊断。将台区物理结构和计量数据抽象为树形拓扑下的数学关系，建立低压台区下表计运行误差与采集信息中的日冻结电量数据值之间的联系，构建智能电能表运行误差远程诊断分析模型。

（2）基于数据的台区户变关系辨识。基于停上电数据、档案数据及采集成功率数据、过零信号、电压特征数据，开展台区户变关系辨识。

（3）停电抢修。基于台区停电、电能表停电等信息，充分挖掘海量停电数据价值，从停电快速诊断和拓展停电数据应用两个方面出发，支撑日常停电抢修研判、灾害应急抢修等业务应用。

（4）大客户电能表状态检测。借鉴电力设备状态检修的经验，以用电信息采集系统、营销业务应用系统、计量生产调度平台相关数据为支撑，搭建电能表状态检验数据仓库，建立电能表状态分析模型，利用分布式云计算、数据挖掘等大数据分析工具，开展大客户状态检测研究和应用，指导现场检验工作。

（5）多表合一用能数据挖掘。将水、电、热、气等数据进行数据清洗和标准化、归一化，作为输入向量，采用降维、关联分析等数据挖掘方法，建立用能分析模型、多表损耗模型、用能趋势预测模型、用能分类分析模型和动态规划模型，得到用户用能行为、损耗统计、用能趋势和规划、降低成本建议等输出结果。

（6）台区智能体检。融合营销和配网等相关系统的海量数据，覆盖配网运行、台区规划、计量采集、客户服务等多个相关专业，利用主流大数据抽取、清洗、计算技术，整合供电可靠率、采集成功率、线损率、频繁停电投诉率等 40 项指标，形成设备运行状态、同期线损监测、用电异常等主题分析模型，构建各级台区管理指标体系，形成客观反映台区运行健康程度的体检报告。

（7）低压居民用电能表状态更换。以《电能计量装置品级评价技术导则》为基础，建立大数据平台，导入与电能表采购、测试、安装、运行相关的内、外部数据，识别评价电能表运行状态的关键维度，对电能表的运行状态进行动态跟踪，建立电能表运行评价模型，给出在运行的电能表状态评价分值，预测电能表的使用寿命，实现电能表的精准更换。

5.2.2　综合能源管理系统

近年来，世界各国均将深入推进优化能源结构、实现能源战略转型作为主要发展方向，能源互联网研究逐渐成为国际能源发展的重要趋势。

1. 工商业用户能源综合管理

工商业负荷一直是电力系统负荷的主力军，占据着全系统负荷很大的比例。在国家节能减排政策的号召下，对工商业负荷的用电能量进行科学有效的管理和优化，使工商业用户用电智能化，具有现实而紧迫的重要意义。

大型工商业用户的用电负荷具有持续时间长、负荷量大、负荷成分多样且大都为对用电可靠性要求较高的一二级负荷等特点。因此，在用户能源综合管理过程中，电网公司应充分考虑工商业用户的这些特点，为其提供全方位的用电量数据。首先，应对其用电负荷和电能量数据进行实时采集，并将相关用电信息及时反馈到电力客户手中，使其清晰明白地了解自身用电情况，更加合理地调度本单位用电负荷，科学指导安排生产计划，从而有效避开峰电时段，最大限度地降低本单位的电力费用。其次，在实时用电负荷数据的基础之上，电网公司还应进一步为工商业用户提供每日电能量冻结数据，并按照能源种类，详细列出用户实际使用情况，结合相关电价政策，积极鼓励引导其加大对可再生能源的使用。再次，电网公司应加快建设与工商业用户间的沟通交流平台，推动其用电负荷信息数据库的建立，对相关用电情况进行统计分析，绘制用电负荷曲线，使电力用户对本单位的用电规律一目了然，这不仅有利于工商业用户制定更加科学合理的用电策略，大幅度降低本单位用电费用，还能够为电网公司相关政策的出台提供理论依据，进一步提高电网运行的稳定性，提高电力客户的用电质量。

2. 居民用户“多表合一”信息采集

电、水、气、热“多表合一”信息采集是着眼于资源集约共建、建设节约型社会做出的一项有益探索，也是服务智慧城市建设、满足客户智能用能需求的重要举措。它依托用电信息采集系统的现有架构，以最低的成本投入和最少的系统改造量为目标，兼顾客观性、合理性、全面性要求，对采集系统现场终端层进行更新改造，提出覆盖现场各种类型的用电信息采集系统的“多表合一”信息采集设计方案，有效提升了社会公共服务水平，推进了国家节能减排政策的实施。

1）升级无线模块方案

此方案适用于无线电能表+无线水/气/热表、RS-485 电能表+无线水/气/热表两种场景。当场景为无线电能表+无线水/气/热表时，应减小电能表与水/气/热表之间的安装距离；当场景为 RS-485 电能表+无线水/气/热表时，应减小Ⅰ型采集器（无线）与水/气/热表之间的安装距离。此方案的系统架构如图 5-8 所示。

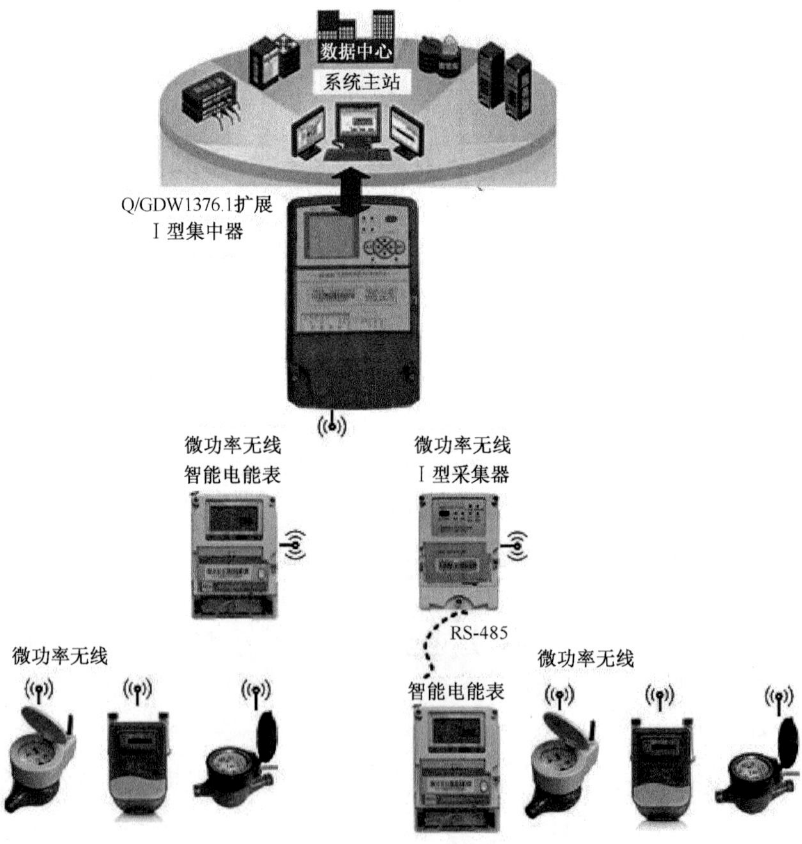

图 5-8　Ⅰ型集中器（全无线+半无线）一体化采集系统架构

Ⅰ型集中器与电能表（Ⅰ型采集器）的通信方式为微功率无线。无线水/气/

热表只能通过电池供电，当Ⅰ型集中器直接与水/气/热表组建网状网络时，会消耗较高的能量，并且电池容量有限，对水/气/热表的使用寿命有一定制约。因此，为减少制约，网关应采用电能表（Ⅰ型采集器）内置通信模块，与周围无线水/气/热表形成星形网络。此方案可实现对水/气/热表的数据转发功能，但水/气/热表无法实现实时在线通信，只能采用唤醒的方式来延长其使用寿命。

2）更换双模模块方案

此方案适用于载波电能表+无线水/气/热表和 RS-485 电能表+无线水/气/热表两种场景。当场景为载波电能表+无线水/气/热表时，应减小电能表与水/气/热表之间的安装距离；当场景为 RS-485 电能表+无线水/气/热表时，应减小Ⅰ型采集器（载波）与水/气/热表之间的安装距离。此方案的系统架构如图 5-9 所示。

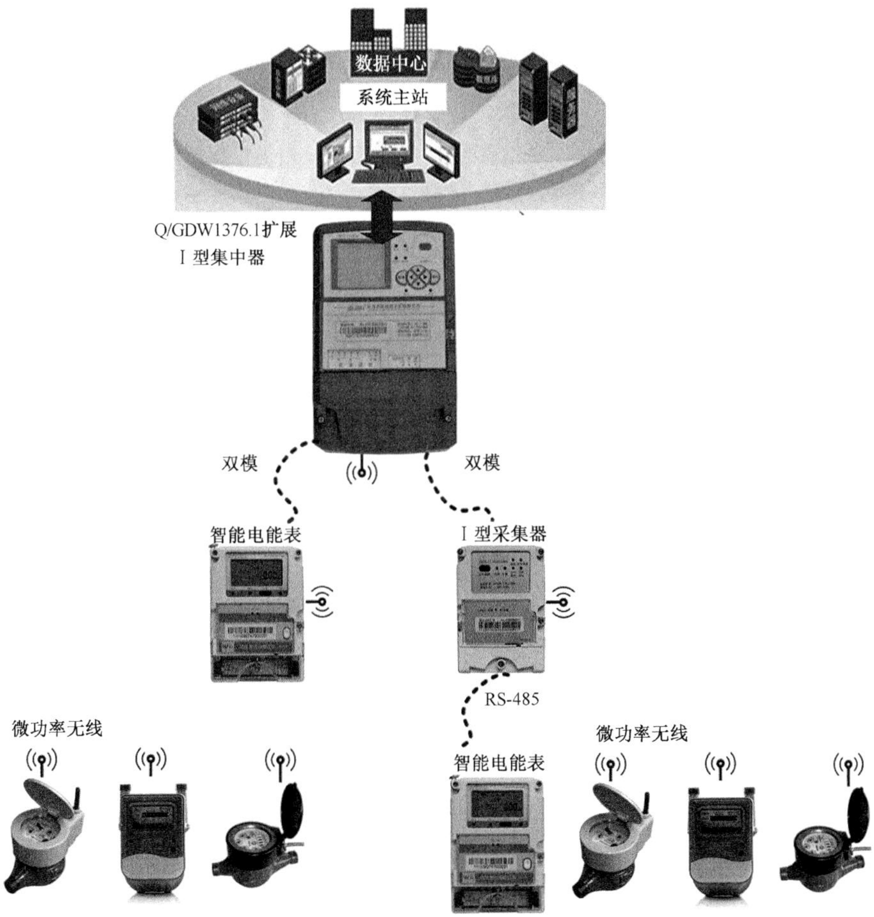

图 5-9　Ⅰ型集中器（全载波或半载波）一体化采集系统架构

针对上述两种场景，分别存在两种改造方式。①仅更换电表模块（Ⅰ型采集器模块）；②同时更换Ⅰ型集中器模块和电表模块（Ⅰ型采集器模块）。当仅采用方式①时，电表（Ⅰ型采集器）上行与Ⅰ型集中器通信只能通过电力线载波，下行与水/气/热表通信只能通过微功率无线，上、下行通道独立运行。当采用方式②时，Ⅰ型集中器与电能表（Ⅰ型采集器）的通信方式为双模通信，电能表（Ⅰ型采集器）通过微功率无线与周边水/气/热表形成星形网络。此外，考虑无线水/气/热表的功耗限制，同样无法采用Ⅰ型集中器与水/气/热表与直接组建网状网络模式。

3）增加通信接口转换器方案

当采集场景为电表（RS-485）+水/气/热表（M-BUS或微功率无线）时，电表与水/气/热表的相对位置距离较远，适合采用增加通信接口转换器方案。此方案的系统架构如图5-10所示，原有用电信息采集系统架构不变，同时新装或换装通信接口转换器。通信接口转换器下行与集中器和水/气/热表通过微功率无线或M-BUS通信，上行通过微功率无线、电力线载波或RS-485通信。

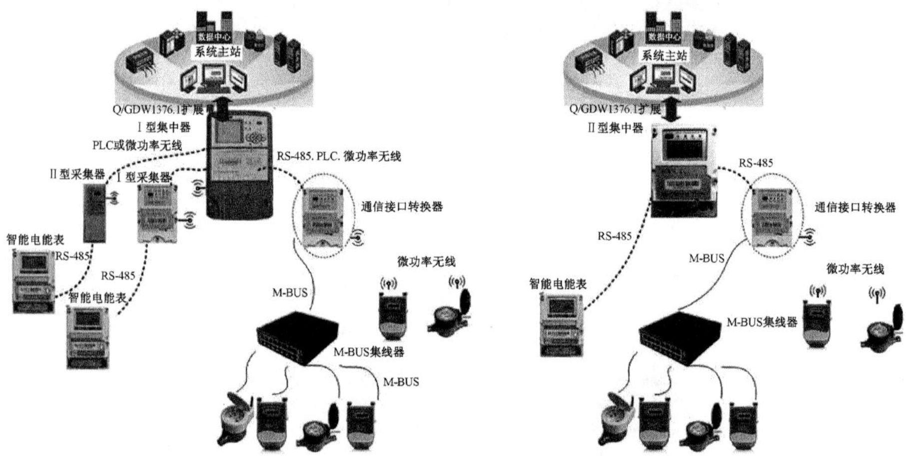

图5-10　Ⅰ型集中器（半载波、半无线）及Ⅱ型集中器一体化采集系统架构

在实际应用过程中，由于水/气/热营销计量模式的不确定性，设计方案可能简化为三表或两表一体化采集。水/气/热营销计量模式的不确定性在于以下几个方面。

（1）水表可能分布安装于户内，也可能集中安装于竖井中，而且每个住户常对应多块水表（饮用水、中水）。

（2）气表多安装于户内，而且分为预付费气表和后付费气表，当气表为预付费类型时，不需要进行一体化采集。

（3）热表多用于北方供暖地区的各住宅小区总表计量，小区内住户通常按面积分摊计费，并不存在热表。

5.2.3　电动汽车充换电系统及车联网平台

自 2000 年以来，全球环境资源出现了越来越多的问题，如温室效应、大气污染、化石能源枯竭等，因此在交通运输领域，电能替代和清洁能源替代成为解决环境问题不可忽视的重要手段，也成为实现人类可持续发展的必经之路。

1. 电动汽车能源供给系统

电动汽车能源供给系统是电动汽车行驶的重要保障，该系统大致由三个部分组成：交流供电系统、直流充电系统、电池能量存储系统。交流供电系统主要由变压器和电能质量监测控制设备组成；直流充电系统由各种功率的地面充电机、车载充电机和能量管理系统组成；电池能量存储系统主要包括各种动力电池组。

电动汽车能源供给模式主要有交流充电模式、直流充电模式和电池更换模式三种。无论是直流充电模式还是电池更换模式，大多是在特定区域（如充电站）采用非车载充电机集中对电动汽车动力蓄电池充电，功率较大。交流充电模式有两种，一种是直接为家庭用户提供民用交流电源，由车载或非车载充电机对动力蓄电池充电，一般功率较小；一种是在公共区域（如在停车场建设充电站）提供交流电源，由车载充电机对动力蓄电池充电，单台充电机功率较小，但总功率较大。

2. 电动汽车能源供给典型设备

1）交流充电桩

交流充电桩是一种利用标准充电接口，采用传导方式为具有车载充电机的电动汽车提供电能的专用装置。交流充电桩一般具有控制、计费、通信和安全防护等功能，并提供人机操作界面。其中，车载充电机是指固定安装在电动汽车上，为电动汽车动力电池提供直流电能的充电设备。

交流充电桩针对整车充电方式，根据安装方式可分为立式和壁挂式等类型，根据单台充电桩充电接口的数量又可分为一桩一充式和一桩两充式等不同种类。交流充电桩是一种重要的电动汽车充电设施，一般小型纯电动汽车、可外接充电式混合动力汽车采用此种方式。

交流充电桩的特点有：①体积小，安装使用方便，价格便宜，可广泛应用在各种类型的充换电设施中，并可很方便地安装在各种公共场所、单位内部及小区内部停车场内；②只能慢速充电，对电池寿命影响比较小，但是充电时间过长，充满电一般需要6～8小时，影响车辆使用效率。

2）直流充电机

直流充电机是电动汽车充电系统中的重要组成设备，它固定安装在电动汽车外，与交流电网相连接，解决了车载式充电机充电速度慢、动力电池的续航里程短的问题，为电动汽车动力电池提供直流电能。与车载式充电机相比，非车载直流充电机具有充电功率大、充电速度快等特点，直流充电机可与电动汽车上的动力电池管理系统进行通信，电池管理系统将按照电池类别，自动、快速、安全地完成整个充电过程，无须有人在旁边看守和手动操作。

3）直流电能表

直流电能表已广泛应用于电动汽车直流充电机，在光伏发电系统、直流配电网中也很有应用前景，是直流电能计量的核心器具。直流电能表的结构与交流电能表基本相同，区别仅在于电压、电流采样环节。在电压采样部分，直流电能表额定电压是500V、700V、1000V等，远高于交流电能表的220V，这符合直流充电机输出直流电压的要求。在电流采样部分，直流电能表可以分为直接接入式和间接接入式。输入电流在100A以下的直流电能表采用直接接入式，直流电流直接输入直流电能表；输入电流在100A以上的直流电能表采用间接接入式，直流电流经过直流分流器转化为小电压，该小电压输入直流电能表的电流回路。在直流充电机中，一般采用间接接入式直流电能表。

目前，直流电能表已不单纯具有电能计量功能，它还可以记录停电、编辑等事件；可以记录历史负荷、最大电压、最大电流等信息；具有准确的时间，可以支持阶梯电价、分时电价；具有通信功能，可以通过RS-485总线或微功率无线等与车联网、用电信息采集系统及直流充电机中的其他模块通信。直流电能表已经成为电动汽车能源计量过程中不可或缺的环节。

3. 车联网平台

电动汽车车联网服务平台（简称车联网平台）是车联网、智能充换电服务网络及电动汽车应用的结合体，是落实国家电动汽车发展战略的重要实践。车联网平台分别为桩联网、车联网和智能电网，平台实现“车-桩-路-网-人”的有效连接，让电动汽车用户能够享受一站式便捷服务，体验感知“从有电可充，到充电无忧，最终实现充绿色电，比加油更方便，首选电动汽车出行”。

车联网平台利用大云物移智等新兴技术，构建多个典型应用，如充电服务、数据服务、出行服务、增值服务等功能。经过近几年的发展，我国的车联网已成为全球最大的新能源汽车充电网络平台，促进了国内电动汽车行业的快速发展。

5.2.4　家庭能源互联网

家庭能源互联网是能源互联网的重要组成部分，对实现能源供应者与用户之间实时交互响应及增强供电侧能源互联网综合服务能力具有重要作用。通过有效的传输网络，家庭能源互联网集成了多元信息服务与管理、物业管理与安防、住宅智能化等系统，应用高技术的智能化手段，实现了快捷、高效的超值服务，为用户提供了安全、舒适、便利的家居环境。

1. 家庭能源互联网的系统架构

家庭能源互联网主要实现能源供应与分配、用能信息采集（三表抄收）、双向互动服务、用能管理、家电控制、家庭安防、社区服务、互联网、网络电视、新能源接入、家庭储能等功能。结合该系统的功能，可构建的系统架构如图 5-11 所示。

为实现上述功能，能源互联网系统的硬件和软件产品主要包括家庭能源互联网路由器（家庭网关）、智能交互终端、智能交互机顶盒、手持终端、智能插座及智能用电服务系统软件等。

2. 家庭能源路由器

能源互联网基于现有的配电网与能源供给系统，综合利用新能源技术和互联网技术，将大量分布式能源采集装置和分布式能源储存装置互联起来，从而实现能量和信息双向流动的能源对等交换和共享网络。路由器是传统信息互联网中的枢纽，具备连通不同的网络和选择信息传送线路的功能，从而使信息互联网实现不同区域的信息交流与共享，对信息互联网能否高效、稳定地运行起着关键作用。同样，能源路由器也是能源互联网的关键核心设备，用以实现能源互联网中可再生分布式能源的高效利用、多种形式能量的协调管理及保障电网安全可靠运行。

1）能源路由器的架构

能源路由器被划分为信息采集层、信息融合层、控制决策层和能源传输层四个层次，如图 5-12 所示。划分方法主要依据现代互联网中 TCP/IP 协议的层次

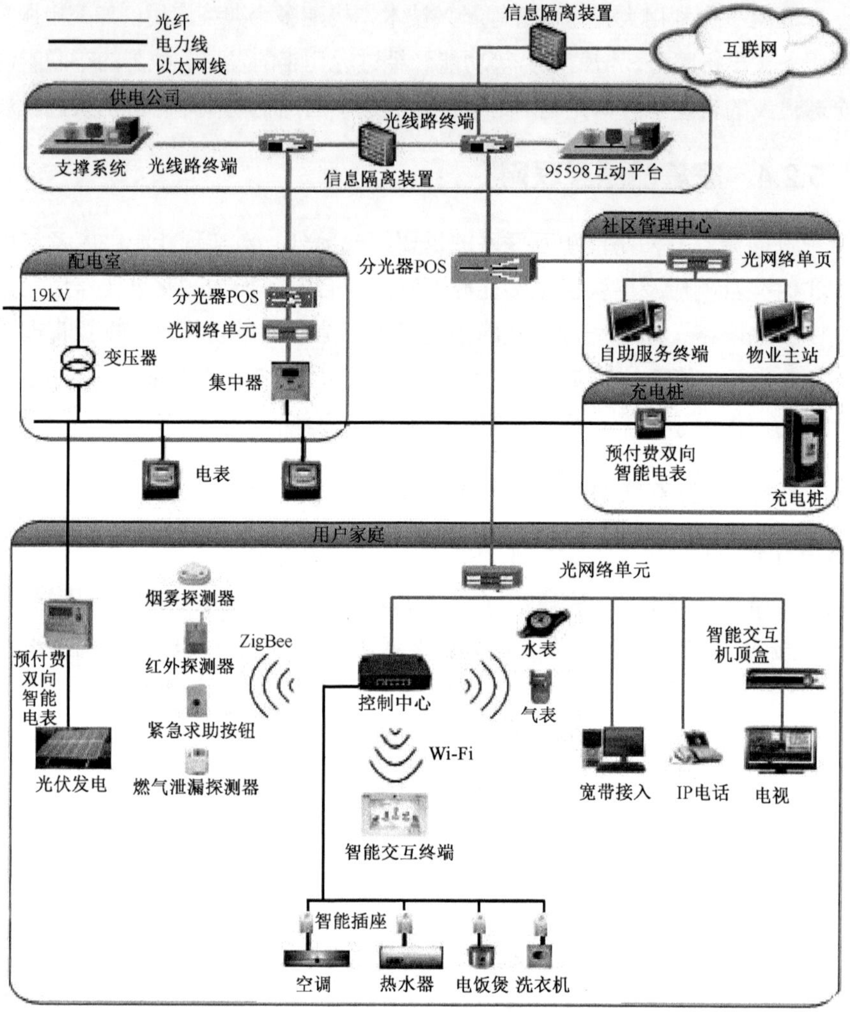

图 5-11　家庭能源互联网系统架构

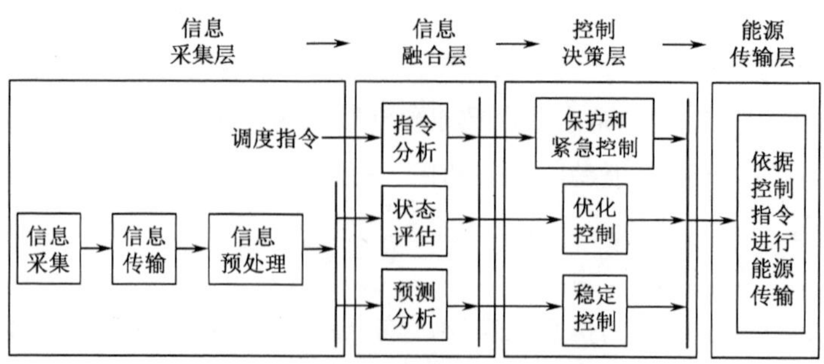

图 5-12　能量路由器分层架构

划分方法。信息采集层主要负责接收调度指令，采集能源路由器连接设备的信息及其他能量路由器的共享信息，并对接收到的信息进行预处理，之后将信息传输给信息融合层。信息融合层接收到信息采集层的信息后，进行筛选和综合分析，选取有用信息后，执行指令分析、状态评估、预测分析等功能。控制决策层接收到信息融合层的数据信息后，进行运算决策，在执行调度指令的优化控制的同时，也要执行确保能源路由器安全可靠运行的保障和紧急控制、稳定控制。最后，能源传输层根据控制决策层的控制指令进行能源传输。

2）家庭能源路由器的主要功能

在家庭能源互联网中，能源路由器与分布式能源、各类负荷和储能单元等类型的用户设备相连接，从而构成了一个“局域”能源互联网。能源路由器作为中央控制器，其用户层功能主要有五种，分别为接口的即插即用、接口的双向性、用户服务请求和终止、用户查询、人机交互。

能源路由器除能与用户相连接外，还可以与其他的路由器连接进行信息交流和共享，实现电网的能源优化管理。能源路由器电网层主要有能源控制与管理、信息保障和孤岛自治三种功能。

3. 智能交互终端

在家庭能源互联网系统中，用户可以直接在智能交互终端用户界面进行操作，智能交互终端是实现用户和系统交互的核心设备，也是实现家庭智能互联的关键设备，它采用先进的信息通信技术与控制中心相连，对家庭用电设备进行监控与管理，对用能信息等数据进行查询，并通过显示用户用能指导信息来调节峰谷负荷，实现能源企业与用户之间的智能用电、智能用气、智能用水。此外，通过智能交互终端，还可为用户提供社区服务、互联网服务等智能家居增值服务，如图 5-13 所示。

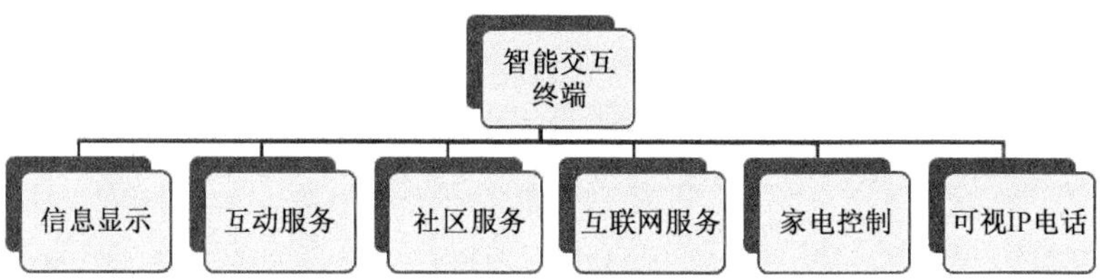

图 5-13　智能交互终端的功能结构

4. 智能交互机顶盒

智能交互机顶盒是一种以电视机为显示载体的智能交互终端，是智能交互终端的补充设备。智能交互机顶盒和电视机协同工作，使用户可以通过操作电视来实现智能交互终端的各项功能（不支持可视 IP 电话功能）。此外，智能交互机顶盒不仅具备支持互动服务、家电控制、社区服务、互联网等功能，还可支持社区视频点播及三网融合的网络电视等业务，如图 5-14 所示。

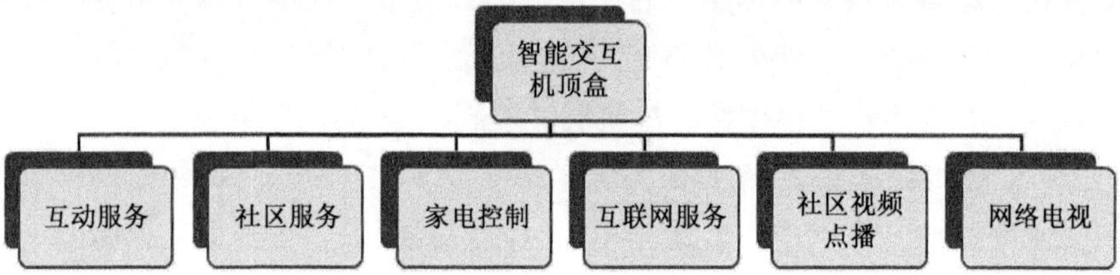

图 5-14　智能交互机顶盒的功能结构

5. 智能插座

在家庭能源互联网系统中，除控制中心与具有智能模块的智能家电直接进行通信和控制外，还可以通过嵌入电力线/无线通信模块的智能插座对传统家电进行通信和控制，从而实现控制中心与家电设备的通信。通过智能插座还可实现对单个电器的供电计量、控制及通信功能。

智能插座的功能结构如图 5-15 所示。

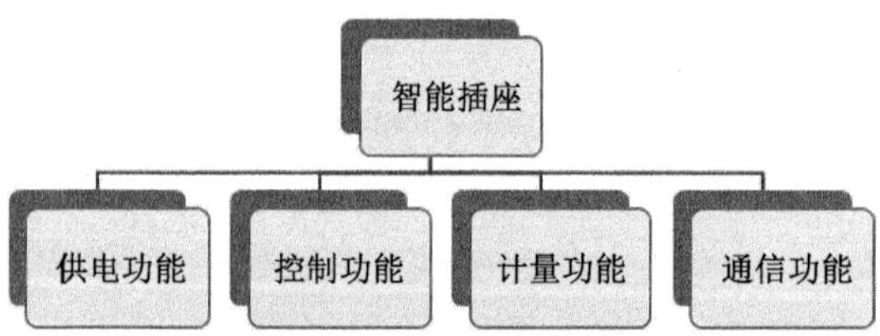

图 5-15　智能插座的功能结构

6. 智能用能服务系统软件

智能用能服务系统由智能用能服务主站系统及包含在智能交互终端软件、智能交互式机顶盒客户端软件中的用户侧系统组成。

智能用能服务主站系统由用户管理、智能用电、智能用气、智能用水、智能用暖权限管理、系统管理等模块组成。用户侧智能化系统由用能明细模块、耗能分析模块、分布式能源模块和用能服务模块组成。智能用能服务系统软件主要有信息采集、电话业务、家电控制、互联网、三表抄收、家庭安防等多种功能。

1）信息采集功能

控制中心通过家庭内部部署的各类传感器可以快速采集环境（照明、温度、湿度等数据）、家庭用能（各类用电设备的当前用电总功率、电压、电流等数据，用水、用气、取暖等数据）和设备运行状况等信息，并实现传递和存储。

2）电话业务功能

控制中心通过连接电话控制器来实现电话功能。

3）家电控制功能

控制中心通过与居民家庭内部家电的连接，可以对家电的运行状态进行实时监测，也能进行本地/远程控制和多方式联动。

4）互联网功能

控制中心通过连接互联网，使终端设备具备上网功能，能帮助用户远程控制家电。

5）三表抄收功能

控制中心能同时对居民的水、气、热三表进行自动周期性远程抄表或手动启动远程抄表。

6）家庭安防功能

家庭安防系统的建设能更好地满足居民的安全需求，是智能家居最重要的组成部分。家庭安防系统通过安装红外探头等探测工具，当事故发生时，能自动通过蜂鸣器和语音实现本地报警，报警方式包含多种，如燃气泄漏报警、紧急求助报警等。此外，家庭安防系统还具备紧急求助、门禁管理等功能。

5.2.5　社区/楼宇能源互联网

1. 社区/楼宇能源互联网的基本架构

社区/楼宇能源互联网由供电网、分布式储能（电化学储能、非电化学储能）、分布式光伏、天然气网、电动汽车充放电网、信息通信网络等紧密耦合构成，以高度融合的电能和多种能源相互转换等物理层面实现耦合为主要特征，如图 5-16 所示。

社区能源互联网可以实现供电网与分布式发电和储能之间的交易、互补、相互转换，供电网与电动汽车充电、放电、换电设施的交互与互动，甚至可以实现在电力和天然气两种能源之间进行双向能源形态转换。

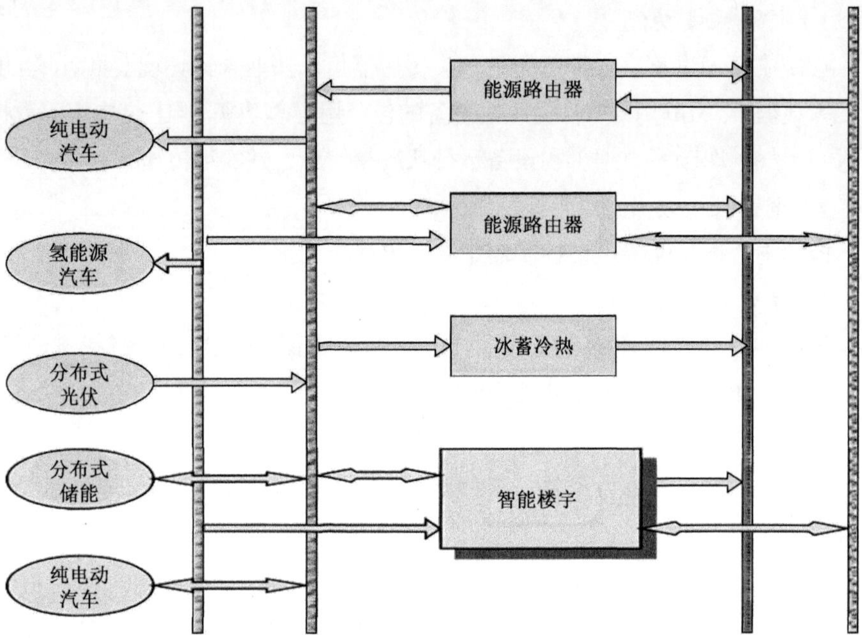

图 5-16　社区/楼宇能源互联网的基本架构

2. 社区/楼宇能源路由器（控制中心）

社区/楼宇控制中心由楼宇配电系统、自动化系统、信息通信系统管理平台组成，实际上也是一种社区/楼宇能源路由器，是与智能社区/楼宇相关的各类通信设备与电力供应的高度集成。社区/楼宇控制中心以插入板卡的形式提供多种通信方式，可以方便、灵活地开展智能小区相关的各类业务，以小区配电系统作为小区供电路由分配的主要手段，以光纤复合低压电缆作为实现能源信息集成应用、信息电力路由交换的重要技术手段，实现各类设备的电力流、信息流的集中接入和管理。

社区/楼宇能源路由器的架构如图 5-17 所示。

3. 智能楼宇

智能楼宇（Intelligent Building，IB），是信息时代和计算机应用科学的必然产物，是现代高科技与建筑的完美结合。

智能楼宇主要通过应用智能传感、智能量测、现代信息通信网络、柔性控制、新能源等技术，建设现代信息通信网络、能耗数据采集、配电监控、电动汽车充电设施、分布式电源监控、能效综合管理等系统，对大楼的所有空调、给排

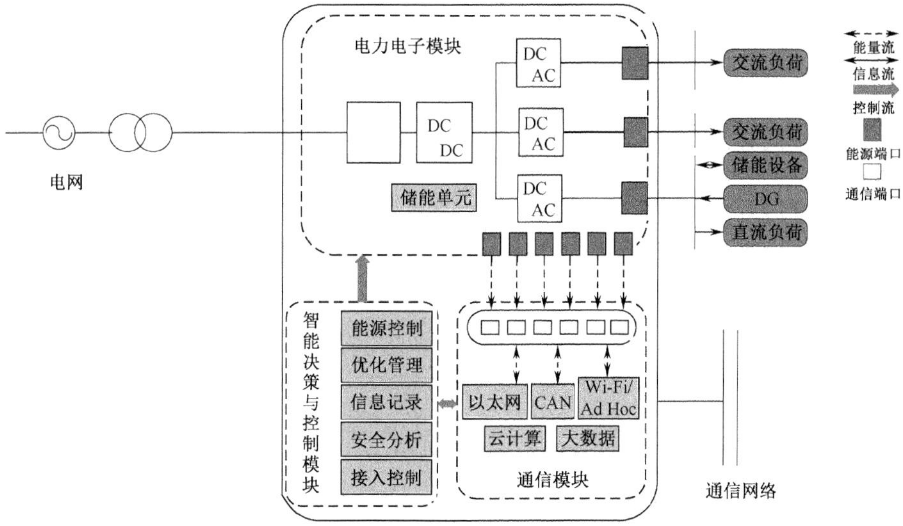

图 5-17　社区/楼宇能源路由器的架构

水、供配电设备、防火、保安等进行监控、分析、控制和评估，对楼宇和用户的信息资源进行综合接入、管理和调度，为用户提供现代通信、高速上网、环境监测、综合能源信息（用电、用水、用气等）查询等信息服务，通过综合分析楼宇环境参数、历史用电信息、电能质量、实际用电负荷和电价结构，选择并制定用电控制管理策略，以达到最经济或最节能的目的，实现楼宇的自动化、信息化、网络化、互动化、低碳化，为大楼的用户提供经济舒适、高效安全、低碳环保的工作和生活环境。

智能楼宇集成了楼宇能效综合管理系统、用电信息采集、配电自动化、楼宇自动化、分布式电源及储能、电动汽车充电、楼宇通信系统等多项新成果，综合了计算机技术、通信技术、控制技术、量测技术等多种技术，是一种多领域、多系统协调的集成应用。智能楼宇总体架构如图 5-18 所示。

4. 楼宇能效综合管理系统

楼宇能效综合管理主站平台主要通过智能测量、楼宇配电自动化和分布式能源监控等技术，对楼宇供能系统、用能设备、分布式能源、储能设备等进行监控、分析、控制和评估，通过综合分析楼宇环境参数、历史用电信息、电能质量、实际用电负荷和电价结构，选择并制定用电控制管理策略，以达到最经济或最节能的目的，实现对智能楼宇的照明、动力、通风、空调、电梯、安防等系统的协调监控和管理。

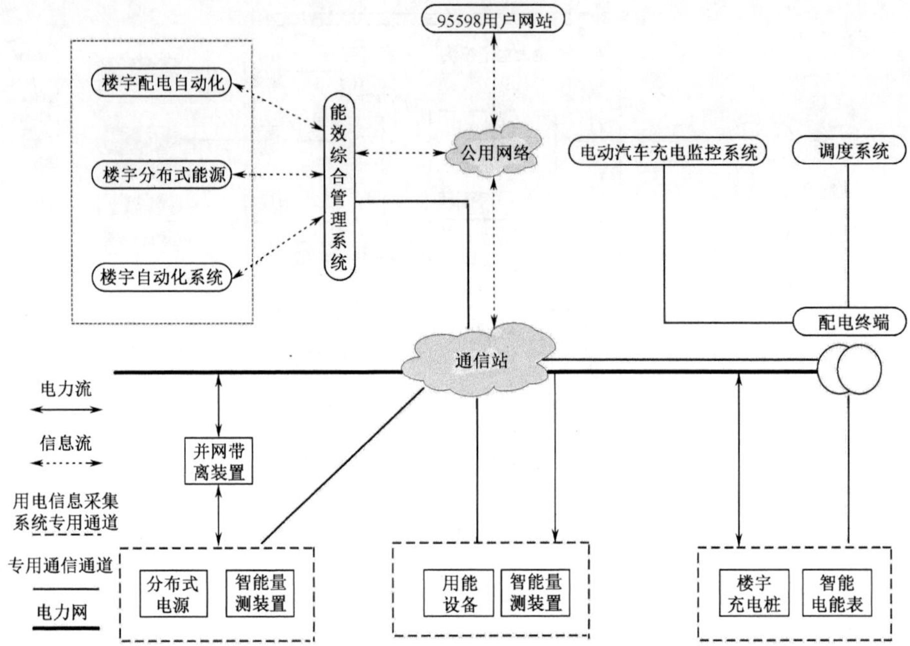

图 5-18　智能楼宇总体架构

智能楼宇能效综合管理系统具备以下功能。

（1）采集小区/楼宇供用电设备、通风设备、供排水设备、燃气设备、通风及空调设备的运行状况，气候、环境、有害气体信息，设备用电信息，新能源发电及储能信息，以及重要区域的图像/视频信息。

（2）快速、准确地掌握楼宇供配电系统的运行情况、电能质量，如谐波的分析、电压电流的不平衡度、电压波动与闪变、供电可靠性、断流断压起止时间及持续时间等。管理软件除具备一般的数据查询记录外，还提供大量的统计分析工具，帮助实现可靠性统计、电能质量合格率统计、各类越限报警、故障追溯及预警等。

（3）对每个用电单元的空调用电、动力用电、照明用电、插座用电进行分项计量，并计量总用电量。通过计量手段可以清晰地掌握每栋楼、每个楼层，甚至每个房间、每个用电器的工作情况，通过能效综合评估模块实现各种能源使用效果的综合评估、分析和比较，提供经济、高效的用能策略，引导用户合理使用能源，减少能源总体消耗，持续改进用能方式。

（4）通过能效综合管理平台的用能策略模块实现对用电负荷、电能质量的综合分析，结合电价政策，制定清洁能源应用策略，使清洁能源被充分使用。

（5）开展电梯、照明、通风系统的状态及用能监测，结合气象信息、环境信息设备，通过能效管理模块实现对各用能设备及系统的综合协调控制，并通过运行结果评估协调控制的效果。

（6）提供楼宇门禁、停车场管理、安防、消防系统的综合接入。

（7）有序提供充电服务及监控，有序开展车辆到电网（Vehicle-to-Grid，V2G）技术服务，充分发挥电动汽车作为移动储能设施在电网调峰及清洁能源方面的双重作用。

5. 楼宇用电采集系统

通过安装智能量测装置，构建楼宇智能量测通信网络，实现楼宇用能设备信息采集、数据分析及数据共享等功能。具体应实现以下功能。

（1）实现对楼宇整体供电回路的监控，包括对运行状态，以及电压、电流、功率、电量、电能质量等电气参数的监控。针对低压 400V 母线进行电能质量分析、用电效率分析，预测楼宇的用能趋势。

（2）实现对楼宇公共用能设备的分类监控，并且针对电梯、空调、照明、暖通、风机和泵房这类重要的用能设备，进行实时数据采集存储和历史数据管理分析。

（3）细化分层，对每个用电单元的空调用电、动力用电、照明用电、插座用电进行分项计量，并计量总用电量。通过计量手段可以清晰地掌握每栋楼、每个楼层，甚至每个房间、每个用电器的工作情况，如当前是否正在使用、工作是否正常。

（4）实现对用能数据的分时段管理存储，包括实时功率、最大功率日用电量、月用电量等。

（5）实现 24 小时自动监控和记录设备运行情况。

6. 配电自动化系统

配电自动化系统是提高楼宇供电可靠性的重要技术手段。该系统以楼宇配电一次系统为基础，以配电自动化主站为核心，综合利用多种通信方式，实现对大楼配电线路的实时监控、大楼变电站的集中控制、线路故障的快速隔离等功能。楼宇配网自动化系统结构如图 5-19 所示。

通过配电终端，该系统实现对地下高压配电房高压进线线路、配电变压器上的三相电流、三相电压、有功/无功频率、功率因数等运行参数的采集（遥测量的采集），实现线路上开关位置、储能、过负荷、三相故障、零序过流、零序过压、蓄电池活化、交流输入异常等遥信信息的采集（遥信量的采集），实现对高压进线开关的控制（遥控），实现对楼层低压配电房的进线开关电流、进线及220V馈出线开关状态、开关故障信号的采集，实现对高低压配电系统状态的全面监控。配电终端通过光纤通信方式将采集到的信息传送给配电主站，从而实现配电主站对配电房的监控。

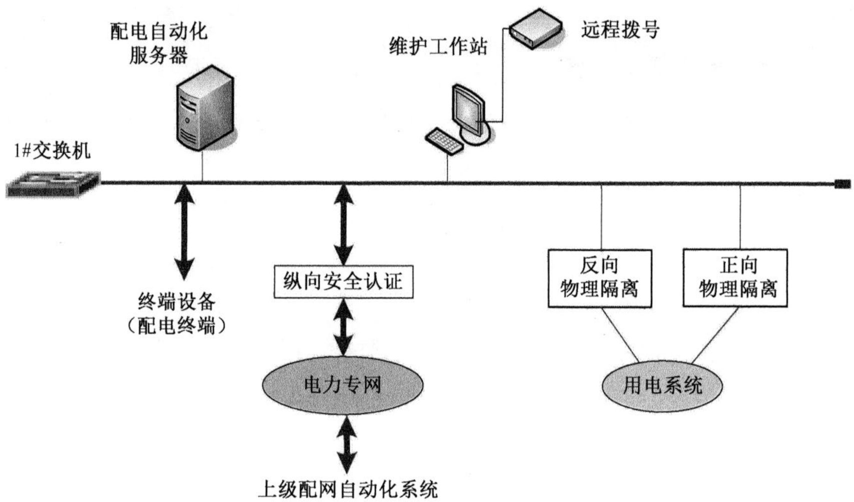

图 5-19　楼宇配网自动化系统结构

该系统中的主要设备及其功能如下。

配电主站：集成于能效综合管理系统，主要实现楼宇高低压配电设备数据的采集与监控等基本功能。

配电终端：安装于高低压配电房的远方监测、控制单元的监控终端，采集线路的电流、电压值。

二次安防设备：配置纵向安全防护设备、物理隔离装置等。系统通过二次安防设备与用电信息系统互联。

视频监控设备用以监视配电房和控制室的视频图像，并传送到视频监控系统。

7. 楼宇自动化系统

楼宇自动化系统是智能楼宇必不可少的基本组成部分，包括空调通风系统、照明系统、太阳能增强通风系统、空气质量检测系统、电梯等，通过监控各种机电设备的运行情况和故障状况，为楼宇创造一个安全、舒适、便利的工作环境，同时节省人力、物力，并大大降低管理成本。该系统的主要内容包括以下几项。

（1）对通风系统（新风机、送排风机和防火防烟风机）的运行工况进行监视、控制、测量和记录。

（2）对给排水系统（给排水设备、饮水设备和污水处理设备）等的运行工况进行监视、控制、测量和记录。

（3）对电梯、扶梯的运行状态、开合、报警信息等进行采集和监控。

（4）对冷、热源系统等的运行工况进行监视、控制、测量和记录。

（5）系统能提供各设备的日启停状态、高低峰值、实时运行值等数据，以画面形式显示记录，并以表格和曲线等形式打印记录。系统具有通信能力，可随时进行人机对话，对各设备发送的指令进行监控，根据各设备的信息，结合系统编程功能，经系统判断后发出相应的联动控制信号。

8. 分布式能源系统

分布式能源系统主要由太阳能光伏组件方阵、交/直流控制器、逆变器、交流负载等部分组成，光伏组件方阵采用合理的串并联方式，经过直流汇流柜汇流后接入并网逆变器，经交流控制柜后，并网至大楼配电间 400V 低压母线，并通过相应的监控软件实现发电状态监视。其系统组成如图 5-20 所示。

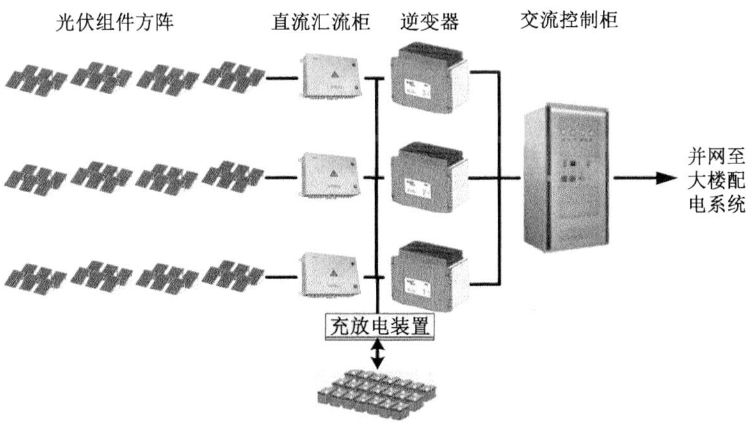

图 5-20　分布式能源系统组成

9. 电动汽车充电设施

电动汽车已成为汽车产业发展的重要方向，是实现节能减排，建设资源节约型、环境友好型社会的必然选择。电动汽车充放电站是电动汽车产业发展的重要支撑平台，通过电动汽车充放电站的试点建设，可以加速推进电动汽车产业的发展。

电动汽车充电桩由于其体积小、容易建设、方便可靠的特点，可部署在大楼户外停车场或室外停车场，是停车场的配套设施。除充电桩设备外，建设内容还包括充电桩管理控制子系统和计量计费子系统。

充电桩管理系统由后台、数据集中器和充电桩组成。充电桩管理系统具备对充电桩运行状态的综合测控保护能力，如运行状态监测、故障状态监测、充电计量和充电过程的联动控制、短路保护、过流保护等。

10. 楼宇通信系统

光纤复合低压电缆（Optical Fiber Composite Low-voltage Cable，OPLC）是指将光纤复合在低压（0.4kV）供电电缆的结构层中，使电缆在进行电力传输的同时具有光纤通信的功能，实际上也是一种集成能源和信息一体化交互的能源路由器。其结构如图 5-21 所示。

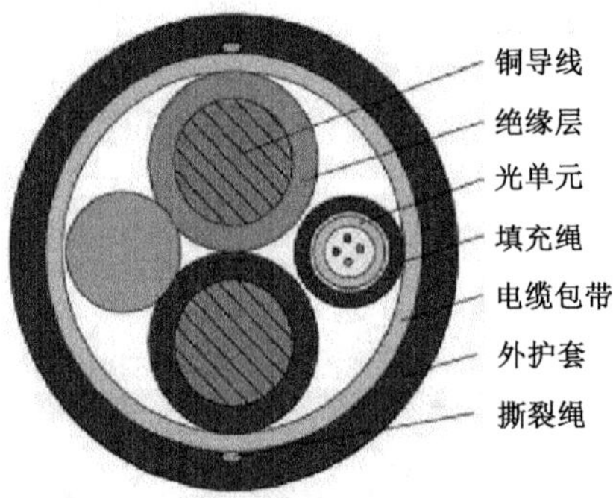

图 5-21　光纤复合低压电缆的结构

在智能楼宇建设中，从大楼监控中心（配电室）到楼宇各层之间，或者从大楼至每个房间之间可以采用 OPLC 作为大楼主干通信网络，在每层各房间之间可采用星形的六类非屏蔽综合布线、塑料光纤、电力线宽带载波通信、无线通信、电力线/无线混合通信、电力线可见光通信等技术手段。整个通信系统可分为建筑群子系统、垂直主干子系统、水平子系统、工作区子系统、设备间子系统、管理子系统六个通信子系统。

5.2.6　智能配用电园区及能源互联网

1. 智能配用电园区及能源互联网的概念

智能配用电园区是能源互联网的重要组成部分，是能源互联网在智能园区的具体体现。基于智能园区建设的区域能源互联网可以为园区提供多样化的优质用电服务，满足电动汽车、分布式电源和分布式储能装置等新能源设施的接入与推广应用需求，实现区域能源智能化运营，保障能源供应，提供智慧服务。

智能配用电园区综合运用现代信息、通信、计算机、高级量测、自动控制等先进技术，是智能配用电技术在特定区域内的系统性融合和高度集成，一方面能够对园区内用户的能源使用状况进行统一管理，有效整合该区域内的电力需求，提高电网运行效率，降低电网建设与运行成本；另一方面能够推动智能电网建设与城市建设的有机融合，提升园区能效水平和用电服务水平，更好地服务区域经济发展、节能减排和民生建设。

2. 智能配用电园区及能源互联网的整体架构

智能配用电园区建设面向园区电网、园区政府、园区内企业及居民用户，须重点关注能源的优化配置与互动服务。尽管建设内容多，应用技术不同，但从总体上可划分为物理层、感知层、通信层和应用层，如图 5-22 所示。

在物理层，高度整合园区一次设备，包括电力设备、分布式能源设备、储能设备、电能替代设备，以及包括居民、商业楼宇、公共机构、工业在内的典型用户侧资源。在感知层，利用广泛配置的配电终端、智能电表及集中器、车载终端、智能家居、电子标签、动力及环境监测设备等建设区域泛在感知网络。在通信层，借助光纤专网、电力无线专网铺设广泛覆盖的高速通信网，基于物联网技术实现区域信息汇聚，基于互联网技术实现双向互动服务，为智能配用电园区建设提供坚强的通信支撑。在应用层，基于大数据和云计算技术，搭建面向能源优化配置的多能协调控制子系统和面向能源公共服务网络的智慧公共服务子系统。

其中，能源优化配置网络定位于广泛连通和优化配置多种能源形式的源、网、荷、储，实现以电力为中心的区域多能源联合优化和协调控制。该网络在内容上主要包括面向能源生产的分布式能源灵活利用、面向能源存储的储能/蓄能设施管理与微电网运行控制、面向负荷的需求侧响应管理、面向电网的配电自动化应用，以及基于主动配电网技术的多能源优化控制等。能源公共服务网络定位于为电网、企业、政府、用户提供公共能源应用信息和多类定制化信息服务，引导节能、互动的能源消费习惯，提升用户生活品质。该网络在内容上主要包括电/水/气/热的四表集抄、工商业与家庭生活的能效管理、满足园区高密度电动汽车充电与港口岸电需求的服务网络、适应绿色建筑和智能生活发展的智慧楼宇及智能小区增值服务、可视化展示及基于互联网技术的信息发布等。

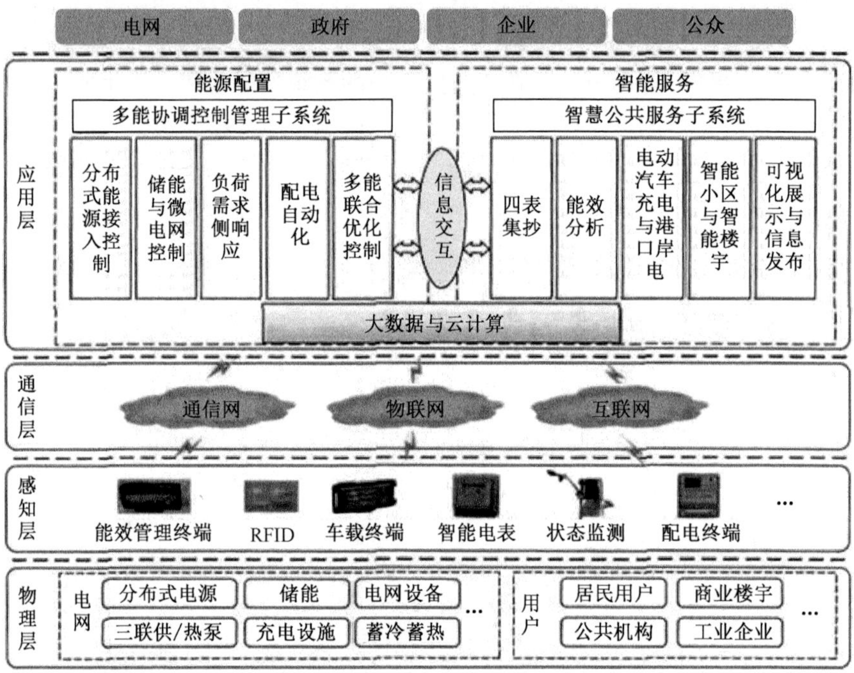

图 5-22 智能配用电园区及园区能源互联网的整体架构

3. 智能配用电园区及能源互联网的主要内容

智能配用电园区建设以一次网架、泛在通信网络和信息集成总线为基础，具体内容需要根据园区的定位需求、配用电建设基础并结合地区政府政策等进行分析和选择。针对不同的建设目标和应用对象（见图 5-23），智能配用电园区的主要建设内容如表 5-1 所示。

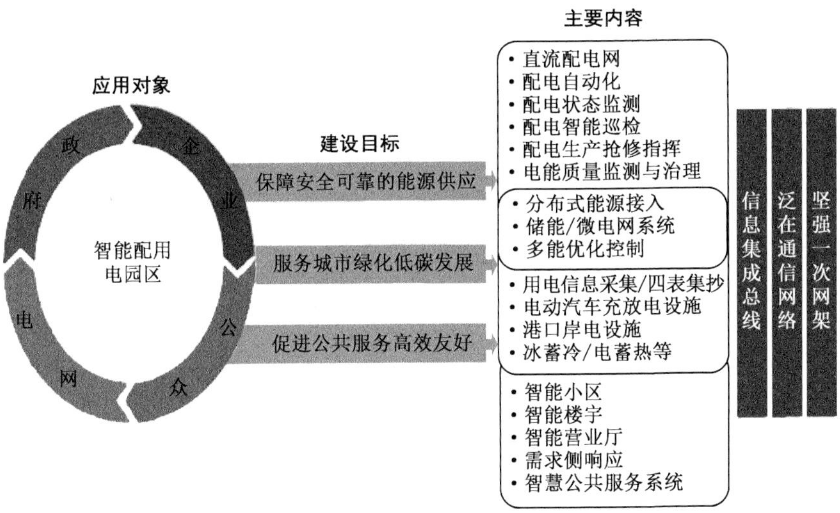

图 5-23　智能配用电园区的建设目标和应用对象

表 5-1　智能配用电园区的主要建设内容

能源优化配置网络	直流配电网	基于柔性直流技术建设直流断路器、直流/直流变压器和直流电缆等设施，实现多电源供电和多落点受电，更好地接入园区分布式电源/储能资源直流负荷，并提升电能质量	可选
	配电自动化	开展配电设备改造，部署“三遥”配电终端，或者采用一/二次融合成套设备，对配电运行开展实时监控，实现故障快速检测、定位、故障隔离和网络重构，提升园区供电可靠性	应选
	配电状态监测	部署各类配电状态监测终端，基于物联网技术实现配电状态、动力、环境、安防等信息的综合感知与汇集通信，服务于配电状态检修，提升园区电力设备的安全运行水平	应选
	配电智能巡检	以机器人为载体，搭载视频、图像、声音等传感设备，实现配电站/房的高效化巡检和智能化运行评估	可选
内容能源优化配置网络	配电生产抢修指挥	基于营配贯通基础，实现多源信息故障研判、报修工单自动合并处理、抢修资源综合调度、抢修态势实时跟踪，提高园区电网故障抢修作业效率	应选
	电能质量监测与治理	部署电能质量监测终端与电能质量针对性治理设备，实现区域分布式电源点、敏感企业负荷点、电能替代负荷点等电能质量监测，并提供定制电力服务	应选

续表

内容 能源优化配置网络	分布式能源接入	部署分布式能源的测控、保护、通信等装置，实现分布式电源的接入和消纳，增加清洁能源在终端能源消费中的比重，向园区提供绿色电力	应选
	储能与微电网	部署储能设备，构筑微电网管理系统，一方面降低间歇式能源对电网安全稳定运行带来的影响，另一方面实现基于分时用电的储能经济运行和基于离网运行的高供电保障	应选
	多能优化控制	部署多能协调控制管理子系统，实现基于主动配电网的源网荷储优化控制，提升园区能源网络运行的安全性和经济性	应选
能源公共服务网络	用电信息采集	部署智能电表与集中器，实现对园区电力用户和关口的全面覆盖，实现计量装置在线监测和用户负荷、电量、电压等重要信息的实时采集，为智能双向互动服务提供基础信息	应选
	四表集抄	基于高级量测技术，采用统一的采集设备与通信网络，实现园区用户水、气、电、热等表计数据的远程自动采集，建立多种能源一体化查询、缴费的服务网络，提升园区公共事业服务效率	可选
	电动汽车充放电设施	通过集中建设的电动汽车充放电站与分散部署的电动汽车充放电桩，满足园区各类用户的绿色出行需求	应选
	港口岸电设施	通过港口油改电和船舶岸电建设，使港口设施、靠泊船舶采用电力作为主要能源，建设园区“绿色港口”	可选
	冰蓄冷/电蓄热等电能替代设施	推广冰蓄冷空调、蓄热式电锅炉、蓄热式电暖器等电能替代设备，降低园区污染物排放，提升能源消费电气化水平，有利于电力消纳和电网经济运行	可选
	智能小区/智能家居	推广智能家居，实现智能电网与电力用户之间的实时交互响应，增强电网综合服务能力与园区生活品质，引导用户建立科学节约用电的能源消费习惯	可选
	智能楼宇	应用楼宇配电自动化、建筑微电网、智能照明、机房工程、楼宇自动控制等技术，通过光纤或复合电缆通信信道，实现对楼宇用能设备的监测与控制，提供用能咨询和用能策略，提高楼宇的整体能效	可选
	智能营业厅	融合95598、网上营业厅、微信渠道、自主终端等功能，提供电力业务办理、电网建设成果展示、新型用能体验等服务，为园区用户提供更加人性化、便捷的电力服务渠道	可选
	需求侧响应	面向园区电网资源、分布式能源、储能资源及负荷设备，构建智能需求侧管理资源池，实现有序用电管理方案的生成，保障电网安全稳定运行，实现供电企业与电力用户的共赢	可选

续表

能源公共服务网络	智慧公共服务系统	部署智慧公共服务系统，以互联网为手段，面向地区政府、园区企业、居民用户等提供碳排放分析、智慧照明、能源设施代运代维、定制电力、能效分析、水电气综合能源缴费、电动汽车充电指引等增值服务，将电力服务平台打造成为不可替代的社会公共服务枢纽	应选

4. 智能配用电园区及能源互联网的关键技术

智能配用电园区建设涉及智能电网的发电、配电、用电、调度、信息和通信等领域，需要应用信息集成、互联网+、大数据应用、新能源接入等多项技术，专业涉及面广，系统类型多，彼此之间关系复杂。将各系统在一个标准的技术架构下进行统一规划设计，实现预期目标的难度非常大，必须突破信息集成、应用集成、源网荷储协调控制等多项关键技术。

1）信息集成技术

要实现跨系统、跨部门的应用集成，首先要突破信息集成技术，通过分析调、配、用等多个系统的数据模型及类型，基于 IEC 61968/61970 国际标准，研究智能电网信息交互与集成技术，建立统一信息交换模型，实现电网营/配/调相关应用系统之间信息共享和集成信息共享融合；还需要突破传统电网各专业相互独立、信息孤岛等现状，实现电网运行控制、生产管理、营销服务等系统间的互操作和业务协同。

2）应用集成技术

智能配用电园区建设包括多个子项，而且不同子项面向电力系统不同的业务部门，需要从电力流、信息流、业务流等不同角度出发，突破子系统之间的业务壁垒，实现跨系统间的应用集成与业务流转，这需要解决多系统、多业务间的数据一体化建模、业务流程的一体化设计和信息通信网络的一体化构建的难题，实现子项间的有效关联，保障园区的标准化建设和高效率运行。

3）新能源接入和消纳技术

清洁能源接入和消纳作为智能配用电园区的重要组成部分，需要解决各种分布式新能源的接入与控制，实现对新能源的优化控制、协同调度、能量经济调度，减小分布式电源自身的不确定性对配电网的不利影响；还需要解决分布式电源电能质量监测与管理技术、微电网运行控制技术及能量管理技术等关键技术，实现分布式电源、发电预测、无功优化和电压控制、电能质量管理等应用，为园区内分布式电源的“即插即用”“有序并网”提供保障。

4）源网荷储协调及主动配电网技术

在新建设的智能配用电园区内，随着分布式电源接入量的不断增大、电动汽车普及率的不断增大及可控负荷的增多，使配电网从传统的被动模式转变为考虑新能源和多样负荷协调控制的主动配电网，需要突破基于灵活性理念的主动配电网规划技术，优化分布式电源接入布点，提高园区网架的适应性水平；还需要分析不同类型分布式电源的接入点、接入方式、接入容量对配电网潮流分布及新能源消纳能力的影响，研究主动配电网的源网荷储互动优化调度技术。

5）与用户双向互动技术

电力企业在为园区用户提供合格电能的基础上，需要及时、准确地向电力客户提供准确的电网和用电信息，指导用户合理用电，实现电力用户与电网的有效互动，从而在提升电力企业服务能力的同时促进电网企业节能减排。由于双向互动服务涉及的业务场景众多，包括居民用户用电、大用户用电、电动汽车、港口岸电、分布式发电等，需要研发具备双向互动数据采集与控制功能的智能终端设备，研究多类型数据接入的通信架构和双向互动服务技术，应用自助服务终端、手机 App、微信、95598 网站等多种服务方式，建立基于双向互动和需求响应的智能电网运营模式。

6）配售电一体化运营技术

未来随着电力市场改革的全面推进，由社会资本投资建设的智能配用电园区也将得到快速发展。智能配用电园区的建设着重于经济性的配售电一体化管理，需要研究基于物联网的信息采集与传输技术、基于云计算架构的园区配售电一体化运营与服务技术、基于互联网的区域绿色能源市场交易技术等，快速构筑区域配售电市场化运营体系。

5.3 用户侧能源互联网

物联网与智能用电技术不断转化成先进产品和服务的过程，为用户侧能源互联网的发展提供了有力的技术保障。同时我们也看到，有相当一批用户由于设备设施建成较早，部分设备已经进入故障发生期，存在用电安全隐患有待排查整改、用电信息化程度有待提高、用能设备能效有待提升等问题需要解决。另外，我们看到一批具有先进技术的设备制造商和服务提供商正在为获取用户的认可而不懈努力，这种供需双方的信息不对称和信任不传递的现象终将影响用户侧能源互联网的发展。面对当前形势，需要一些新思维和新商业模式来推动用户侧能源互联网的发展。

5.3.1 商业模式创新与成本优化

从数据和智能设备的角度可以看出，未来用户侧用电业务所带来的能源互联网业务模式，将和现有的互联网业务逻辑存在很多本质上的区别。传统的互联网商业模式是交易流程驱动的，最典型的就是电子商务，它是围绕交易过程而形成的业务，其核心价值点在于依托互联网平台的交易连接优化，以零边际成本的方式，极大地降低了交易双方的成本，替代了传统的商场或交易中介机构，互联网平台本身成为交易的聚合点，这就是 IT 时代的互联网商业模式。所以说，传统的互联网商业模式是基于单向交易连接优化下的零和规则。

到了能源互联网时代，商业模式的本质发生了巨大的变化，能源互联网本身的技术优势优化了供需双方的交易成本。例如，互联网搜索引擎效率的不断提升降低了用户的搜索成本，通过互联网获得各种分析报告、对比测试和各类用户的亲测评价，让用户更直观地获取产品服务与自己需求的契合程度，从而在影响用户选择的同时降低了用户的比较成本和测试成本。供需诚信机制的完善及融资交易平台的建立，让交易风险可控，降低了交易的协商成本和付款成本。能源服务商以用户为中心连接用户和产品制造商，解决产品问题，降低了用户的维护和售后成本。能源互联网原生的驱动力在于通过数据对价值的发现和实现，降低包括交易成本在内的综合财务成本。例如，通过能耗数据，发现能效改善的潜力，并通过节能改造实现电费支出的下降。因此，在能源互联网时代，企业的核心竞争力并不是它们的互联网平台聚集了多少用户，而是企业是否具备强大的数据分析和服务对接能力，这时服务商的价值并不在于占有用户的数量，而是其管理的设备数量、每个设备的综合成本大小，以及能够从中挖掘出的数据价值。各类成本的降低，最终让用户获得更先进的能源互联网产品的交易成本持续降低，从单向流程优化转为多角度全方位的数据优化。所以说，能源互联网的商业模式是基于全流向数据优化下的正和规则。

5.3.2 产品服务化和服务产品化

应该看到，未来能源互联网的产品形态存在两个互为因果的趋势可能。一是产品服务化，即现有的软硬件产品，一定会根据用户和市场竞争的需求，转换为某种更具有竞争能力的服务，提供给消费者。例如，现有的负控终端，未来可能具备自动需求响应功能，并整合到能源服务商的需求响应交易服务中，而不是单独以终端硬件形式销售给用户的。二是服务产品化，即能源服务商的各类智慧能源服务，必须经过标准化的服务流程，形成可快速复制的服务产品包，快速交付给用户，而基于大数据的信息化和智能化系统是实现服务标准化的基础工具，基于本地化快速响应是实现快速交付服务的手段，只有这样，能源服务商才具备了规模化、质量均一化推广其服务的可能，并形成可供用户选择的服务产品目录。这两个趋势会相互影响、相互转换、相互促进，不断推动能源服务和大数据业务的相互融合。

5.3.3 大数据与生产力的提升

能源大数据的建设和完善是个渐进的过程，它必然伴随着业务需求和管理要求的不断深化，最终实现高级需求下的细颗粒数据，数据感知的深度和广度不断增加，在时间维度、物理维度、性质维度的颗粒度上不断变细。同时，这种应用和数据呈现出的是一种伴生和相互促进的关系，应用要求不断提升带来的是对数据要求的提高，数据的丰富和细化又会带来新的信息和知识认知，促进应用的不断提升。

能源大数据主要在两个应用方向上开展，一是围绕设备和资产的绩效，也就是资产绩效方向，其核心是以资产全寿命周期为轴线，实现资产的全过程高效运营；二是能源绩效，即以能源互联网技术系统为管理对象，达到能源流的全过程管理，实现能源发、输、变、配、用、调的过程绩效最优。

而从能源绩效方向看，由于智能用电技术的应用，在公共配网或用户侧配网领域，存在分布式电源、储能、灵活负荷等各种要素，可能还涉及电-热-冷-气的协调，并且需要在电力市场价格的环境下实现交易价值的最优化，所以未来规模较大的用户侧需求管理很有可能建立内部的能源调度体系，其核心就是确保能源过程效率最优化、能源交易最优化，最终能源大数据将为生产力的提升注入动力。

5.3.4 机器、能源流和管理的统一协同

从能源生产、输配、控制到末端的能源利用，实际上都是由机器来完成的，人通过管理参与了运行维护，并且享受能源利用的成果。随着机器智能程度的加深，对能源系统的干预会通过管理实现。而从机器的视角去理解能源互联网，与从人的视角去理解互联网，会看到完全不同的场景。

以最常见的设备为例，一台 15kW 的交流电动机，如果从管理的视角去理

解，它无非是一台价值 3000 元左右的低值设备，即使在工业现场，也不会得到太多的关注。但是从机器的视角去理解，虽然这台设备本身价值不高，但是按照每年 8000 小时的运行时间每度电 0.7 元计算，每年的能耗费用是 8 万元左右，按照 10 年的寿命计算，全生命周期的能耗是 80 万元，这就是个非常巨大的数字了，虽然付电费的是人，但消耗能源的是设备本身。

从设备视角去理解，这台耗能设备需要提高运行效率以降低成本，这就涉及设备的状态监测、故障分析、保养及合适的运行控制；而从能源互联网的角度去理解，这台负载设备如果提升智能化水平，还能参与负荷预测、负荷响应，甚至与各类储能设备联合参与运行。

机器智能化水平的提升，需要这类哑终端设备通过适配器实现与能源网络的能量和信息交换，也就是使其变成能源互联网的一个信息物理节点。而从降本增效的角度看，未来随着电价市场化水平的提升，这样一台年电费 8 万元以上的设备，是完全具备智能化的可能的。

所以说，用户侧能源互联网一定是机器、能源流和管理的统一协同，只有经过机器、用能和管理的综合评判，才能客观判断所做技术升级的效用。

5.3.5　以能源用户侧为中心的能源服务

能源服务的发展趋势为：将标准化技术产品根据用户侧的特性进行定制化应用。具体表现为：围绕用户来开展用户侧服务的工作，审视能源服务商的理念、战略、价值观、制度、言行、产品、服务等，不断提高用户的满意度和忠诚度，使用户认同能源服务商的产品和服务；通过专注专业技术，提升用户能源价值；以专业素养、技术能力为用户提供专业的解决方案，成为用户可信赖的伙伴；通过整合专业技术方案，为用户提供可靠的服务产品，了解用户的真实需求，做用户的参谋和伙伴。

能源服务可围绕以下几个方面开展业务。

（1）降低用户初始设备投资。将用户设备投资变成租赁方式，通过合同能源管理等方式为用户开展节能改造；主要以提供金融服务和劳务服务方式获取收入。

（2）降低用户能源购入价格。提供售电代理交易、工业基本电费优化、电能替代打包交易、热电联供、分布式新能源开发、需求响应等服务，以及未来在现货市场价格的基础上开展商业化的储能服务；主要以收取服务费、收益共享、投资分享、工程实施、项目运营等获取收入。

（3）降低用户设备的维护费用。通过共享维护测试设备、专业维护人员分时段、分区域定期维护，实现维护设备成本分摊，人员分时复用，维护费用降低；主要以收取服务费和设备租用费等获取收入。

（4）降低用户现场解决问题的费用。通过现场人员对现场问题的评测，以及专业技术人员对现场测试数据的分析判断，发现并针对问题制定相应的解决方案，高效分工解决现场问题；通过问题的归类汇总，找出具有相似问题可能发生的场景，制定预案，提前排查隐患，制定应对措施，做到现场问题早发现、早解决，尽可能降低问题设备对用户的影响；主要以收取服务费、工程实施、项目运营等获取收入。

（5）降低用户能源消费总量。开展能效诊断、电能质量管理、节能改造项目、电能替代、用能监控等服务；主要以项目投资、节能效益分享、技术服务费等方式实现盈利。

（6）满足用户减排和环保方面的需求。开展电采暖、电锅炉、热泵等冷热供应项目，实施污水治理、脱硫脱硝等环保工程，开发可再生清洁能源等；主要以项目投资、冷热能源费、咨询服务、工程实施等方式获得收益。

（7）减少用户的管理成本。提供高效运维服务、数据分析、业务代办、专用充电站服务等；主要以收取劳务费、服务费等方式获得收入。

能源服务的基本服务模式是以能源互联网为基础，综合采用以上服务方式，通过能源输送网络、信息物理系统、综合能源管理平台及信息和增值服务，实现能源流、信息流、价值流的交换与互动，满足生态、安全可靠、优质、经济等多目标要求。

参考文献

[1] 李永昆. 非侵入式多户居民负荷辨识装置开发及应用研究[D]. 南京：东南大学，2017.

[2] 章欣. 智能用电与现代量测技术[M]. 北京：中国电力出版社，2012.

[3] 王锡凡，邵成成，王秀丽，等. 电动汽车充电负荷与调度控制策略综述[J]. 中国电机工程学报，2013，33（1）：1-10.

[4] 张昀，黄艳，赵志华，等. 电动汽车充电站用直流电能表产品标准和检测技术研究[J]. 电测与仪表，2012，49（10A）：68-74.

[5] 许庆强，寇英刚，马建伟，等. 电动汽车充换电设施典型设计方案研究[J]. 电力系统保护与控制，2015，43（13）：118-124.

[6] 高赐威，吴茜. 电动汽车换电模式研究综述[J]. 电网技术，2013，37（4）：891-898.

[7] 陈良亮，张浩，倪峰，等. 电动汽车能源供给设施建设现状与发展探讨[J]. 电力系统自动化，2011，35（14）：11-17.

[8] 邓桂平，傅士冀，舒开旗，等. 高级量测体系探讨[J]. 电测与仪表，2010，47（7A）：29-31.

[9] 刘卓然，陈健，林凯，等. 国内外电动汽车发展现状与趋势[J]. 电力建设，2015，36（7）：25-32.

[10] 杜剑，谢东，吴涛，等. 国外电动汽车战略及充换电业务发展现状[J]. 华中电力，2012，25（1）：96-102.

[11] 章鹿华，王思彤，易忠林，等. 面向智能用电的家庭综合能源管理系统的设计与实现[J]. 电测与仪表，2010，47（537）：35-38.

[12] 栾文鹏，王冠，徐大青. 支持多种服务和业务融合的高级量测体系架构[J]. 中国电机工程学报，2014，34（29）：5088-5095.

[13] 庄葛巍. 直流电能表智能化的研究与应用[D]. 上海：上海交通大学，2012.

[14] 王长清. 智能电网高级量测体系智能电表的研究[D]. 哈尔滨：哈尔滨工业大学，2011.

第6章

物联网的能量收集技术

在物联网环境中，能量收集的目标不是产生大量的电能，而是在任何能找到少许能量的地方加以利用。能量收集技术可以从周围环境中捕获能量并转化为电能，能量的来源有多种可能途径（如环境光、振动、热量或射频等），这项技术对物联网的发展将起到重要作用。

本章主要涉及能量收集技术的背景和现状、来源介绍及关键技术几个方面，从太阳能电池、基于电磁感应的发电机、基于摩擦电效应的机械电能转换、热能发电机和电力传感器供电五个关键技术方向对能量收集技术进行了具体介绍。最后对技术发展前景进行了展望。

6.1 能量收集技术的背景和现状

物联网（Internet of Things，IoT）利用海量的传感器节点和先进的通信及网络技术实现万物的互联互通，是实现未来智慧城市、智能交通、智慧医疗的重要基石，可以称得上21世纪最伟大的革命技术之一[1]。物联网的市场机遇和应用潜力巨大，到2023年，全球物联网市场将达到224.8亿美元，物联网传感设备将服务于人类社会的方方面面，给人们的生活带来巨大便利。然而，这么多传感器的可靠服役需要依赖长期、稳定的能量供给，没有能量的传感器就像无源之水、无根之木，可能连最基本的功能都无法实现。因此，大规模推广物联网应用的关键之一就是要解决传感器节点的电源问题。传统的电池电源受限于电池容量大小和电池寿命，很难实现小型传感器节点的长时间（5年以上）稳定供能，特别是在一些偏远或极限环境地区（沙漠、水下），电池的维护和更换变得更加困难。在这种应用需求的推动下，近年来，能量收集技术逐渐受到了学术和产业界的广泛关注。

能量收集技术，也称环境能量采集技术，是基于不同的物理化学效应，实现从太阳能、热能、风能、生物能、动能等自然环境中存在的各类能源形式中获取、转化并储存为电能这一人类最常用的能量形式的过程。在一般情况下，环境能量采集技术所获得的能量总量和密度（几十 $\mu W/cm^3$ 至几十 mW/cm^3）远低于传统的集中式商用发电技术（水电、火电、核电）；同时，由于器件尺寸很小，能量收集装置的能量转换效率通常也无法做到很高。但是考虑这类技术本身利用的就是自然环境中泛在的能量，因此环境能量采集特别适合分布式、小型、无线自动化设备的供能，被认为是实现物联网泛在感知的有效供能手段。

通常来说，为了与现有的电子系统匹配兼容，能量收集装置需要包括三个基本模块：换能器模块、电源管理模块和能量储存模块。换能器模块是利用不同的能量采集机理实现从环境能源到电能转换的器件，典型的换能器包括基于光伏效应实现从太阳能到电能转换的太阳能电池、基于热电效应实现从热能到电能转换的热电装置、基于压电效应实现从机械能到电能转换的压电发电机、基于电磁感应效应实现从机械能到电能转换的电磁发电机等。电源管理模块通常由稳压电路和匹配的功能电路组成，根据系统的要求实现阻抗匹配、电压电流转换等功能。能量储存模块一般是指电池、传统电容器或超级电容器，可用于储存、转换生成的电能。

本章主要介绍和讨论适用于物联网应用的环境能量源和相应的能量采集技术。

6.2　能量来源

针对物联网的应用场景，环境中可用于采集的能量来源大体可以分为辐射能、机械能和热能三类，本节将对这三类能量进行详细介绍。

6.2.1　辐射能

电磁波又称电磁辐射，是相互正交、同相振荡的电场与磁场在空间中以波动的形式进行传播，传播的方向与电场和磁场的振荡平面相互垂直。电磁波的传播不依赖介质，在真空中电磁波的速度为光速，其所携带的能量统称为辐射能。对于传统意义上的电磁波，其能量密度 u 根据波动模型计算：

$$u = \frac{\varepsilon_0}{2}E^2 + \frac{1}{2\mu_0}B^2 \quad (6\text{-}1)$$

式中，ε_0、E、μ_0 和 B 分别表示真空介电常数、电场强度、真空磁导率和磁感应强度。由此可见，辐射能的能量由电磁波的电场和磁场共同决定，并与它们的强度成正比。

另外，由于具有波粒二象性，因此光也被认为是一种特殊的电磁波，同样具有辐射能，单个光子的能量可以由以下公式计算：

$$E = \mathrm{h}\nu \tag{6-2}$$

式中，h 是普朗克常数，ν 是光子的频率，由此可见光辐射的能量由频率直接决定。事实上，这两个模型虽然表述方式不同，却在波粒二象性中得到统一，上述公式在量子场论中是协调而统一的。

1. 太阳能

太阳能，就是太阳的辐射能，表现形式为太阳光，其能量来源于太阳内部的核聚变反应[2]。地球所获得的太阳能总量巨大，地球在高层大气层接收到的太阳辐射平均功率高达 170PW（1PW=1015W），等效于每秒燃烧 500 万吨煤所产生的功率，其中近 30%的能量被反射回太空，而其余的能量被云、海洋和陆地块吸收。基于太阳能的能量采集包括太阳能光发电（太阳能电池）、太阳能热发电和太阳能光化学转化（人工光合作用）三种主要的方式，而太阳能电池的能量转换速度快、器件尺寸小，特别适合物联网的相关应用，因此本书将重点介绍基于太阳能电池的能量采集技术。

2. 射频能量

射频能量就是通常意义上的射频电磁波所携带的能量。射频能量来源丰富，全球有数十亿台无线电发射机在持续或间断地进行射频电磁波发射，包括移动电话、手持无线电、移动通信基站、卫星基站、地面电视/无线电发射基站等，这就产生了丰富的环境无线电波[3, 4]。收集环境射频能量的明显吸引力在于它基本上是“自由”能量。另外，随着通信频率和功率的逐渐增加，环境无线电波的功率密度也在不断地增加，特别是在人口密集的城市地区，射频能量已经成为一种独特、泛在且难以被忽略的清洁环境能源。

6.2.2 机械能

机械能的定义是运动物体的势能和动能的总和。而可以进行环境能量收集的机械能，依据其来源对象的不同，可以大致分为风能、海洋能、振动能和人体动能[5]。

1. 风能

风能是指因空气的相对流动而携带的动能，是太阳能的一种转化形式。全球的风能总功率约为 2.7PW，约占太阳能总量的 1.59%。风能的总量虽大，但是功率密度相对较低，其功率密度的大小由空气密度 ρ 与风速 v 共同决定。风能的主要收集手段是利用风力发电机中的叶片从风中获取动能并转化为电能。

2. 海洋能

海洋能是海洋运动过程所产生能量的总称，其中重要且已经得到实际应用的有潮汐能和波浪能等。潮汐能是由日、月、地之间的万有引力及地球自转综合作用下造成的海水水位变化而蕴含的机械能，具有周期长、能量密度大的特点；波浪能是由太阳能转换而成的，由于太阳辐射造成地表受热的不均匀而产生了风，风吹过海洋表面产生波浪，由此造成的因海水往复运动而蕴含的机械能就是波浪能，波浪能与风速的大小成一定比例，具有周期短、时变性极强、不稳定等特点。海洋能绿色环保、储量丰富，根据预测，到 2050 年，潮汐能和波浪能可以提供约 750GW 的电力。

3. 振动能

地球和人类社会的活动无时无刻不在产生振动。这些振动或随机，或具有周期性，能量相比于传统机械能（风能、海洋能）虽然通常比较微小，却无处不在、无时不在，特别适合作为物联网应用中的低功耗、无线传感器的能量来源，这就是振动能。

4. 人体动能

物联网一个重要的应用就是基于可穿戴设备的健康监测和娱乐系统，而对可穿戴设备而言，有一个天然且高效的能量采集源，就是人体动能，即人类自身活动产生的机械能。

6.2.3　热能

热能是自然界中常见的一种能源，与物体的温度直接相关。热能的传递就是热，环境能量采集技术中利用的热能主要可以分为两类：温差能和热释能。温差能是由同一时刻不同部位的温度差所产生的能量，能够将温差能转换为电能的效应称为热电效应。热释能是由同一物体温度随时间变化所产生的能量，能够将温度随时间变化所产生的能量转换为电能的效应称为热释电效应。

6.3 能量收集技术

环境中可供收集的能量种类多样、来源丰富但又个性鲜明，在实际的物联网应用中，需要针对特定的应用场景选取适合的能量进行收集。不同能量的储存形式、转化机理也不尽相同，因此需要研究相对应的能量收集技术。本节将重点介绍几类适用于物联网的能量收集技术，包括太阳能电池技术、基于电磁感应的能量收集技术、基于压电效应的机械能收集技术、基于摩擦电效应的机械能收集技术及基于热电和热释电效应的热能收集技术。

6.3.1 太阳能电池

利用光伏效应实现从光能到电能转换的器件统称为太阳能电池，也称为光伏电池。光伏效应最早在 1839 年被法国科学家亚历山大·埃德蒙·贝克勒尔（Alexandre-Edmond Becquerel）利用铂电极电化学电池首次揭示。1884 年，美国发明家查尔斯·弗瑞兹（Charles Fritts）利用硒和金成功研制出世界上第一块太阳能电池，不过其光电转换效率仅为 1%。再加上硒材料本身昂贵的造价，该太阳能电池的制作工艺并未得到普及。现代太阳能电池的大规模商业化要得益于 1941 年美国工程师拉塞尔·舒梅克·欧尔（Russell Shoemaker Ohl）研发的硅基 P/N 结型太阳能电池。1954 年，第一块晶体硅太阳能电池由美国贝尔实验室的杰拉尔德·皮尔森（Gerald Pearson）、卡尔文·富勒（Calvin Fuller）和达里尔·查宾（Daryl Chapin）等人成功研制，其光电转换效率达到 4.5%，开创了太阳能发电的新时代。如今最好的硅基太阳能电池光电转换效率已超过 40%，而工业级量产下的太阳能电池板光电转换效率平均超过 17%。根据主体材料的不同，太阳能电池可以分为传统硅太阳能电池和新型太阳能电池两类。

1. 传统硅太阳能电池

太阳能电池的基本组件是纯硅（Si），硅由于性能稳定、储量巨大，几十年来也一直用作电子元件。目前，全球市场上超过 90%的现役太阳能电池都是硅基。纯晶体硅是半导体，无法直接用来实现光电转换，与半导体电子工艺类似，需要进行掺杂处理以提高硅捕获太阳能并将其转化为电能的能力，这样才能将其制作成太阳能电池。在太阳能电池中，各层彼此相邻定位，从而产生内建电场。当太阳光照射太阳能电池时，能量会刺激电子与空穴的分离，并在内建电场的作用下向不同的电极聚集从而产生电动势，最终实现电力输出。

根据基体材料中硅的不同晶体形态，硅太阳能电池可以分为单晶硅、多晶硅和非晶硅太阳能电池。

1）单晶硅太阳能电池

单晶硅太阳能电池由非常纯净的硅制成，这使它们成为光电转换最有效的材料。然而巨大的性能优势背后却隐藏着高昂的制作成本：制作单晶硅太阳能电池需要高纯度单晶硅材料，同时所需的四面切割工艺会浪费近一半的硅，且工艺复杂，致使单晶硅成本价格居高不下，是所有硅基太阳能电池中价格最高的。对于物联网的低功耗应用，多晶硅太阳能电池和非晶硅太阳能电池成本更加低廉，是更为合适的选择。

2）多晶硅太阳能电池

多晶硅太阳能电池是以多晶体硅作为原材料的太阳能电池，其生产成本较单晶硅电池低，商用组件光电转换效率可达 17%。传统多晶硅的生产工艺是西门子法，这是一种化学纯化工艺，由德国西门子公司于 1955 年成功开发，并于 1957 年应用于工业化生产。该工艺的反应式为

$$SiHCl_3 + H_2 \rightarrow Si + 3HCl \tag{6-3}$$

不过该工艺存在光电转化效率较低、反应副产物（如 $SiCl_4$，剧毒）污染严重等问题。目前主流的工艺是改良西门子法，通过引入 $SiCl_4$ 氢化和尾气回收实现了生产过程的闭环，并大幅度提高了多晶硅的纯度（可达到 9N～11N，99.9999999%～99.999999999%）。改良西门子法目前依然是多晶硅生产中最为成熟、综合成本最低的工艺，短时期内没有技术能出其右。另外，基于硅烷流化床法的多晶硅制备工艺也在逐渐完善，但是其产品纯度和综合成本距离改良西门子法工艺依然有一定的差距。多晶硅生产的改良西门子法工艺流程如图 6-1 所示。

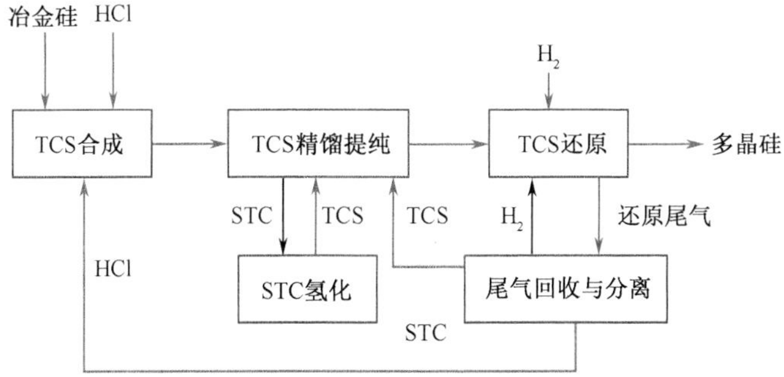

图 6-1　多晶硅生产的改良西门子法工艺流程

晶体硅太阳能电池受限于晶体硅片的尺寸极限而无法做到足够薄（通常为350～450μm），实际系统中对硅原料的消耗非常多，同时晶体硅片的厚度和硬度使得晶体硅太阳能电池基本不具备柔性和延展性，限制了其有效的应用场景。

3）非晶硅太阳能电池

非晶体态的硅，是指原子结构排列不规则、不具有晶体结构的硅材料。非晶硅太阳能电池由美国科学家 D. E. 卡尔森（D. E. Carlson）于 1976 年首次提出，成本低廉，适合大规模生产。与晶体硅太阳能电池完全不同，非晶硅太阳能电池一般通过化学气相沉积方法制备，反应温度较低（200℃），衬底材料可选择性更大，可以有效制作成薄膜（仅几μm）形成薄膜电池，从而具有高透光性、柔性及质量小等优势。非晶硅太阳能电池受限于非晶硅材料自身的物理机能，其光电转换效率较低（目前商用的效率可达 8%），同时性能还存在较为显著的光致衰退效应，限制了其大规模应用。不过对于低成本、低能耗的物联网应用，非晶硅太阳能电池不失为一种有效的能量采集手段，其前景不容忽视。

2. 新型太阳能电池

传统硅基太阳能电池的研发和生产工艺已经日趋成熟，但是存在成本较高的问题。因此，近 20 年来研制新型高效低成本的太阳能电池一直是学术和产业界的热点。本小节将简单介绍三种具有代表性的新型太阳能电池：染料敏化、量子点和钙钛矿太阳能电池。

1）染料敏化太阳能电池

染料敏化太阳能电池是一种低成本的薄膜太阳能电池。20 世纪 60 年代后期，人们发现电化学电池中的有机染料在光照条件下可以在氧化物电极上产生电流，因而可以在电化学电池中的氧化物电极上发电，这就是最早的染料敏化太阳能电池。现代染料敏化太阳能电池又称为 Grätzel 电池，在 1988 年由布雷恩·奥雷根（Brian O' Regan）和迈克尔·格拉泽尔（Michael Grätzel）两位科学家在加利福尼亚州大学伯克利分校共同发明，二人随后于 1991 年在瑞士洛桑联邦理工学院研发出了第一个高效的电池样品。Grätzel 电池采用经典的三明治结构，由染料敏化剂、电解液、多孔氧化物（TiO_2、SnO_2、ZnO 等）薄膜、对电极等构成，其发电的原理集物理、化学为一体，主要包括光吸收产生载流子、电荷的传输和电化学反应。这种新型光伏电池具有环境友好、容易制备、材料便宜的特点，特别是在成本方面具有突出优势。由于染料敏化太阳能电池材料还存在一些问题，如光电转换效率低、电池材料耐用性差等，因此研制光电转换效率更高、耐用性更强的光敏染料成为该领域的重要研究方向。

2）量子点太阳能电池

量子点太阳能电池由染料敏化太阳能电池发展而来，是使用量子点替代有机染料作为吸收光伏材料的太阳能电池。量子点是一类直径为 2～20nm 的低维半导体材料的统称，通常为球形或类球形，且其三维尺寸应当不超过其原始半导体材料的激子玻尔半径。由于尺寸很小，量子点又被称为“人造原子”，通过改变它们的尺寸可以近似地调节其能级，从而实现同种基底材料的禁带宽度可调。因此，理论上说，量子点太阳能电池可以实现宽光谱的太阳能转换，从而获得更高的光电转换效率。

3）钙钛矿太阳能电池

钙钛矿太阳能电池是一种基于有机/无机复合钙钛矿材料的全新太阳能电池。它采用了全固态的钙钛矿材料（如混合有机-无机铅或卤化锡基材料）作为光捕获活性层，能够同时完成入射光的吸收和光生载流子的激发、输运、分离、转换等过程，因此具有极为优良的光吸收性质、高效的光电转换特性。钙钛矿太阳能电池是迄今为止发展最快的太阳能技术，使用钙钛矿材料的单结太阳能电池的光电转换效率从 2009 年的 3.8%增加到 2019 年的 24.2%，并且在硅基串联电池中达到 28%，已经超过单结硅太阳能电池的最高光电转换效率。钙钛矿太阳能电池生产成本低且制造简单，而且完全可能被制备在塑料、织物等柔性基底上，成为可穿戴器件的有效供能手段，被认为是最有前景的太阳能电池技术。

6.3.2　基于电磁感应的发电机

1. 基于电磁感应的无线射频能量采集

随着 5G 等通信技术的持续发展，全球海量的无线发射基站和移动设备产生了大量的环境射频能量，可以用于采集再利用。环境无线射频能量采集系统一般包括三个基本模块：整流天线、电源管理电路、功能和储能电路。整流天线主要利用电磁感应原理实现射频能量到直流能量的转换，一般包括接收天线、匹配电路、整流二极管。电源管理电路则实现直流能量的电压或电流调节，实现与后续功能和储能电路的匹配。如图 6-2 所示为无线射频能量采集系统的基本功能模块。

无线射频能量采集技术作为一种低成本、轻量化的供能手段，已经成功应用于多个无线传感与通信系统，包括射频标签、环境背向散射通信等，大大促进了物联网应用的落地与发展。

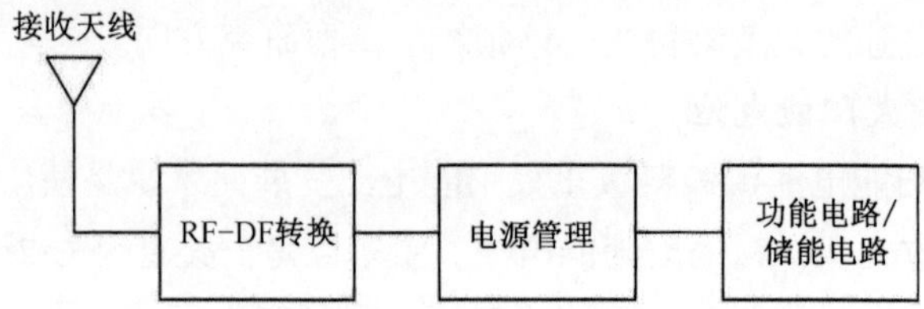

图 6-2 无线射频能量采集系统的基本功能模块

2. 基于电磁发电机的机械能采集

电磁发电机是基于法拉第电磁感应定律，利用导体切割磁感线产生感应电动势、实现机械能到电能转换的器件。电磁发电机通常有两种主要的机械结构：旋转式发电机和线性发电机。前者的机械结构能量转换效率高，一般用于大中型发电设备；后者结构占用的空间更小，适合可穿戴设备、无线传感网络等环境下对振动能的收集[6]。本小节将重点介绍基于线性电磁发电机的机械能采集。

图 6-3 给出了一种常见的用于振动能采集的线性电磁发电机的结构，该发电机主要由导电线圈、永磁体和弹簧构成。当受到振动激励时，永磁体会在外力和弹簧的作用下与导电线圈不断产生相对位移，从而在导电线圈的两端产生感应电动势。感应电动势 V 的大小可由以下公式计算。

$$V=-N\frac{\mathrm{d}\Phi_{\mathrm{B}}}{\mathrm{d}t} \tag{6-4}$$

式中，N 是导电线圈的匝数，Φ_{B} 是线圈的磁通量。

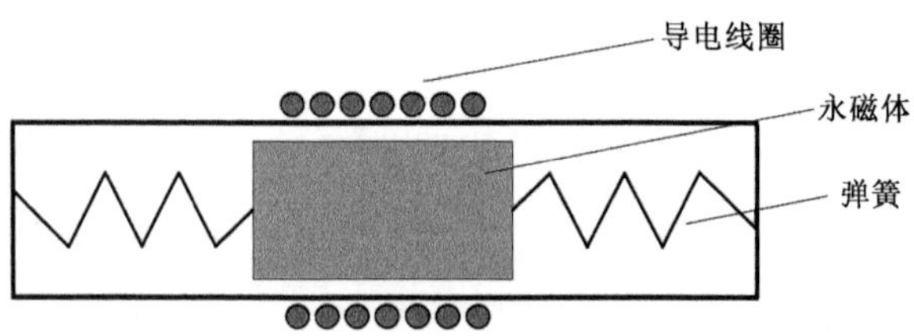

图 6-3 一种典型的线性电磁发电机结构

6.3.3 基于压电效应的机械能电能转换

压电材料可以实现机械能和电能的相互转化，因此被用来制作压电发电机。压电材料实现能量转换的原因是其内部具有大量规律排布的电偶极子，当材料在沿着偶极子的方向受到压力发生机械应变时，材料内部正负电荷中心分离，产生宏观的电荷极化，表现为材料的不同表面产生正负电荷且电荷量与压力的大小成正比。压电效应是一种有效的机械能和电能相互转换的手段，在传感器、换能器和制动器领域得到了广泛的应用[7, 8]。如图 6-4 所示为压电材料常见的工作模式。

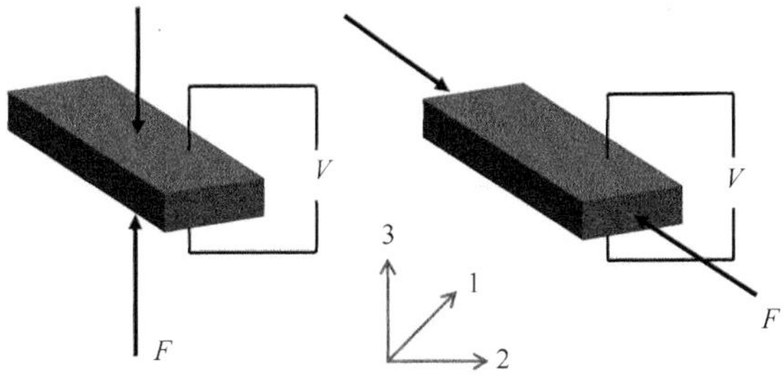

（a）模式 1　　（b）模式 2

图 6-4　压电材料常见的工作模式

压电发电机的工作模式由电势差的方向、机械应力的方向决定。描述压电材料基本特性的基本公式为

$$\varepsilon = \frac{\sigma}{E} + d_{ij}\bar{E} \qquad (6\text{-}5)$$

$$D = \varepsilon_p \bar{E} + d_{ij}\sigma \qquad (6\text{-}6)$$

式中，d_{ij} 是压电材料的压电常数，ε_p 是压电材料的介电常数，E 是材料本身的杨氏模量，ε 是机械应变，σ 是机械应力，$\bar{E}$ 是电场强度，D 是电荷密度。

表 6-1 总结出了三种压电发电机中常见压电材料的压电参数。

表 6-1　几种常见压电材料的压电参数

压电材料 / 压电参数	锆钛酸铅压电陶瓷（PZT）	钛酸钡（$BaTiO_3$）	聚偏氟乙烯（PVDF）
d_{31}（10^{-12} C/N）	27～320	78	23
d_{33}（10^{-12} C/N）	71～650	149	33
$\varepsilon_p/\varepsilon_0$	425～3800	1700	12
E/GPa	63～99	67	2

为了更好地优化输出功率，压电发电机常采用带有配置质量的悬臂梁结构，如图 6-5 所示。在这种情况下，压电材料工作在 3、1 模式，从而保证机械应变与所施加外力的比例最大化。通过在悬臂梁的中心引入间隔材料，当悬臂产生弯曲时，压电材料表面的膨胀和压缩可以提供最大的电压输出。

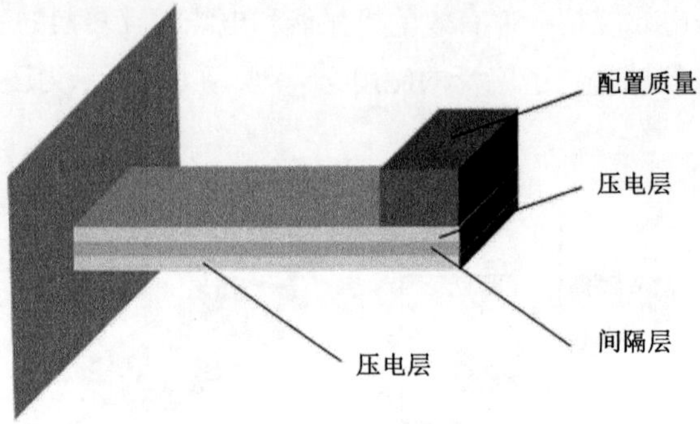

图 6-5　压电发电机的悬臂梁结构

受限于压电器件的尺寸、外界机械能的能量密度及转换效率等多重因素，大多数压电发电机产生的功率均为毫瓦级，对系统级应用来说太小，但足以用于手持和移动设备，如小型传感器、无线发射装置等。未来随着高性能压电材料的进一步发展，基于压电发电机的大规模应用也将成为可能。

6.3.4　基于摩擦电效应的机械能电能转换

1. 静电发电机

基于静电感应的静电发电机，是历史上第一个概念化的环境机械能收集发电装置，最早的设计可以追溯到 17 世纪德国科学家奥托·冯·格里克（Otto von Guericke）制作的“摩擦机”。该静电发电机可以产生和累积静电，或者具有高电压和低电流的持续电力。1929 年，荷兰裔美国物理学家罗伯特·杰米森·范德格拉夫（Robert Jemison Van de Graaff）对传统的摩擦机进行了改进，发明了可以稳定产生超高电压输出（最新的装置可达 500 万伏特）的范德格拉夫起电机。为了扩大静电发电机的工作频率范围，1978 年美国物理学家奥列格·德米特罗维奇·杰斐门柯（Oleg Dmitrovich Jefimenko）首次提出了可以收集低频振动能量的驻极体发电机，用以转换传统电磁发电机由于其较高的机械共振频率而无法转换的能量。如图 6-6 所示为驻极体发电机的常见工作模式，包括上下振动型、平面内振动型和填充介电材料平面内振动型。

静电发电机的基本工作原理是由于电极或材料间的相对位移引起电容的变化，从而导致电极间初始电荷重新分布，在外部电路产生了交流电输出。静电发电机是一类特殊的电容式发电机，因此其工作原理和储存的能量由以下公式决定。

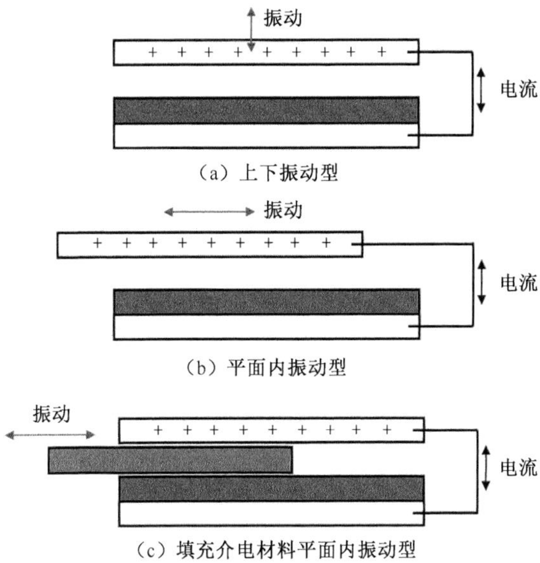

图 6-6　驻极体发电机的常见工作模式

$$C = \frac{Q}{V} = \varepsilon_{\text{air}} \frac{A}{x} \tag{6-7}$$

$$V = \frac{Qx}{\varepsilon_0 A} \tag{6-8}$$

$$E_n = \frac{1}{2}QV = \frac{1}{2}\frac{Q^2}{C} = \frac{1}{2}CV^2 \tag{6-9}$$

式中，C 是发电机的电容，Q 是电极所带的初始电荷量，x 是电极间的距离，A 是电极的面积，ε_0 和 ε_{air} 分别是真空和空气的介电常数，E_n 是发电机所储存的能量。静电发电机所能够输出的能量由系统的极值电容决定。

$$E_0 = \frac{1}{2}V_{\max}V_0\left(C_{\max} - C_{\min}\right) \tag{6-10}$$

式中，$V_{\max}$ 是周期内最大电压，V_0 是初始电压，$C_{\max}$ 和 $C_{\min}$ 分别是周期内的最大和最小电容值。

值得一提的是，对静电发电机而言，为了产生电极间的初始电荷，需要利用一个独立的外接电源，或者对材料进行预充电，所需初始电荷的能量与电极的面积和行程距离成正比，这种特点导致静电发电机的最有效性能仅限于微观尺度，在某种程度上限制了静电发电机的大规模应用。随着微电子机械系统（Micro-Electro Mechanical Systems，MEMS）技术的进一步发展，基于 MEMS 研制的驻极体发电机可以有效缩短电极之间的距离，从而提高发电机的电容[9]，同时结合新研发的高性能驻极体材料，可以在更小的尺寸下实现更大的能量输出。现有的 MEMS 驻极体发电机可以轻松实现微瓦甚至毫瓦级的功率输出。

2. 摩擦纳米发电机

摩擦纳米发电机（Triboelectric Nanogenerator，TENG）是一种新型的机械能量收集装置，由美国佐治亚理工学院的王中林教授研究组于 2012 年首次提出并展示[10]。TENG 基本工作原理包括两部分：一是基于两种不同材料的接触起电产生极化电荷；二是基于静电感应原理使得极化电荷在电极之间重新分布从而实现机械能到电能的转换[11]。接触起电是生活中最常见的现象之一，金属、聚合物、丝绸、棉花、木材等，几乎所有物质都存在或多或少的摩擦起电效应。

最新研究表明，TENG 的核心工作机理来源于麦克斯韦方程中的位移电流。

$$\nabla \times H = J_{\mathrm{f}} + J_{\mathrm{D}} \tag{6-11}$$

式中，H 是空间磁场强度，J_{f} 是自由电流密度，J_{D} 是位移电流密度。其中，位移电流由空间电场和极化电场共同决定。

$$J_{\mathrm{D}} = \frac{\partial D}{\partial t} = \varepsilon \frac{\partial E}{\partial t} + \frac{\partial P_{\mathrm{S}}}{\partial t} \tag{6-12}$$

式中，D 为位移，t 为时间，位移电流的第一项 $\varepsilon \frac{\partial E}{\partial t}$ 成功预言了电磁波的存在，而摩擦纳米发电机的输出则与 $\frac{\partial P_{\mathrm{S}}}{\partial t}$ 这一项表示的极化电荷息息相关。

图 6-7 给出了 TENG 的等效工作电路，当 TENG 接上负载电路并对外做功时可以看成一个可变电容 C 与理想电压源 V_{OC} 的串联，其中 C 由发电机两个电极间的电容决定，V_{OC} 是由摩擦产生的极化电荷导致的开路电压。由于这两个基本参数仅与电极间的相对距离和发电机本身结构有关，与机械激励的速度和加速度无关，因此理论上 TENG 可以在更宽的频率范围内实现机械能到电能的转换。

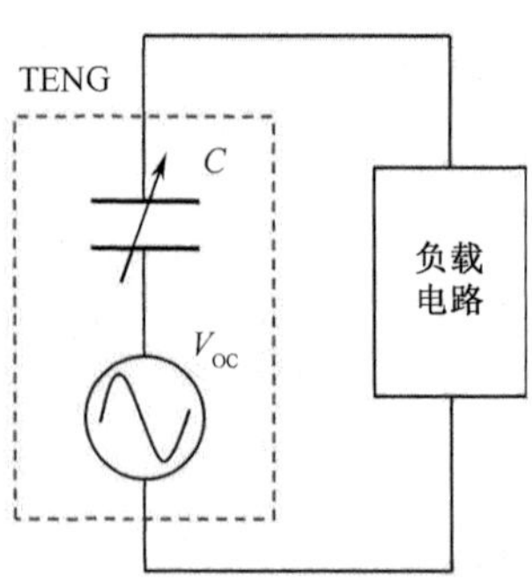

图 6-7　TENG 的等效工作电路

TENG 有四种基本工作模式，分别是接触-分离、水平滑动、独立层和单电极模式，它们具有不同的特性，适用于不同的应用。

1）接触-分离模式

接触-分离模式是 TENG 最基础的工作模式，如图 6-8 所示。由于摩擦起电效应，具有不同摩擦电特性的两种介电薄膜接触后，在各自表面产生极性相反、总量相等的极化电荷。在受到外力作用使得介电薄膜分开后，介电薄膜的背向电极之间由于静电荷的作用会形成感应电势差。此时，如果电极之间连接有外接负载，则感应电势差会驱动电子由一个电极经由负载流入另一个电极。当外力呈现周期性作用时，电子不断地回流，进而产生周期性的交流电。

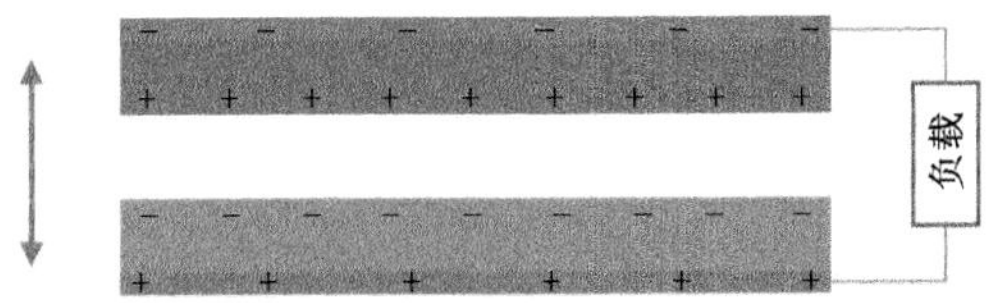

图 6-8　接触-分离模式摩擦纳米发电机

2）水平滑动模式

水平滑动模式与接触-分离模式的 TENG 器件结构基本相同，唯一的区别是水平滑动模式中 TENG 的两个介电薄膜是在同一个平面内相对运动的，如图 6-9 所示。类似地，具有不同摩擦电特性的两种介电薄膜在接触后由于摩擦起电效应，会在各自表面产生极性相反、总量相等的极化电荷。在外力的作用下，两个薄膜之间会发生平行于表面的相对位移滑动，介电薄膜的背向电极之间由于静电荷的作用形成感应电势差，并驱动电子通过外接负载在上电极和下电极之间流动，进而产生周期性的交流电。

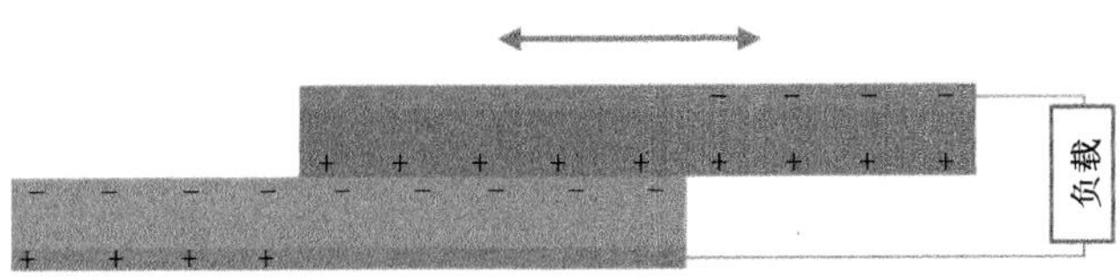

图 6-9　水平滑动模式摩擦纳米发电机

3）独立层模式

独立层模式的 TENG 结构模型如图 6-10 所示，介电材料经过摩擦起电带电后，在两个电极之间往复运动，变化的感应静电场会驱动电子在两个电极之间经由外接负载做往复运动，从而形成交流电输出。独立层模式通常不需要介电材料与电极直接接触，因此该模式下的器件耐久性更好。

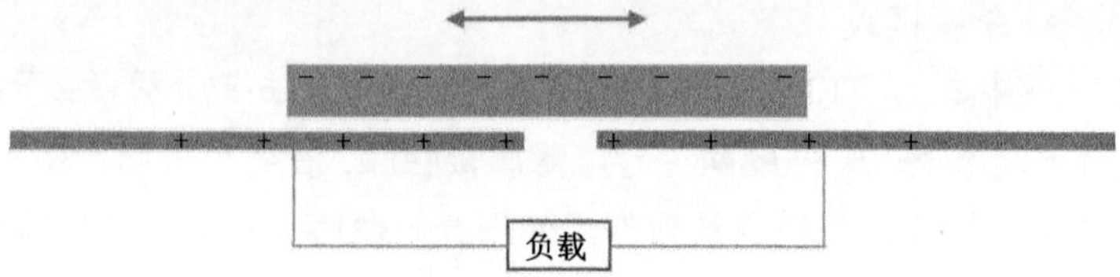

图 6-10　独立层模式摩擦纳米发电机

4）单电极模式

上述三种模式均需要 TENG 具有两个背向电极。然而在某些应用场景下，构成 TENG 的某些部件是运动的（如汽车在公路上行驶、手指滑动触摸屏等情况），因此很难用导线和电极进行电气连接。在这种情况下，单电极模式的 TENG 发挥了巨大的应用潜力，其结构模型如图 6-11 所示。介电材料与接地的金属电极接触后，会由于摩擦起电而带有电荷，当介电材料靠近或远离电极时，变化的静电场会促使电子在电极与大地之间产生往复运动，进而形成交流电输出。

由于 TENG 的本征电容特性，特别适合低频机械能（小于 5Hz）的高效收集。随着材料、器件结构和电源管理电路的不断优化，目前，TENG 输出的最高功率密度达到 $500W/m^2$，体积密度达到 $490kW/m^3$，转换效率达到 60%以上。此外 TENG 还具有许多其他优点，包括低成本、轻量化等。日常生活中可用却被浪费的各种机械能，如人体运动、振动、机械触发、风、流水等，都可利用 TENG 来进行收集。

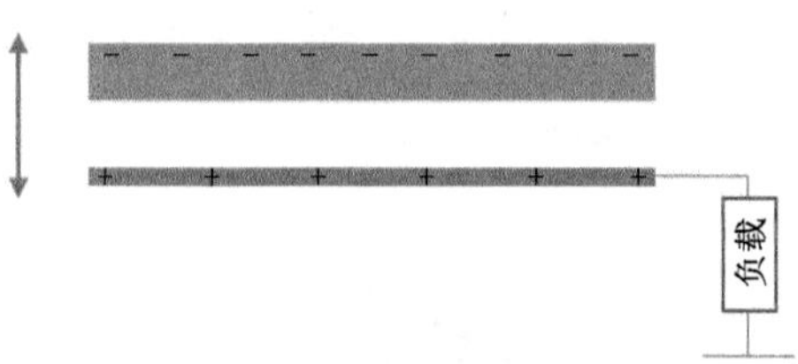

图 6-11　单电极模式摩擦纳米发电机

6.3.5　热能发电机

1. 热电发电机

1821 年，科学家托马斯·约翰·塞贝克（Thomas Johann Seebeck）发现两个不同导体之间形成的热梯度会产生电压，这就是热电效应。热电效应的核心是导电材料中的温度梯度导致的热流会使电荷载流子产生扩散从而形成电势差[12]。热电发电机也称为 Seebeck 发电机，是利用热电效应将温差能直接转换为电能的固态装置。热电发电机的功能类似热机，但体积较小，没有运动部件。目前已开发出的基于陶瓷材料的微型热电发电机可以将体热转化为电能，实现在 5℃温度梯度、3V 电压下 40μW 的功率输出。由于没有运动部件，热电发电机可以长时间运行，是一种有效、可靠的微能源。但是热电发电机的能量转换效率较低（低于 10%），而在高温环境下（汽车发动机废热利用）依然能够高效输出的热电材料有待研发。

2. 热释电发电机

利用热释电材料制作的发电机称为热释电发电机，基于热释电效应可以将温度的变化转换成电流或电压驱动外接负载[13]。它类似压电效应，是另一种类型的铁电行为。热释电系数是指热释电材料的自发极化矢量随温度的变化率，可以用来衡量热释电材料的性能，其公式为

$$p_i = \frac{\partial P_{S,i}}{\partial T} \tag{6-13}$$

热释电不应与热电混淆：典型的热释电现象是指整个晶体材料的温度随时间变化在晶体上产生临时电压；典型的热电现象是指同一个器件的不同部位在同一时刻存在温差而形成电压，只要温差不变，就会形成永久电压。这些效应都将环境的温度变化转换为电势差，但热释电是将温度随时间的变化转化为电势，而热电是将温度在不同位置上的变化转化为电势差。

与传统的热机或发电机相比，热释电发电机存在以下优点：潜在的较低的工作温度、较小的设备尺寸和较少的运动部件。

6.3.6　电力传感器供电技术

电力传感器的供电方式主要包括风光储系统、电池供电、感应取电、温差取电、磁谐振无线输电、激光供能、振动取能等。

1）风光储系统

太阳能与风能是两种广泛存在并可被很好获取的可再生能源，可以通过设计一个含有风力发电机、光伏阵列、蓄电池及负荷的离网型微电源系统来建立模型。运行时，微电网中的风机和光伏采用最大功率跟踪模式，蓄电池作为能量缓冲单元，采用电池能量控制系统，控制直流母线电压的稳定并自动储存和发

出功率。

利用风光储独立供电系统，可以使边远地区的供电问题得到有效改善，通过对其进行合理的电源配置来提高供电经济性和可靠性。太阳能与风能资源在地域上的兼容性及其在时间上的互补性，使其可以在风、光资源丰富的地区得到充分的利用，建设风光互补发电系统，再配置储能系统来平抑电网波动，可以大幅度降低发电成本。

2）电池供电

芯科科技（Silicon Labs）公司很早之前就预见到电池供电无线传感器应用的重要性。此后，各国有关部门大规模投入低能耗的无线、微控制单元（Microcontroller Unit，MCU）和传感器技术。

物联网应用领域中最突出的一个类别是使用电池供电的传感器，这些传感器被置于无电线的区域，并通过无线网络与物联网进行通信来实现监测事件的功能。大部分时候，这些产品都是始终开启并由电池控制的，支持无线协议、单片机和至少一个模拟传感器的无线传感器。问题在于，在单个电池或一次充电的情况下，如何最大限度地延长产品足以感知环境的续航时间。其面临的关键挑战如下。

（1）能按照应用程序的要求完成实时感知任务。

（2）在尽可能少耗能的前提下完成传感器测量工作。

（3）保持 MCU 外设定期工作，尽量使 CPU 内核处于睡眠状态。

许多 MCU 的典型做法是在各种外部装置完成传感器测量时只唤醒 MCU 内核，因此为了满足在极低的功耗水平下运行的苛刻条件，需要使用低功耗的传感器接口、外设反射系统和其他低功耗技术，与此同时内核与 MCU 大多数时间处于睡眠模式。

物联网应用理想的无线传感器节点、电池供电，可在电池一次充电的情况下最大限度地延长产品完成环境感测的工作时间。例如，提供独立、节能的传感器管理和测量系统；传感器的输入/输出、阈值和配置可独立配置；可配置低功耗的逻辑引擎，只有当绝对需要时才会唤醒 MCU；使用低功耗存储器和延长 CPU 唤醒间隔时间；使用较低的无线功耗。

3）感应取电

感应取电电源，即利用安装在电力线路上的电流互感器（Current Transformer，CT）通过电磁感应原理获得电源的一种装置，它由取电 CT 和电源转换模块（将 CT 取得的电能量转变为直流电压）两个部分组成。

在高压输电领域中，由于导线会通过巨大的短时故障电流，需要安装专门的电流感应电源限流装置。在这些 CT 取电电路中，高压线路上的电流分别通过电流传感器和防浪涌保护电路后进入信号转换、CT 取电和整流滤波电路，DC/DC 模块、过压保护和掉电检测电路连接在整流滤波电路的输出端，DC/DC 模块电路的输出端输出 3.3V（或 5V、12V 等）直流电压，掉电检测电路的输出端控制后备电池电路是否向整个系统输出电压。

目前，CT 取电电源主要解决了设备在电力线路上不能以其他方式供电的问题。

（1）高压输配电领域。电流感应电源在没有常规供电措施的高压输配电领域得到了广泛应用，在输配电网中，电压高至 10～1150kV，工作电流可达几十安到数千安，虽然电能的传输量大，但由于电力供应不足，许多智能化传感设备无法安装，为此必须配置昂贵、笨重的太阳能或风力发电设备。

（2）智能电网领域。随着智能电网的发展，在高压初级设备（如环网柜、电缆、架空输电线等）上安装智能电子设备的需求不断增加，电流感应电源的应用也越来越广泛，如智能环网柜、配电自动化、架空输电线及电缆监控、高压带电维护工具和其他各种扩展应用。

感应取电电源采用超宽电压 DC-DC 转换器（如 13～380V 宽输入的 PI-05V-B4 等），能够确保在一次侧电流较大的变化范围内（如 15～8000A），CT 取电电源都能够给电子线路提供稳定的电压。宽电压 DC-DC 转换器可以实现在较大的输电线电流变化范围内该 CT 取电装置工作正常、输出稳定，避免发生电流互感器严重发热现象，且电路简单、成本低。

4）温差取电

早在 20 世纪 60 年代，美国和苏联就研制了放射性同位素温差发电器，作为太阳能电池的最佳替代动力源，可在太阳辐射量不足的宇宙深空为卫星和航天器提供稳定、持续的电力供应，我国的“嫦娥”和“玉兔”登月探测器也采用了同位素温差发电方案。但该方案一般功率较小，辐射性危害较大，并不适合航空发动机使用。

随着近年来纳米技术和先进材料合成技术的发展，常规热电材料的性能不断提高，温差发电技术在民用汽车发动机、船舶发动机等领域逐渐得到了应用。而在航空发动机中实际应用时，因为要面临复杂的高温高压环境，所以对热电材料和发电器件的要求更高，除需要满足材料的高热电性能和发电器件的高转换效率外，还要求热电材料与发电器件具有低密度、耐高温、耐腐蚀和耐冲击等较高的综合性能。

有创新团队研制出了一种耐高温的氧化物陶瓷纳米粉体材料，成功驱动电路与传感器工作，实现了航空发动机传感器的自供电和信号传输的无线化。

5）磁谐振无线输电

对于双线圈的磁共振系统，当发射电路开始向接收电路传送能量时，会根据耦合系数的变化，出现三种工作状态：欠耦合状态、临界耦合点、过耦合状态。

磁场共振充电包括能量发送装置和能量接收装置，当这两个装置调整到同一频率时，它们就可以相互交换能量，这项技术目前正在被火热研究，由麻省理工学院物理学教授马林·索尔贾希克（Marin Soljacic）领导的研究小组使用这一技术点亮了一盏相距两米的 60 瓦灯泡。与电磁感应方式相比，利用谐振可以延长传输距离。与电磁感应不同的是，磁共振不需要线圈之间的位置完全吻合，这一特点使磁共振方式具备了长距离传输的优势。

6）激光供能

激光供能系统是一种应用于极端恶劣环境下（如高电压、强电磁干扰等）的以安全可靠供电为最终目标的光电能量传输系统。激光供电的原理是，首先把光源（低压侧的激光二极管）的光能通过光纤传输送到高压侧的光电转换装置，然后通过线性稳压块将转换成的电能变换后给电子线路供电。

当前光电式互感器的能量供给方式主要有：①用专用的线圈从母线上获取电能；②使用高压电容分压器从母线上获取电能。

近几年来，高功率光电转换器件的性能高、价格低。例如，Photonic 公司开发的激光供电系统可以提供 1.5W 的光功率，转换效率提升到了 40%，有效供电时间可以超过 10 万小时。

综上所述，激光供能方式有望成为解决混合式光电电流互感器高压侧供电问题的有效途径之一。

7）振动取能

振动取能是一种将机械振动中的能量获取出来并转化为电能加以利用的技术。机械振动无处不在，不受环境天气、温度等条件的干扰，具有很大的潜力，这一技术很有可能成为补充能源，或者取代电池，永久性为各种微小型超低功耗的微电子设备供电。目前，关于单个机电能量交换机制的压电式和电磁式振动能量采集的问题已经得到了广泛研究，而关于集成多机电能量交换机制的复合式振动能量采集及其电能提取技术的研究还很少。由于压电-电磁复合振动能量采集在许多应用上都具有一定的优势，如电能输出功率、机电转换效率、工作频率带宽和最佳负载范围等，这种能量采集方式在振动能量采集领域正在被广大学者火热研究。

压电式能量采集技术的工作机理是根据压电材料的正压电效应将振动能转变为电能[14]。当压电材料受到某一固定方向的外力作用发生形变时，在其内部就会产生电极化现象，同时在两个表面上产生等量带有不同极性的、密度与所受外力的大小成正比的束缚电荷，当外力的作用方向改变时，电荷的极性也随之改变，从而将机械振动能转化为电能。

6.4　能量收集技术展望

数以百亿计的传感设备通过网络连接在一起，构成了现代物联网的基石。解决传感器的长久稳定供能问题必将是物联网研究中重要的一环。物联网传感器本身具有的低功耗、分布式特点在一定程度上增加了传统高密度、集中式能源为其供能和维护的成本，因此环境能量采集技术势必成为物联网供能的重要手段。本章介绍并总结了适合物联网应用的各类环境能量和相应的能量采集技术。可以看到，各类能源及相应的采集技术均具有各自的独特优势，当然也存在自身的局限。事实上，在实际应用中，受到复杂环境因素（昼夜交替、天气变化、地理位置等）的影响，单一能源及技术可能无法全方位满足各类物联网应用的供能需求。因此，开发结合两种或多种能量采集技术的复合微能源是未来物联网供能的可行之路。

参考文献

[1] 刘云浩. 物联网导论[M]. 2 版. 北京：科学出版社，2013.

[2] Lewis N S. Research Opportunities to Advance Solar Energy Utilization[J]. Science, 2016, 351(6271): aad1920-aad1920.

[3] Paradiso J A, Starner T. Energy Scavenging for Mobile and Wireless Electronics[J]. IEEE Pervasive Computing, 2005, 4(1): 18-27.

[4] Beeby S P, et al. A Micro Electromagnetic Generator for Vibration Energy Harvesting[J]. J. Micromech. Microeng, 2007, 17(7): 1257.

[5] Khaligh A, Onar O C. Energy Harvesting: Solar, Wind, and Ocean Energy Conversion Systems[M]. Boca Raton, America: CRC Press, 2010.

[6] Khaligh A, Zeng P, Zheng C. Kinetic Energy Harvesting Using Piezoelectric and Electromagnetic Technologies — State of the Art[J]. IEEE Transactions on Industrial Electronics, 2009, 57(3): 850-860.

[7] Martin R M. Piezoelectricity[J]. Physical Review B, 1972, 5(4): 1607.

[8] Roundy S, Wright P K. A Piezoelectric Vibration Based Generator for Wireless Electronics[J]. Smart Materials and Structures, 2004, 13(5): 1131.

[9] Suzuki Y. Recent Progress in MEMS Electret Generator for Energy Harvesting[J]. IEEE Transactions on Electrical and Electronic Engineering, 2011, 6(2): 101-111.

[10] Fan F R, Tian Z Q, Wang Z L. Flexible Triboelectric Generator[J]. Nano Energy, 2012, 1(2): 328-334.

[11] Zi Y, et al. Standards and Figure-of-merits for Quantifying the Performance of Triboelectric Nanogenerators[J]. Nature Communications, 2015, 6: 8376.

[12] Goldsmid H J. Introduction to Thermoelectricity[M]. Springer, 2010.

[13] Cuadras A, Gasulla M, Ferrari V. Thermal Energy Harvesting through Pyroelectricity[J]. Sensors and Actuators: A Physical, 2010, 158(1): 132-139.

第7章

物联网与输电线路

物联网技术的发展为输电线路（含电缆及通道）运行状态的监测提供了更可靠高效的解决方案，本章首先概述了输电线路状态监测，然后在介绍监测系统整体架构的基础上，分别介绍了导线振动监测、导线覆冰监测、导线舞动监测、导线风偏监测、电缆本体及通道状态监测等技术，系统阐述了物联网技术在该领域的应用。

7.1 输电线路运行状态监测概述

7.1.1 输电线路运行状态监测的意义

输电线路是电力系统的“血管”，其安全可靠运行对电力系统来说至关重要。输电线路具有距离长、分散性大、人工巡视和维护难度大等特点，有必要对线路周边环境及其运行状态进行全面监测。采用输电线路运行状态监测系统后，监控中心可实时掌握线路运行状态，同时运维人员可对输电线路进行实时监控，减少人工现场巡视工作，协助检修人员进行快速修复。当前，输电线路状态监测系统已成为智能电网的重要组成部分。

输电线路状态监测系统一般采用智能传感器、无线通信和太阳能取电等技术，对线路周边的外绝缘污秽、气象和外部破坏等环境进行监测，也对导线和杆塔本体的一些特性进行监测，包括导线温度、风偏和杆塔振动等。

7.1.2 输电线路运行状态监测系统架构

输电线路运行状态监测系统通常由数据采集单元、数据集中处理单元、应用分析单元等组成。

数据采集单元一般安装在导线、地线（含光纤复合架空地线，Optical Fiber Composite Overhead Ground Wire，OPGW）、绝缘子、杆塔、杆塔基础等设备和部件上，通过有线或无线通信信道将数据传送到数据集中处理单元。

数据集中处理单元负责收集各采集单元的数据，并进行现场存储、预处理，同时负责与数据采集单元、应用分析单元的相互通信。

应用分析单元主要通过数据、模型和知识，对输电线路的各种状态信息进行分析、评价、预警，或者以人机交互方式进行结构化、非结构化、智能化等辅助决策。

状态监测系统的分层结构如图 7-1 所示。

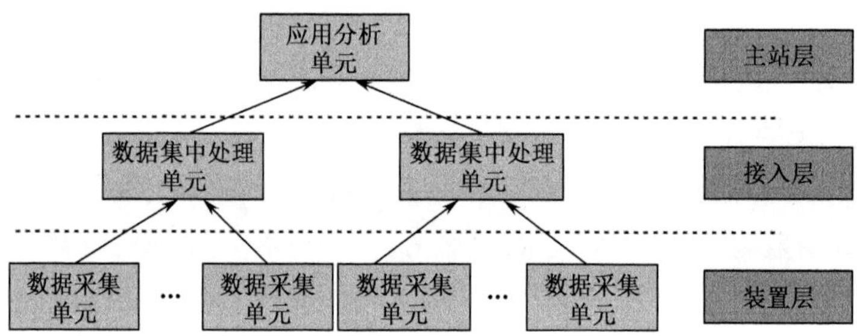

图 7-1　状态监测系统的分层结构

1. 数据采集单元

该单元由各类传感器和传输模块组成，负责采集、初步分析输电线路的各类状态信号，如导线覆冰、微风振动、温度、风偏等信息，并通过有线或无线通信方式发送给数据集中处理单元。

2. 数据集中处理单元

在以往智能电网输电线路状态监测技术中，并未统一各层级间的通信协议，导致不同供应商提供的监控中心数据库无法相互共享和访问，给后续的大数据分析、综合诊断等工作带来了相当大的困难，限制了各区域对监测数据的全面分析和实时统计，降低了对数据的分析能力和状态评估水平。针对以上问题，在前端采集单元和后台应用分析单元之间，布置数据集中处理单元，一方面汇聚各前端数据，另一方面管理和协调各单元、各模块之间的通信，尤其是在统一的协议架构下协调各供应商的监测单元通信，实现一定范围内的数据共享。数据集中处理单元功能示意如图 7-2 所示。

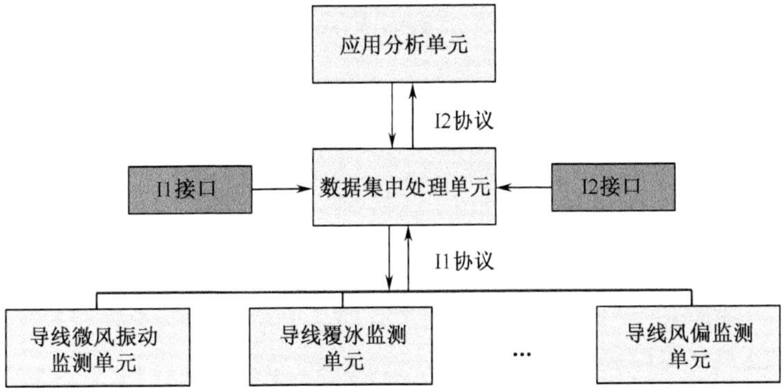

图 7-2　数据集中处理单元功能示意

3. 应用分析单元

在应用分析单元运用各种智能诊断算法、试验结果，综合分析各类电气、机械、气象等维度数据，判断输电线路的运行状况，并及时给出预警信息，从而有效防止各类事故的发生。目前，主要对以下数据进行融合分析。

（1）电气类：电压、电流、放电、电气距离、雷电等数据。

（2）机械类：导线温度、微风振动、舞动、次档距振荡、覆冰、弧垂、张力、杆塔倾斜、绝缘子串风偏和偏斜、杆塔振动、杆件应力分布、基础滑移、不均匀沉降等数据。

（3）环境类：气象、污秽、大气质量、通道环境、图像/视频等数据[1]。

7.1.3　关键技术

1. 安全防护

输电线路状态监测系统的传感检测、数据集中等单元装置长期暴露在户外，对其进行有效的安全防护是首要考虑的问题，如防雨雪侵袭、防高低温运行、防雷电、防风防火及线路抗张拉防护等技术，需要与状态监测系统同步设计。监控系统装置的外壳必须具备良好的防电磁干扰、良好通风、防水、防锈等能力。同时，为了从源头上做好安全防护，一些长期暴露在外的元器件必须采用高性能、高标准元器件，如军工产品级别的电子元器件。

2. 低能耗及供电

绝大多数输电线路现场不具有交直流供电条件，需要监测系统自备电源，这就要求监测系统具备以下特点：一是低功耗，从监测状态量的选择、召测频度合理安排、监测系统全流程优化等方面入手，尽可能降低每个环节的功耗；二是可靠的供电系统，如太阳能+风能+电池供电模式，实现电能的自给自足。

3. 智能传感

智能传感器技术在实际应用中能有效提升传感器多方面的性能，拓宽了传感器的应用场景，提升了传感器的精度，成功解决了传统传感器无法挖掘深层次信息的缺点，可以采集多角度、多维度的参数或指标。

智能传感器技术应用人工智能实现了信号的识别、锁定、分析和监控等功能，按照一定的通信规约实现了信息和数据的交换。除此之外，智能传感器还可以实现捕捉线路污秽、冰害、导线对地安全距离、导线温度及雷击参量等功能，以确保输电线路视频在线监测系统的正常运行，避免受到外界环境的影响[2]。

4. 无线通信

输电线路分布较广，对其进行状态监测则需要分散布置各类监测单元，传统的有线通信技术已不能满足该应用场景，而采用无线通信技术可有效解决输电线路状态监测技术广泛应用所面临的难题。目前，在输电线路状态监测技术领域，广泛应用 Wi-Fi、ZigBee、MESH、3G、4G 等无线通信技术，部分地区已建成电力无线专网。5G 技术的持续发展，为输电线路状态监测提供了更丰富的通信手段，尤其是图像和视频高效传输的问题将获得有效解决。在进行具体监测系统设计时，应充分考虑监测系统现场布置需求和应用场景，灵活选择可靠的通信技术。

7.2 输电线路视频监控

7.2.1 视频监控技术

1. 视频监控系统的作用和功能

视频监控是输电线路状态监测系统功能的一部分，实现对以下情况的监测功能：输电线路本体（包括杆塔、导线、绝缘子、金具等）的运行情况，如线路覆冰、舞动等；线路通道环境情况，如是否有施工、树木生长等。

据调研，国家电网公司对输电线路视频监控系统进行了规范管理，将输电线路前端视频监控装置分为视频监控装置和图像监测装置两类。其中图像监测装置由 Q/GDW 560—2010《输电线路图像视频监控装置技术规范》所规范，前端图像信息以 I1、I2 接口方式通过线路状态监测通信单元和主站网关接入监测后台系统。而视频监控装置由 Q/GDW 517.1—2010《电网视频监控系统及接口第一部分：技术要求》所规范，现场视频通过 B 接口接入视频监测后台系统。

目前，输电线路视频监控系统的主要功能包括：①视频、图像的智能识别和智能告警，实现防外破、异物智能检测等；②电源的智能化管理，实现低功耗、自动休眠唤醒等；③后台人工智能分析，实现海量视频数据的自动分析、归类等。视频/图像监控系统结构如图 7-3 所示。

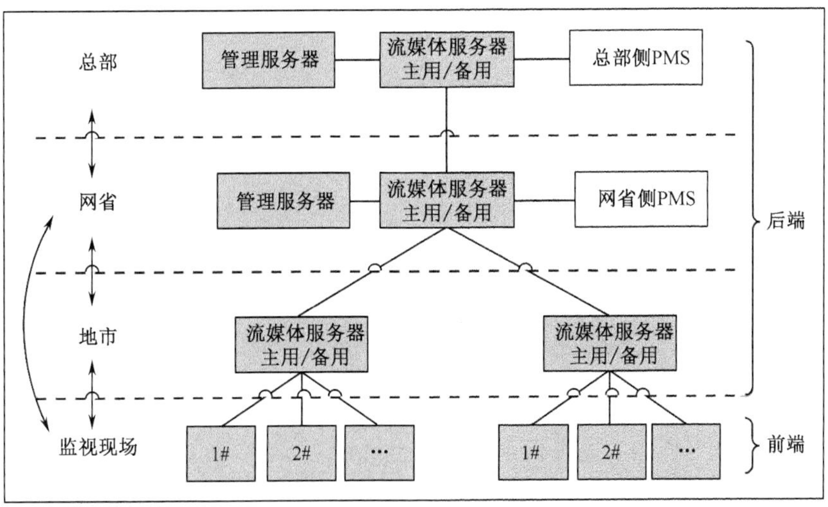

图 7-3　视频/图像监控系统结构

2. 视频监控系统的组成

输电线路视频监控系统一般由前端视频检测装置、通信及接入装置、后端处理平台三个部分组成。前端视频检测装置由视频摄像头、视频处理单元、通信装置、接入装置及供电系统等组成。

视频摄像头主要有固定摄像机、带外置云台摄像机、高速球机和红外摄像机。根据目前的现场应用情况，建议摄像头参数最低要求为：像素≥752（H）×582（V）（PAL）；变焦率≥光学 18 倍或定焦枪机。目前新装的摄像头基本都为 720P 或 1080P 网络摄像机。如图 7-4 所示为三种典型摄像机。

视频处理单元包括模拟摄像机的视频采集、压缩、编码器、存储器，数字摄像机的视频服务器及图像智能识别、智能分析装置等。

图 7-4　三种典型摄像机

通信装置包括有线或无线传输模块。有线方式主要采用网线或光纤进行通信，在通常情况下均须布置光纤或利用 OPGW 进行通信。无线通信方式主要有 3G/4G/5G 公网、4G 专网等。

供电方式主要是新能源+储能电池的方案，目前应用较广泛的为太阳能、小型风力发电机、蓄电池等。电源系统应具有过压保护、防过充、欠压报警等功能。

数据汇集及通信装置安装于输电杆塔上，负责汇集一定区域内的视频监控数据，并与后台系统交互，同时可管理多个视频监控前端设备。

3. 视频监控系统的接入规范

根据各单元的数据类型和通信要求，通信接入规范主要包括以下几种。

（1）以太网接口，具体如下。

光口：多模光纤 850nm，SC 接口；单模光纤 1310nm，FC 接口。

电口：100BASE-TX 支持 Category 5 UTP 最长可达 100m；连接器：RJ45。

（2）RS485 接口：RS-485 电气标准，最大速率 1Mbps。

（3）Wi-Fi 接口：IEEE 802.11a/g/b。

（4）ZigBee 接口：无线接口，IEEE 802.15.4 无线物理层，采用 2.4G 频段。

（5）RFID 接口：自定义物理层，采用 2.4G 频段。

（6）无线公网接口：GPRS、CDMA、3G、4G、5G。

7.2.2　视频监控案例

江苏省电网已投运的输电线路过江大跨越视频监控系统，部署在南京市大胜关南北塔、三江口南北塔、镇江南北塔、江阴南北塔四条 500kV 大跨越过江通道，八个过江塔位共安装有八套线路视频监控设备。通过省、市两级监控中心对大跨越杆塔、绝缘子、导地线、过江通道等进行实时视频监控，实现大跨越杆塔和导地线的积雪、覆冰、绝缘子积污等方面的可视化监测。以下系统阐述大跨越视频监控的系统构成[2]。

1）前端系统设计

前端系统包括现场摄像头、辅助设备、前端嵌入式服务器。摄像头分两组安装：大跨越耐张塔（锚塔）和大跨越主塔各一组。其中，在大跨越耐张塔（锚塔）上安装一个网络高清 150° 全景摄像机和一个高速智能球机，以监视大跨越杆塔和塔头全景；在大跨越横担（呼高处）两侧支架上，各安装两个高速智能球机，在横担（呼高处）上中间位置（面长江）支架上，安装一个网络高清 150° 全景摄像机。其中，摄像机 1 和摄像机 4 监视上导线绝缘子和光纤复合架空地线阻尼线夹区域全景；摄像机 2 和摄像机 3 监视下导线绝缘子区域全景；全景摄像机 5 监视过江通道区域全景。江苏省过江大跨越视频监控系统前端结构如图 7-5 所示。

在大跨越塔横担和锚塔上各安装了一个现场集成箱体，主要用于放置供电电源模块、防雷模块、D/A 转换器、网络交换机等[3]。

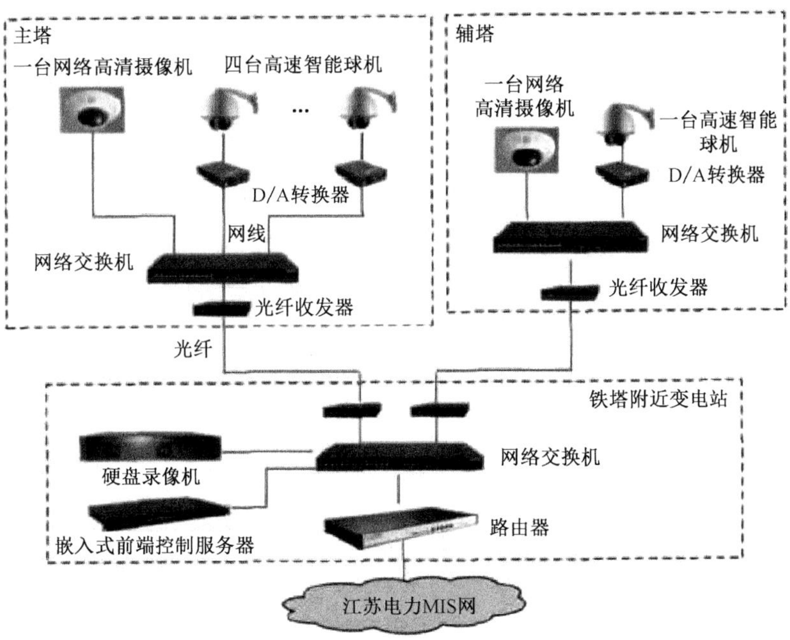

（a）系统架构

图 7-5　江苏省过江大跨越视频监控系统前端结构

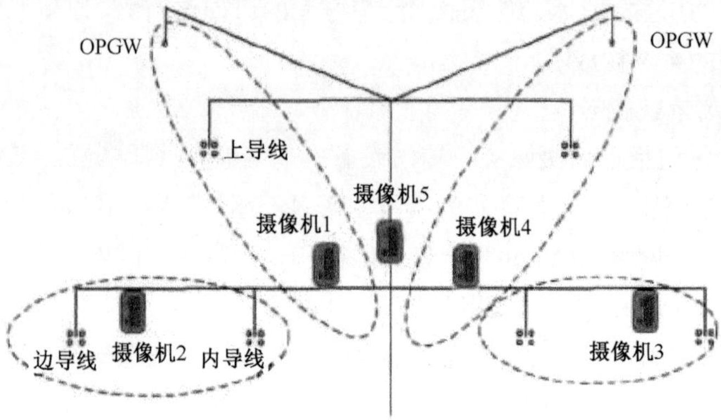

（b）杆塔上摄像头布置

图 7-5　江苏省过江大跨越视频监控系统前端结构（续）

前端嵌入式服务器安装在就近的变电站内部，包括录像存储设备、前端控制及管理设备。为避免视频系统占用过多的电力 MIS 网 IP 地址，每个前端使用路由器将所有硬件设备组建成一个内部小子网，对外使用同一个 MIS 网址，以不同端口号进行区分。

2）监控平台设计

监控平台软件分为与硬件相关的服务层和与硬件无关的应用层。服务层和各种硬件设备紧密关联，为应用层提供基本服务。服务层提供三种服务：数据库与设备服务、系统服务和平台应用服务。数据库与设备服务直接管理、控制相关硬件设备，系统服务调用数据库与设备服务构建的系统基本功能控件，平台应用服务调用系统服务构建的系统高级应用控件。

（1）图像监控的基本功能。可实时监视同一杆塔多路实时图像信息，并实现一机同屏同时监视，也可同时实时监视多个杆塔。

（2）安全防护。杆塔的电子地图能显示设备分布和布防、撤防、报警状态，摄像机各预置位和电子地图中相应的设备对应。实现报警推送画面功能，当报警发生时，报警地点以醒目的标记闪烁在电子地图上，准确判断报警类型和地点，实现报警联动。

（3）远程控制。可远程控制监控设备，包括云台、镜头和灯光等。

（4）系统管理。可对设备、网络和软件运行进行在线诊断，定期检查前端设备的在线状态，检查视频通道、设备状态、视频信号和录像状态是否正常，发现视频设备故障进行报警并列表显示，同时进行故障记录以便查询。

（5）系统安全。实行操作权限管理。

3）系统应用情况

使用前，需要预先配置监控预置位，指向各需要重点监控的设备和设备区，将这些预置位组织成一次设备监控树并在电子点位图上标注出来，并建立连接，使用者只须点击设备名称或位置即可实现该设备的画面监视。江苏省过江大跨越视频监控系统应用如图 7-6 所示。

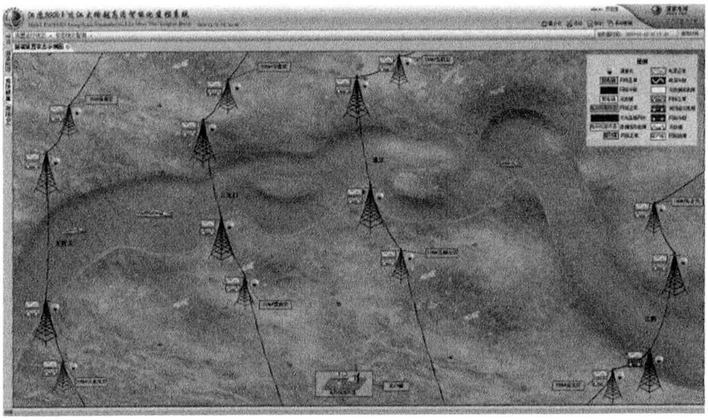

（a）江苏省过江大跨越视频监控架构

（b）江苏省过江大跨越视频监控照片

图 7-6　江苏省过江大跨越视频监控系统应用

7.3　输电通道状态监测

7.3.1　导线振动监测

架空输电线路微风振动具有随机性高、隐秘性强、持续性强和损坏性大等特性，对架空输电线路微风振动进行监测是极其有必要的[4,5]。一方面可以从监测数据中掌握架空输电线路微风振动水平，进行合理的生产调度和精益化管理；另一方面可利用监测数据建立有效的数学模型，评估架空输电线路的运行状态，确定架空输电线路的健康状况，进而制定合理的检修方案[6~9]。

随着我国电力事业的不断发展，越来越多的架空输电线路架设在偏僻的复杂地貌上。传统的人工巡检难度大、实时性差、监测精度低，无法及时评估架空输电线路微风振动的振动水平，已经不能满足架空输电线路的监测需求。

随着物联网技术的不断发展，架空输电线路微风振动在线监测系统应运而生，其具有不需要大量人员现场巡视、实时性强、维护方便、成本低、数据精度高等优点，非常符合目前架空输电线路微风振动的监测需求，具有广阔的应用前景。

1. 基于导线动弯应变的导线振动监测技术

输电导线线夹出口处的导线受力复杂，包括导线拉力、上下层股线之间的压力、卡门漩涡产生的弯曲应力等。在这些压力的影响下，导线上下表面产生弯曲，会造成线股之间出现滑移现象。实际测量时，采取振幅法计算导线的动弯应变，即通过测量距线夹出口 89mm 处的弯曲振幅，计算出动弯应变值[10]。通过监测该值，则可获得导线的振动情况，包括振幅、振频等信息。测量原理如图 7-7 所示，图中 1 为线夹，2 为被测导线，3 为导线与线夹接触点，4 为弯曲振幅 *A*。

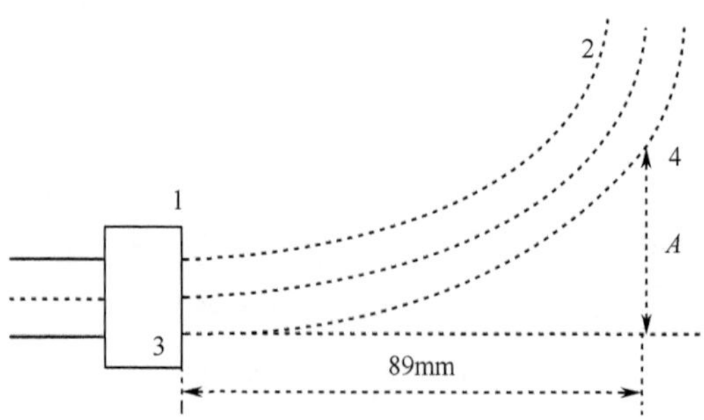

图 7-7　弯曲振幅测量原理

2. 基于光感器件的输电导向振动监测技术

CCD/CMOS、光感器件及相关技术的迅速发展，为架空导线振动的弯曲振幅测量提供了新的技术方案。将特定方向的光源投射在规则排列的光感器件上，再通过分析感光量进而判断光源投射位置，最后确定光源的运动信息，此时将获得导线振动弯曲振幅[11, 12]。其测量原理如图 7-8 所示，图中 1 为输电架空导线，2 为固定位置的光源，3 为规则排列的感光器件，4 为测量装置固定部件，5 为固定线夹，6 为采集单元，7 为通信模块，8 为光线，9 为感光器件的感光点。

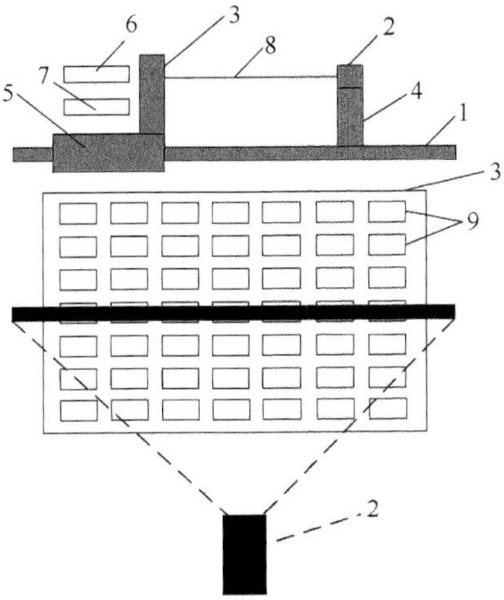

图 7-8　光感监测的测量原理

实际测量时，先将光源固定在输电导线线夹出口 89mm 处，并在光源对面安装有固定排列的感光器件，确保光线只照射在这些感光器件上；同时安装好采集运算单元和通信单元，此时即可通过分析感光器件上的感光量，获得光源的位置变化情况，进而可获得导线振动的弯曲振幅、弯曲应力等参数。

3. 基于加速度传感器的输电导线振动监测技术

目前常用加速度传感器直接采集导线振动的振幅和振频等信息。

根据前期现场应用情况，建议加速度传感器的性能指标参数为：灵敏度不小于 100mV/g（最大偏差 ± 10%）、满量程线性度最大偏差 ± 3%、量程不小于 50g 等[13]。

7.3.2　导线覆冰监测

覆冰是一种受温度、湿度、冷暖空气对流、环流及风等因素影响的综合物理现象，一般发生在每年冬季的 11 月到次年春季的 3 月。当输电导线、绝缘子等电力设施表面温度低于 0℃时，空气中存在的大量过冷却水滴会在风的作用下与之碰撞并冻结，从而形成覆冰。我国是输电线路覆冰多发区，据不完全统计，自 20 世纪 50 年代以来，各地电网已发生覆冰灾害超过 2000 起。目前覆冰监测技术主要包括模拟导线法、导线倾角法、图像监测法、分布式光纤法等方法[14]。其中，模拟导线法、导线倾角法在国内应用最广。

1. 模拟导线法

模拟导线法是指通过在输电线路附近架设与实际线路同型号、同材质的模拟导线，在与实际线路相同的气象条件下，测量模拟导线质量和厚度的变化，进而确定实际线路的覆冰量。通过合理设置监测布点，积累冰雪分布数据，可较好地获得实际导线覆冰的情况，为冰区划分和线路设计提供参考。该方法的优点是成本低、简单便捷。但由于模拟导线无电压、无电流、无形变等情况，因此其监测结果与实际覆冰情况存在一定偏差，在实际应用时应注意修订。

2. 导线倾角法

导线倾角法是指利用安装在线夹附近的形变、加速度等传感器来测量导线倾角、形变、应变力等，然后根据导线设计参数和实时微气象参数，求解线路形变状态方程，进而获得导线水平张力，最后计算出等效覆冰厚度。测量导线形变的方法与导线振动监测、舞动监测相似。

如图 7-9 所示，假设连接导线的两悬挂点（A 和 B）的档距为 l；悬挂点高度差（B 高于 A）为 h；采用抛物线数学模型，导线的最大弧垂为：

$$f=\frac{\omega l\cos\varphi}{8H} \tag{7-1}$$

式中，H 为导线任意点水平应力，ω 为导线的单位比重。导线在两悬挂点（A 和 B）的倾斜角 θ_A 和 θ_B 分别为

$$\theta_A=\arctan\left(\frac{\omega l\cos\varphi}{2H}-\frac{h}{l}\right) \tag{7-2}$$

$$\theta_B=\arctan\left(\frac{\omega l\cos\varphi}{2H}+\frac{h}{l}\right) \tag{7-3}$$

则可得

$$f_A=\frac{l}{4}\left(\tan\theta_A+\frac{h}{l}\right) \tag{7-4}$$

$$f_B=\frac{l}{4}\left(\tan\theta_B-\frac{h}{l}\right) \tag{7-5}$$

通过上述计算，即可获得输电导线的最大弧垂、导线倾斜角等参数，进而计算等效覆冰厚度。

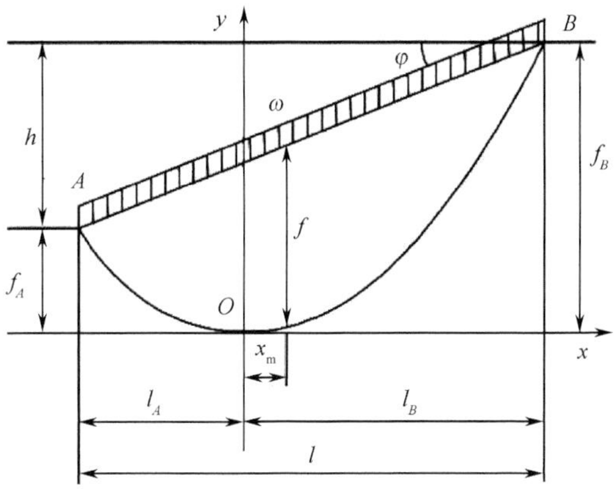

图 7-9　导线倾斜角、弧垂计算原理

该方法的优点是：传感器安装数量少，算法成熟简单，可实时监测覆冰量，同时可以监测导线振动情况。该方法的缺点是：对传感器精度要求较高，无法测量线路上的不均匀覆冰情况。

3. 图像监测法

图像监测法一般将摄像头或相机安装在线路或杆塔的不同位置，对线路进行实时监测和拍照，后台监控系统实时对比导线图像，进而计算一定范围内的导线覆冰情况。目前已有的算法可实现不均匀覆冰情况、结冰面积、覆冰质量等状态量监测。

该方法简单易行，不仅可测量导线覆冰，还可测量绝缘子串上的覆冰量，同时还可监控外破、鸟害、导线振动等问题。但目前该方法仍是一种覆冰监测辅助手段，与其他监测系统联合使用，主要原因是受现场拍摄角度和范围的影响较大，且在进行视频、图像识别时，不规则形状、不均匀厚度覆冰情况识别难度大。另外，当现场出现雨、雾、雪等天气时，该方法的效果将大打折扣。

4. 分布式光纤法

目前，大量光纤复合架空地线（OPGW）、光纤复合架空相线（Optical Fiber Composition Phase Conductor，OPPC）等复合型光缆与输电导线同塔敷设，其所处环境与导线相同，因此可通过监测光纤的形变或温度达到监测导线覆冰情况的目的。该方法具有耐腐蚀、与导线电气绝缘、易于长距离检测、不需要另外架设光纤等优点，但也存在需要额外加装光耦合装置、测量精度受耦合装置及算法的影响大、监测状态量相对单一（光纤形变量）等缺点，因此还需根据现场实际情况进行应用。

5. 多种监测方法综合运用

由于各种监测方法单独使用时均存在一定缺陷，因此建议同时采用多种监测方法，综合监测导线覆冰情况。一般在三相线路选取两相和地相来装设监测单元，实时监测导线形变、温度、绝缘子串状态、微气象参数等参量，最后由后台系统综合计算获得导线覆冰情况。

7.3.3 导线舞动监测

导线舞动是指在一定条件下，由于风的作用使输电导线产生的一种低频（0.1～3Hz）、大振幅（导线直径的5～300倍）的自激振动现象。导线出现异常舞动时，容易引起线路金具损坏、相间闪络、杆塔螺栓松动，进而导致跳闸停电、导线损伤、杆塔倒塌等严重事故[15]，故障情况如图7-10所示。

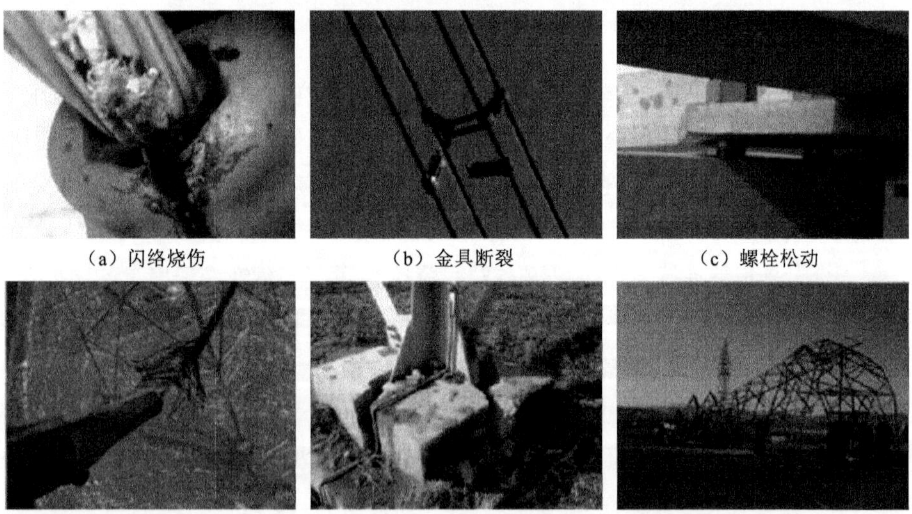

（a）闪络烧伤　（b）金具断裂　（c）螺栓松动

（d）导线断股　（e）塔基松动　（f）杆塔倒塌

图 7-10　导线舞动造成的故障情况

导线舞动监测的核心是监测导线各处的运动轨迹，即通过在输电线路上安装多个传感器、视频监控等装置，获取导线上多个点的舞动轨迹，进而计算获得线路的舞动情况。目前应用较多的方法主要包括采用图像视频识别线路舞动轨迹、采用加速度传感器监测线路各点运动特性、采用分析 OPGW 或 OPPC 的形变监测线路运动状态等，各种方法各有利弊，应结合现场实际进行选择。

7.3.4　导线风偏监测

输电线路在风荷载作用下，导线、绝缘子串将产生风偏摇摆，在摇摆过程中，当带电体与杆塔之间的距离小于容许间隙时，将在导线与杆塔之间发生击穿放电现象，即风偏闪络事故。与雷击、外破等原因引起的跳闸相比，风偏跳闸的重合闸成功率较小，往往会导致输电线路停运，对电力系统的稳定运行产生较大影响[16~19]。

为避免风偏跳闸事故的发生，在设计阶段，常以历史气象数据为依据，对线路绝缘距离进行计算，保证输电线路在恶劣天气情况下的风偏小于允许值；在运行阶段，用人工巡检的方式记录线路风偏状况，对线路发生风偏闪络的可能性进行评估。但在实际操作中，一方面，气象部门的气象数据与杆塔所在位置实际情况存在偏差，且难以精确地给出杆塔区域的风压不均匀系数、最大瞬时风速等关键数据；另一方面，用人工巡检的方式实时性差、监测精度低，难以对风偏闪络发生可能性的评估给出有效的数据支撑。

因此，研究输电线路风偏在线监测技术，获得导线风偏数据，可以为线路设计和风偏校验提供支撑。通过风偏监测，可提出有针对性的风偏防范措施，进而降低风偏跳闸概率和故障损失。同时，通过长期监测、记录历史风偏数据，可持续完善风偏计算方法，形成科学的风偏设计标准[20, 21]。

1. 基于风偏角计算模型的监测方法

该方法针对输电线路的实际情况，建立风偏角计算模型，然后通过传感器采集风速、风向、绝缘子串倾斜角等参数，进而计算出绝缘子串的风偏角，以此间接反映导线风偏情况。风偏角计算模型有常规计算模型、刚性直杆模型、弦多边形模型等。

另外，可在绝缘子串上安装位移、加速度等传感器，直接监测绝缘子串的风偏情况，进而反映绝缘子串和导线的风偏、摇摆情况，监测方法如图 7-11 所示。

其中，杆塔横担长度为 R，风偏角为 θ，绝缘子串长度为 L。当绝缘子发生摆动时，摆动在水平方向上分量 X 可表达为

$$X=L\sin\theta \tag{7-6}$$

则导线距离杆塔的电气间隙 d 的计算公式为

$$d=R-X \tag{7-7}$$

目前较常用的传感器包括倾角传感器、加速度传感器，近些年也出现了三轴加速度传感器、六轴惯性测量传感器等，解决了由空间扭转等造成的监测数据不精确的问题。绝缘子串具有柔性特征，因此推荐在绝缘子串的上端、下端分别加装传感器，可构建如图 7-12 所示的绝缘子串风偏计算模型。

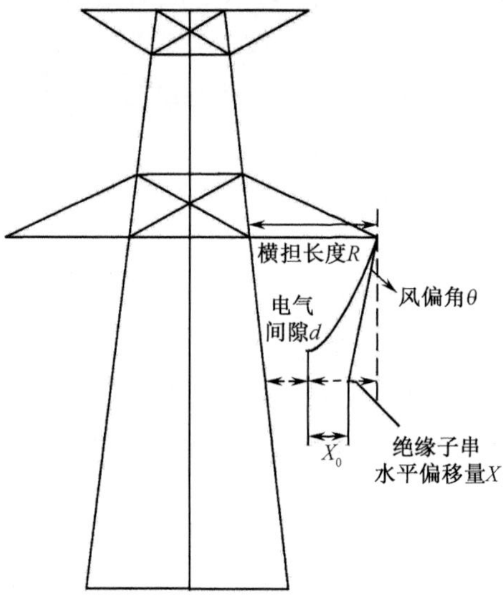

图 7-11　风偏监测方法

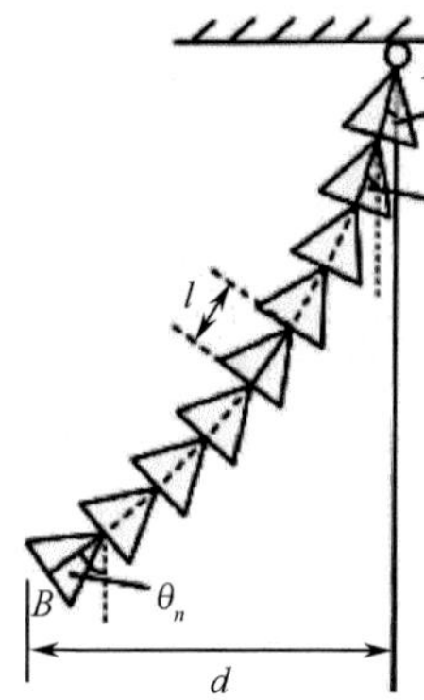

图 7-12　绝缘子串风偏计算模型

假设绝缘子串传感器测得的上端、下端的风偏角分别为 θ_1、θ_n，将每个绝缘子串风偏角近似为等比例分布，则可估计算出每个绝缘子的风偏角为

$$\Delta\theta=\frac{\theta_n-\theta_1}{n-1} \tag{7-8}$$

$$\theta_n=\theta_{n-1}+\Delta\theta \quad (n\geqslant 2) \tag{7-9}$$

若每个绝缘子长度为 l，则整个绝缘子串的偏移量为

$$d=l(\sin\theta_1+\sin\theta_2+\sin\theta_3+\cdots+\sin\theta_n) \quad (n\geqslant 2) \tag{7-10}$$

2. 基于视频监控的风偏监测方法

对绝缘子串图像、视频进行处理，可得到各绝缘子的位置坐标，进而计算出绝缘子串的风偏角、偏移量。

对于复合绝缘子串这类刚性直杆，可直接通过传感器、图像和视频监测法测量绝缘子串的风偏角。对于存在摆动、扭转、形变等情况的悬式绝缘子串，图像、视频监测法的优势明显，即直接通过图像识别获得绝缘子串与导线连接处的位置或运动轨迹，进而直接获得风偏角、导线与杆塔的电气距离等参数。

与加装传感器相比，基于视频监控的风偏监测法具有安装简单、精度高、监测结果直观等优点，但存在成本高、维护工作量大、易受雨雪气象条件影响等不足，在实际应用时，应结合现场实际情况决定。

7.3.5　导线温度监测

环境温度和导线最高允许温度是决定输电线路输送容量的关键因素，同时也影响导线的弧垂、风偏等状态，目前我国规定线路最高温度不超过 70℃，国外大多规定导线温度不超过 80℃。为应对局部区域负荷短时增长、线路故障后的方式调整等情况，需要对部分输电线路进行动态增容，其核心点在于精确测量导线温度。因此，有必要对导线进行温度监测，并根据监测结果、环境温度等参数，调整输电线路的输送容量，确保在导线温度不超标的情况下提升线路的输送能力[22~24]。

目前，用于导线测温的方法主要包括热偶监测、红外测温、光纤测温等。

1. 热偶监测

热偶监测装置是将热敏电阻或热电偶、采集单元、无线传输单元、电池、无线取能单元等集成，对导线上的某一点进行测温，如图 7-13 所示。

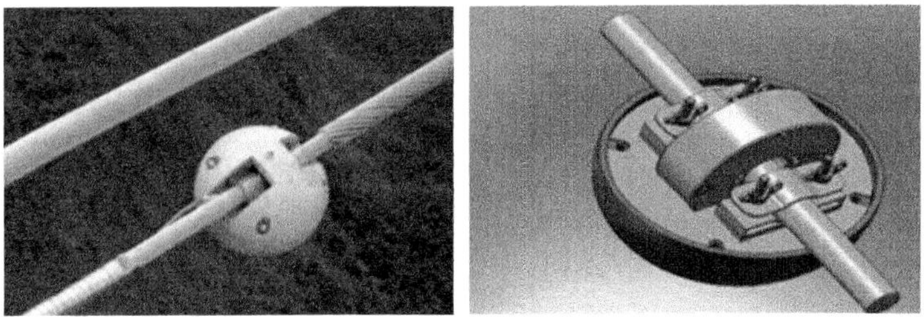

图 7-13　导线测温装置示意

该装置具有结构简单、成本低、安装方便、维护工作量小等优点，但仍存在只能测量单点温度、无线传输距离短等问题。该装置已在现场进行大量应用。

2. 红外测温

与传统的红外测温方法相似，将红外监测装置安装在杆塔上，采用固定视角或定点旋转巡视的方式，对导线、绝缘子、金具等部件进行实时测温。该方法的优点是非接触式、不受电磁干扰、监测结果直观。但对于高压输电线路测温，红外装置的监测距离较大，导致被测对象较小，测温精度将受到较大影响。另外，红外测温装置与被测部件之间不能有障碍物，且需要稳定的供电电源，在现场应用时仍存在一定困难。

3. 光纤测温

利用光纤的光时域反射原理、后向拉曼散射温度效应，可以实现导线测温。将测温光纤安装在输电线路上，间隔一定距离安装光电耦合装置，进而实现实时测温。

光纤测温具有抗干扰能力强、绝缘性能好等优点，但容易受到环境因素的影响，如在雨雪、高温天气下，会影响测量精度，也可能对光纤的绝缘性能产生影响。同时，目前的光纤测温成本相对较高，还不具备在输电线路上进行大面积推广的条件。

7.3.6 线路故障定位及识别

1. 故障定位技术

及时、准确地定位输电线路的接地、极间短路等故障点，对于后续的系统运行方式调整、故障抢修等工作具有重要意义。

目前比较成熟的定位方法为分布式故障定位技术，采用行波测距法实现故障点定位。定位流程可分为两步：第一步，故障点区间定位，利用工频故障电流的相位确定故障区间；第二步，故障点精确定位，在故障区间内，根据行波在故障点和测量点之间传播的时间差，计算故障点与测量点区间之间的距离。

1）故障点区间定位

故障发生时，故障点两侧故障电流的相位相反，而故障点同侧的故障电流相位相同。分析相邻两个监测终端采集到的短路电流相位，即可判断工频故障电流是否在该区间内。只要找到两个监测点的故障行波相位相反且位置相邻的监测终端，即可确定故障点所在的区间。故障区间定位原理如图 7-14 所示。

2）故障点精确定位

采用双端行波故障测距方法进行故障点精确定位，即根据行波到达故障区间两端监测点的时间差，计算出具体的故障点位置，如图 7-15 所示。

计算方法为：设两个监测点间的区间长度为 L，故障发生在两个监测点之间，距监测点 A 的距离为 L_1，距监测点 B 的距离为 L_2，故障行波传播到 A、B 两点的时间分别为 t_1 和 t_2，行波在线路中的传播速度为 V，则故障点距监测点 A 的距离为

$$L_1=\frac{L+(t_1-t_2)V}{2} \tag{7-11}$$

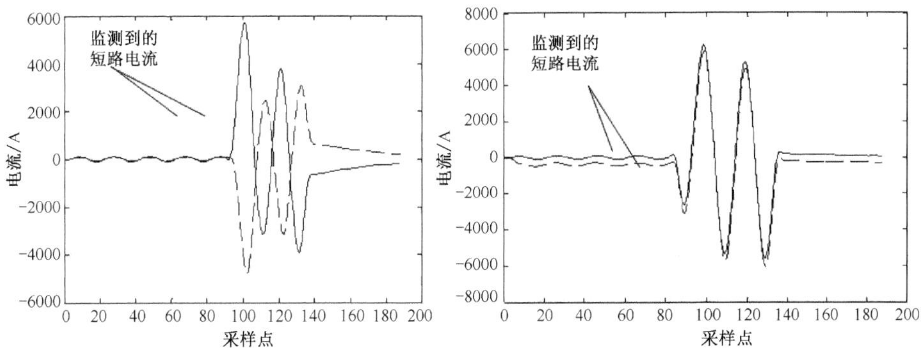

（a）故障点位于区间内　　（b）故障点位于区间外

图 7-14　故障区间定位法

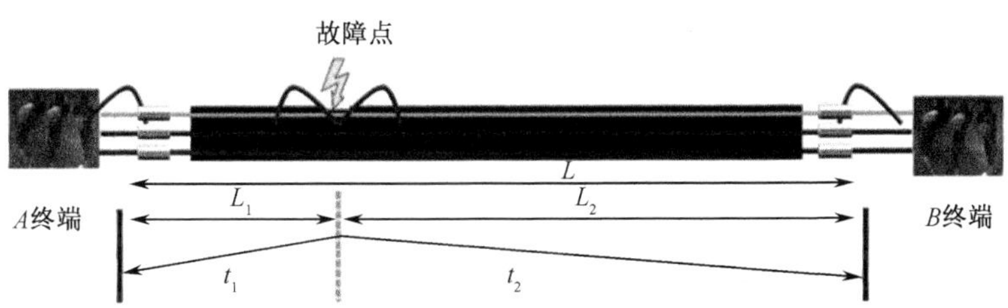

图 7-15　行波定位法

2. 故障辨识技术

根据故障行波的波形还可以进一步进行故障性质辨识。

1）雷击故障辨识

对于线路直击雷击故障，其故障行波电流主要由两部分叠加而成：雷电流的分流部分、经杆塔入地反射后进入线路的电流。这两部分电流极性相反，两者叠加后使初始雷电流波尾快速衰减，实测雷击故障行波半峰值时间一般在 20μs 以内。

对于线路反击故障，其故障相线路行波电流包括击穿前线路感应的反极性脉冲、击穿时感应的雷电流前行波，这两部分电流叠加后将出现反极性电流；非

故障相行波电流仅包含感应的雷电流反极性电流。

对于绕击故障，其故障相行波电流为击穿前流过线路的雷电流、击穿时流经杆塔入地的雷电流的反射电流，这两部分电流极性相同，叠加后不会出现反极性脉冲；同样，非故障相行波电流仅包含感应的雷电流反极性电流。

雷电绕击与反击故障典型波形如图 7-16 所示。图中，监测终端监测到的行波峰值时间均小于 20μs，可以判断是雷击引起的故障，其中图 7-16（b）中在主峰之前出现了反极性行波，而图 7-16（a）中没有，因此图 7-16（a）为绕击故障，图 7-16（b）为反击故障。

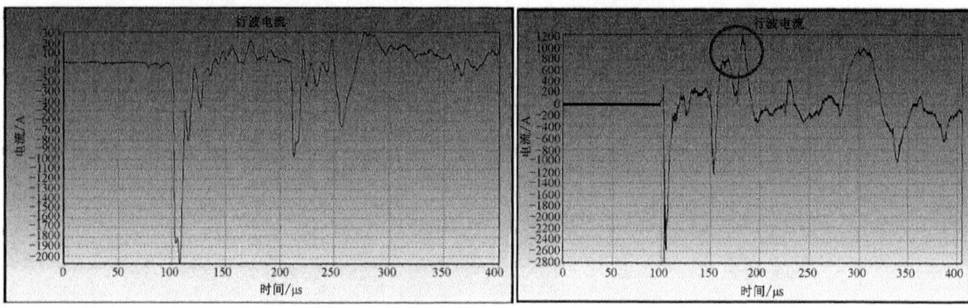

（a）绕击故障典型行波波形　　　　（b）反击故障典型行波波形

图 7-16　雷电绕击与反击故障典型波形

目前，定位系统辨识雷击故障的准确率较高，而且可以准确判别是绕击故障还是反击故障。

2）非雷击故障辨识

对于树障、山火、外破等因素造成的接地故障，故障行波电流为接地瞬间工频电压产生的阶跃响应，其波尾较长，峰值衰减缓慢，半峰时间一般大于 20μs。各类接地故障下的闪络通道阻抗时频特性差异较大，故障瞬态行波可明显体现出这些差异，因此可根据故障行波特征大体辨识故障原因。

因树枝接触导线或小于安全距离导致的放电故障，监测终端录得的典型故障行波波形如图 7-17（a）所示。波形特征为：波头下降沿很缓，波头上升沿较其他高阻接地故障陡；放电主峰前有间歇性闪络；行波幅值较小（小于 100A），可低至安培级。

因山火使空气热游离和烟尘等因素导致的放电故障，监测终端录得的典型故障行波波形如图 7-17（b）所示。波形特征为：主波上升沿及下降沿均较平缓，波头半峰值时间长；行波幅值较小（小于 300A）；波形较平滑，主波上升沿无明显的预放电特征，但主放电前一般存在微弱的预放电。

因强风导致导线与杆塔或避雷线距离小于安全间距发生的放电故障，监测终端录得的典型故障波形如图 7-17（c）所示。波形特征为：主波上升沿较陡，波头时间小，半峰值时间长；经常短时间内发生多次故障，由于放电通道相同，主波相似度高。

但是，实际应用中非雷击故障波形往往不会出现典型特征，较难通过波形匹配进行判断。对于树障、山火等非雷击故障，目前仅能根据行波峰值时间与雷击故障进行区分，但对于具体的非雷击故障原因，采用软件自动辨识的可靠度较低。因此，目前国内主流产品对非雷击故障的原因仍需通过人工辨识的方法进行确认。

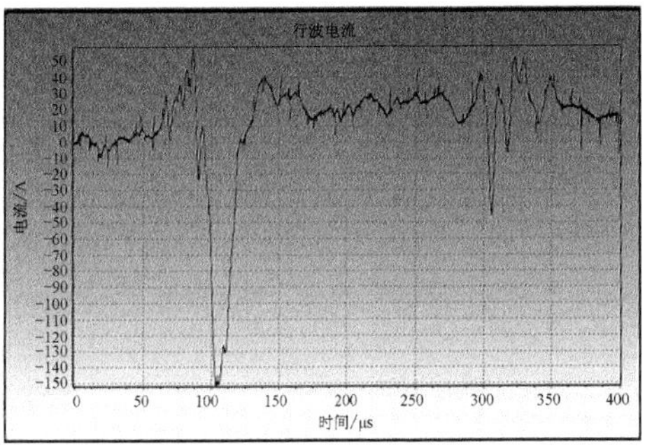

（a）树障典型行波波形

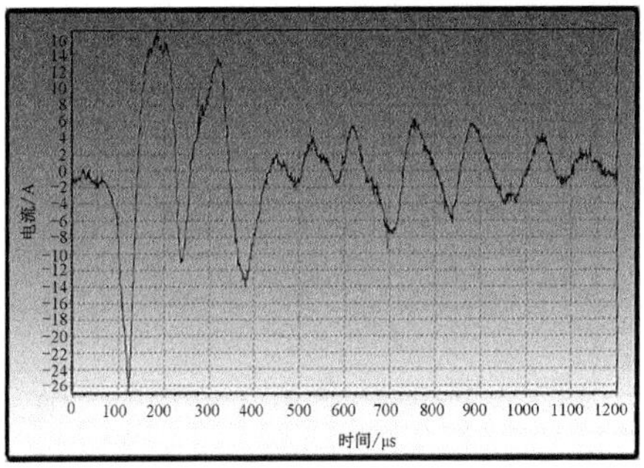

（b）山火典型行波波形

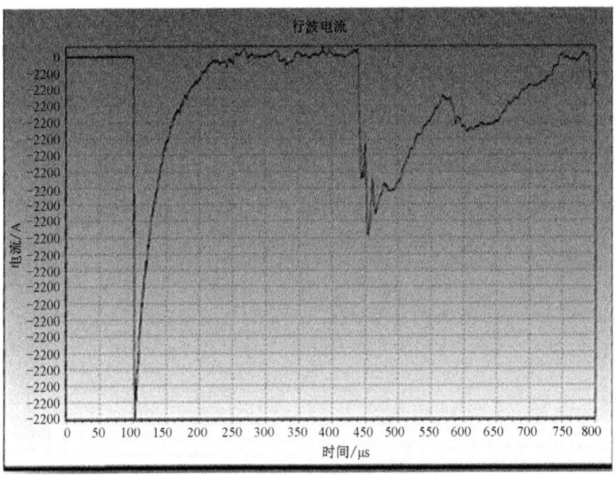

（c）风偏典型行波波形

图 7-17　线路典型故障行波波形

7.4　电缆及通道状态监控

电力电缆状态监测技术主要分为电缆本体监测和通道环境监测两大类，主要对电缆局部放电、温度、接地电流、通道内有害气体及水位，以及井盖状态等进行监测，将监测信号上传至后台进行处理，以便及时掌握电缆及通道的运行状态[25, 26]。

7.4.1　电缆本体在线监测

1. 本体和接头温度监测

1）分布式光纤测温技术

电缆温度监测采用分布式光纤技术，可以感应由于负荷、环境等引起的温度变化，探测和识别电力电缆上的热点，定位精度能够达到 1m。通过对整个电缆网的温度检测，判断其工作状态，及早发现问题并进行处理，防患于未然。由于可以实时在线监测电力设备的工作温度，因此能够为电力负荷监测系统提供准确的温度数据，防止突发事故。同时根据温度可以确定电缆的负荷变化，与调度联系，合理配置负荷，合理扩大现有电缆的容量，延长电缆的工作寿命。

此外，沿着电缆隧道顶部布置探测光缆，检测隧道内的温度分布情况，可实现火灾自动报警。该技术能够及时感应温度的变化情况，在火灾发生之前就发出温度异常的报警信息，提醒有关人员及时处理。由于测量系统可以同时测量温度和应变，故将探测光缆固定在电缆上，通过测量应变特性，可以分析电缆的力学特性，进而判断电缆的完整性和安全性，做到预警。

分布式光纤测温是指采用光纤作为传感器和传输介质，实现对光纤沿线各电缆位置的温度测量。根据电缆测温光纤位置的不同，可以将分布式光纤测温分为内置式光纤测温和外置式光纤测温。

外置式光纤测温通过扎带或胶带等将测温光纤安装在电缆的外表面，用以检测电缆全长表面温度。该方法具有制造成本低、安装工艺简单、光纤熔接点少、光信号衰减性能优越等优点，但仍存在光纤贴附在电缆表面，需要通过换算获取电缆线芯温度，较难精确、实时地获得电缆内部温度变化的缺点[27]。

2）红外矩阵式在线测温技术

针对电网运行时电缆终端接头温度过高引发电缆故障概率越来越大，甚至引起火灾并导致大面积电缆烧损等情况，电缆终端接头红外矩阵式在线监测技术可实现对高压电缆线路终端接头表层温度进行 24 小时不间断监测。通过对电缆终端接头温度的红外矩阵式测量、监视及统计分析，可使运行人员全面掌握高压电缆线路终端接头的运行状况，并在温度急剧升高达到极限温度或三相电缆终端接头温度出现较大偏差时，发出预警信号，进而避免故障的发生。

2. 局部放电监测

目前国内外研究的电缆局部放电在线监测方法比较有效的主要有高频电流检测法和超声波/声发射检测法[28]。

1）高频电流检测法

当电缆内部产生局部放电时，将产生高频电磁波信号，通过高频电流传感器（高频 CT、罗氏线圈等）可以检测到该信号，进而获得局部放电信息。对于金属铠装的电缆，受铠装层的影响，放电脉冲电流产生的切向电磁分量会产生轴向附加磁场，此时可通过高频电流传感器中的净磁通的大小来判断局部放电情况。该方法对电缆中的局部放电信号传输特性无影响，且能测到不失真的放电脉冲信号；传感器的放置角度对检测结果影响不大；传感器的灵敏度高，抗干扰能力强，对电磁波低频分量不灵敏，可以有效屏蔽远处干扰源的干扰信号。

如图 7-18 所示为局部放电高频电流现场监测示意，其中宽频带电流耦合器即为高频电流传感器，将其套在电缆外壳的接地线上，检测由局部放电产生的流经电缆外壳接地线上的高频电流，进而获得局部放电信号。这种方法具有安装简单、检测灵敏度高的特点，目前已广泛应用于电缆局部放电的带电检测和在线监测工作中。

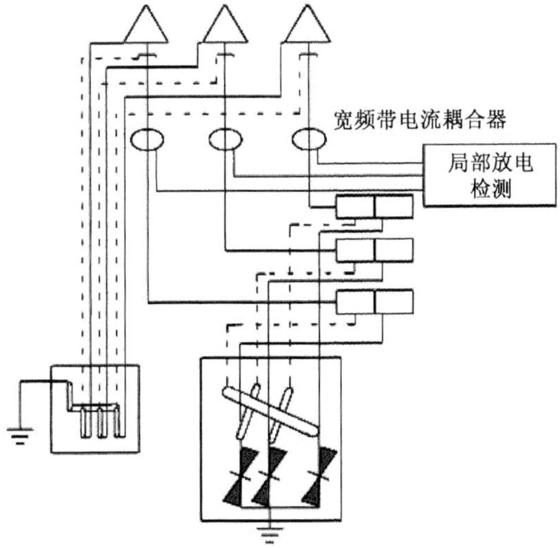

图 7-18　局部放电高频电流现场监测示意

2）超声波/声发射检测法

当电缆内部产生局部放电信号时，会在电缆中激发较宽频带的声振信号，该信号会通过电缆本体传递到电缆表面及其附近的空间中。通过超声波/声发射检测技术，可以实现对该信号的有效检测。在局部放电检测领域，声学检测法技术相对成熟，不受外部电磁干扰的影响，检测灵敏度较高[29]。同时，由于声信号在电缆本体和电缆头中的衰减较大，可以实现对局部放电源的精确定位，因此是一种理想的局部放电检测方法，目前现场应用较为广泛。

电缆本体的绝缘材料对在其内部传播的声波信号衰减较大，对声波信号的吸收随着声波频率的增加而增加，因此声信号中高频部分在电缆中的衰减较快，目前在现场应用时多采用 20～300kHz 的超声波信号检测电缆本体和接头内的局部放电信号。考虑声信号的快速衰减，该技术主要用于电缆接头和附件的局部放电检测，也可用于对存在疑似局部放电信号的电缆本体的检测。使用时，将声振、超声波传感器固定在被测部件上，传感器与被测部件间应充分涂抹耦合剂，减少超声波信号的衰减。另外，该方法同样适用于带电检测，需要指出，现场带电检测时的测点间隔不宜超过 1.5m，否则可能出现测点遗漏。

3. 绝缘外护套接地电阻及化学电势在线测量

电缆的绝缘外护套一般采用聚乙烯或聚氯乙烯材料，主要用来保护电缆的主绝缘或金属护套，同时可避免在金属护套上产生换流。外护套使得金属护套对地绝缘良好。因此，评估外护套的绝缘性能有助于评估电缆的运行状态。

一般单芯电缆外护套的绝缘性能好坏关系电缆短期的运行安全，长期对电缆的使用寿命有非常大的影响。产生这两个方面的影响主要有以下几点原因：一是如果外护套存在破损，将导致金属护套存在多点接地，引起电缆环流，造成局部过热，加速绝缘层老化，从而破坏电缆主绝缘层，影响电缆使用寿命；二是当电缆处于潮湿环境时，若电缆外护套破损，将导致水分侵入，使电缆主绝缘层产生水树枝老化的概率增加，严重影响电缆使用；三是外护套破损后，当出现金属护套腐蚀时，将导致局部放电，对电缆的短期运行造成影响。

为评估电缆外护套的绝缘性能，国内学者提出了测量绝缘护套对地电阻和化学电势的方法，如图 7-19 所示。该方法适用于在线测量工作，测量精度较高。

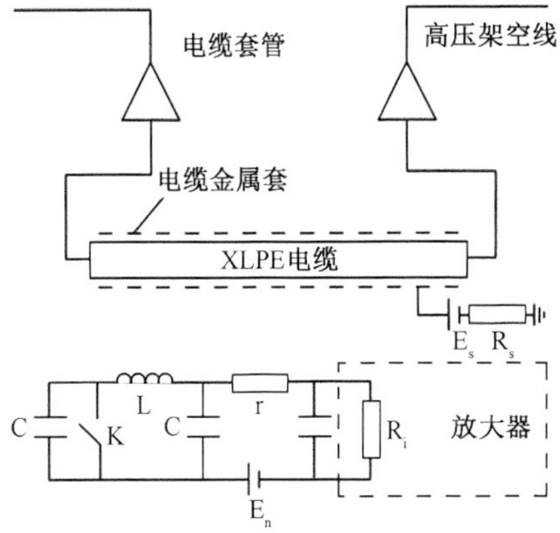

（a）接线方法

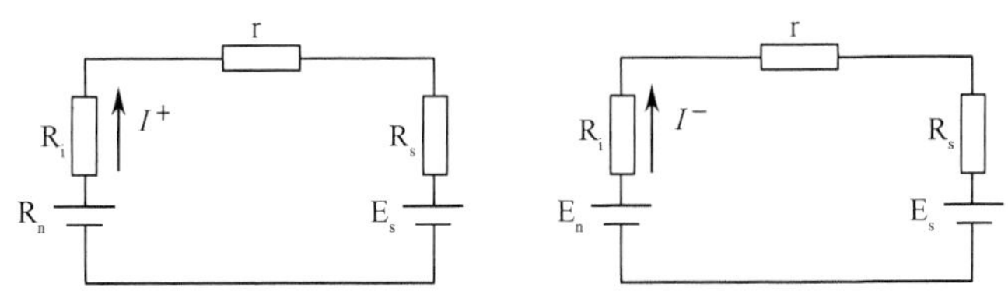

（b）等效电路

图 7-19　在线测量绝缘护套对地电阻和化学电势

7.4.2　电缆本体离线诊断

离线对电缆绝缘进行诊断时，通常采用介质损耗因素试验、局部放电试验和耐压试验。

1. 介质损耗因素试验

电缆的介质损耗因素试验在工频交流电压下测量介质损耗角正切（$\tan\delta$），介质损耗因素试验接线如图 7-20 所示。

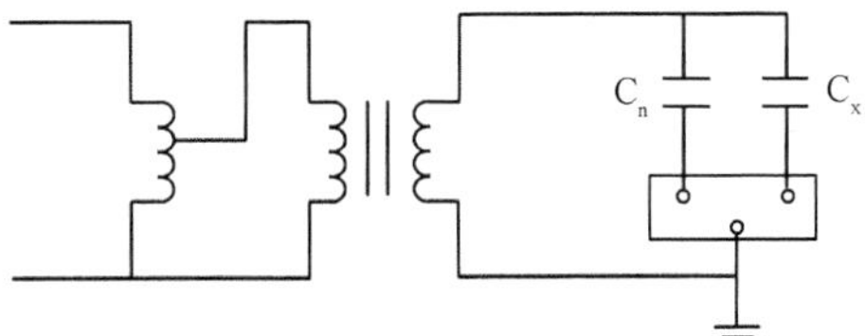

图 7-20　介质损耗因素试验接线

电缆绝缘层老化状况可以通过介质损耗角来反映[30]；当电缆的绝缘层因内部或外部作用力发生裂化时，会出现放电和介质损耗角正切都有所增加的情况。通常放电的增加会表现为电容随电压变化，出现起始放电电压降低。引起损耗因数增大的因素主要包括绝缘层受潮、劣化和水树枝的增长，但分散性较大。在实际试验时，一般在额定相电压 U_0 作用下测定，在需要更换电缆时按 2 倍 U_0 测定。

2. 局部放电试验

电缆的局部放电试验原理如图 7-21 所示。将没有屏蔽的电缆芯穿过管状电极，将其连接到试验回路中，并在电极上试验电压。试验时，把管子和芯子都放在离子水等绝缘液中，同时将不会影响试验的液体不断循环和过滤。一般通过判断工作电压下有无明显的局部放电、测量局部放电的起始电压来测定规定电压下的局部放电强度。

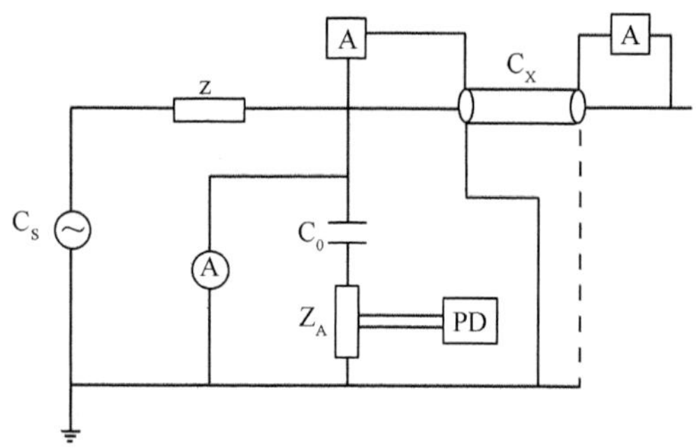

图 7-21　局部放电试验原理

该试验方法也存在一定的缺点，在强电磁干扰时，比较难分辨干扰和局部放电信号，因此一般应在屏蔽室内进行试验，以免出现现场试验效果下降的问题。

3. 耐压试验

电缆的耐压试验一般有直流耐压试验和交流耐压试验两种，都是破坏性试验，通常交联聚乙烯这类电缆不宜做直流耐压试验。

1）直流耐压试验

电缆的直流耐压试验原理如图 7-22 所示。在试验时，试验电压高于设备工作电压，能发现集中性的缺陷，对绝缘有较为严格的考察。

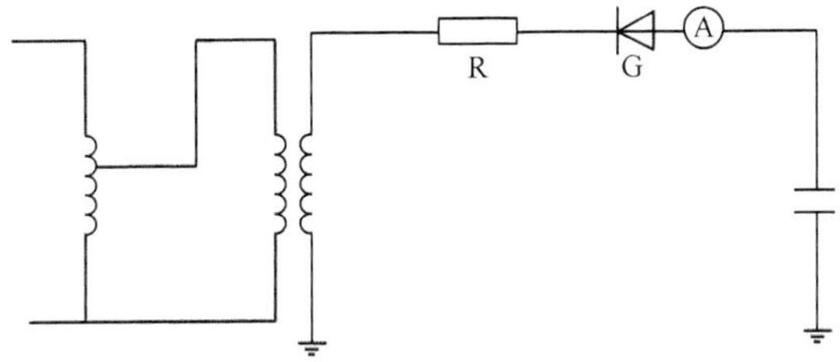

图 7-22　直流耐压试验原理

直流耐压试验对于 XLPE 电缆具有一定的危害，在电缆绝缘层有水树枝时，直流电压会迅速变成电树枝，从而加速绝缘层劣化。在直流耐压试验时，会有电子注入介质中，形成空间电荷，从而降低该处的电场强度，在电缆的半导体凸出处易产生空间电荷，导致难以发现缺陷。

2）交流耐压试验

交流耐压试验对绝缘有较为严格的考核，能有效发现集中性缺陷，是判断电缆能否投入运行的重要试验手段。常见的试验方法有超低频电压试验、高频振荡波试验、串联谐振试验和变频谐振试验，本节重点介绍超低频电压试验和变频谐振试验。

超低频电压试验电路如图 7-23 所示。该试验方法能较好地发现因气隙局部放电导致的绝缘损耗问题，设备容量理论上可减少 500 倍。

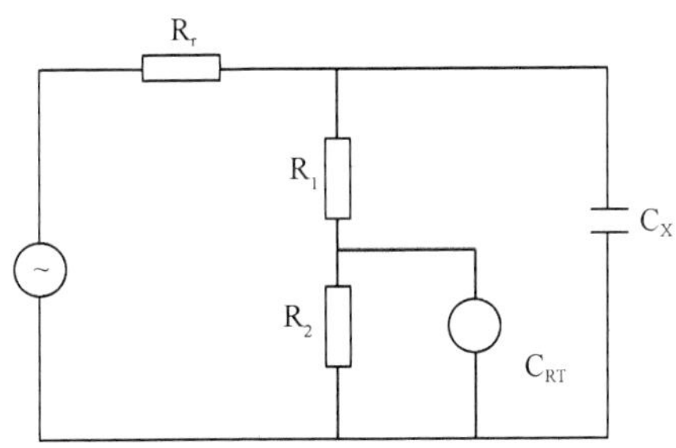

图 7-23　超低频电压试验电路

变频谐振试验电路如图 7-24 所示，利用变频控制装置实现频率调制，采用变压器激发串联谐振回路，由 L 和 C 形成串联谐振，形成的谐振电压加在被试设备上。该方法的主要优点是：稳定性和可靠性高，电压输出和频率输出稳定，电磁兼容设计合理，保护功能完善，同时系统也有很强的过载能力，自动调谐功能强大，试品长度几乎不受限制。

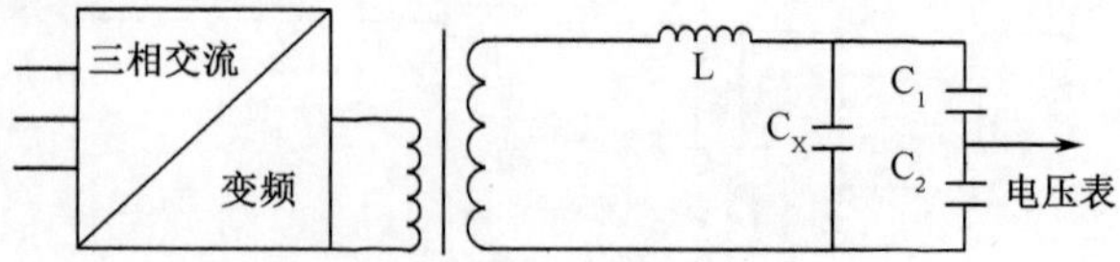

图 7-24 变频谐振试验电路

7.4.3 电缆本体在线检测

电缆本体的在线检测方法主要有直流叠加法、交流叠加法、低频叠加法、直流分量法、介质损耗因数法和局部放电法，本节重点介绍前三种叠加法的相关原理。

1. 直流叠加法

直流叠加法的基本原理如图 7-25 所示，在线检测时，在电磁式电压互感器中性点接地处加低压直流电压源，因此在电缆上同时施加有直流和交流电压，采用 LC 滤波器滤除测试回路中的交流成分，检测微弱的直流电流来计算电缆的绝缘电阻，从而分析电缆的绝缘状况。

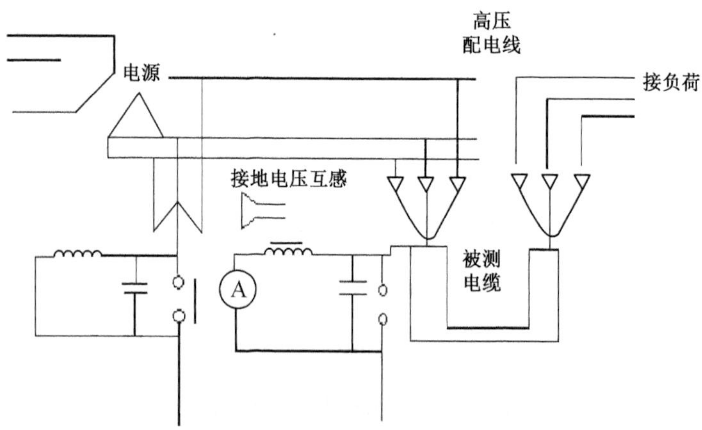

图 7-25 直流叠加法基本原理

采用直流叠加法时，可能会因为杂散电流变化或电缆头表面泄漏电阻低而导致测量误差变大，通常采用电容阻断干扰通路或补偿电动势来消除干扰。需要注意直流电流不能长期通过电压互感器，否则可能产生零序电压，导致继保动作。

2. 交流叠加法

交流叠加法的原理主要是在电缆的屏蔽层上叠加 1Hz 的工频交流电压信号，通过测量其劣化信号来判断电缆主绝缘，一般交流损失电流在 10nA 左右，表明主绝缘层性能较好。采用该方法检测精度较高，可用于在线监测和带电检测，也可实现多条电缆的检测。由于该方法是新的检测方法，实际运行积累数据较少，劣化判据还难以确认。

3. 低频叠加法

低频叠加法的基本原理如图 7-26 所示，是将 20V、7.5Hz 的低频电压叠加到电缆绝缘层上，并在电缆接地线中串接测量装置，从而测得相应的绝缘电阻值。

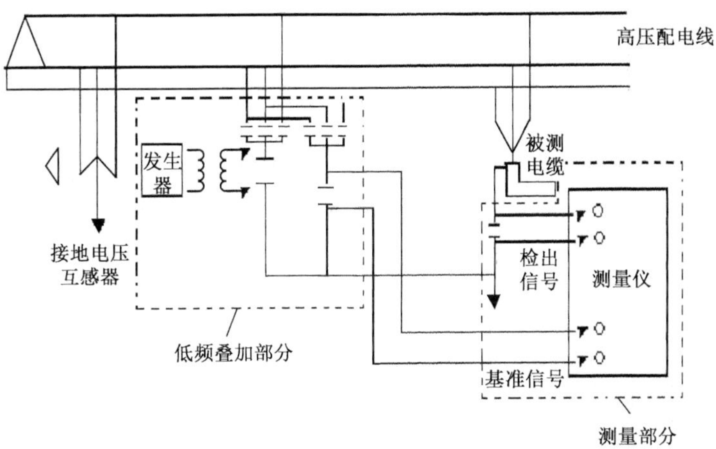

图 7-26　低频叠加法基本原理

该方法所需电源容量较小，当护层绝缘电阻在 10kΩ 以上时，诊断结果可靠性较高。该方法可分辨出贯通和非贯通水树枝的绝缘层劣化。使用时应注意电缆端部的工作状态。

7.4.4　通道环境的在线监控

1. 水位监测及水泵联动

通过在电缆隧道关键点安装水位传感器，检测电缆井是否淹水、淹水深度等信息，进而判断是否水位过高造成电缆泡水，影响电缆正常运行及使用寿命。实时接收分析隧道内水位监测装置的检测信息，当水位超过警戒线时将自动报警[31]。

2. 气体监测数据

系统通过安装在电缆通道内的隧道环境监测通用采集器和气体传感器，可以实现对电缆通道内有害气体浓度、空气含氧量等环境参量的 7×24 小时连续不间断远程监测，实时接收隧道、工井内气体监测单元中关于氧气、一氧化碳、可燃气体、硫化氢等气体的监测数据，超过阈值时自动报警[32~34]。

3. 火情监测及消防联动

应用无线烟感及环境温度传感器，实时接收隧道内加装环境温度及烟感信息，当发生火情时，可实现自动报警[35, 36]。

4. 振动监测及防外力破坏联动

为保障电缆的可靠运行，一般通过电缆隧道防外力破坏地音监测预警系统，分析振动和声音的特征，实现对电缆隧道的环境监测和预警[37]。通过接收、测量并分析电缆隧道周边各项振动参数（如次数、时间间隔、频率、方向及加速度等），可以推知周边是否存在机械施工行为，并测算出机械施工的大体方位。可根据重要通道地表布置的防外力破坏装置，通过振动波到不同传感器的时间差，对振源定位信息实时上传。

5. 电缆隧道进出口门禁安全管理

通常由于电缆隧道进出口没有有效的监控手段，导致不法分子对电缆隧道内设施和电缆进行盗窃，破坏设备的正常运行。采用现代电子技术、计算机技术、行波定位技术、远程供电和载波通信信号同芯线对共缆传输技术，电缆隧道进出口门禁安全管理系统可对进出电缆隧道情况做全时记录，并有效防止未经许可人员进入电缆隧道。

该系统可实现对入侵的定位、非法入侵报警、倾斜报警、损坏信息实时上传等功能[38~40]。在电缆隧道关键位置布设井盖防盗传感器，能够有效监测到井盖是否有振动、位移或被非法打开。

6. 沉降、照明监测

将电缆隧道和电缆终端塔基础沉降、照明系统的监测信息实时传入系统后台，并可设定阈值，实现自动报警功能。

7. 智能视频监测

采用数字信号处理、智能图像处理、高清宽动态、人体侦测等技术的智能视频监控分析系统，彻底改变了以往完全由运维人员对监控画面进行监视和分析的模式，有效提高了报警的精确度和响应速度[41, 42]。通过智能视频模块对所监控到的画面进行分析，采用人工智能算法和用户定义的安全模型进行对比分析，一旦发现威胁，立刻报告监控中心。

智能视频监控系统能实现全天候的监控，无论发生何种入侵，都可以非常迅速地做出相关反应。视频监控系统的视频采集点主要配置在出入口和重点区域，该系统能与电缆隧道人员定位等辅助系统进行联动。

参考文献

[1] 刘童童. 输电线路状态监测系统数据交换方法的研究[D]. 保定：华北电力大学，2018.

[2] 李冰彧. 输电线路视频在线监测系统建设及探讨[D]. 北京：华北电力大学，2017.

[3] 姚楠，许扬，周志成. 大跨越输电线路视频监控系统研制与应用[J]. 电力信息化，2011，09（5）：85-89.

[4] 赵美云. 电气化铁路架空导线微风振动磨损特性研究[D]. 武汉：武汉理工大学，2014.

[5] 程文峰. 架空输电线路微风振动的监测与仿真[D]. 南昌：南昌大学，2018.

[6] 何卓阳. 架空输电线路无人机人工联合巡检模式研究[J]. 中国高新技术企业，2016（15）：28-29.

[7] 何健，罗映昀，范畅，等. 架空输电线路无人机人工联合巡检模式初探[J]. 电子测试，2015（11）：99-101.

[8] 黄新波. 输电线路在线监测与故障诊断[M]. 2 版. 北京：中国电力出版社，2008.

[9] 梅红伟，毛颖科，王黎明，等. 泄漏电流监测在特高压直流绝缘子选型中的应用[J]. 高电压技术，2010，36（10）：2374-2379.

[10] 刘敏，张先勇. 输电线路微风振动在线监测系统的设计与实现[J]. 自动化与信息工程，2012（6）：26-31.

[11] 潘忠华，徐乃管，陈露娟. 悬垂线夹出口处动弯应变与弯曲振幅关系的探讨[J]. 中国电力，1982（12）：20-25.

[12] 周超，姬昆鹏，芮晓明. 输电线路电晕振动特性研究及分析[J]. 振动与冲击，2012，31（15）：75-78.

[13] 潘高峰. 输电线路微风振动在线监测关键技术研究[D]. 西安：西安工程大学，2014.

[14] 曾庆沛. 高压输电线路导线舞动的研究[D]. 天津：天津大学，2012.

[15] 徐青松，季洪献，侯炜，等. 监测导线温度实现输电线路增容新技术[J]. 电网技术，2006（s1）：177-182.

[16] Yan B, Lin X, Luo W, et al. Numerical Study on Dynamic Swing of Suspension Insulator String in Overhead Transmission Line under Wind Load[J]. IEEE Transactions on Power Delivery, 2009, 25(1): 248-259.

[17] Jia Y Z, Xiao M X, You B. The Windage Yaw Numerical Simulation of 500kV Overhead Transmission Lines[C]//International Conference on Power System Technology. 2010.

[18] 郭婷婷. 基于视频监控的输电线路风偏检测研究[D]. 成都：西华大学，2011.

[19] 李娜. 架空输电线路风偏在线监测系统的研究[D]. 太原：太原理工大学，2011.

[20] 刘振亚. 特高压直流输电线路维护与检测[M]. 北京：中国电力出版社，2009.

[21] 钱之银，张启平. 提高华东电网 500kV 输电线路输送能力的措施[J]. 电力设备，2005，6（10）：8-13.

[22] 杨鹏，房鑫炎. 采用 DTCR 模型提高输电线输送容量[J]. 华东电力，2005，33（3）：11-14.

[23] 周垚. 高压输电线路导线温度在线监测系统研究与实现[D]. 北京：北京交通大学，2009.

[24] 周路遥，曹俊平，王少华，等. 基于多状态量特征及变化规律的高压电缆状态综合评估[J]. 高电压技术，2019，45（12）：1-10.

[25] 刘家军，刘创，韩斌，等. 一种铁路电气化区段电力电缆头的监测保护装置[J]. 电力系统保护与控制，2018，46（13）：141-148.

[26] 孙宇爽. 110kV 及以上交联聚乙烯电缆在线监测技术的实际应用[J]. 通信电源技术，2019，36（04）：161-162.

[27] 魏力强，王东林，齐锦涛，等. 电力电缆局部放电试验及在线监测技术分析[J]. 河北电力技术，2018（6）：54-57.

[28] 江翼，冯振新，周玮，等. 电缆外护层接地电流校准及不确定度评定[J]. 电测与仪表，2018，55（23）：71-76.

[29] 叶刚，姚星辰，李涛，等. XLPE 电缆绝缘老化的时频域介电特性[J]. 高电压技术，2018，44（11）：3713-3719.

[30] 钟鸣. 高压电缆及电缆隧道环境在线监测系统的应用[J]. 居业，2018（11）：86-89.

[31] 曹岚. 输电线路覆冰影响及除冰技术综述[J]. 浙江电力，2008，27（4）：29-32.

[32] 朱永灿. 1000kV 特高压输电线路微气象区机理分析与在线监测技术研究[D]. 西安：西安工程大学，2012.

[33] 黄欢. 基于泄漏电流特征量的绝缘子污闪预测的研究[D]. 重庆：重庆大学，2008.

[34] 李璟延，申敏. 绝缘子污秽度检测与污闪预警研究综述[J]. 广东电力，2007，20（6）：1-4.

[35] 陆佳政，刘毓，徐勋建，等. 架空输电线路山火预测预警技术[J]. 高电压技术，2017，43（1）：314-320.

[36] 陈锡阳，胡长猛，夏云峰，等. 基于激光雷达技术的输电线路山火预警研究[J]. 电气应用，2015（9）：58-61.

[37] 房俊龙，吕洪圣，赵朝阳，等. 基于物联网技术的输电杆塔倾斜监测系统设计[J]. 电测与仪表，2015（1）：111-114.

[38] 赵常伟，李玥. 铁路 27.5kV 智能电缆及分布式在线监测系统研究[J]. 电气技术与经济，2019（2）：13-16.

[39] 张家午，杨军亭，刘兴瑞，等. 10kV 电缆超低频介质损耗检测技术应用[J]. 电气应用，2019，38（3）：68-70.

[40] 李智威，孙利平. 基于电介质响应理论的 10kV 交联聚乙烯（XLPE）电力电缆绝缘诊断[J]. 电气技术，2019，20（2）：28-32.

[41] 何建益. 220kV 高压电力电缆故障检测技术的应用[J]. 电子技术与软件工程，2018（23）：226.

[42] 江峰. 振荡波电压下高压电缆局部放电模式识别研究[C]//2018 智能电网信息化建设研讨会论文集，2018.

第 8 章

物联网与智能变电站

物联网是指通过智能传感技术，按照相关通信技术标准，将任何需要联网的设备与网络连接，进行信息交换，实现高效监管和智能化识别。高压电网广泛分布在不同地点，为获取电网设备的运行状态和各层级资源，实现业务流、信息流和能量流的一体化，提升电力系统的稳定性，最大限度地利用设备，物联网与传统变电站融合技术应运而生。

本章主要涉及基于物联网技术的智能变电站智能感知、智能变电站综合在线监测、变电站智能辅助监测、故障智能识别和变电站物联网汇聚及安全接入等关键技术，从智能变电站的发展现状、在线监测的多种具体技术、空间电磁波定位及物联网信息安全等方面进行了具体介绍。

8.1 智能变电站智能感知

将物联网技术应用到变电站运维过程中，能实现对设备状态进行采集，实时反映设备参数变化，通过系统进行汇总和分析，使变电站相应指令和应急处理措施更加快捷，从而减少突发事件造成的不必要损失[1~3]。

8.1.1 基于物联网技术的智能变电站

变电站是电能输送的重要环节，具有集中和分配电能、控制电能的潮流和调整电压的作用。应用物联网技术建设智能变电站的思路是采用可靠和先进的智能传感设备，以实现变电站信息全感知和信息共享，自动完成电量和非电量的信息采集。建设智能变电站的关键环节在于实现站内设备状态信息的联网与传输，最终实现一、二次设备及辅助设施的互联，形成变电站设备物联网。近年来，物联网技术的发展极大地降低了物联网建设的成本，有力地推动了智能变电站的建设[4]。

物联网能实现变电站内设备互联互通，目前采用两种方案实现设备信息全感知和分析处理，一是就地式，二是集中式。就地式利用终端设备的边缘计算能力，实现全站设备信息的状态感知和分析计算，将处理结果上传到应用平台；集中式通过物联网技术，收集全站信息，由应用平台集中处理和分析。两种方案都可以为后期设备管理和维护提供支撑，有利于提升对变电环节的管理，实现系统高效和可靠运行。

8.1.2 网络化的智能感知系统

感知层作为物联网的应用基础，将物理世界同网络进行互联，如何准确获取和反映外界事物的真实状态是非常重要的，因此需要选用合适的传感器，并进行合理的布点，实现对设备的网络化感知。一般传感器分为两类，一类能够检测信号，另一类能够通过特定的函数关系将采集到的信号转换为可处理的量。智能化传感器是未来的发展趋势，相比传统的传感器，智能传感器除传感部分外，一般集成微处理器和无线通信单元，减少现场的布线，方便在有限的空间内对重要设备的信息进行采集。

随着网络技术的快速发展，由智能化传感器互联互通，形成了网络化的智能感知系统，并已逐步应用到智能变电站的建设中，能实时对设备信息进行全感知，用户能与网络化的智能感知系统进行交互，及时发现变电站内设备存在的隐患，为智能变电站的“无人值守”提供了良好的基础。

8.1.3 智能感知数据融合技术

利用网络技术和智能传感器构建的网络化智能感知系统虽能实现对变电站内设备信息进行感知，但还达不到应用的要求[5]。例如，变电站内开关的状态仅用自身的传感器来表示合分位置还不够，站内刀闸的连接和断开也不是孤立实现的。因此，在很多应用场景下，不同设备间存在关联关系，单个传感器所展现的信息一般不完整，有时存在不准确或丢失的情况。

只有对关联设备的信息进行有效整合，才能对单一设备进行全面的描述。融合后的数据有利于运维检修人员对设备进行全面的判断。数据融合技术一般通过多节点数据对设备描述和状态特征进行总结，展现单个节点无法体现的信息量。

网络化的智能感知系统对变电站的实时感知和控制起到了巨大的作用，如果对相关信息未加融合和筛选，海量的数据将造成系统信息处理的资源浪费；同时还可能造成网络通道的拥堵。因此，有必要采用数据融合技术，实现对数据的有效整合，对有价值的数据进行筛选，提升后台系统的处理效率。

8.1.4　设备状态感知的应用

变电站智能感知系统利用各种先进的设备状态检测手段，及时、准确地掌握设备运行状态，并建立变电站内设备评价模型，实现对设备状态的分析和诊断，保证变电设备的安全、可靠和经济运行。建设变电站智能感知系统的目的在于以下几点。

（1）对变电站设备状态进行预警。对运行中的变电站设备异常和故障进行有效判别，预防设备故障扩大化，消除设备异常状态，提升设备的安全性和可靠性[6, 7]。

（2）对站内设备实现最大化利用。根据设备的运行状态，制定合理的维护策略，在设计使用年限内，最大限度地降低维护费用，提升设备使用寿命。

（3）提升设备设计和制造水平。通过物联网技术积累设备历史运行状态、故障特征等[8~11]。有利于总结同一类型设备的运行数据，为设备的优化设计和制造提供基础的数据和信息。

建设变电站智能感知系统，可以准确掌握变电设备状态，有助于科学合理地制定检修策略，实现电力设备的检修模式由原先的定期检修转变为按需检修，具体体现在以下几个方面。

（1）市场化运作要求。随着电力体制的不断改革，经济效益和社会效益是电力企业追求的目标，定期的状态检修已不能满足相关要求，为进一步提升供电可靠性和经济效益，急需实施按需检修策略。

（2）设备技术进步的要求。随着电力设备技术的发展，相关的设计、制造水平和标准已经越来越高，不必要的定期检修可能会增加人力、财力和物力的浪费。同时，如果设备在运行中发生异常，急需开展检修，但未到检修时间，因此可能无法按期检修，从而导致设备事故的发生。

（3）电力体制改革和减人增效的要求。我国的电力工业发展很快，但电力企业从业人员数量的增长远跟不上电力系统的发展和设备数量的增长，有些专业的检修人员数量还出现了负增长。定期检修投入的人力和物力较大，无法满足提质增效的相关要求。

（4）检修技术合理性的要求。通常电力设备分为正常、异常和故障状态，目前采用定期的检修模式不符合未来检修技术的合理要求，有必要对电网设备的各种运行状态进行分析，特别是针对异常和故障情况进行分析，发现其内在规律和机理，采用合理的检修策略，应用合适的检修技术。

8.2 智能变电站综合在线监测

8.2.1 断路器在线监测

1. 断路器机械特性在线监测原理

断路器的典型机械缺陷包括电磁铁卡阻、辅助开关转换失灵、线圈烧坏、线圈电压低、电机故障、脱扣延迟、合后即分、传动轴销磨损、传动机构卡阻、分合闸弹簧故障、油缓冲器故障、储能构件损坏等。通过监测断路器主触头动作的时间参数、主触头运动的行程和速度参数及操动机构的相关电气参数这三类机械状态检测特征量，能准确判断断路器的机械缺陷类型，评估其机械状态。

其中，主触头动作的时间参数包含分闸时间、合闸时间、相间同期、相内同期、弹跳次数和弹跳时间；主触头运动的行程和速度参数包括分闸行程-时间曲线（*s-t* 曲线）、合闸行程-时间曲线（*s-t* 曲线）、刚分速度、刚合速度、缓冲行程；操动机构的相关电气参数包括分合闸线圈电流（波形）、分合辅助开关动作波形（空接点或带电接点）、储能电动机电流波形。

断路器分合闸时间是表征断路器是否能够正常可靠开断的关键参数。断路器同期时间可以用来判断断路器分合闸相间同期性能。测量断路器分合闸时间及同期时间可以判断断路器能否正常投运。

2. 断路器机械特性在线监测系统

高压断路器机械特性在线监测系统能通过传感器实时采集断路器机械状态检测特征参量，进而根据高压断路器状态评估模型算法，对采集到的特征状态参量进行计算处理，准确输出断路器机械状态的评估结果。该系统主要由数据采集模块、数据处理模块、评估诊断系统和通信模块等组成。

数据采集模块负责三类机械状态特征参量的采集。

1）主触头动作的时间参数

主触头动作的时间参数由钳形电流采样器测得。从设计的角度考虑，时间参数的信号取样回路不能与断路器的一次和二次回路发生直接电气连接，只能通过主触头动作与辅助开关切换动作的关联性进行间接推算。在高压断路器两端电气安全保护接地的状态下，采用优化的高压断路器断口信号传感和采样方法，如图 8-1 所示，完成强干扰条件下的时间参数测试，达到接线、操作简单可靠、安全性高的目的。在接地刀闸的通流本体上，套入钳形电流取样器，即通用的钳形电流传感器，测到二次单匝导体的感应电流。触头导通的那一刻随即建立电流波形，触头断开时，电流波形消失。

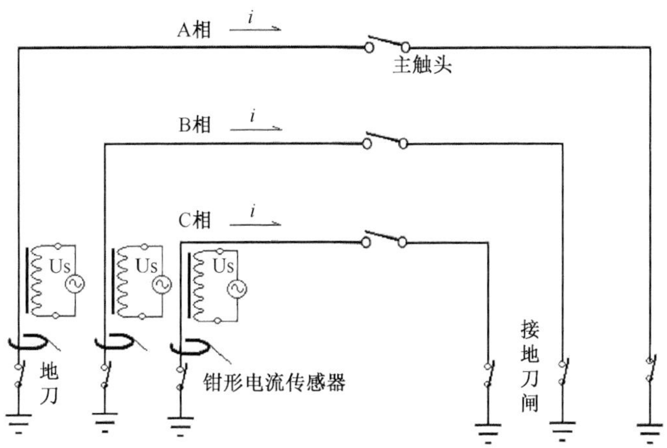

图 8-1　优化的时间参数测量取样和传感方法

2）主触头运动的行程和速度参数

主触头运动的行程和速度参数可采用与高压断路器操动机构的运动部分硬连接的接触式行程、速度传感器进行取样和传感。断路器供应商可在出厂前预装行程传感器，预留信号引线用于离线或在线监测，可以提高在线监测行程测量传感器运行的可靠性，解决其现场难以安装的问题。对于已经在现场运行的断路器，需要根据断路器传动机构的机械尺寸，设计专门的安装夹具和防护结构，以保证其长期、可靠地运行。另外，应用日益广泛的机器视觉技术，采用非接触式光学传感器（高速 CCD 成像）对粘贴于动作机构的运动条纹图像和运动位置通过数字算法进行提取，完成动触头运动的 *s-t* 曲线测量，可以涵盖所有类型高压断路器直线运动特性的测试，如图 8-2 所示，但其目前的成本较高。断路监测常用的测速传感器有光栅、电阻式位移传感器、旋转编码器等。其中，电阻式位移传感器响应速度快、测量精度高，输出的直流电压信号可直观地反映断路器的行程特性，可用于智能测速装置。

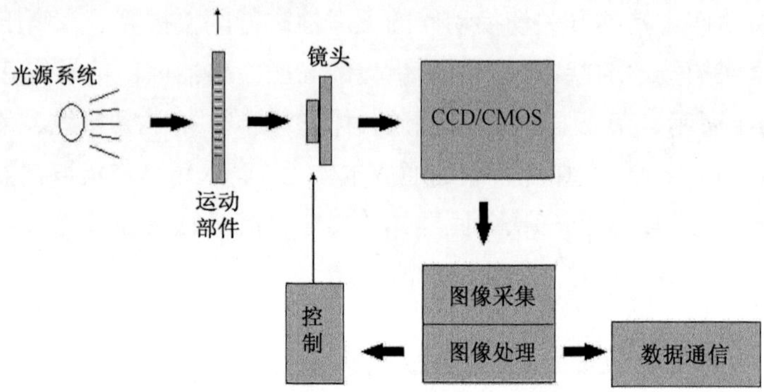

图 8-2　优化的行程和速度参数传感采样方法

3）操动机构的相关电气参数

分合闸线圈与电动机电流信号等操动机构的相关电气参数采用闭合的霍尔电流传感器和卡钳式霍尔电流传感器测量，同时需要考虑抗电磁干扰措施。测量节点分合闸辅助开关空接点、储能电动机辅助开关空接点时，同样存在电磁干扰，需要在取样回路中设计电路来抑制电磁干扰，可以考虑将这部分电路单独设计为一个附加模块。

对于采集的各类高压断路器机械特性特征参数，采用状态评估模型可实现对高压断路器运行状态的有效评估。目前比较可靠的评估方法有基于云模型和物元理论的状态评估体系，在该体系的各指标中，指标层数据为定量指标，定量数据可通过试验获得。原始数据需要进行归一化才可以进行云模型的分析。对于指标体系中的定量指标，采用升、降半梯形函数进行量化。目标层物元包括四个评估项目，即机械试验、电气试验、泄漏试验和开断磨损，每个评估项目可以看作一个项目层物元。

目前，为保证高压断路器机械特性在线监测系统各项参数测量的准确性，须采用高压断路器机械性能监测系统性能校验平台来测试监测系统性能指标是否满足要求。校验平台包括基于直线电机驱动的直线运动行程速度基准装置、基于精密伺服步进电动机驱动的旋转运动行程速度基准装置、基于液压操动机构的高速基准装置、基于高精度时钟的时间基准装置等。

3. 断路器机械特性在线监测系统的应用

利用断路器机械特性在线监测系统，可以开展典型机械故障下的断路器机械特性测试。下面将对几种典型的机械故障时的测试结果进行说明。

如图 8-3（a）所示为合闸弹簧疲劳时的合闸曲线。可以看出，三条曲线在前段部分已经产生差异，只是当时差异较小，而在中后段部分的差异逐渐增大，这表明合闸弹簧的状态改变对合闸过程的影响是全时段的，且随着时间的推移越来越明显，这也与合闸弹簧对机构做功的积累这一物理事实相吻合。

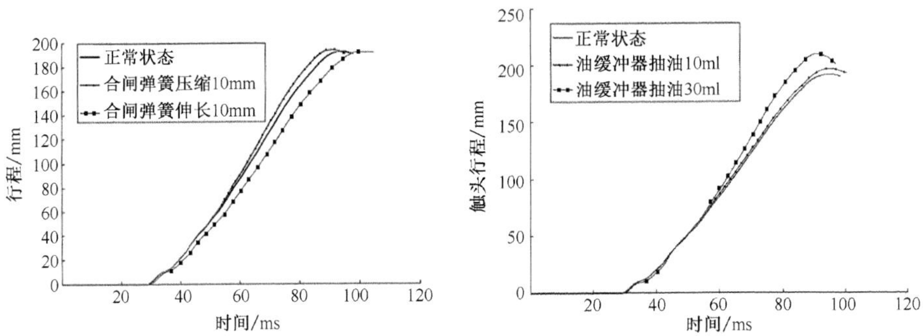

（a）合闸弹簧故障　　（b）油缓冲器故障

图 8-3　合闸曲线

如图 8-3（b）所示是油缓冲器效果严重变差或失效时的合闸曲线。在合闸过程中，可以看出油缓冲器抽油时的触头行程曲线高于正常状态，这意味着此时的合闸速度高于正常状态。这是由于油缓冲器在合闸过程中对触头的运动起阻力作用，油缓冲器的性能下降直接导致阻力变小，触头速度增加。另外，可以看出，三条曲线的前段部分差异较小，表明在合闸过程中，从触头开始运动到油缓冲器起作用之前有一段空行程，即使油缓冲器性能改变，也对这一段运动无影响，而在合闸过程的中后段部分，差异则越来越明显。

如图 8-4（a）所示是线圈温度过高引起故障时的分闸电磁铁线圈电流。三条曲线稳定之后的最大值有差异，并且在温度最低时达到最大值的原因在于线圈电阻对温度变化较敏感，温度最低时，电阻最小，当线圈电压一定时，电流值最大；线圈电流中的波峰、波谷分别对应电磁铁动铁芯的启动和停止时刻，线圈温度过高会使电磁铁启动延迟，继而造成分闸时间增大，且影响程度较明显。

如图 8-4（b）所示是线圈电源电压过低或过高时的分闸电磁铁线圈电流。可以看出，电压越高，线圈电流到达波峰、波谷的时间越短，且波峰、波谷的值都较大，即电压越高，电磁铁的启动时间越早；随着电压的降低，初始阶段电流的上升速度也更小，电压降低对电磁铁启动时间的影响与电压大小并非成线性关系，可判断当电压下降到某一临界值时，电磁铁将无法启动。

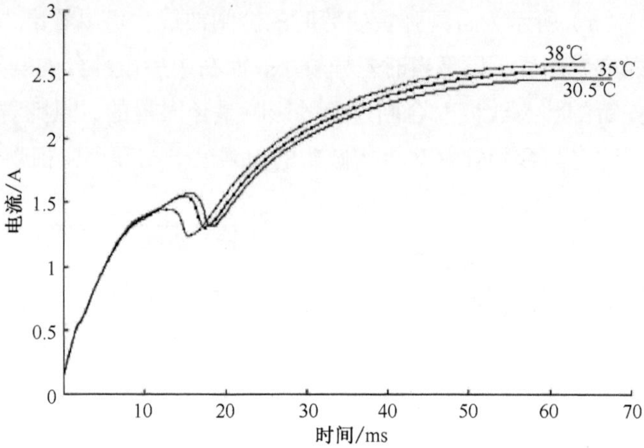

（a）线圈烧坏故障

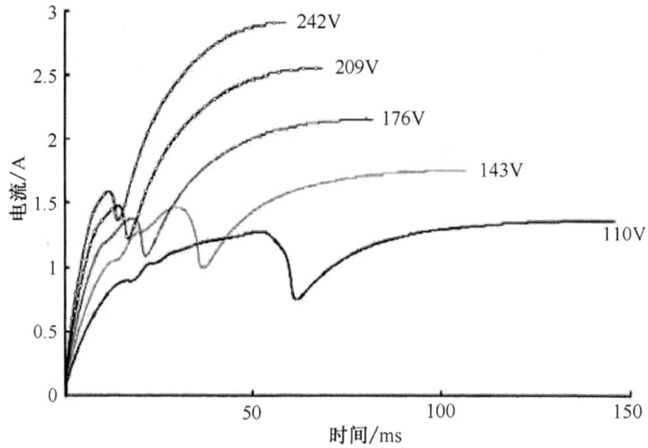

（b）线圈电压异常故障

图 8-4　分闸电磁铁线圈电流

8.2.2　高压电气表面温度无线测温

电力设备的安全可靠是超大规模输配电和电网安全保障的重要环节，因此对电网电力设备进行安全运营实时监控十分有必要。经统计，由于设备老化、绝缘水平下降、长期大电流运行，会导致设备在持续高温下运行，进而引发燃烧和爆炸等严重后果。温升是电力设备故障最常见的现象，每种设备各部件都有明确的温升要求，在变电设备上加装无线测温装置是极为必要的监测手段[12]。目前，常用的无线测温技术主要有有源无线测温技术和无源无线测温技术。

1. 有源无线测温技术

有源无线测温技术是当前比较常用的测温方法和系统，其特点主要是测温装置需要采用 CT 取电方式，通过无线模块将温度信号传送到集中器，由集中器将收集的温度信息上传到后台系统。该装置结构简单，但无法做到高低压分离，如果配置电池，还需要经常更换电池进行维护。

2. 无源无线测温技术

无源无线测温技术主要利用了声表面波（Surface Acoustic Wave，SAW）技术，将射频信号发送到测温压电材料表面，受到温度影响的反射波再转回电信号，获得温度值。该技术利用了晶体材料的物理特性，无需常规供电电路，彻底解决了高低压分离的难题。该技术具有高低压分离、安装方便、测温时间短、传感器免维护等优点。近年来，无源无线测温技术还产生了温差取电、电场取电等新技术，非常适合在电力行业应用。

8.2.3 基于红外成像的变电设备状态监测

红外检测是设备缺陷检测的重要方式之一，能够检测出多种高压电气设备表面及内部缺陷，且具有直观性、非接触性、实时性和准确度高等优点。结合在线监测技术，采用红外摄像头，可以极大地提升智能变电站对运行设备的状态感知水平，能够满足无人值守、环境恶劣条件下设备发热情况监测，及时有效地向远方运维人员反馈智能变电站内设备的运行情况[13]。

变电站红外在线监测系统结构如图 8-5 所示。

该系统包括前端机头、网络传输和监控管理三个大的模块。前端机头模块包括可见光及红外传感器，可以采集现场图像。采集到的图像、视频数据通过光纤等有线传输的方式传入站端服务器。服务器中的相应软件对图像数据进行解析，并开发相应的分析展示功能，供专职人员查看现场设备情况[14, 15]。如图 8-6 所示为变电站红外在线监测缺陷图谱。

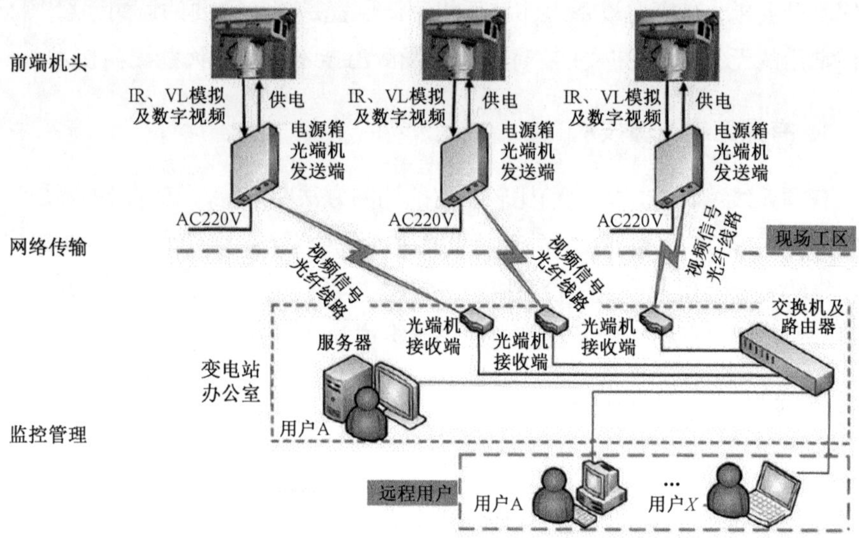

图 8-5　变电站红外在线监测系统结构

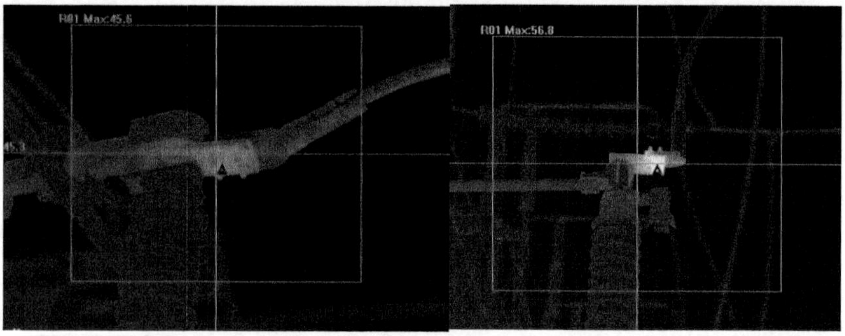

图 8-6　变电站红外在线监测缺陷图谱

8.2.4　油色谱在线监测

油色谱分析是通过分析油中典型故障特征气体（如氢气、乙炔、总烃、碳氧气体）的含量、增长率或相对比值，来诊断变压器过热、局部放电、绝缘老化等典型绝缘缺陷的方法。现阶段，变压器油中溶解多组分气体在线监测方法一般有气相色谱法和光声光谱法两种。

1. 气相色谱法

目前气相色谱法使用较为广泛，是一种有效的气体分离和分析方法，气相色谱在线监测系统如图 8-7 所示。气相色谱在线监测响应速度较慢，最快 2 小时 1 次，且需要载气耗材。在应用该方法时，需要重点关注在线气体分离和检测等问题。

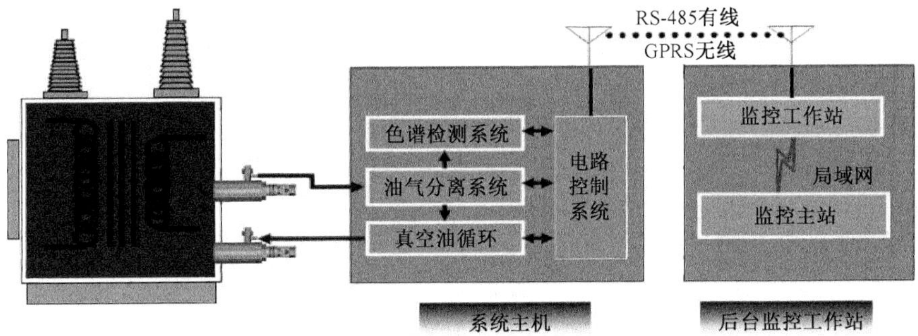

图 8-7　气相色谱在线监测系统

2. 光声光谱法

光声光谱法应用气体光声效应，检测气体中分子在吸收电磁辐射后产生的压力波来检测气体浓度。光声光谱的特点是不需要载气及气体分离，检测频率可设置为 1 小时 1 次。该方法的检测效率相对较高，样品吸收光能的大小、反射和散射光等对测量干扰很小。

8.2.5　铁芯在线监测

1. 监测方法

变压器铁芯接地电流在线监测是反映铁芯多点接地的有效手段，基本原理如下。

变压器铁芯一点接地时，电流主要为容性电流。运行时，在绕组和铁芯间的绝缘介质中会有电流流过，此电流为铁芯接地电流的主要来源。由于最靠近铁芯的一般是低压绕组，其电压对铁芯接地电流贡献最大，因此可根据低压绕组的运行电压和低压绕组对地电容来初步估算单相变压器的铁芯接地电流大小。

对于三相一体变压器，由于三相变压器互成角度，矢量和接近于 0。此时，铁芯接地电流主要来源于三相电压不对称分量和三相电压中存在的谐波。由于三相电压不对称分量通常较小，此时电压谐波对接地电流的贡献凸显。在三相一体变压器结构的铁芯接地回路中，大多数三相基波电压叠加归零，其归零程度取决于基波电压激励下三相绕组与铁芯间等效电容的对称程度。三相谐波电压叠加方法将导致铁芯接地电流中含有丰富的谐波分量。

当变压器铁芯存在多点接地时，两个接地点之间构成了闭合回路。当接地点在不同部位时，闭合回路中或多或少会交链部分主磁通或漏磁通，在回路中产生感应电流。此时的接地电流主要为电磁感应产生的电势在铁芯硅钢片薄膜电阻和金属导体电阻上产生的电流。

铁芯接地电流监测示意如图 8-8 所示。接地电流互感器采用夹具直接安装至铁芯接地引下线上。监测装置本体根据现场条件，通过安装附件被安装至合适位置。引线电缆可通过防水波纹管进行防护。

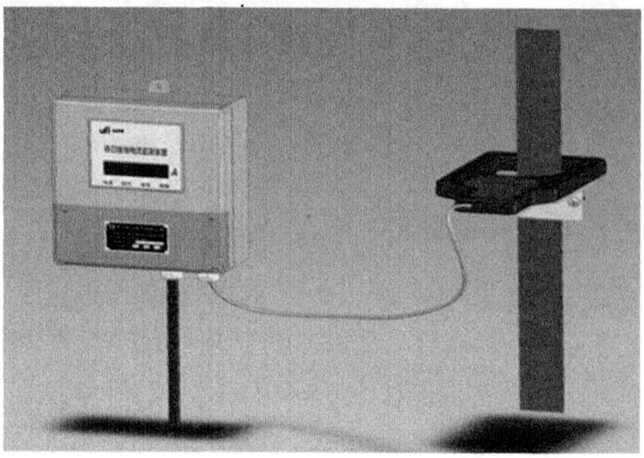

图 8-8　铁芯接地电流监测示意

2. 现场监测波形

如图 8-9 所示为某 110kV、220kV、500kV 变压器铁芯接地电流波形。

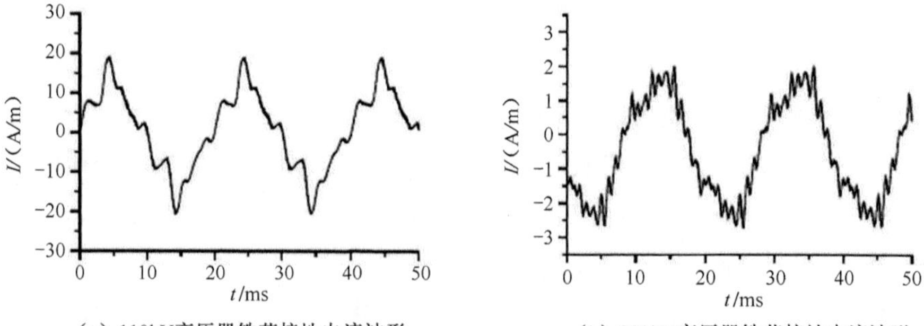

（a）110kV变压器铁芯接地电流波形

（b）220kV变压器铁芯接地电流波形

图 8-9　变压器铁芯接地电流波形

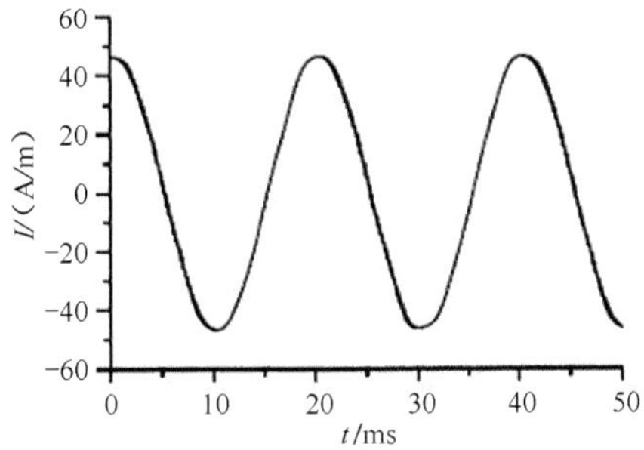

（c）500kV变压器铁芯接地电流波形

图 8-9　变压器铁芯接地电流波形（续）

以 220kV 故障变压器（三相一体）为例，铁芯存在多点接地故障，变压器运行时，铁芯接地电流幅值为 5.5A，基波频率为 149.85Hz，含量为 99.36%。为限制铁芯接地电流，可加装限流电阻。加装限流电阻前后铁芯接地电流波形如图 8-10 所示。

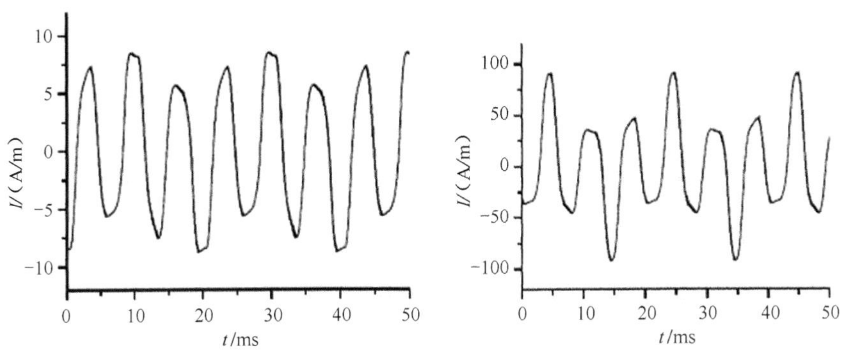

（a）加装限流电阻前的电流波形　　（b）加装限流电阻后的电流波形

图 8-10　加装限流电阻前后铁芯接地电流波形

8.2.6　高压电缆接头温度监测

内置式电缆接头导体测温技术采用无线能量传输技术和射频通信技术同步工作原理，解决了内置式测温传感器的电能供应和信号传输的难题，实现了直接测量电缆接头导体的运行温度，具有测温精度高、实时性强的优点。该系统主要包括两部分：外置测温中继和内置测温模块。外置测温中继通过电磁耦合方式将能量和信号传递到电缆接头导体部位的内置测温模块，内置测温模块获得电能的同时将温度数据以无线电磁波的方式发送至外置测温中继，实现电缆导体温度的精准测量，不改变电缆接头的物理结构和电气特性，具有安全免维护、安装方便等优点。

高压电缆接头温度系统在高度缆化的城市电网管理中，具有进一步提高安全性和经济性的积极意义。

（1）实现电缆导体运行温度实时监测，解决传统人工定期检修难题，实现智能巡检。

（2）采用内置式电缆接头导体测温技术，可以通过数据的比较和分析，及时发现电缆可能的缺陷，避免故障的发生。

（3）通过对电缆接头导体温度的实时监测，可以对线路最大载流量控制提供决策数据，挖掘线路输送潜力。

（4）对于故障或负荷转供需要短时过载运行的极端情况，通过温度监测和模型计算，可以获得线路超载运行安全时间，实现电缆动态增容。

8.2.7　电力变压器局部放电在线监测

对于电力变压器内部放电的检测，一般有两类方法：一类是电气量检测法，包括高频法、特高频电磁波法和脉冲电流法；另一类是非电量检测法，包括超声波法和油色谱分析法。

脉冲电流法适用于停电检测；油色谱分析法、高频法、特高频电磁波法和超声波法既可进行停电检测，也可用于在线监测。在线监测方法中，高频法、超声波法最为有效。

1. 高频法检测原理

高频法从变压器铁芯或夹件处测取电流信号，有效检测频率范围一般为3～30MHz。高频法局部放电检测装置主要包括传感器、信号处理单元及信号采集单元、数据处理终端，如图8-11所示。

图8-11　高频法检测装置

高频法一般将检测到的图谱与典型放电特征图谱进行对比，综合判断是否存在放电及其放电类型。通常无典型放电特征的为正常，同等条件下图谱有明显区别时为异常；有典型局部放电特征的为缺陷。典型局部放电的时频特征图谱如图 8-12 所示。

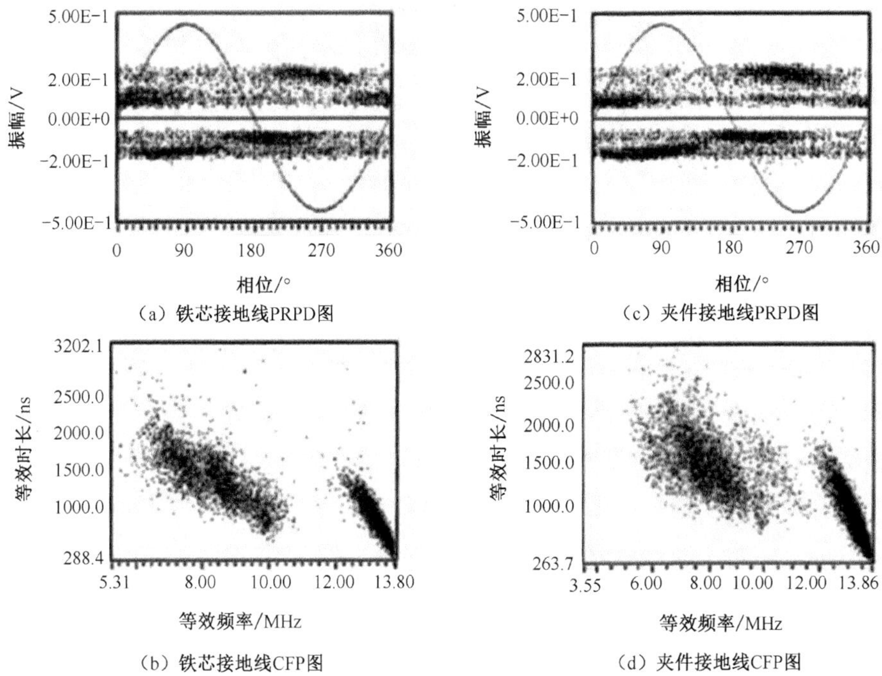

图 8-12 典型局部放电的时频特征图谱

2. 超声波法检测原理

超声波法一般采用谐振式传感器，布置于变压器外壳，收集内部局部放电产生的超声信号。检测装置与高频法相似，主要包括传感器、信号处理单元及信号采集单元、数据处理终端。由于不同位置的传感器接收信号有时延，因此需要建立空间定位方程，确认放电的空间位置。超声检测及定位如图 8-13 所示。

3. 现场应用案例

以某 ODFS-250000/500 变压器（分体结构）为例，2020 年 9 月 2 日，油色谱检测发现 A 相微量乙炔（0.12μL/L），使用高频法检测铁芯、夹件接地引线上的局部放电信号，图谱如图 8-14 所示，该信号时域波形有明显的相位特征，中心频率在 600kHz 左右，初步判断内部存在放电。

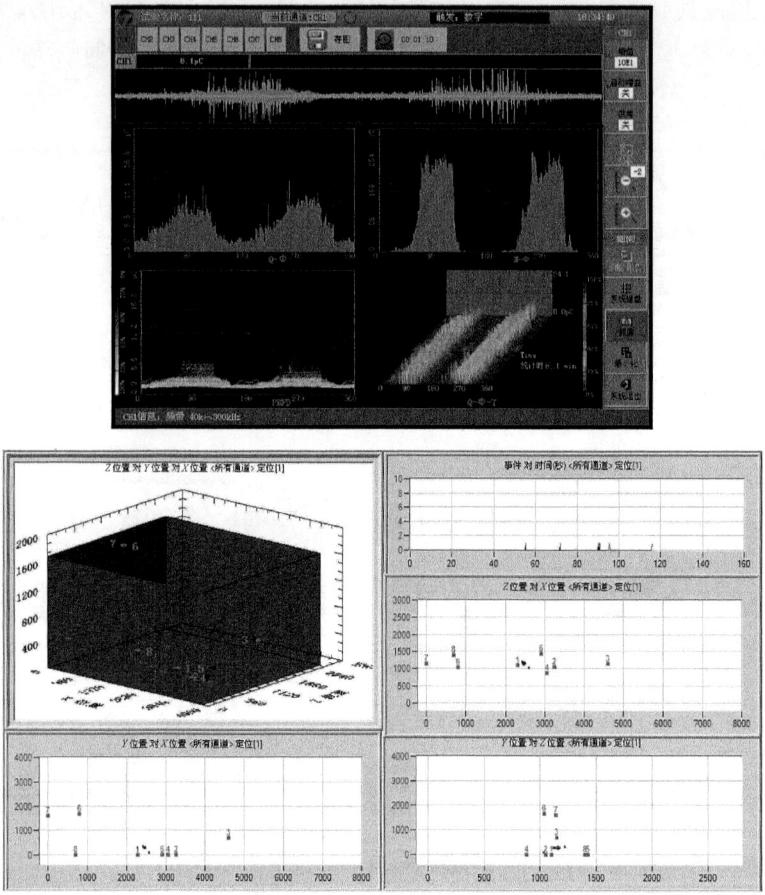

图 8-13　超声检测及定位

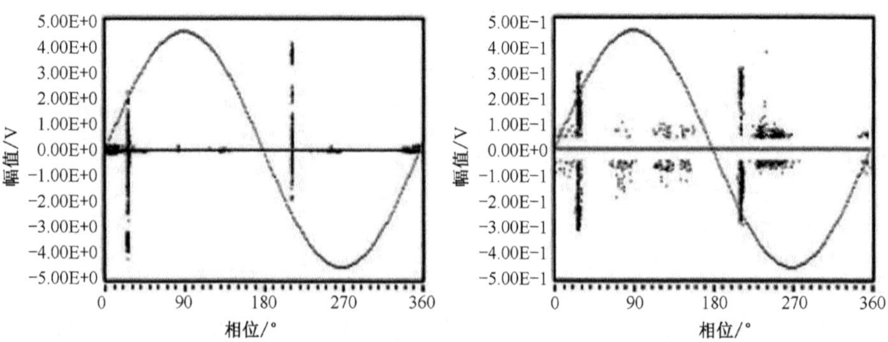

（a）夹件　　（b）铁芯

图 8-14　高频电流图谱

8.2.8　容性设备在线监测

油纸绝缘套管、电流互感器、电压互感器属于少油设备，主要通过停电试验（电容量、介损、绝缘电阻、绝缘油试验）检测，周期长、灵敏性不足。近年来，容性设备在线监测技术不断发展，如油压监测、泄漏电流监测、介损监测等。

1. 油纸绝缘套管/电流互感器油压、氢气在线监测技术

1）基本原理

油纸绝缘套管/电流互感器等少油设备内部放电、过热缺陷会使绝缘油和绝缘纸分解出气体，当气体产生速率大于溶解速率或超过油中饱和度时，产生的气体会积聚在设备上部，导致设备内部压力升高。当压力上升超过外绝缘刚体的耐受值时，设备将发生爆炸。通过监测设备内部压力，能够发现快速发展型缺陷（见图 8-15）。氢气是反映内部故障的重要特征气体，监测该气体有利于诊断故障。其原理如图 8-16 所示。

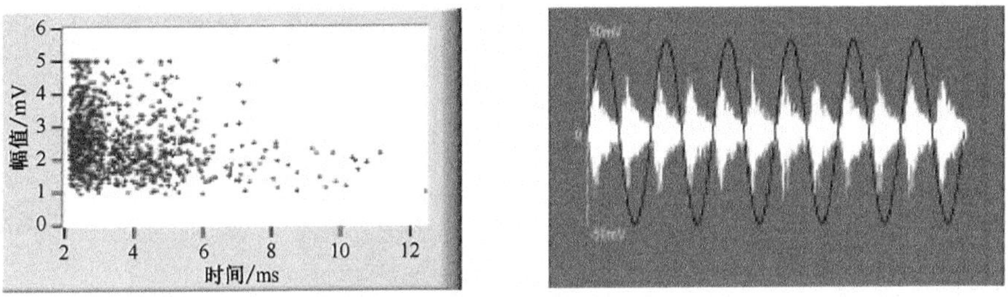

图 8-15　超声波局部放电在线监测系统监测到的机械振动图谱

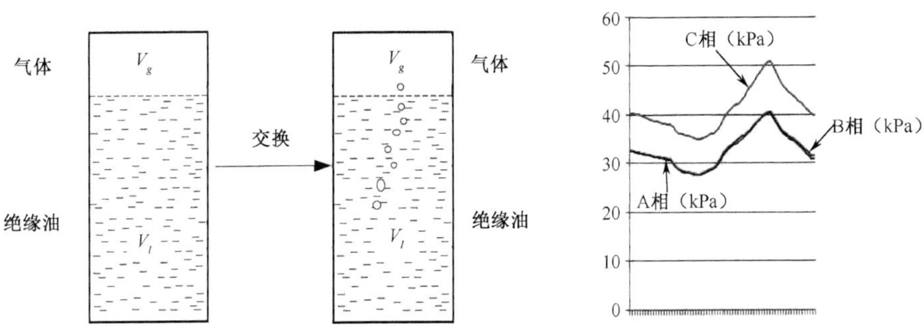

图 8-16　套管/电流互感器压力监测技术原理

该监测方法能够实时测量套管/电流互感器内部压力，发现内部缺陷，但是长期监测结果受密封及开关操作、雷电冲击等异常工况的影响尚不明确。

2）油压、氢气在线监测方法

在放油阀加装传感器，同时监测套管内部温度、压力信息，建立温度、压力之间的关系，对比分析与其他相设备的差异，诊断套管内部缺陷。电流互感器内部压力与膨胀器有关，监测电流互感器内部压力，对比分析与其他相设备的差异，诊断互感器内部缺陷。此外，在安装油压传感器的同时，可增加氢气监测传感器，监测油中氢气含量的变化。

温度、压力及氢气为不间断监测，直接在传感器信号接收装置上通过加密芯片进行无线传输，并能根据设定阈值进行报警，上传时间间隔可根据需求来设定，最短可每间隔 10s 进行一次数据上传，且具备分时、横纵向比较等数据分析功能。

（1）通过高精度压力传导膜并集成温度芯片，将压力、温度数据通过微瓦级处理器进行分析整理后无线发送。传感器通过高品质纽扣电池供电（可更换）无线传输，并具备强抗电磁干扰能力，能够在充油套管顶部或底部实现不改变原设备结构，不影响原设备性能安装。如图 8-17 所示为压力监测传感器安装示意。

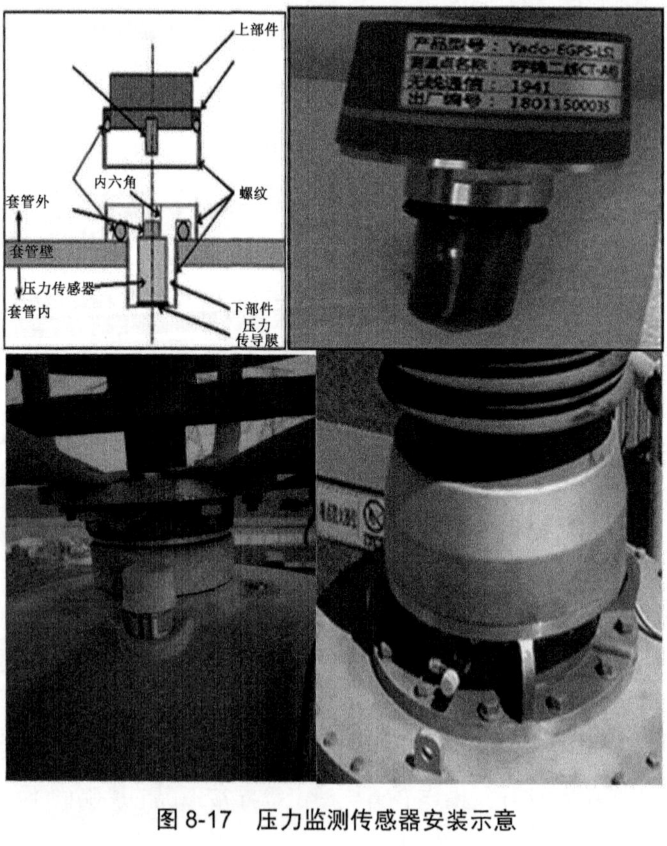

图 8-17　压力监测传感器安装示意

（2）氢气监测通过镀钯膜微型氢气传感器实现，具有不需要渗透膜、不需要载气、精度高、直接测量等特点。其工作原理是基于钯金属的"吸氢"特性，氢气吸附于钯合金薄膜表面，并在钯的催化下分解为氢原子，氢原子扩散"溶解"于钯合金晶格中，从而导致钯体电阻率的改变，通过外围硬件电路、软件算法可将电阻变化解析为氢气浓度。传感器能够直接安装于充油套管取油样阀处，不改动原设备结构及性能。如图 8-18 所示为氢气传感器安装示意。

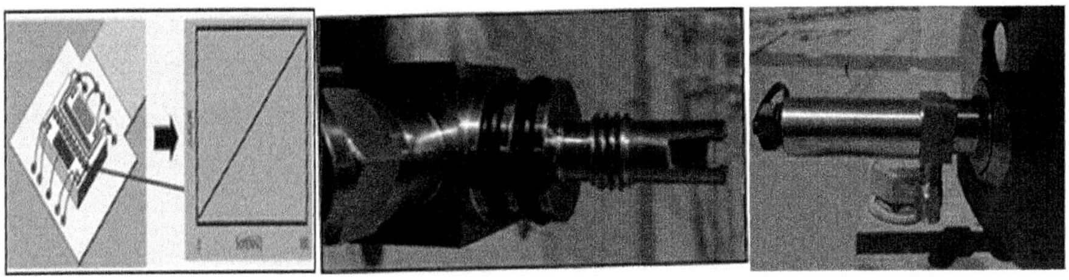

图 8-18　氢气传感器安装示意

3）应用情况

2018 年 7 月开始，110kV 花溪站主变套管 AC 相间压力、BC 相间压力同步持续上升，而 AB 相间保持基本稳定，表明 C 相套管压力异常，分析判断 C 相存在轻微漏油。检查发现，安装的压力监测装置连接管路有漏油点，如图 8-19 所示。

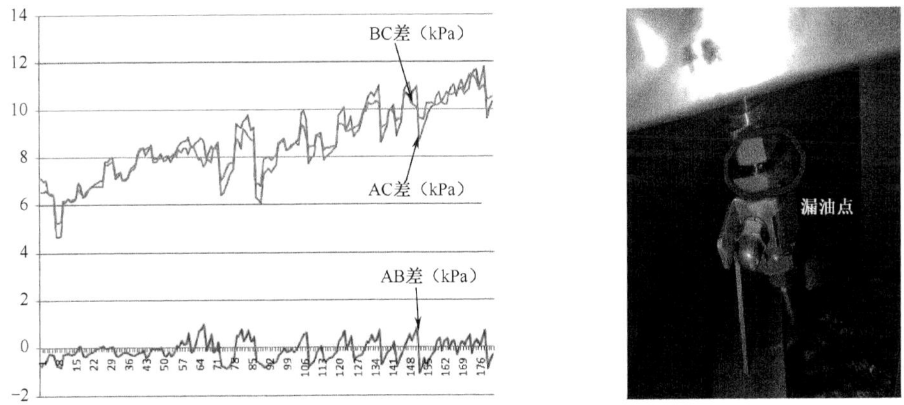

图 8-19　110kV 花溪站主变套管压力异常及检查情况

2. 油纸绝缘套管、电流互感器、电压互感器高频电流/泄漏电流在线监测技术

1）基本原理

少油设备末屏接地电流中的高频成分能够较好地反映内部局部放电状态，

接地电流中的工频泄漏电流则能够反映电容量的大小和介损变化。采用微型化传感技术嵌入末屏保护罩，在不改变原有设备末屏电气特性（尤其是接地特性）的条件下，提取出局部放电、接地电流等信号。

该技术需要对末屏进行改造，将微型传感器嵌入末屏保护盖，存在开关操作、雷电冲击等情况对末屏安全造成影响的可能。工频泄漏电流与电压有关，电压波形获取困难。

2）监测方法

将微型化的高频脉冲电流传感器和低频电流传感器嵌入末屏保护盖内，实现传感器与末屏接地装置的一体化。利用信号调理模块等功能模块，实现末屏接地电流和高频脉冲电流的数据采集及分析，如图 8-20 所示。

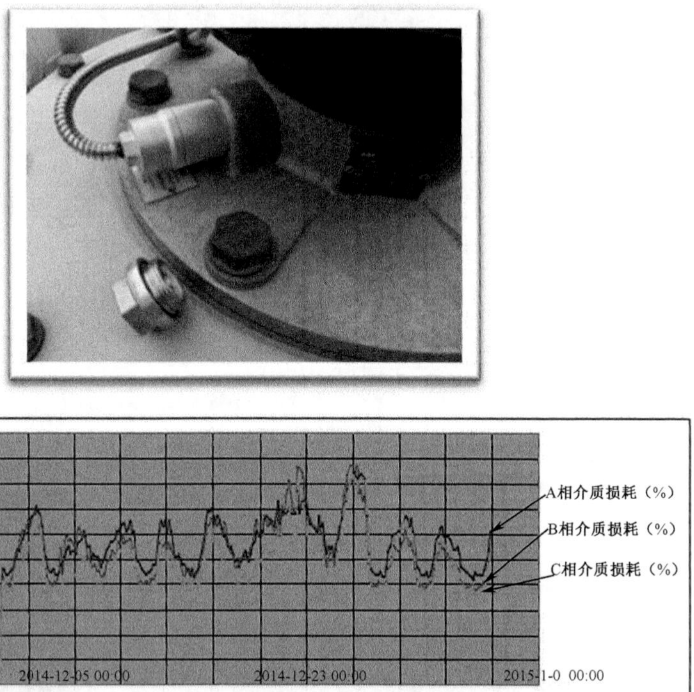

图 8-20　末屏泄漏电流/高频电流监测技术

3）应用情况

高频电流/泄漏电流在线监测技术在 110kV 西山变、110kV 来安路变等进行试点。110kV 来安路变 1 号主变套管高频电流、泄漏电流监测数据如图 8-21 所示，未见明显异常，正在实时监测。

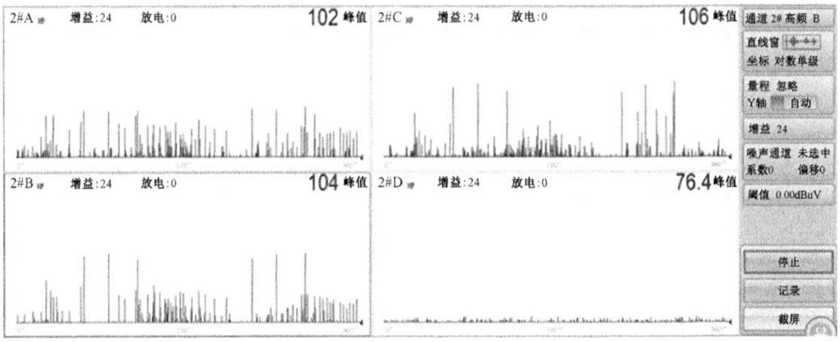

（a）高频电流

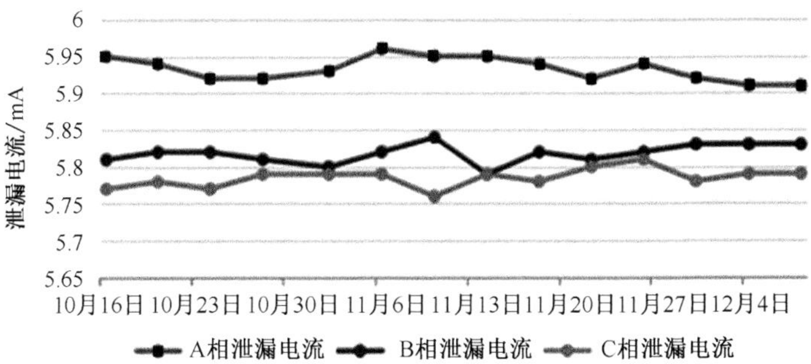

（b）工频泄漏电流

图 8-21　110kV 来安路变监测数据

3. 容性设备相对电容量/介质损耗检测技术

1）基本原理

对末屏进行改造，将接地引下线引至支柱下方，方便测量同相容性设备泄漏电流，进而分析相对电容量、相对介质损耗的变化，提取设备间差异，判断设备内部缺陷。相对电容量能发现绝缘击穿等局部较为严重的缺陷，灵敏程度和绝缘部分与完成部分体积比相关。相对介质损耗对设备绝缘整体裂化较为敏感，如包括设备大部分体积的绝缘体受潮，而对局部缺陷则不易发现。如图 8-22 所示为电容量/相对介质损耗测量示意。

2）监测方法

对末屏进行改造，将接地引下线引至支柱下方，方便测量，引下线套装零磁通电流传感器。电容型设备相对介质损耗因数和电容量分析方法如下。

（1）比较测试结果应满足下列标准：同相设备介质损耗测量值（$\tan\delta_X-\tan\delta_N$）与初始测量值比较，变化量不大于 0.003；电容量比值（C_X/C_N）与初始测量值比较，初值差不超过 ± 5%。

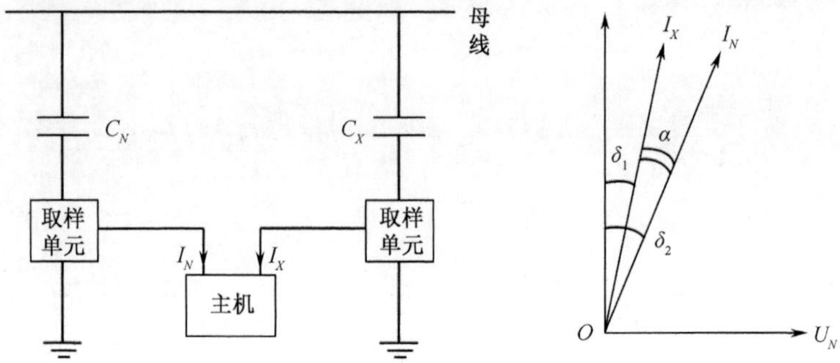

图 8-22　电容量/相对介质损耗测量示意

（2）三相电容型设备的带电检测结果变化趋势不能有明显差异。

（3）如有必要，可参考式（8-1），把测得的相对量换成绝对量，并参照电容型审核表的停电试验标准，判断绝缘情况。

$$\begin{aligned} \tan\delta_{X_0} &= \tan(\delta_X - \delta_N) + \tan\delta_{N_0} \\ C_{X_0} &= C_X / C_N \times C_{N_0} \end{aligned} \tag{8-1}$$

式中，$\tan\delta_{X_0}$——换算后的被试设备介质损耗因数绝对量；

$\tan\delta_{N_0}$——被试设备最后一次停电试验测得的介质损耗因数；

$\tan(\delta_X - \delta_N)$——带电测试获得的相对介质损耗因数；

C_{X_0}——换算后的被试设备电容绝对量；

C_{N_0}——参考设备最后一次停电试验测得的电容量；

C_X/C_N——带电测试获得的相对电容量比值。

（4）应结合同类型设备的技术标准、技术参数要求和历史运行数据等，参考其他停电试验、带电检测试验结果，综合分析设备运行状态。监测装置取样盒如图 8-23 所示。取样盒内部设置开路保护器，保证末屏可靠接地[16]。

3）现场应用

2020 年 8 月，对某 220kV 变电站的电流互感器开展相对介质损耗电容量检测，发现电流互感器的相对介质损耗值 A 相远远高于 B 相和 C 相，但电容量未见异常；油色谱数据显示总烃含量严重超标，并有乙炔出现；解体后发现电容屏上出现 X 蜡。

（1）纵向分析。A 相 2020 年带电测试相对介质损耗值较 2019 年增长为 0.0256-0.001=0.0246，变化量超过 0.005，达到缺陷标准。电容量变化（1.0069-0.9989）/ 0.9989=0.8%，电容量未见异常。

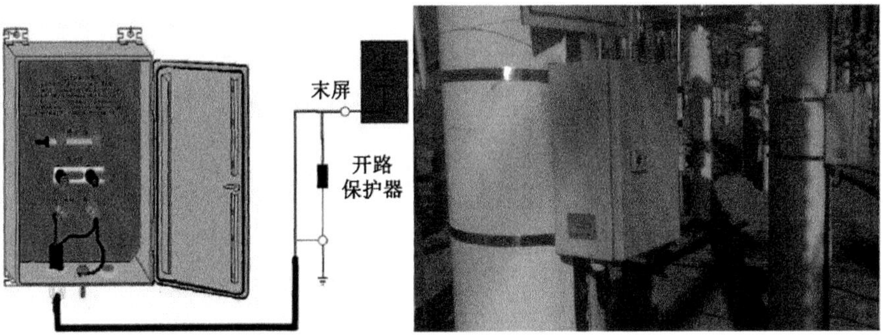

图 8-23　取样盒

（2）横向分析。B 相、C 相两年的带电测试数据较稳定，但 A 相相对介质损耗值有较明显的增长，与 B 相、C 相变化趋势明显不同。

（3）对相对值进行换算。参考基准单元停电例行试验结果，将带电测试结果换算到绝对量，其中介质损耗为 0.0256+0.00265=0.02825，与历史数据比较有明显增长，并远远超过了状态检修规程给出的标准注意值 0.007；电容量为 794.9pF，与历史数据（796pF）变化不大。

综合以上分析，初步判断 A 相相对介质损耗值明显超标，设备内部存在缺陷[17]。

相对介质损耗/电容量检测技术的优点为：定期带电测量，较传统停电试验数据量丰富。存在的问题有：末屏需要改造，有源零磁通电流传感器性能检测方法缺少，长期运行性能、检测数据在不同运行条件或环境下的一致性需要验证。

4. 容性设备电容量/介质损耗在线监测技术

1）基本原理

对末屏进行改造，将接地引下线引至支柱下方，方便测量容性设备泄漏电流、电压信息，根据泄漏电流、电压，通过高级算法计算电容量/介质损耗。电容量能发现严重的局部缺陷，如绝缘层击穿，但灵敏程度同绝缘层损坏部分与完好部分体积之比有关。介质损耗对设备绝缘整体裂化较为敏感，如包括设备大部分体积的绝缘层受潮，而对局部缺陷则不易发现。

2）监测方法

末屏接地引下线套装零磁通电流传感器，与泄漏电流相似，对电压信号进行同步测量。母线 PT 电压装置是系统监测的基准信号单元，装置就近安装在母线 PT 二次信号端子箱附近的水泥支柱或槽钢上。现场不具备上述条件时，可以将母线电压装置安装在套管监测装置内，从保护屏内取 PT 二次电压信号，需要从保护屏至套管监测装置间敷设 4 芯屏蔽铠装电缆，从而将电压信号引至电压监测装置。

3）现场应用

110kV 周店变 2 号主变套管介质损耗变化曲线如图 8-24 所示。

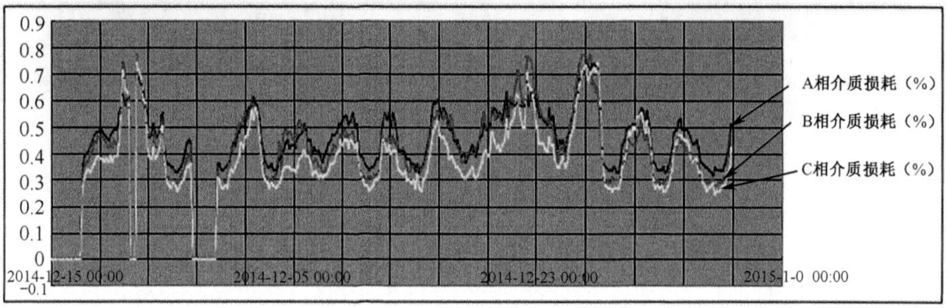

图 8-24　110kV 周店变 2 号主变套管介质损耗变化曲线

8.2.9　伸缩节形变智能监测

GIS 组合电器设备广泛应用于电力变电站中，其设备壳体一般采用铝合金材质，多段气室通过分段拼接的方式进行安装，并在各段的连接处加装波纹补偿器。GIS 设备投运后容易受到自身运行产生的热效应及外部的环境因素等影响发生横向或纵向位移，一般配置伸缩节。但如果位移超过设备允许的变形和应力范围且不能及时发现，则会埋下隐患，将严重危及 GIS 的安全运行。因此，很有必要对 GIS 伸缩节进行监测，做到早诊断和早预防。部分变电站的 GIS 设备伸缩节安装有机械刻度尺，采用人工观测记录的方式实现伸缩节的形变量监测。这种方式存在人工工作量大、人工成本高、实时性差和数据准确度不高的弱点。而 GIS 伸缩节位移量在线监测装置则能解决人工观测的缺点，实现伸缩节位移量、环境温度等参数的自动监测、记录和远距离传输。监测装置由电位器、控制电路、温度传感器、加速度传感器、电压基准源、存储器、实时时钟、定位模块、无线通信模块、电源管理电路等组成。

当调节电位器的滑杆时，电位器的输出端获得与电位器外加电压和滑杆行程位移成线性关系的输出电压信号，控制电路将电位器的输出电压信号转化为数字信号，经过运算处理后可得到电位器的行程位移量，通过测量电位器的行程位移量，实现 GIS 设备伸缩节位移量的测量。

控制电路定时测量位移量、环境温度、倾斜、振动、电池电压等参数，同时记录测量参数的时间，在完成参数测量后便关闭相应的外围设备以降低功耗。无线通信模块用于实现无线通信功能，用户通过无线网络查看设备运行工况或历史数据。

除了上述利用电位器来实现对伸缩节形变的测量，还可以利用激光测微技术测量。如图 8-25 所示，基于激光测微技术的 GIS 伸缩节形变监测传感器由固定在法兰盘上的激光发射器、激光接收器和微处理器组成。将激光发射器和激光接收器固定在同一个伸缩节的两端，法兰盘上该激光接收器的信号输出端与微处理器连接，微处理器再通过有线或无线方式与后台连接进行通信。此方法可同时测量伸缩节的纵向和横向位移距离。

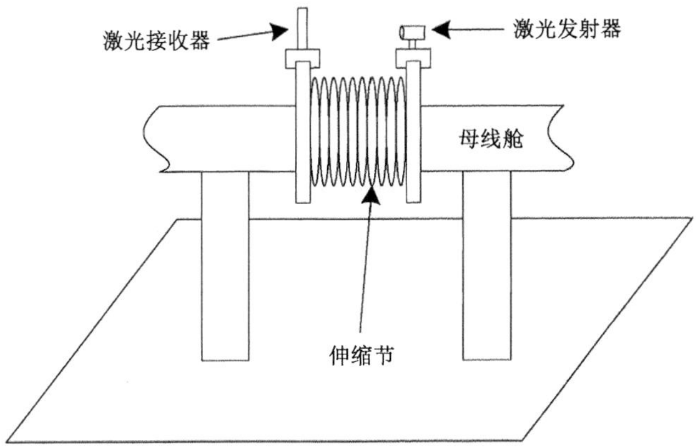

图 8-25　基于激光测微技术的 GIS 伸缩节形变监测传感器

也有应用三维激光扫描技术的测量方法，其原理类似全站仪，为非接触式，利用激光获取设备水平角、竖直角等参数，快速构建待测量伸缩节表面的三维坐标数据，自动计算并存储得到点云数据。但其目前仍须解决扫描过程中的遮挡、点云数据量大等问题。

8.2.10　变压器绕组形变

1. 基于振动监测变压器绕组形变的基本原理

电力变压器绕组变形是导致故障的重要原因之一，对其振动信号进行监测分析是解决故障问题的有效手段。振动主要由变压器本体产生，一般因绕组和铁芯的振动引起，并传递到油箱表面。油箱表面的振动与振动点和传递相关，同时也受油箱体本身机械结构特性的影响。

如图 8-26 所示为绕组不同压紧状态的振动位移响应云图。当变压器内部绕组变形、匝间短路、铁芯松动等缺陷发生后，振动状态会发生变化，通过监测（检测）变压器油箱振动信号，能够对绕组机械性缺陷进行诊断。

变压器绕组在发生了变形、位移或崩塌后，绕组的压紧不够，使绕组间高度差逐渐扩大，导致绕组安匝不平衡加剧，使漏磁造成的轴向力增大，从而使绕组的振动加剧。

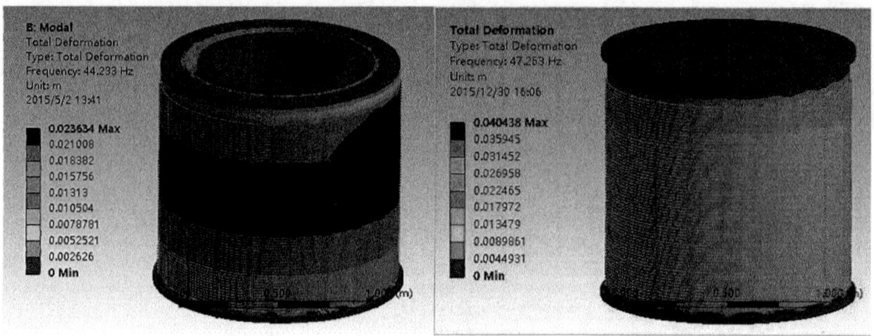

（a）绕组无压紧力　　（b）绕组额定预紧力

图 8-26　绕组不同压紧状态的振动位移响应云图

2. 监测及诊断方法

建立变压器内部缺陷对应的振动信号频谱特征库，一般利用带电检测或监测获取振动数据，对比检测到的信号与特征库的差异，从而诊断变压器缺陷。如果变压器的绕组发生故障，其振动信号将有明细变化，通常表现为全频段的数据出现不同程度的增强或衰减。因此，在全频段的信号中包含着丰富的故障信息。对变压器的 $S(t)$进行分析，一般转换为频域信号 $H(f)$，并分析全频段的能量，可表示为：

$$E_f=\frac{1}{T}\int_0^T\left(\left|S(t)\right|\right)^2\mathrm{d}t=\sum_{m=1}^{n}\left|X_m\right|^2 \tag{8-2}$$

式中，E_f为能量值，X_m（m=1,2,⋯,m）表示频域信号 $H(f)$的某频率段内各离散点的幅值。

由于变压器故障前的征兆与故障原因有着比较复杂的关系，不能将单一频率分量的变化作为判断依据，与正常的振动相比，某一频带内的信号能量有着非常大的差别，可能减少或增加；经过研究和试验，并结合绕组故障前后频率的变化情况，建立了含三个特征的变压器绕组变形诊断模型。

$$\begin{cases} E_{T50} + E_{T150} = C_1 \\ \left(E_{T50} + E_{T150}\right) / \left(E_{T100} + E_{T200}\right) = C_2 \\ E_{F100} / E_{T100} = C_3 \end{cases} \quad (8\text{-}3)$$

式中，E_{T50}、E_{T100}、E_{T150}、E_{T200}分别是振动信号为 50Hz、100Hz、150Hz、200Hz 时油箱顶部分量的能量值；E_{F100}是振动信号为 100Hz 时，变压器油箱正面中部分量的能量值；C_1、C_2、C_3分别表示三个特征值。

一般应根据式（8-3）确定在正常与故障状态下特征向量 $\boldsymbol{T}$ 的特征值。

$$\boldsymbol{T} = \left[C_1 \;\; C_2 \;\; C_3\right] \quad (8\text{-}4)$$

当绕组出现变形后，原频率处的幅值也出现相应变化；反映到表面的振动，常常与变压器绕组的压紧状况和位移等相关，它们的变化将引起振动特征向量的变化，一旦变压器发生故障，将当前特征向量 $\boldsymbol{T}_X$ 与标准特征向量 $\boldsymbol{T}_N$ 进行比较就可以迅速判断变形故障。

3. 现场应用

该技术在江苏省南京市云南路 110kV 变电站、龙江变电站等处应用，持续监测变压器绕组形变情况。如图 8-27（a）所示为云南路 2 号主变在线监测数据，共布置了六个传感器，分别在油箱正面、顶面各布置三个，与绕组位置对应。

如图 8-27（b）所示为变压器油箱顶部一传感器的时域监测数据，进行时频变换得到图频谱信息。

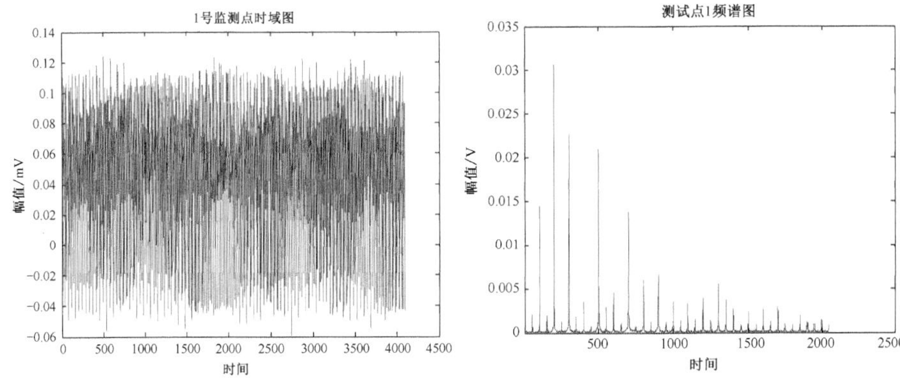

（a）时域　　（b）频域

图 8-27　传感器监测数据

对长期监测数据进行分析，分别计算 100Hz、（200/100）Hz、100Hz/总分量、300Hz、（50/150）Hz 及（50+150）/（200/100）Hz 这六个振动频率分量的幅值

随时间的变化曲线（每个月取一个点）。当变压器的振动频率分量超过警戒阈值（阈值根据实验室结果设置）时，应当引起注意，变压器存在绕组松动变形或铁芯松动的可能，并结合油色谱分析等其他变压器故障诊断方法进行综合诊断。如图 8-28、图 8-29 所示分别为振动信号为 100Hz、（200/100）Hz 时特征值随时间变化曲线。通过分析判断，该主变绕组压紧力轻微减小，但减小程度不大，未导致绕组松动、形变的产生。

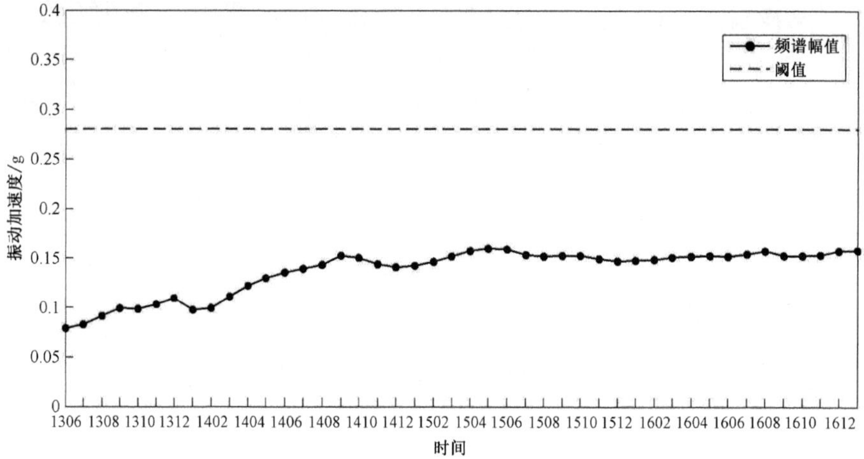

图 8-28　振动信号为 100Hz 时特征值随时间变化曲线

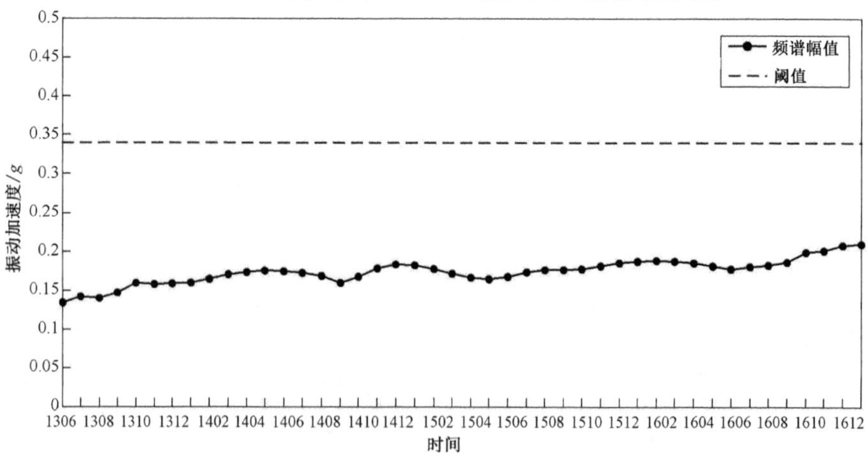

图 8-29　振动信号为（200/100）Hz 时特征值随时间变化曲线

8.3　变电站智能辅助监测

随着科学技术的不断发展，当前变电站也开启了智能化的改革模式。所谓智能化就是变电站的信息收集、传输及处理等过程全部智能化和数字化，以此来提高变电站的工作效率，加速信息的传递。在智能变电站的建设当中，辅助设施监控是极为重要的，并且随着智能化程度的提高，对辅助设施监控也有了更高的要求。

智能辅助监测能够帮助运检人员更好地管理变电站，及时有效地消除部分隐患。一般而言，变电站智能辅助监测的功能有以下几个。

1. 报警功能

报警功能简称安防系统。在新建或扩建变电站的辅助设施监控系统当中，报警功能是极为重要的功能之一。通常在辅助设施监控系统中，采用三级警报来处理。一级警报是在无人区域范围外所传来的报警信号，当有人接近无人区域一定距离时，或者发现在无人区域存在多余的物品时，就会进行一级警报。二级警报则是当有人进入无人区域或被禁止的非工作人员进入区域后进行报警。当子系统的设备存在任何异常时也为二级警报。三级警报也是危险度最高的警报，当有人或其他生命体闯入生产区域，以及遇到火灾、爆炸等重大事故时，则为三级警报。

2. 地图检索功能

地图检索功能也是智能变电站中辅助设施监控系统的一大优势。采用地图检索功能就能告别传统的文字访问，通过更加直观、形象的展示让变电运维人员进行操作和监控，运维人员甚至还可以在电子地图上进行任意的拖拉和选中，以此来查看变电站中的各个角落，从而实现对整个变电站的监控，提高监控的准确性和精确性。与此同时，通过地图检索功能，变电运维人员也能够对故障、异常部位进行快速准确的定位，从而更加快速地排除变电站中的问题，提高变电站的安全性和稳定性。

3. 过温报警

对变电站来说，保持温度十分重要，尤其在负荷较大的区域。在智能变电站的辅助控制系统中，当运行中的设备温度高于设定范围时，系统自动发出报警，从而让运维人员快速发现问题并进行解决或上报。除此以外，智能化的建设也能够对空间中的历史温度和相间温度等进行记录，以便变电运维人员对变电站工作进行更好的控制和把握。

4. 温湿度控制

温湿度控制系统简称温控系统，在变电站中的主控室、高压室、站用变室、电容器室等一些重点区域，对温湿度是有严格的要求。因此，智能变电站辅助设施监控系统也可以对该区域的温湿度进行监控并调节，从而保障区域内设备正常工作。

5. 火灾报警

当监控室出现烟雾或明火的时候，系统会自动发出报警信号，并且通过辅助设施监控系统和视频监控系统进行信息的传递和通信，从而让变电运维人员第一时间了解到火灾发生的地点和规模，进行及时处理，避免因为火灾而导致变电站出现重大的财政损失和人员伤亡。具体的操作方式就是当辅助设施监控系统检测到有火灾发生时，生成一个用于消防的地址码，然后由监控系统向视频子系统发出命令，调动火灾附近的监控摄像头，并弹出一个实时视频窗口，从而让工作人员能够第一时间了解火灾发生地点的详细情况，并采取相关的消防措施。

6. 视频系统

视频系统在整个变电站辅助设施监控系统中处于核心地位，因此对视频子系统也有着较高的要求。首先，视频子系统必须能够完整地传达变电站内部主要设备及区域的实际运行情况，同时在接到其他子系统发出的警报信号之后，能够第一时间调整变电站中的摄像头，对报警区域进行查看。其次，视频子系统需要传输清晰的视频图像到终端系统，方便工作人员进行查看。

7. 通风与水泵子系统

通风与水泵子系统的智能化建设主要依靠辅助设施监控系统，通过对变电站环境数据的采集，来对变电站的通风进行控制。同时，该子系统的建设还需要充分考虑变电站所处地区的气候和环境特点，从而更好地分析变电站设备运行所需要的温湿度，保障变电站设备运行的稳定性和安全性。

8. 巡检系统

目前，巡检系统采用两种方案，第一种是 PDA 和机器人融合方式；第二种是采用智能巡检小车的方式在变电站中进行定期巡检，检测变电站设备在运行过程中可能存在的异常，并且及时采取相关措施加以解决。

在智能变电站的运行过程中，辅助设施监控系统有着巨大的作用，并且为保障变电站设备的安全、稳定运行提供了极大的帮助。在智能变电站的辅助设施监控系统建设中，必须注重变电站智能化系统网络设计方案及环境监测、火灾报警与巡检等子系统的建设，保障辅助设施监控系统更好地发挥作用。

8.4　故障智能识别

8.4.1　空间电磁波定位

通常对变电站内 GIS、变压器和容性设备等单一设备进行局部放电检测和定位。现在较为成熟的局部放电检测技术主要有超高频和超声波局部放电检测法。在线局部放电监测设备主要采用超高频原理，一般都是采取在盆式绝缘子上安装超高频探头的方式，为了能够捕捉放电信号和对信号进行定位，需要安装多个探头，对于间隔较多的 GIS 变电站，甚至需要上百个探头，如果在每个设备上都装设在线局部放电装置，会导致建设成本极高，系统使用效率也低。利用较少的超宽带电磁波传感器组成空间阵列，能对变电站内的所有设备进行全方位的局部放电监测和定位，大大降低了变电站设备局部放电在线监测的成本，有助于更多的变电站安装和使用在线局部放电监测设备，提前发现缺陷，减少停电事故的发生，从而提高变电站的智能化水平。

8.4.2　空间电磁波定位原理

电力设备局部放电所产生的宽带超高频电磁波能被用来无侵入式监测局部放电。因此，可基于超高频电磁波理论，利用四根天线组成天线阵列，定义三维坐标系，接收超高频电磁波对变电站放电源进行局部放电定位，如图 8-30 所示。利用基于能量积累法计算信号起始时刻和基于信号时延序列实现放电源准确定位算法的原理，求解基于时差的以局部放电点位置为未知数的非线性方程组，准确利用空间电磁波检测数据来定位局部放电源[18]。

空间电磁波定位设备采用高频（200MHz～6GHz）传感天线的阵列设计，在变电站现场利用一组（大于或等于 4 个）车载的射频天线传感阵列（宽带、全向），根据各传感器接收的局部放电射频信号信息，对变电站中一次设备出现绝缘故障前产生的局部放电信号进行带电状态下的试验检测和研究分析，实现放电检测和放电定位的目标。

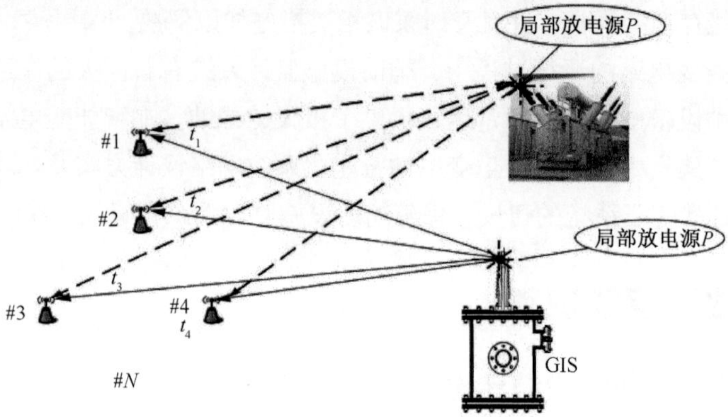

图 8-30　射频传感器天线阵列局部放电检测示意

8.4.3　空间电磁波定位装备

1. 装备技术

空间电磁波定位装备技术是利用射频天线阵列获取放电信号时延序列，采用空间时延序列分析，实现对变电站内设备局部放电源精确定位的理论和方法。该技术重点基于射频电磁波信号在变电站特定空间环境下的传播特性，利用天线阵列获取放电信号，利用信号达到不同测点的时延，实现变电站局部放电定位；采用三维空间定位算法，利用传感器阵列的位置和布局实现放电源高精度定位；对变电站现场干扰进行分析，准确测量计算放电信号时延以实现精确定位；采用改进的信号能量积累法和相关分析法确定信号首波时刻，获取信号时延；综合分析变电站现场干扰、时差测量、局部放电源相对各接收天线的位置及传播速度等影响定位精度的因素，提高检测的可靠性和定位精度。

该技术包括抗强电磁干扰的射频传感器接收、高频信号的低损放大和信号超高速同步采集及数据分析处理系统，开发局部放电检测和定位软件，建立高性能变电站局部放电检测和定位系统[18]。

2. 组成与参数

空间电磁波定位装备包括射频天线、滤波模块、超高速数据采集装置、信号数据处理和分析模块、信号处理和三维定位分析模块等。其中，射频天线是全向、超宽带的（0.2MHz～6GHz）射频天线阵列、通过四个（及以上）射频传感天线阵列，对于同一放电源，接收的射频信号有一定时差，基于放电信号时延序列分析和空间分析可实现放电信号精确定位。

基于空间电磁波定位技术的局部放电在线监测系统利用多个全向超高频天线传感器构成传感器阵列，实现对空间内的超高频电磁波信号的监测。如果有局部放电信号出现，传感器阵列可收集超高频电磁波信号，这些信号经过滤波处理后送入超高数据采集模块。超高速数据采集模块同步采样各通道数据并按照规定的格式存储。数据处理模块主要完成背景干扰抑制、时延序列获取等功能。数据分析模块主要包括局部放电信号识别及归类、时延自适应补偿、定位计算等功能，最终确定局部放电源的三维空间坐标，在变电站可视化三维空间视图中显示，并对电气放电故障设备进行预警。如图 8-31 和图 8-32 所示为基于空间电磁波技术的定位装备示意。

如图 8-33 和图 8-34 所示为某变电站内空间电磁波定位系统检测结果。

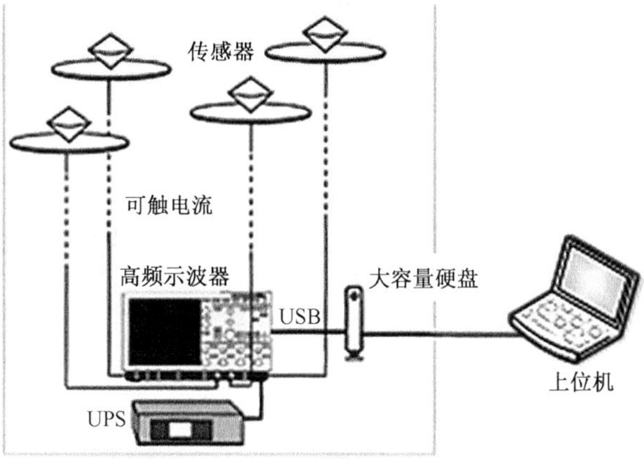

图 8-31　基于空间电磁波技术的定位装备示意（1）

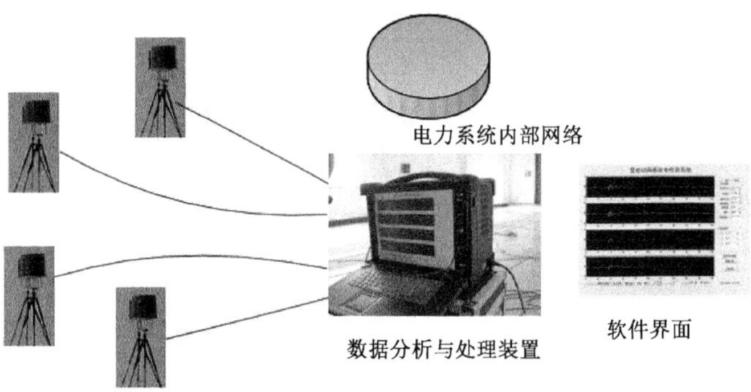

图 8-32　基于空间电磁波技术的定位装备示意（2）

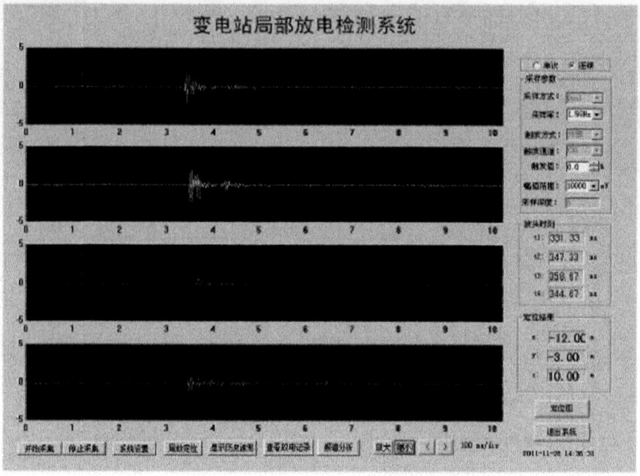

图 8-33　各射频传感器电流波形

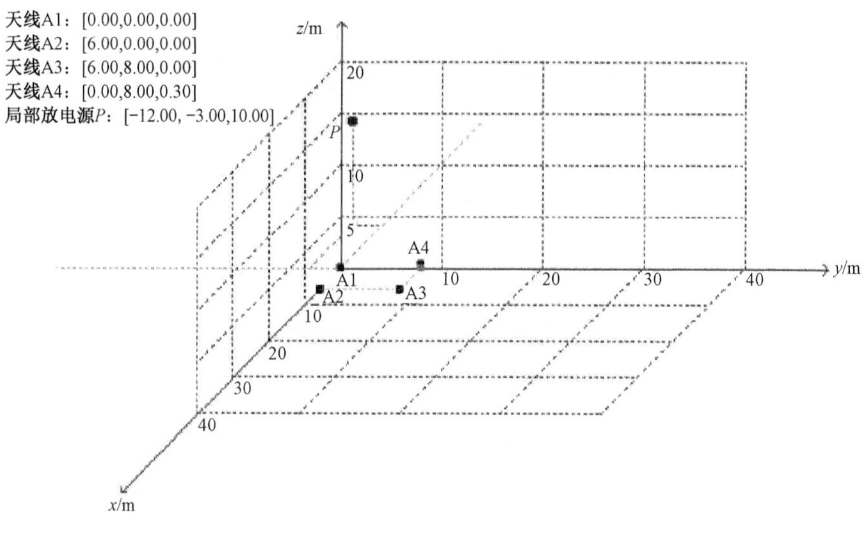

图 8-34　局部放电三维定位

8.5　变电站物联网汇聚及安全接入

8.5.1　物联网变电站信息安全的意义

随着物联网技术的不断发展，物联网的安全将逐步成为工作重点。网络化的智能传感系统使实体设备具备一定的边缘计算能力，也使各接入环节的安全受到一定威胁，主要体现在以下两个方面。

（1）物联网作为现有网络技术的一部分，具有一定的兼容性和继承性，允许不同程序和用户运行，随着网络范围的不断扩大，重要信息和设备状态可能不知不觉中被不法分子窃取，也可能被更改核心敏感数据。

（2）随着智能电网建设的加快，物联网技术也大量应用在设备状态监测等领域。网络漏洞不断被发现，电网本身的安全问题受到关注，如果感知层存在漏洞，将使大量重要数据和文件被窃取，对国家、社会等都会有重大的影响。

当前网络化智能感知系统的网络节点处于无人监管状态，某些节点存在一定缺点，这将使整个网络化感知系统存在缺点，网络安全问题也将导致现有的物联网安全问题。如果网络平台和应用平台安全性不达标，将带来灾难性后果。

2015 年 12 月 23 日，乌克兰电力系统遭到网络攻击，导致大面积停电，电力中断 3～6 小时，约 140 万人受到不同程度的停电影响，这是首例由于网络攻击造成的大规模停电事故。在此次事故中，黑客通过欺骗获取配电公司员工信任，用植入木马、后口连接等方式向变电站 SCADA 发起网络攻击。可见，安全问题会影响大局，是所有问题中最重要的，要根据智能物联网的特点设计出能够解决该问题的机制。

8.5.2 变电站安全接入技术

变电站物联网数据由各类传感器产生，经过汇聚节点设备进行初次处理、聚合后发送给站内的接入节点，由接入节点通过安全接入通道上传至后台系统。变电站物联网数据的汇聚离不开汇聚节点和接入节点，节点设备是物联网的核心网络设备。

1. 汇聚节点

汇聚节点是微功率物联网主要的传感器接入装置，具有传感器无线接入、边缘计算、数据中继传输、数据回程传输等功能。汇聚节点在通信协议方面同时支持低功耗节点组网协议和微功耗无线传感器接入协议。作为无线传感网层面的主要通信节点，汇聚节点也是整个传感器网络的通信骨架，通过微功耗无线通信协议与传感器进行通信，并通过低功耗无线通信协议与其他节点设备组网。汇聚节点设备应满足以下要求。

（1）灵活组网覆盖，可配置灵活组网，适应不同场景的覆盖需求。

（2）兼容主流接口和协议，支持有线、无线接入接口和协议。

（3）拥有边缘计算能力，支持可配置的边缘计算插件。

2. 接入节点

接入节点用于变电站内以标准通信协议对站内各类微功率无线传感器和汇聚节点组成的传感器网络进行数据汇聚和控制，其功耗相对较大，需要采用交流电源供电，接入节点支持 4GAPN 或电力 230MHz NB-IoT 等多种回程方式。接入节点在相关的标准和规约下通过无线网络将各类感知数据进行转发，满足电网智能化要求，并从核心技术和核心器件方面确保整个电网通信设备的自主可控。接入节点应满足以下功能和设计要求。

（1）支持节点组网系统网络侧协议栈。支持主备 4G APN 回程或电力 230MHz NB-IoT 回程。

（2）支持基于容器的边缘计算架构。

（3）基于实时库和实时消息服务机制的软件构架，保证信息处理的实时性。

（4）支持灵活的配置通信协议、通信介质、应用信息映射等；支持 IEC870-5-101/103/104、Modbus、DNP 3.0 等标准规约，并可根据现场需求进行特殊规约匹配应用。

（5）具备自我诊断与自恢复功能，在因外界干扰、通信失败等原因导致程序运行出错时，系统能在极短的时间内自行恢复且能够脱网独立运行。

3. 接入方式

站内数据接入电力内网必须满足安全要求，依据接入节点上传数据的通道不同，有以下两种安全接入方式。

（1）采用 APN 回程网的接入节点，其数据加密等安全体系采用公网 APN 方案。数据安全方面，APN 本身就具有“安全隔离”的效果，其安全防护策略采用安全 TF 加密卡、专用 SIM 卡及安装安全专控软件的方式，其中安全 TF 加密卡为终端安全防护专用硬件设备，集成安全加密芯片，为终端设备提供安全服务。同时安全 TF 加密卡作为终端数字证书的载体，配合安全接入平台提供终端合法性验证及加解密协商等功能。

（2）采用 230MHz NB-IoT 回程网的接入节点。在安全加密方面，在接入节点中嵌入基于国密算法 SM1 研制的安全芯片，对传输数据进行加密，传输过程中采用端到端加密技术和安全隔离技术，确保数据通道的机密性和完整性。数据到达后台后再安全接入平台进行解密。

8.5.3　安全接入平台

针对不同设备和系统的安全问题，构建“终端、网络、应用、管理”一体化的移动安全解决方案，形成物联网构建统一的移动化安全框架，采用动态管理策略，同时安全接入平台允许业务系统、移动类终端、采集类终端，支持 TCP/UDP 协议报文、视频流等多种数据类型和数据格式。

终端的安全防护采用安全 TF 加密卡、专用 SIM 卡，并安装安全专控软件的方式。安全 TF 加密卡为终端安全防护专用硬件设备，集成安全加密芯片，为具有 TF 卡接口的终端设备提供安全服务。同时，安全 TF 加密卡作为终端数字证书的载体，配合安全接入平台提供终端合法性验证和加解密协商等功能。为进一步提高敏感数据在无线公网环境中传输的安全性，无线通道需要采用 APN 专网，因此终端要采用绑定专网 APN 的 SIM 卡。

安全专控软件一般包含两个部分：一是安全加固模块，实现对终端设备的完整性校验和防非法数据外联等功能；二是安全连接模块，实现对加密链路的连接，收集终端信息的完整性和合法性。

移动安全接入平台整体防护如图 8-35 所示，它是构建坚强智能电网移动信息安全接入体系的核心基础安全防护设施和装置，承担智能电网各种复杂网络环境下各种智能终端（智能监测采集终端、智能手机等）的安全接入、实时监控、数据安全传输与交换、主动防御预警等重要功能。移动安全接入平台采用国

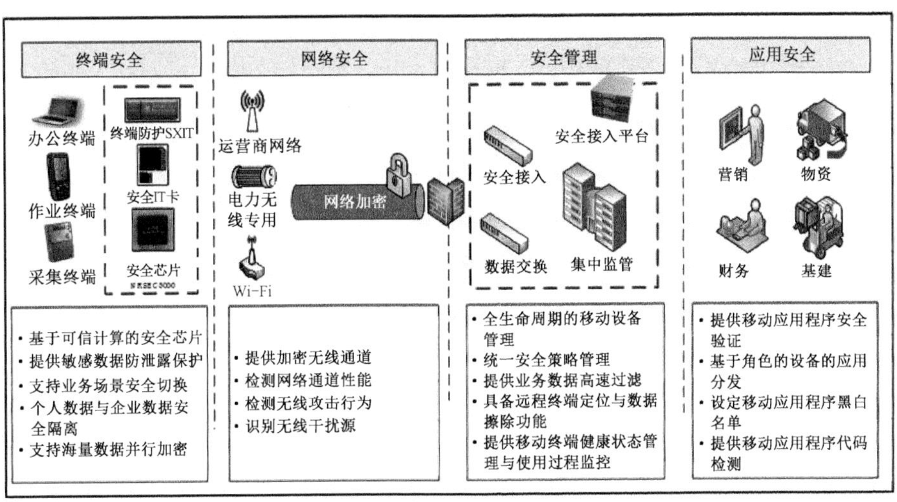

图 8-35　移动安全接入平台整体防护

家密码管理局认可的加密算法、数字证书签名验签、数据安全过滤、高强度身份认证、完备的审计等技术手段，保证了接入终端的合法性和访问数据的安全性，实现了内外网信息的安全交互。

参考文献

[1] 鲁东海，孙纯军，秦华. 基于物联网技术的智能变电站辅助控制与监测系统设计与应用[J]. 华东电力，2011，39（4）：567-571.

[2] 王哲，孙纯军. 物联网技术在智能变电站中的应用[J]. 电力建设，2011，32（10）：41-46.

[3] 刘权威，周亚雷. 基于物联网技术的智能变电站在线监测系统研究[J]. 山东工业技术，2018，（6）：141.

[4] 肖军. 物联网和 IPv6 技术在智能变电站中应用研究[D]. 保定：华北电力大学，2014.

[5] 张子成. 基于物联网的智能变电站在线监测系统的设计与实现[D]. 北京：华北电力大学，2014.

[6] 何业慎，梁琨，谭威，等. 基于物联网技术的智能变电站安防监控系统[J]. 电信科学，2018，34（9）：185-191.

[7] Matta N, Ranhimamoud R, Merghemboulahia L, et al. A Wireless Sensor Network for Substation Monitoring and Control in the Smart Grid[C]// IEEE International Conference on Green Computing & Communications. IEEE, 2013.

[8] 王继业. 物联网及可视化技术在新一代智能变电站中的研究及应用[J]. 电气应用，2013（19）：68-72.

[9] 陈士龙，陈浩. 基于物联网的智能变电站在线监测系统研究[J]. 山东工业技术，2017（5）：116-117.

[10] 林敏. 基于物联网技术的智能变电站辅助系统及应用[J]. 电力工程技术，2013, 32（6）：19-22.

[11] 刘权威，周亚雷. 基于物联网技术的智能变电站在线监测系统研究[J]. 山东工业技术，2018.

[12] 刘艺，黄景婧，张楠. 基于物联网技术的智能变电站应用方案探讨[J]. 数码设计，2018，7（1）：31-32.

[13] 许强. 物联网技术在智能变电站的应用[J]. 数字技术与应用，2014（2）：50.
[14] 虞黎华. 基于物联网及三维可视化的新一代智能变电站建设[J]. 中国设备工程，2016（10）：81-82.
[15] 李敏. 物联网在智能变电站系统中的应用设计[D]. 济南：山东大学，2016.
[16] 付彦冰. 带电检测及诊断技术在高压电气设备中的应用研究[D]. 南京：东南大学，2017.
[17] 李忠军，岳聪. 容性设备带电检测方法研究[J]. 黑龙江电力，2015，37（1）：54-56.
[18] 俞燕乐. 基于电磁波空间定位的变电站局部放电监测系统[D]. 上海：上海交通大学，2012.

第9章

物联网与配电网

配电网是电网的“最后一千米”，是连接输电网、分布式电源和广大用电客户的重要环节，是保证电力供应末端质量和终端实现的最基本单元。在“十三五”规划中，提出加强智能配电网建设，继续加大配电网的建设力度，全面开展配电自动化建设。配电网规模的不断拓展对配网设备的运行和维护工作提出了更高的要求。

状态监测在配电网方面相对薄弱，目前还没在配电网中推广状态在线监测。究其原因，一方面是状态监测技术相对落后，成本昂贵；另一方面是管理人员对配电网的状态检修和状态监测的认识有所不同，导致目前配电网的状态监测技术应用很少，只有零星的试点、示范应用[1]。随着物联网技术的成熟与发展，物联网与智能电网的结合越来越紧密，可以利用物联网的低成本、广泛信息获取能力等特性，促进配电网状态监测的快速发展，这将有力推动配电网智能化的发展，全面提升配电网运行检修管理效率和工作质量。

另外，当前配电网监控系统主要还是基于配电自动化来实现整条馈线的监控，缺乏针对分支线路及设备故障监测判断的技术手段，从而直接影响故障定位的准确性和快速性。通过加大物联网技术在配电网监测领域的应用范围和深度，实现分支线路运行状态信息采集，为电网的全方位信息化、智能化、互动化管理提供数据支持。

本章主要围绕智能传感技术在配电网中的应用、图像智能化分析技术在配电网中的应用、基于物联网技术的配网分支线路故障诊断、基于物联网的配电网智能化分析平台技术四个场景，全面介绍物联网技术在配电网中的典型应用。

9.1　智能传感技术在配电网中的应用

9.1.1　智能近电报警

近电报警装置算法理论研究主要分为两个层面：基于压缩感知的工频电场逆问题建模与仿真、高压工频电场的多电极梯度检测法。

1. 基于压缩感知的工频电场逆问题建模与仿真

变电站是包含强电设备和弱电设备的电磁环境复杂的系统，包括变压器、断路器、母线等一次设备，以及信号、控制、保护等二次设备，也存在低压开关柜、蓄电池等低压直流设备。设备电气特性参数各不相同，无规律可循，变电站建成后，所部署的设备之间相互作用，设备产生的电磁场之间互相干扰耦合，与理想单体设备的电磁环境差异明显[2]。除正常运行时变电站内空间中存在强工频电磁场，同时考虑变电运维中的开关操作、系统故障、雷击事件等瞬态电磁影响因素，所涉及的电磁场问题的边界变得尤为复杂和不规则。当变电站设备和线路出现缺相、相位异常等故障，或者运维人员接近带电区域时，引起电场强度的变化，以设备和线路的特性参数来计算电场分布成为难以解决的问题，不适合采用正问题方法进行计算。变电站内的电场参数不断变化，其分布特性可通过测量获得，为更加精确地获取变电站内电场的状态，需要根据已知电场强度的分布来计算未知场域的分布特性参数。

1）场强测量的压缩感知采样过程

在基于压缩感知的电场强度测量过程中，测量矩阵需要保证信号的测量集保留了信号源的大部分信息；在电场强度的恢复过程中，测量矩阵需要保证能够从尽可能少的测量数据中恢复信号源。

将变电站映射出的平面区域划分为 N 个网格。在平面区域的 N 个网格内随机部署 M 个电场强度测量点，每个测量点按照测量矩阵的特性进行配置，并且对每个测量点的位置进行编码。通过模拟电荷法等效变电站内高压设备和大地影响，以及测量点电场强度特性，重构变电站中的电场强度分布情况，得到监控区域的电场云图。

2）工频电场矩阵填充与恢复

电场场强的分布云图重构需要输入完整的数据，实地测量方式不具有操作性，压缩数据采集的数据不足以建立整个变电站的电场分布云图，同时测量数据存在一定的噪声污染。在重构过程中数据缺损是普遍现象，通过重建算法进行数据补全和恢复，可解决数据完整性问题，这关系场强分布云图的准确性。电场分布如图 9-1 所示。电场矩阵低秩填充和恢复算法可构造低秩重建模型，将矩阵的秩作为一种稀疏测度，分析其本征低维空间，通过增广拉格朗日乘子法进行高维数据分析。对于场强低秩不完整的矩阵，利用其元素间的相关性，对矩阵中缺失的数据进行填充，恢复准确的矩阵。分析求解电场场强凸优化问题的最低矩阵奇异值及采样规模条件，并进行低秩填充和恢复算法收敛性研究。网格化处理建模如图 9-2 所示。

在特高压变电站室内场景下，根据室内部署的若干参考点的工频电场测量，得到变电站全部监控区域的工频电场分布，这就是矩阵重建。矩阵重建如图 9-3 所示。

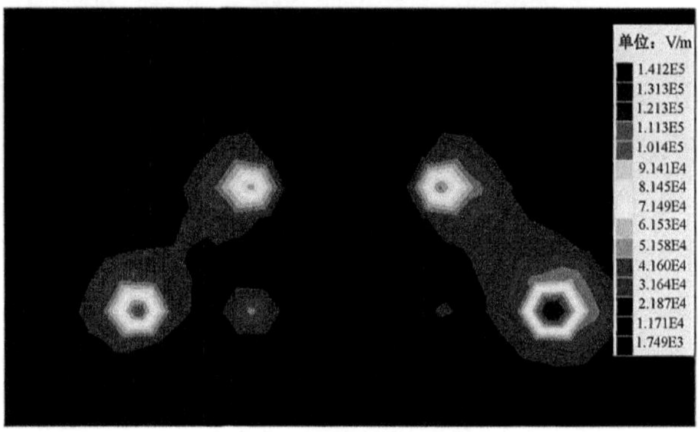

（a）电场分布位

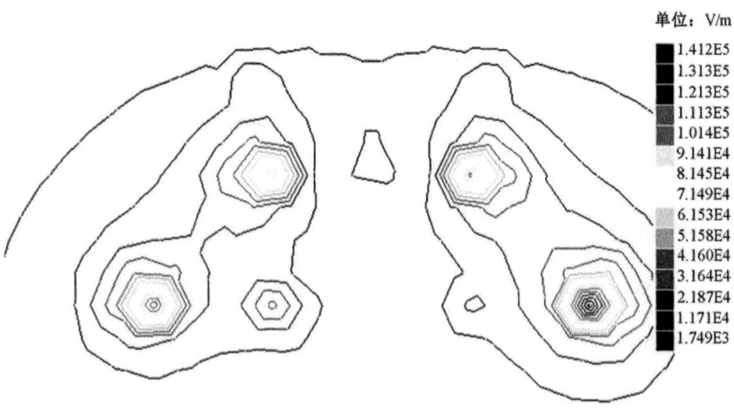

（b）电场分布等值线

图 9-1　电场分布

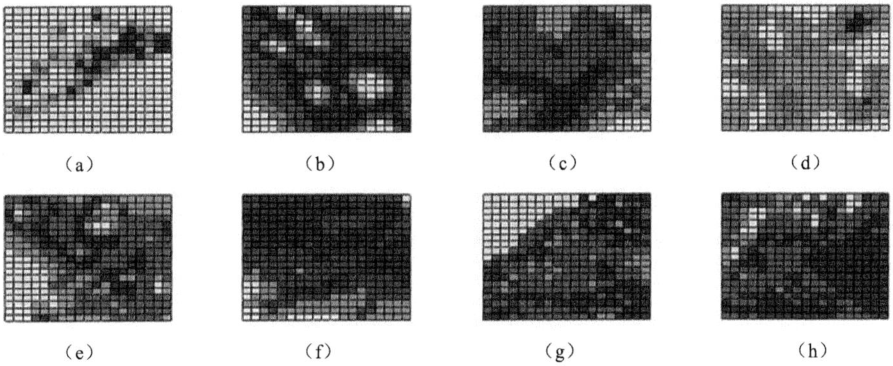

图 9-2　网格化处理建模

图 9-3　矩阵重建

3）电场云图逆向构建算法与重构仿真

利用一定数量测点的电场强度，通过矩阵低秩填充和恢复算法重建测点周边区域电场强度数据，引入条件数，结合正则化技术，研究不存在性、不唯一性、不稳定性引起的逆问题病态特性及病条件约束方法。通过电场强度数据的重构，从理论上分析适用于逆问题的计算方法及综合性能，从而为变电站空间场源分布参数逆向模型提供方法。

系统假设的模拟电荷分布和场强分布分别如图 9-4、图 9-5 所示。图 9-4 模拟的是实际电荷分布（黑色为负电荷，白色为正电荷），图 9-5 模拟的是电荷分布的重构结果。

2. 高压工频电场的多电极梯度检测法

考虑变电站站内电场环境复杂、测量空间的局限性，以及系统实现的可行性，采用多层分布电极设计的悬浮体法，便于在便携式设备上实现。与光电法相比，虽然二者都不需要参考电极，但光电法需要使用光纤，并且电路复杂，成本较高。因此，以悬浮体法作为最优方案，在便携式设备上实现搭载。

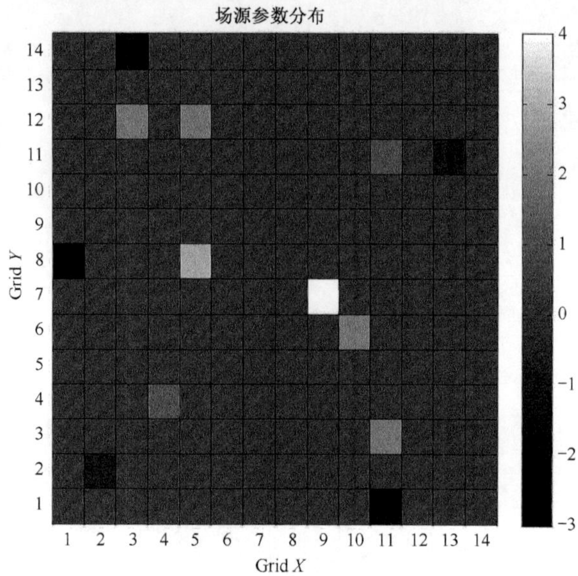

图 9-4　电荷实际分布

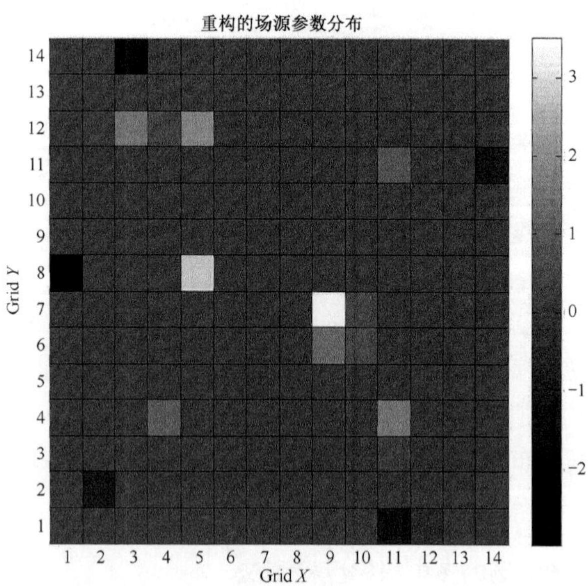

图 9-5　重构的场源参数分布

由于人体的电阻值不是稳定不变的，会受到穿戴物品（如佩戴安全帽）的影响，因此，基于单点电极测试方法的电场采集精度会受到人体电阻阻值浮动的影响而下降，常规的单电极方案已无法实现电场梯度信号的有效识别，因此采用分层电极作为电极结构设计中的采样前端传感器，实现电场场强梯度的特征识别，同时通过计算在各电极上采集的感应电动势的差值起到屏蔽电阻的作用，最终获得较为精准的电场场强梯度值。根据梯度值的变化来判断具体电场的场强大小。

基于各采样电极在安全帽上的分布情况与其在电场中所处位置的关系进行方向的识别，从而辨别电场发生源的方向，如图 9-6 所示。

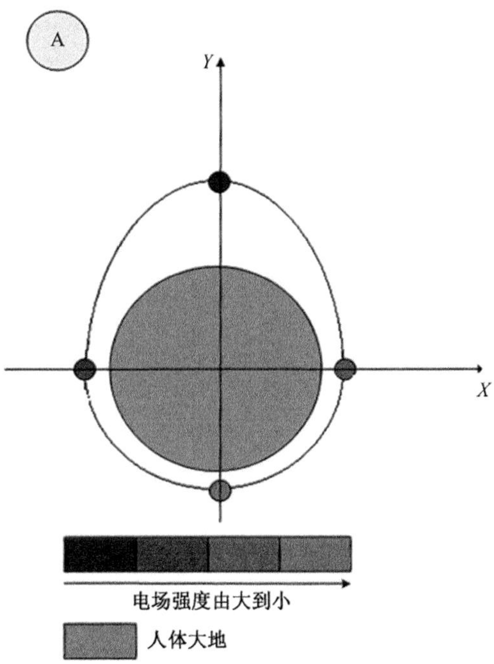

图 9-6　多电极的测量场强

通过分层结构的电极设计，一方面可测量载体周围多点的电场强度；另一方面可识别所处环境的电压等级。为进一步阐释多电极梯度监测法的电场强度检测功能，通过一个 110kV 变电站电场分布进行具体分析。

将载体置于 110kV 的带电间隔中，获取带电间隔的场强分布，如图 9-7 所示为距地面高 1.5m 截面的场强分布。以带电间隔的中心点为起始点。*X* 轴表示横向距离，*Y* 轴表示纵向距离，*Z* 轴表示该点场强大小。

如图 9-8 所示，可以得出，B 相下方的场强大小明显小于 A 相、C 相下方的场强大小，存在叠加场强的相互抵消。

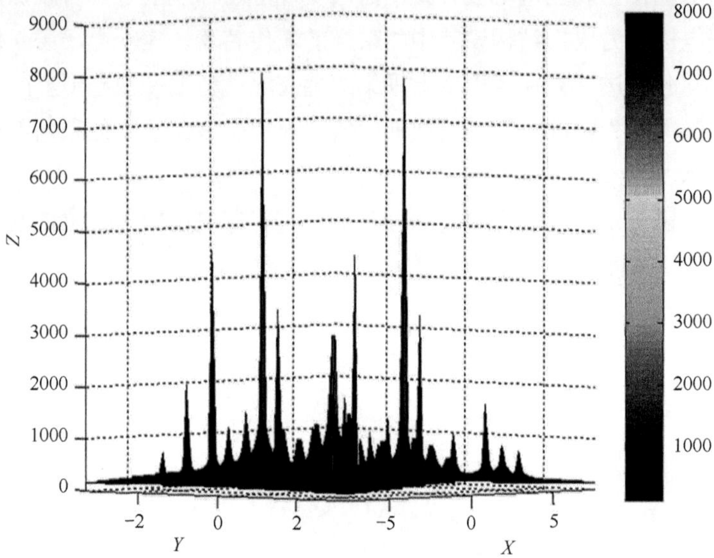

图 9-7　110kV 变电站带电间隔的场强分布

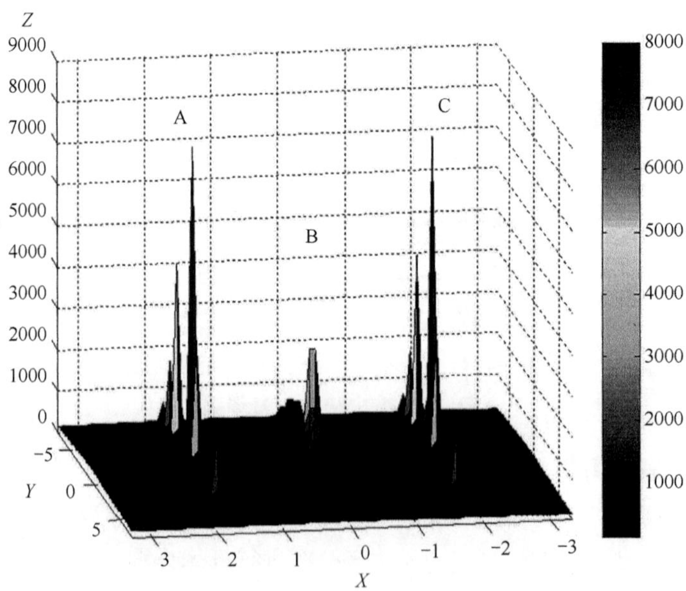

图 9-8　*X* 轴视角的 110kV 变电站带电间隔的场强分布

如图 9-9 所示，从 Y 轴视角可以看出场强的最大值出现在中间位置附近。这是因为该位置上方距离 110kV 带电体最近。

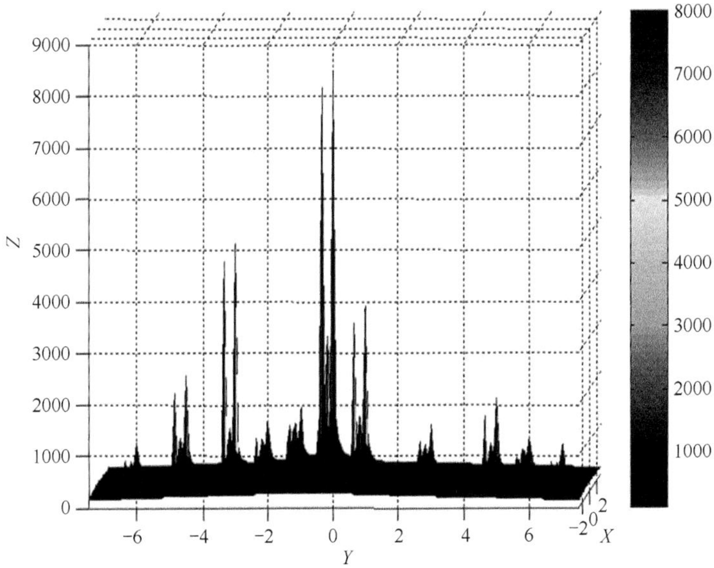

图 9-9　Y 轴视角的 110kV 变电站带电间隔的场强分布

以上分析表明，通过多层分布式电极层叠的方式，能有效通过梯度变化识别一些电压等级。

电场梯度识别方法采用多电极分层设计，具体实现方法如图 9-10 所示。

采用八个电极分层分别布设在载体的上、下、左、右，多电极分层分布式设计如图 9-11 所示。

9.1.2　超声波高精度定位

超声波高精度定位技术的研究采用了频率较低的 20kHz 超声信号载波，增加了超声波的传播距离和对障碍物的绕射能力。20kHz 超声频段介于超声波与普通声波之间，设计时采用了 1cm 处声强为 90dB 标准，换算成声功率为 0.0001mW/cm^2，医学一般认为超声检查（医用超声波频段 2～20MHz）所用声强不超过 0.1W/cm^2，直接照射 10 分钟以内，不会对组织造成影响。根据上述计算，超声定位信号比医用超声检查信号能量小了 1 万亿倍，远远低于医用标准。

超声波传输时差定位技术分为四个步骤：频率补偿算法、到达时刻检测算法、TDOA 定位模型、三维 CHAN 算法的定位实现。

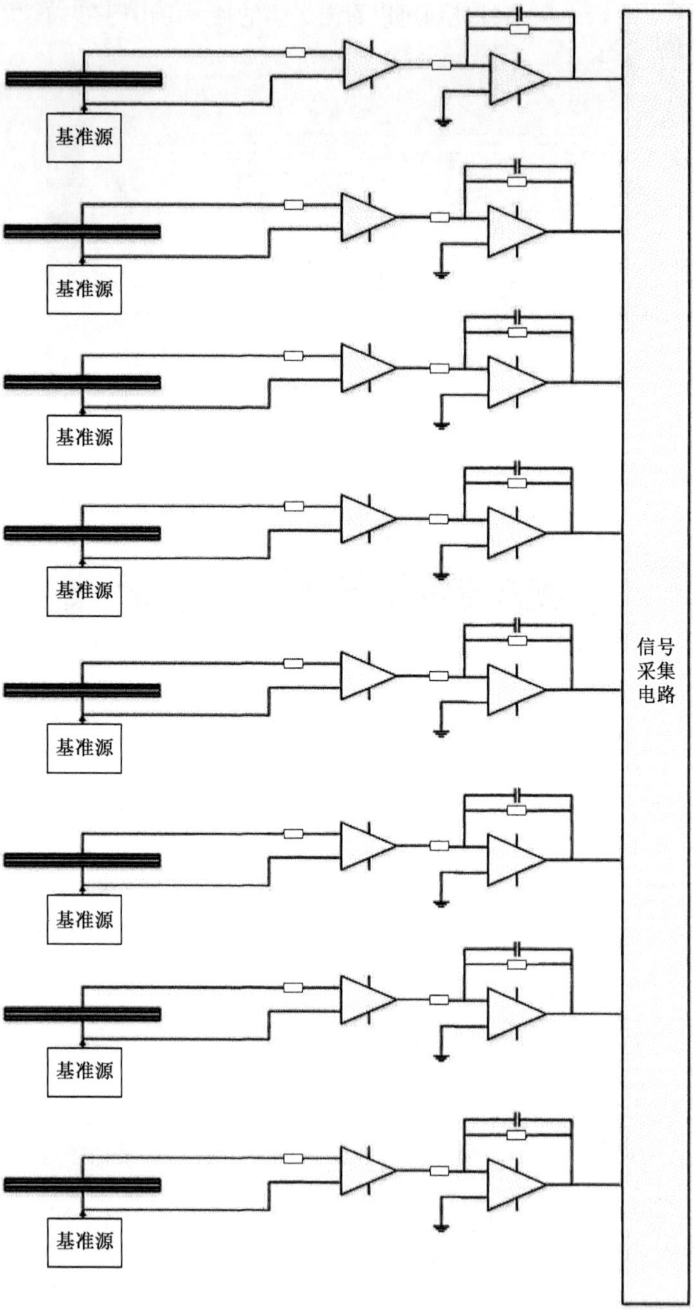

图 9-10　多电极设计方法

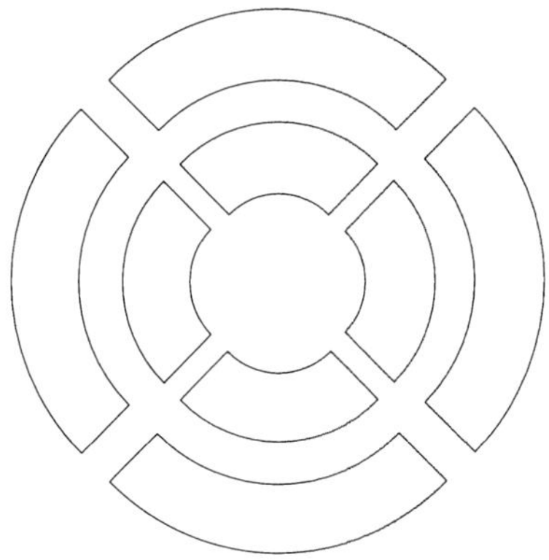

图 9-11　多电极分层分布式设计

1. 频率补偿算法

为便于无线声定位传感器节点对多普勒频移进行估计，首先进行固定频率超声波信号的发射，然后进行超声波扩频信号的发射，在对多普勒频移进行估计后，对接收的超声波信号进行频率补偿。

频率补偿方法：对超声信号做频点检测，如果频点偏离 20kHz，则进行频率补偿，使频点回到 20kHz，然后进行匹配滤波检测。

2. 到达时刻检测算法

时间差的准确测量是基于 TDOA 的算法能否实现精确定位的关键。由于超声传播是有向传播，其传播路径的距离未必是最短的，会受到墙面、障碍物折射等因素的影响，因此，如何准确、可靠地提取出到达时刻是定位算法的重点之一。通常采用波形特征检测方法、空间融合算法、时间融合算法等实现对到达时刻的准确提取、检测、识别、估计。

3. TDOA 定位模型

在超声波高精度定位技术研究中，通过 TDOA 测量值对移动点进行预估，得到移动点到两个基站之间的距离差值，多个 TDOA 的测量值就可以构成一组关于移动点位置的双曲线方程组，求解该双曲线方程组就可以得到移动台的估计位置，如图 9-12 所示。

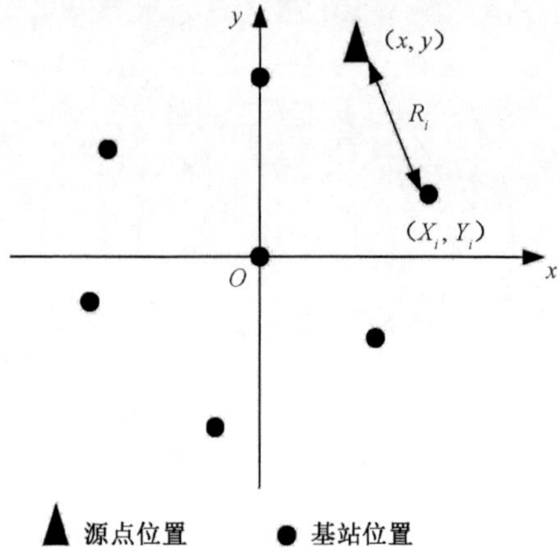

图 9-12　二维平面示意

4. 三维 CHAN 算法的定位实现

1）CHAN 算法

CHAN 算法是一种具有解析表达式解的非递归双曲线方程组解法。该算法的特点是计算量小，在噪声服从高斯分布的环境下，定位精度高。

2）三维 CHAN 算法的仿真实现

在实际的测试开发中，实现了基于上述 CHAN 算法原理的三维 CHAN 定位算法。主要流程和代码如图 9-13 所示。

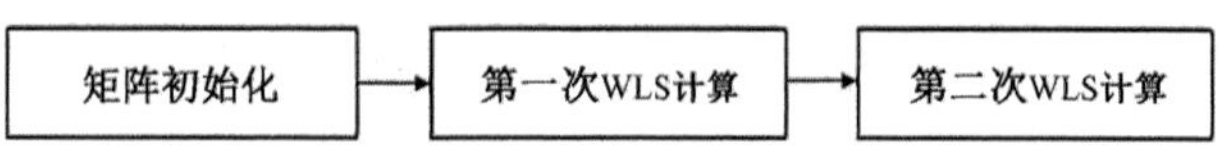

图 9-13　三维 CHAN 算法

经测试，CHAN 算法存在不足：由于传感器部署在 Z 轴方向差别不大，Z 坐标定位精度低；未限定定位结果范围，在信号差的条件下可得出远偏离正常值的定位结果。因此人们对定位算法进行了改进设计。

9.1.3　设备运行环境的物联网智能感知

配电网的安全运行依赖具体环境，环境是设备运行安全稳定与否的决定性因素之一。配电网巡视、检修工作也与具体的环境紧密相关，所以必须研究如何有效地获取与配电网安全稳定运行关联度高的环境参数，以最小的投入获取最多、最有效的信息。

1. 配电网运行环境参数研究

与配电网安全稳定运行紧密相关的不仅仅限于上述所需的环境信息，本节主要研究解决上述环境信息的获取技术、方法和实施规范，应用了环境温度、湿度、水浸、气压等环境监测传感器网络来实现环境实时在线监测。

针对上述信息获取的难点，新研发了以下无线气体、平面温度、水位传感器。

1）多种无线气体传感器

电缆沟内有害气体种类比较多，气体敏感元件也很多。每种类型的传感器都各有特点，如表 9-1 所示为三种气体传感器性能比较。

表 9-1　三种气体传感器性能比较

检测方式	灵敏度	可靠性	选择性	响应速度	稳定性	精度	功耗	经济性	测量范围	维护保养	辅助气体
半导体式	很好	好	好	很好	较好	差	很低	很好	小	几乎不需要	不需要
红外吸收式	较好	好	很好	好	好	很高	低	差	很大	很少	不需要
电化学	好	好	好	好	好	高	高	中等	大	经常	需要

根据上述传感器的特点，下面将采用红外吸收谱气体传感器进行气体检测。

为了可以长寿命、快速稳定、高精度、低功耗地检测目标气体，采用双红外光路的气体传感器，其工作原理如图 9-14 所示。

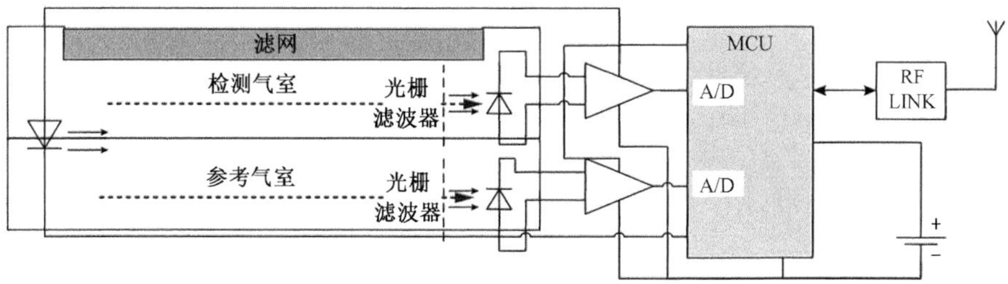

图 9-14　双红外光路气体传感器工作原理

为了高精度、低功耗地检测气体含量，设置了两个气室：一个是充满惰性气体的参考气室，以检测红外光源、光传感器因上电时间短、环境温度不同等引起的变化；另一个是检测气室，通过滤网直接检测被测气体，考虑井下气体变化速率较慢，无须主动抽吸被测气体进行检测，采用低成本、高可靠性的气体扩散方式，在检测气室的三个面设置滤网，使被测气体通过扩散以较快的速度进入检测气室，针对不同气体的检测需要，选用该气体吸收峰波长的光栅滤光片，检测其吸收特性，可以精确地计算出该气体的含量。

要在配电网的应用场景下普及应用气体传感器，就必须做到低成本。为了降低成本，全部气体传感器采用同一技术平台，采用通用设计、通用零部件，以此提高生产效率，降低 BOM 成本。

应用平台化设计实现了低成本的目标，应用多种低功耗技术实现了长电池寿命的设计目标，达到了设计要求，为气体传感器在配电网电缆沟中的应用打下了坚实的基础。

2）无线红外线温度阵列传感器

现有红外热成像仪都比较复杂，价格昂贵、环境适应性较差，不适合配电网应用，所以需要研制一种适应配电网使用的低功耗、低成本、高可靠的二维平面温度传感器。

红外辐射特性与目标温度相关，使用不同的滤镜可以测量不同的温度范围，如图 9-15 所示。成熟的半导体工艺实现了产品的小型化、低成本化。

通过检测每个点的温度，可以实现二维平面温度的检测，并可以测量区域内的温度分布情况，通过检测每个点的温度变化趋势，可以计算出生物体的移动轨迹和速度，根据人体表面温度（31℃～33℃）低于小动物体表温度（35℃～39℃）的特性，可以分辨小动物入侵和人体入侵，有效预警开闭、环网柜所盗窃和带电物体危险接近，有效预警小动物危害配电设施，有效降低虚警率和漏警率。

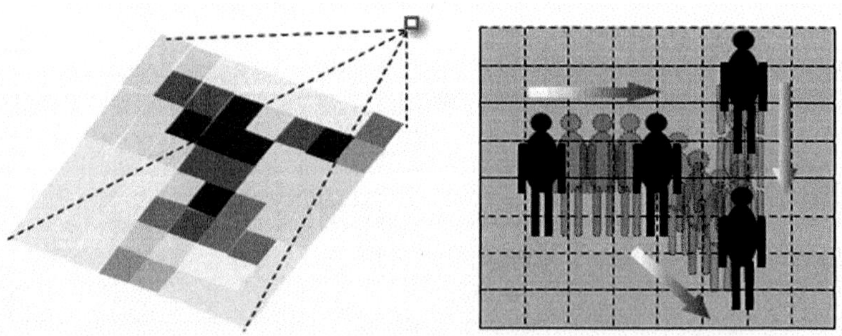

图 9-15　通过 8 像素×8 像素（64）像素实现二维区域温度检测

MEMS 红外温度阵列传感器原理电路如图 9-16 所示。红外温度阵列传感器节点原理电路如图 9-17 所示，工作原理为：应用集成 MEMS 红外温度传感器阵列为感知元件，MCU 唤醒后给传感器供电，命令传感器进入测试状态，然后读取传感器各点阵的温度数据，并将这些数据按传感器信息模型的要求转换成标准格式数据，这些数据将被传输到后台进一步分析处理，完成一次检测后，MUC再次进入休眠状态以节省电力消耗，维持节点长寿命工作。

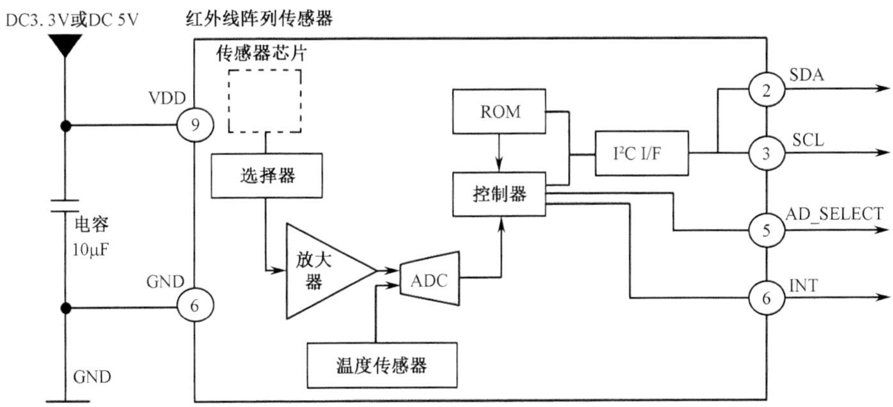

图 9-16　MEMS 红外温度阵列传感器原理电路

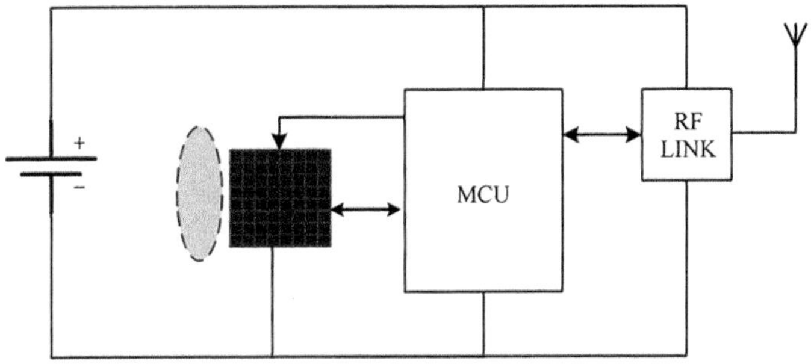

图 9-17　红外温度阵列传感器节点原理电路

3）无线水位传感器

电缆沟因地势较低，雨水往往会顺地势流入沟内，如沟内有杂物，就会造成堵塞、积水等问题。电缆沟积水会浸泡运行中的电缆，长时间地浸泡会增加电缆绝缘层被破坏的概率，造成电缆烧伤或击穿，严重影响电缆的安全运行，所以有必要对电缆沟内的积水进行监测。在电缆沟积水井内安装无线水位传感器节点，实时监测沟内水位信息，并设置水位越界报警，以保证配网设备安全度汛。

现有的测水位方法主要还是以人工观测为主，或者以电缆传输的方式，在实际安装、测量过程中经常会出现布线麻烦、须就近建站、观测数据不准确等问题。

水位传感器监测的主要是污水，超声波水位传感器存在耐污染性能差、价格较高和维护工作量大的缺点，浮子式水位传感器则存在可靠性不高和耐污染性能差的缺陷，所以必须研究一种耐污染、免维护和低成本的水位传感器。

无线水位传感器水静压与水深成正比，其传感器的核心部分是隔离型扩散硅压力传感器，它采用耐高温绝缘硅材料制成，顶层利用单晶硅蚀刻出四个阻值相等的应变电阻构成的惠斯通电桥作为压力感应部，当水位传感器放入水里后，产生压力应变，惠斯通电桥失去平衡从而产生电信号，电信号放大后输出至微处理器的 A/D 接口，微处理器将 A/D 采样数值归一化为标准的水位数据。无线水位传感器原理如图 9-18 所示。

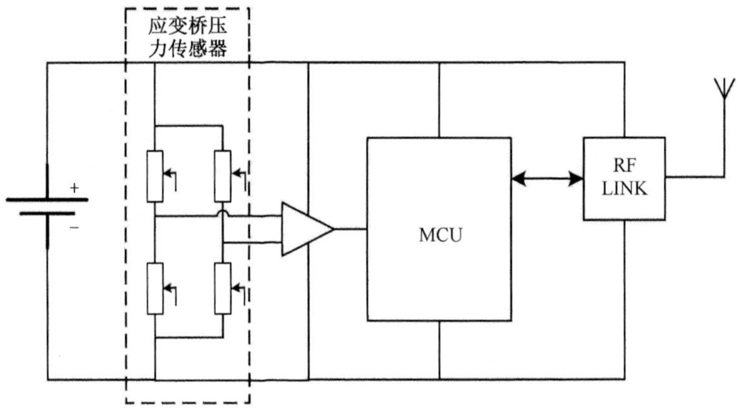

图 9-18　无线水位传感器原理

无线水位传感器采用分离式液位探头，传感器本体安装在高处水无法淹没的位置，液位探头要沉入集水井底部。无线水位传感器的 MCU 定时启动测量一次水位数据，然后将归一化后的水位数据通过无线信道发送给基站，完成一次工作后，微处理器关闭所有外设并进入低功耗休眠模式。

无线水位传感器为静压投入式水位传感器，它具有低成本、实时性好、可靠性高、安装维护简单、使用寿命长的特点，可广泛部署在电缆管沟内用于水位在线监测。

2. 配电网设备运行参数监测的研究

配电网设备的运行状态直接关系配电网的安全稳定运行，现有在线监测的主要内容是电压、电流等电参数，对设备本身的运行状态监测的广度和深度都不够充分，还有很多与配电网安全稳定运行紧密相关的设备状态量急需得到监测。为此，需要开发一系列配电网设备运行状态监测传感器节点，以实现对配电网设备状态更有效、更及时的掌控，为配电网状态监测提供有效信息，进一步提升配电网的安全稳定运行水平，以及配电网运行检修的工作效率和工作质量。

1）低成本无线智能避雷器节点

避雷器是配电网上应用非常广泛的雷击防护部件，现代硅胶绝缘中压避雷器价格低廉，可以有效地保护配变、开关等重要配网设备免遭雷击损坏，但其自身也是配电网中的一个薄弱环节，经常会因为雷击或浪涌导致开路或短路损坏，一般硅胶绝缘避雷器仅凭目测巡视很难判定是否存在故障，因为同一线路的避雷器众多，一旦某个避雷器短路，将导致重合不成功或小电流接地报警，经常因避雷器损坏需要长时间运检、长时间查找，严重降低了配电抢修作业的效率。对雷暴区的配网避雷器实施全面的监控有利于全面提升运维巡检效率，有效提高抢修反应速度，有效提升配电网智能化水平。

无线智能避雷器的主要结构如图 9-19 所示，主要由复合硅橡胶绝缘外套、氧化锌阀片、铜电极片、低压氧化锌阀片、铝电极等组成。铝电极内部安装电路板（状态监测电路）和电池。电路板在电气上与低压氧化锌阀片并联，铜电极片通过一根绝缘导线连接到电路板，铝电极则直接与电路板连接。温度传感器测量铝电极的温度，该温度作为避雷器管芯温度。

这种结构在不影响 MOA 原有优异性能的基础上，实现了 MOA 与状态监测电路的一体化封装，封装成本低、结构简单、性能可靠。

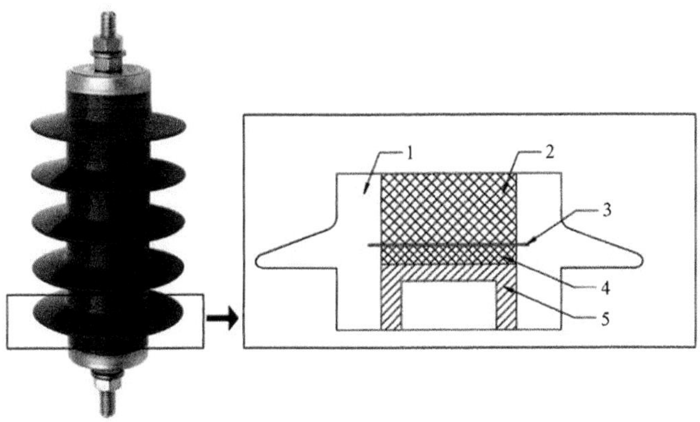

注：1—复合硅橡胶绝缘外套；2—氧化锌阀片；3—铜电极片；4—低压氧化锌阀片；5—铝电极。

图 9-19　无线智能避雷器的主要结构

MOA 工作原理如图 9-20 所示，内部有单片或多片氧化锌阀片 R_n，R_0 为低压大容量氧化锌阀片，R_0串联在R_n上。R_0两端并联状态监测电路，状态监测电路的阻抗远远小于R_0正常工作状态下的电阻，所以在避雷器正常运行时刻，流过状态测量电路的电流I_1将远远大于流过R_0的电流I_0，因此电流I_1可近似等效于避雷器的总泄漏电流I_R。

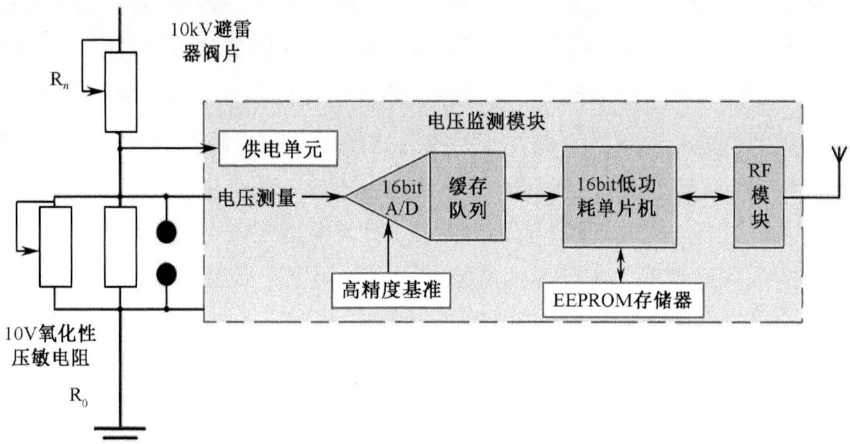

图 9-20　MOA 工作原理

2）高精度智能故障电流传感器

配电网中有大量的架空线，这些线路各分支断面的电流关系对配电网的运行有重要意义，通过监测各分支断面的电流可以实现短路故障定位、线损定位和窃电定位。传统的CT/PT体积大、成本高、不易安装，需要配合RTU等其他智能装置，进一步增加了系统的复杂度，并加大了使用成本。因此，有必要研制一种低成本、易于安装使用的高精度分支线断面电流监测用的故障电流传感器，从而实现实时线损计算、短路故障分支定位和窃电分支定位的高级配电网管理功能，为配电网智能化运行检修提供有力的信息支持。

处于不同配电网架空线路各支线的故障电流传感器，其采集的电流信息只有高精度同步的采样才更有意义，才能够提供更多更有用的信息，所以故障电流传感器采用了GPS同步方案，应用GPS同步信号，将全部配电网中的故障电流传感器同步到同一时间基点，从而实现全网同步电流采样，解决多节点同步问题。

故障电流传感器的整机结构如图 9-21 所示，整机由高精度测量 CT、罗氏线圈、取电 CT、储能单元、MCU、GPS 模块和射频通信模块等组成。

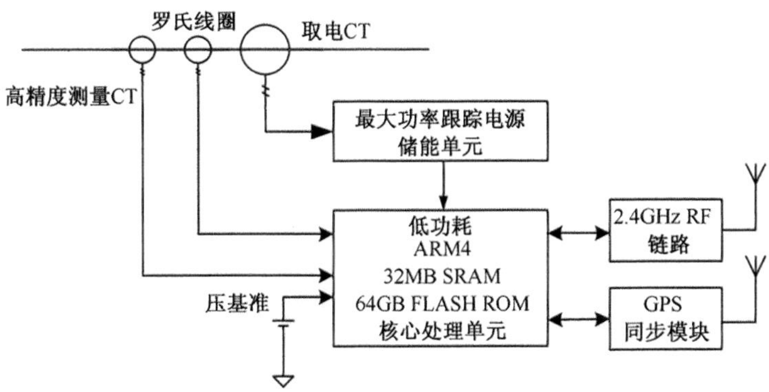

图 9-21　故障电流传感器的整机结构

测量 CT 采集一次侧的工作电流，用于线损计算、防窃电等应用；罗氏线圈用于故障电流检测和故障定位算法；储能单元为整机提供高可靠供电；MCU 为 ARM4 的控制核心，其内部集成了 16bit 高精度 A/D 模块，可以用于高精度地检测故障电流和故障电流；内部高精度时钟应用 CCP 模式捕捉 GPS 同步脉冲，自动校准时钟以保持全网同步；射频通信模块用于与其他节点通信，并转发邻居的信息，使之成为无线传感器网络中的一个汇聚节点。

采用多测量 CT 和罗氏线圈分别检测工作电流和故障电流，扩展了传感器的动态范围，满足了故障监测的要求。采用最大功率点跟踪电路，有效提高了一次侧弱电流取电能力，减小了取电铁芯截面积，从而有效减小了整机的体积、质量和成本。采用 GPS 同步整机时钟，实现全网同步电流采样，为故障定位、线损定位和窃电定位打下了基础。同时将故障电流传感器设计成一个汇聚节点，可以收集、转发多个终端节点的信息，进一步降低了配电网信息采集系统的成本，提高了故障电流传感器的使用价值。综上所述，故障电流传感器可以很好地满足配电网状态监测的应用，提升配电网运行检修作业效率和工作质量。

9.2　图像智能化分析技术在配电网中的应用

为了提升对设备状态信息的自动感知能力，基于物联网多信息传感技术下多种传感技术的融合，以图像智能化技术和自动搜索匹配场景的方式，实现了物联网传感技术的图像智能识别技术[3]。基于物联网技术的变电站二维码图像设备对象识别方法，能够准确且自动查找设备对象并获取设备名称，无须提前构建设备模型和样本库，能够很好地保证识别的准确性和可靠性。同时，基于图像显著性的信息摘要技术，可实现对变电站设备缺陷、现场异常、事故等关键信息图像的智能化提取，能够及时捕捉故障信息，有效提高运维工作效率。二维码识别现场实施场景如图 9-22 所示。

图 9-22　二维码识别现场实施场景

9.2.1　图像信息智能化提取

1. 基于图像显著性的信息摘要技术

图像显著性检测的难点在于如何准确计算图像中每个像素点的显著性值。在检测图像显著性时，如果基于图像的低级特征，很容易受到噪声干扰，导致无法准确计算像素显著性。而使用图像的高级特征（如构图信息），便可以显著抑制噪声，基于该思路，可基于相关显著性来设计提取图像摘要显著性区域。

2. 变电站设备缺陷、现场异常、事故等关键信息图像智能化提取技术研究

为提高各种设备在变电站复杂环境中的准确性，可设计其状态识别和检测的有效方法，实现对多类设备缺陷和状态的智能检测，包括操作结果检查方法、表盘数据自动读取算法、端子箱（机构箱）门状态检测方法、裂纹或破损评估方法、电晕检测方法、重大渗漏油检测方法。

3. 人员目标识别及多目标跟踪技术

1）运动目标检测算法

针对运动目标的检测主要有三种方法：光流法、帧间差分法和背景差分法[5]。根据电力变电站内监控视频的应用场景特征，采用帧间差分法和背景差分法相结合的运动目标检测算法，可以提高检测的准确性，同时保证算法本身的高实时性、高抗干扰性、高灵敏性等特点。

2）运动目标跟踪算法

运动目标跟踪以运动目标检测为基础，运用目标检测算法提取被跟踪物体的图像，建立运动估计模型，采用连续视频逐帧图像匹配搜索，最终找到最佳匹配的位置，采用基于卡尔曼跟踪算法，以目标的位置、速度为状态变量建立运动估计模型，在每个时刻，根据观测数据来修正动态模型的预测值，从检测出的目标中得到特征值目标的质心和面积，然后通过对目标的质心和面积进行匹配，最终实现跟踪的目的。此算法对目标位置采用准确的估计，不仅减少了噪声干扰，还缩小了特征提取的搜索范围，提高了计算的实时性，从而使跟踪结果更接近真实的情况。

3）特征提取算法

运动目标的物理特征通过其质心和面积来直接反映，故而特征值选择目标的质心和面积。考虑目标在运动过程中可能发生的旋转、平移现象，基于矩的特性将运动目标的矩特性也作为特征值，并采用对运动目标创建卡尔曼运动模型，实现对目标的跟踪。

4）基于多目标跟踪算法

多运动目标有其自身的特点，运动阴影是影响多目标检测精度的主要因素之一，多目标相互遮挡是影响多目标跟踪性能的主要因素之一。在多目标运动场景中，多目标运动状态的差异和变化给跟踪带来了影响。采用单视角和多视角，可以提高多目标的检测精度。

5）移动侦测

基于对象识别、行为分析的视频分析技术，对变电站场景内的移动人员、移动车辆进行检测，采用动态背景建模技术，构建对移动对象的检测。当检测到移动对象时，以报警信息的方式提示。移动侦测方法包括背景消除法、时间差分法、光流法等。

6）入侵检测

针对入侵检测，采用同样的检测方式和不同的报警级别，实现对不同场所区域的入侵、检测。对于指定场景，当有移动对象进入指定区域时，以不同级别的报警进行提示。

7）重要区域轨迹检测

针对特定摄像机所监控的场所，如机房、场地等区域，当出现长时间的目标逗留时，通过消息的方式及时告知远程监控人员，从而便于远程监控人员对现场情况进行及时的了解。

9.2.2 基于物联网传感技术的图像自适应匹配

目前，针对图像自适应匹配普遍采用的技术方法为模板匹配技术和基于机器学习算法的视频智能识别技术。基于模板匹配技术的方法，主要通过收集指定设备的图片，并构建设备对象的特征模型，基于变电站视频监控系统的实时视频数据，采用实时监控的对象特征与已构建的设备对象的特征模型进行对比匹配，从而判断出监控对象的设备类型。基于机器学习算法的视频智能识别技术，主要通过收集大量的设备样本数据，根据机器学习算法，形成设备模型数据，基于设备模型数据，再通过实时视频数据对图像中的设备对象进行识别，识别出设备类型后，根据设备在平面结构中所处的位置，结合变电站一次设备安装结构图，判断出设备名称。上述两种技术方法，完全采用视频智能分析技术，而不借助其他技术手段，通过机器自动对设备对象进行识别。

针对上述对现有技术方案的分析，采用基于模板匹配技术的方法，需要先构建设备对象的特征模型。由于变电站内的设备对象众多及设备类型的多样性，导致需要构建大量的设备模型，而且由于变电站视频监控设备所拍摄的角度不同，设备之间的遮挡情况很多，受天气影响较大，摄像机清晰度不同，光照条件不同等，导致所构建的特征模型很难在实际应用中进行匹配，仅能用于实验室测试和验证，实际应用意义不大。采用基于机器学习算法的视频智能识别技术取决于收集大量的设备模型样本，所收集模型样本的全面性和准确性，将直接影响机器学习所构建设备模型的准确性，进一步影响视频识别的准确性，工作量大，需要不断优化、调整样本库和机器学习算法，而且由于变电站视频监控的场景中通常包含了众多设备，将在很大程度上影响视频识别的准确性和可靠性。同时，采用上述两种方法都只能识别设备类型，而无法识别设备的具体名称，很难满足生产运行中需要进行设备状态识别的场景。

基于物联网技术的变电站二维码图像设备对象识别方法解决了上述问题。该方法基于物联网的二维码技术、图像识别技术，能够准确且自动查找设备对象并获取设备名称，同时无须提前构建设备模型和样本库、无须人工配置，而且由于二维码标签的可识别率高，受外界影响较小，能够很好地保证识别的准确性和可靠性。此外，根据二维码标签中所包含的设备信息，能够方便地判断出所监控的设备对象的类型和名称。同时，该技术能够很方便地进行应用和推广，不受变电站规模和电压等级的影响。该方法总体分层架构如图 9-23 所示。

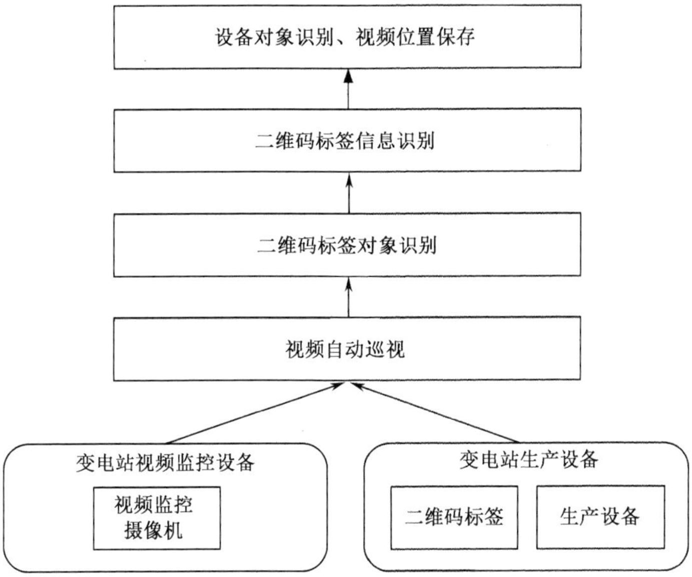

图 9-23　基于物联网技术的设备对象识别方法的总体分层架构

图 9-23 中，通过对变电站中的各生产设备加装二维码标签，采用已建的视频监控系统中的摄像机进行监控，通过视频自动巡视技术，实现对摄像机所有可监控的设备场景进行采集，形成全部场景图像数据，基于该图像数据，通过二维码标签对象识别技术，对巡视所生成的视频中的每帧图片进行图像分析，从而识别出所有的二维码标签，并将包含有效二维码标签的图片进行保存。对于已提取出二维码标签的图片，通过二维码标签信息识别技术进一步对该图片中的二维码信息进行识别，得到二维码中所包含的设备信息，并根据该帧图片，获取该帧图片在自动巡视过程中所处的位置。基于以上各类信息，进一步实现设备对象识别和视频位置保存，通过自动设置预置位的方法，将设备对象与摄像机及其预置位进行关联，从而最终实现基于物联网技术的变电站二维码图像设备对象识别方法。

9.3　基于物联网的配电网分支线路故障诊断

目前配电网监控系统主要基于配电自动化对整条馈线进行监控，而缺乏对分支线路和设备的故障监测的技术手段[4]。因此，有必要寻求高效的技术手段来提升配网分支线路监测和故障判别的能力。

针对配电网不同故障情况下电气量的分布规律和现有的稳态、暂态特征量，进行故障定位方法的研究。基于物联网技术，对多源故障信息融合故障定位方法、适应配网特征信号采集与传输的组网技术、配网故障特征信号检测与处理节点、配网故障信息描述方法和配网故障信息模型等方面进行了研究，对配电网的故障特征有了更深的了解，提高了故障信息的采集精度，保证了信息传输的同步性，能够准确地进行配网故障定位，加强电网的自愈能力。

9.3.1 基于多维时空分布故障信息的配网故障定位

为了提升配网分支线路接地故障定位的快速性和准确性，以解决长期困扰电网的线路故障接地定位难的问题，人们提出了一种基于多维时空分布故障信息的配网故障定位算法。

基于多维时空分布故障信息的配网故障定位算法的基本思路如下。在每段馈线加装智能测量单元，从而构建配网的广域测量系统。当配网系统发生故障时，智能测量单元以零序电压的突变作为启动判据，向后台发送启动信号，从而使后台开始召唤各个智能测量单元故障前后 $\pm\Delta t$ 的电压电流信号，利用多种信号处理方法同时提取多维时空分布故障信息，以此作为聚类分析的数据样本，从而得到 n 个测点的原始数据矩阵，每个测点都有 m 个指标表征其故障信息，即：

$$\boldsymbol{X}=\begin{bmatrix} x_{11} & \cdots & x_{1m} \\ \vdots & \ddots & \vdots \\ x_{n1} & \cdots & x_{nm} \end{bmatrix} \tag{9-1}$$

对上述原始数据矩阵 $\boldsymbol{X}$ 进行聚类分析，将测点分为故障类和非故障类，通过矩阵算法加入实际电网的拓扑结构，直接给出定位结果，并且利用优化算法优化定位结果，剔除不合理的故障区段，提高算法的容错性。基于多维时空分布故障信息的配网故障定位算法流程如图 9-24 所示。

相对于传统的故障定位方法，基于多维时空分布故障信息的配网故障定位方法构建了适用于不同中性点接地方式的指标体系，丰富了故障信息的维度；通过聚类算法比较故障测点与非故障测点的相似程度，实现区段定位，无须模型训练，提高了算法的容错性。

基于多维时空分布故障信息的配网故障定位方法模型有三个重要步骤，分别是基于聚类算法的故障定位研究、基于矩阵算法的区段定位研究和基于 BBO 算法的区段定位优化。

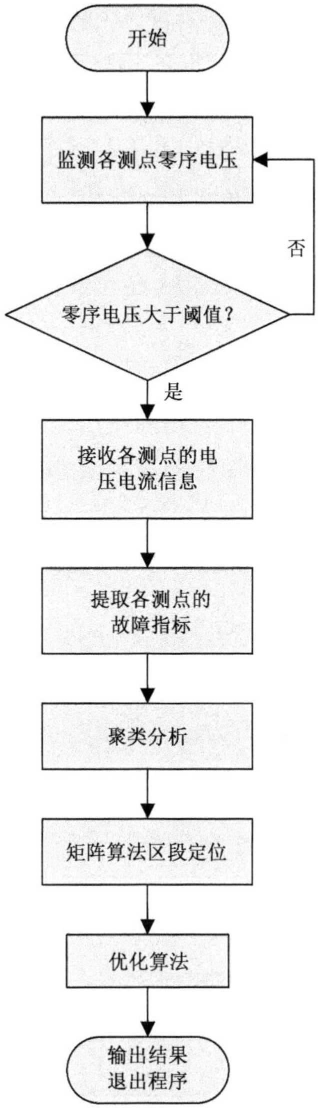

图 9-24　基于多维时空分布故障信息的配网故障定位算法流程

9.3.2　广域分布式配网运行状况高速同步采样全时录波装置

为了加大物联网技术在配电网监测领域的应用范围和深度，实现分支线路运行状态信息采集，同时由于算法需要对信号的暂稳态信息进行详细分析，这就意味着对硬件高速采样提出了更高的要求[5]，因此通过研发广域分布式配网运行状况高速同步采样全时录波装置，应用 GPS 实现广域分布式同步采样，从而获得全域同步的暂态、稳态故障信息，可以为算法提供精确的数据支撑。应用导航卫星（BDS/GPS）授时技术，对分布在配电网不同地域的各传感器节点进行时间同步，实现各节点高速同步采样。高速同步采集的配网信息就地存储在各节点的大容量 Flash 存储器中，后台分析系统可以按需调阅实时录波数据，从而既能支撑瞬态数据分析，又有效降低了网络负荷。

1. 故障电流传感器研究

故障电流传感器采用全网分布式同步录波的方式进行同步录波，并且将数据存储在本地大容量存储器上，当发生某种事件后，后台系统根据稳态分析得出需要进一步调用瞬态数据进行详细分析，后台服务器启动数据召唤，数据通过短距离射频通信链路被发送到骨干节点（三相电压传感器骨干节点）。

故障电流传感器硬件组成单元如图 9-25 所示。

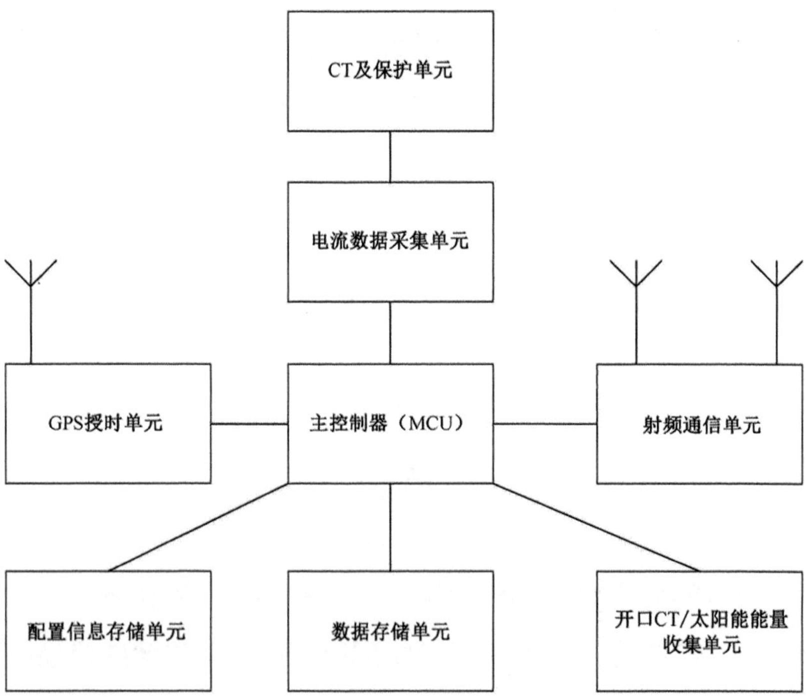

图 9-25　故障电流传感器硬件组成单元

如图 9-25 所示，故障电流传感器主要由 GPS 授时单元、主控制器、数据存储单元、配置信息存储单元、开口 CT/太阳能能量收集单元、射频通信单元、CT

及保护单元和电流数据采集单元组成。

故障电流传感器应用高精度 GPS 授时技术实现了全域同步高速采样，应用乒乓双缓冲技术实现了无缝数据录波，并将采集的信息就地存储在故障电流传感器内部，实现了分布式存储。同时应用了高效率导线感应取能技术，实现了轻电网负荷下的稳定工作，应用开口缝隙 CT 实现了大动态电流检测。综合这些技术研制成功的满足需求的故障电流传感器节点，为配网故障诊断、定位提供了数据支持。

2. 高速无线骨干节点与电压传感器节点研究

考虑三相电压传感器节点的供电和通信资源配置，将无线骨干节点与三相电压传感器节点集成在一个装置内，它们共享太阳能供电系统，电压传感器采集的瞬态数据直接传输到骨干节点，从而减轻了骨干节点的短距离无线通信负荷。电压传感器骨干节点如图 9-26 所示。

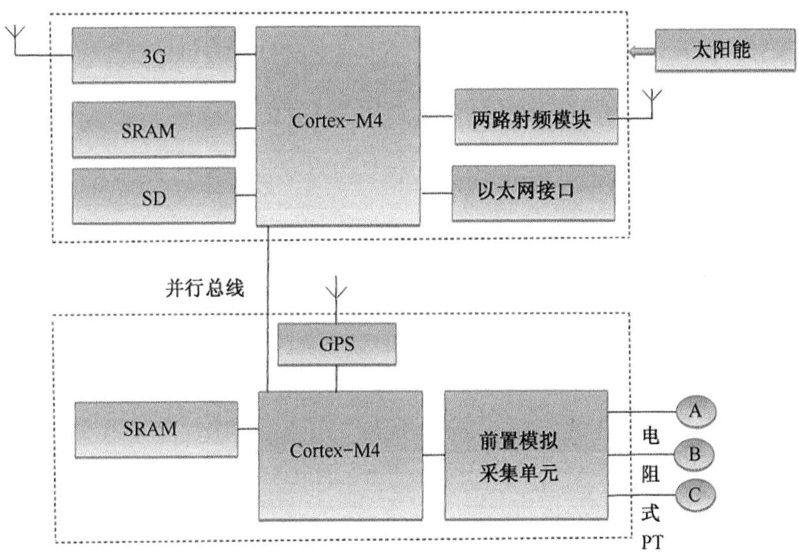

图 9-26　电压传感器骨干节点

电压传感器骨干节点研制的主要困难在于电压传感器的绝缘结构和材料的选择，目前常用的传感器不能满足应用需求，必须重新研发能够承受 10kV 电压并留有安全余量满足带电作业要求的电压传感器。最终研制出了电阻分压式电压互感器，满足了应用精度和频响的需求。

电阻分压式电压互感器基于电容式电压互感器原理设计，与常规的电磁式电压互感器相比，产品能耗极低、传输频带宽、线性度好，具备更好的安全性和经济性，体积小、质量小、易于安装使用。其外观如图 9-27 所示。

图 9-27　电阻分压式电压互感器外观

9.3.3　配网分支线路故障检测系统总体架构

系统平台软件主要实现了部分电气量、环境量和安全管理信息的采集，其信息流程如图 9-28 所示。要想展示故障录波波形图、调用故障定位算法、展示故障定位信息，可按图 9-28 中的流程开展工作。

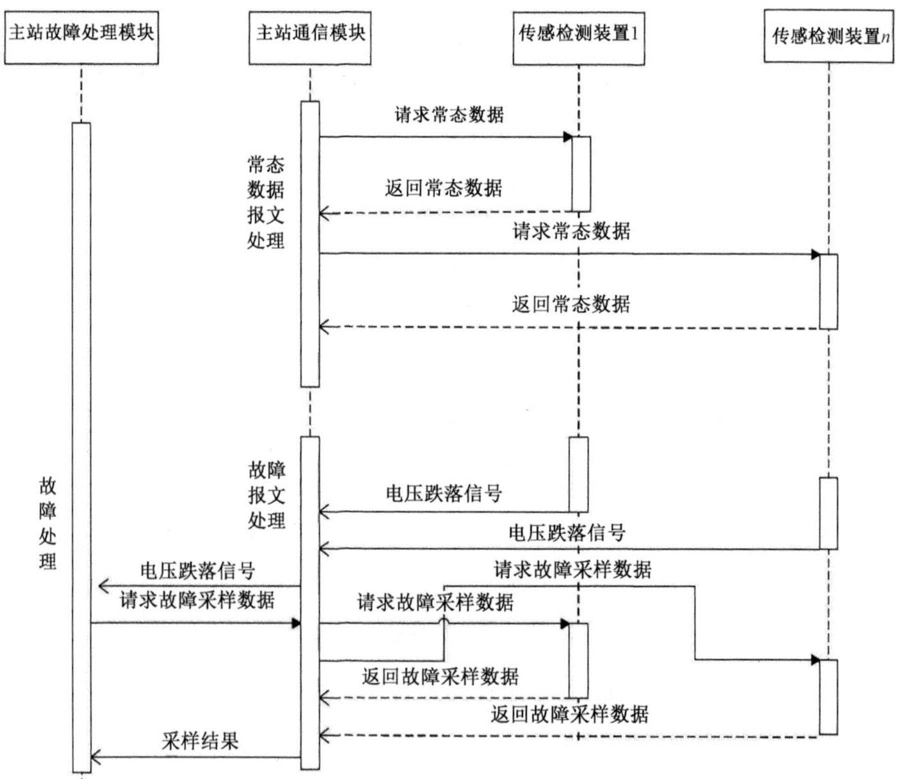

图 9-28　软件信息流程

针对配电网接地定位方案的具体情况，该系统提出了以下两个方案来解决遇到的实际问题。

1. 大规模数据采集与储存技术解决方案

电网设备数量巨大、位置分散、分布区域广及电网业务需求多样性的特点决定了电力物联网传感器数量多、数据采集点密集、数据采集频率高的特点。这意味着技术应用服务将面临海量数据处理的考验，包括海量传感器采集数据的接收、存储、分析及结果展示等操作[5]。

2. 高级算法接口方案

配网分支线路故障定位系统采集电网故障信号和对应的录波文件后，调用配网分支线路故障高级算法库接口，接口以动态库方式，高级算法库提供 Fault Calculate 接口，输入和输出参数如下。

1）输入参数

输入参数包括各测点的三相电压或电流值，每个测点的采样数据预先转成一个 txt 格式文件，输入值包括测点个数和没有测点采样数据的文件名。文件名包含位置、时间等信息，命名规则如下：

3521_20151128160551_I（U）

2）输出参数

调用配网分支线路故障高级算法库输出故障简报，简报包含以下内容。

（1）是否存在故障。

（2）各采样观察点的故障标志。

（3）故障定位信息，即指明哪两个采样观察点之间存在故障。

该系统平台的开发基于企业信息总线的组件化、组态化应用软件，解决了定向定制开发策略存在的无法自动扩展应用的问题。大规模数据采集与储存技术研究实现了海量信息的有效利用。传感器数据归一化处理技术解决了不同设备产生的多样传感器数据统一处理的问题。针对物联设备组网、传输控制等基本技术特点，研制了一套高易用性、高适用性和高可靠性的应用软件，最终实现了数据分析、存储和展示等高级应用。

9.4　基于物联网的配电网智能化分析平台

9.4.1　智能化分析设备技术在配电网中的应用

1. 基于 CPCI 接口标准的图像分析设备的研制

本节内容以 CPCI 接口标准为基础，构建适用于变电站运行场景的设备结构，并重点研究 ARM 芯片技术和 GPU 芯片技术，研制基于 CPCI 接口标准的图像分析设备，为变电站图像智能分析提供硬件设备支撑，提高图像智能分析在变电站应用中的可行性、实用性和广泛适用性。

1）总体结构

如图 9-29 所示，计算插板、通信背板和数据交换板共同组成了基于 CPCI

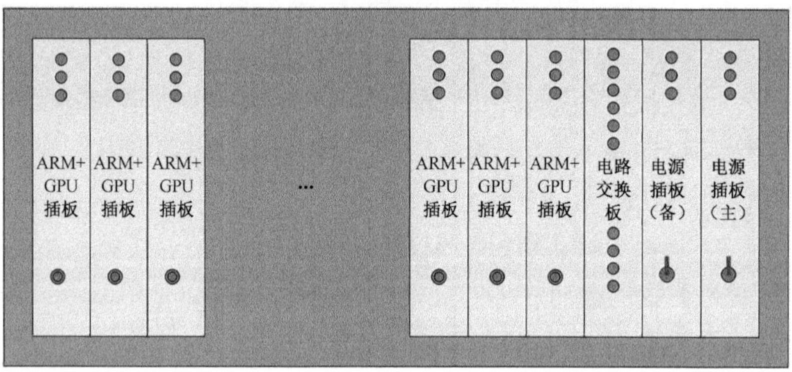

（a）机箱背面结构

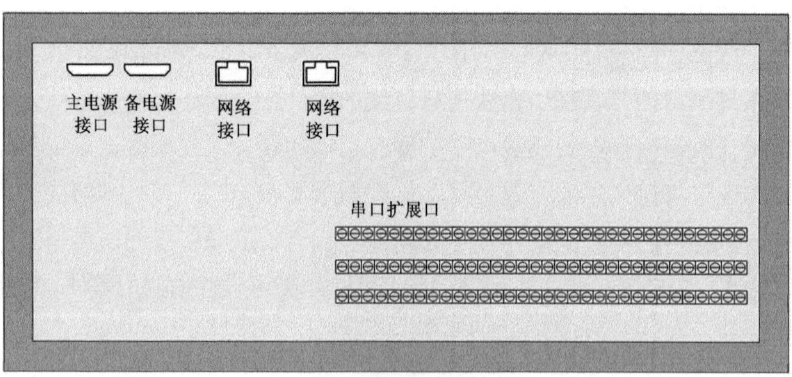

（b）机箱背面结构

图 9-29　基于 CPCI 接口标准的图像分析设备内部结构

接口标准的图像分析设备的内部结构，三者分别负责处理各种计算和存储任务、各板之间的数据通信和供电及各板之间的数据交换和对外的网络连接。

2）计算插板原理

计算插板原理如图 9-30 所示，CPU、内存、硬盘，以及网络、串口和电源等接口是每块插板自身具备的，不单独对外输出，均通过插针与通信背板相连。

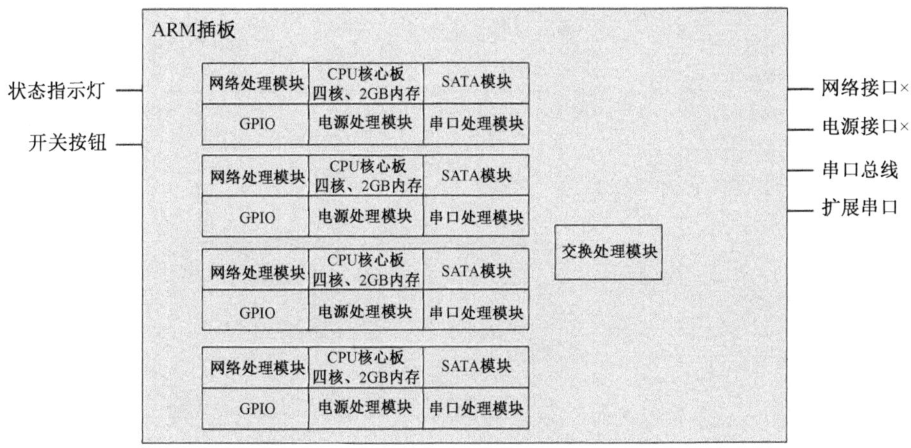

图 9-30　计算插板原理

3）通信背板原理

如图 9-31 所示，每块背板上拥有多个插槽与插板和交换板连接，电源模块与背板连接为设备供电，背板上统一对外提供网络输出接口。

4）数据交换板原理

如图 9-32 所示，每块数据交换板上都部署了千兆交换芯片，不对外提供网络输出接口，通过插槽与通信背板相连。

2. 基于 GPU 技术的图像分析技术研究

相对于 CPU，采用 GPU 能够带来计算效率提升的体系结构，将图像分析技术各项计算算法进行移植。例如，将直方图生成和快速傅里叶变换计算二维卷积等典型的图像处理算法移植至 GPU，并利用同样对等组合的 CPU 和 GPU 进行试验，利用多分辨率图像作为测试数据，比对 CPU 和 GPU 方案的计算效率。

以此为基础，研究基于自主研发硬件设备的软件系统，支撑多节点计算特点的图像分析系统，如图 9-33 所示。

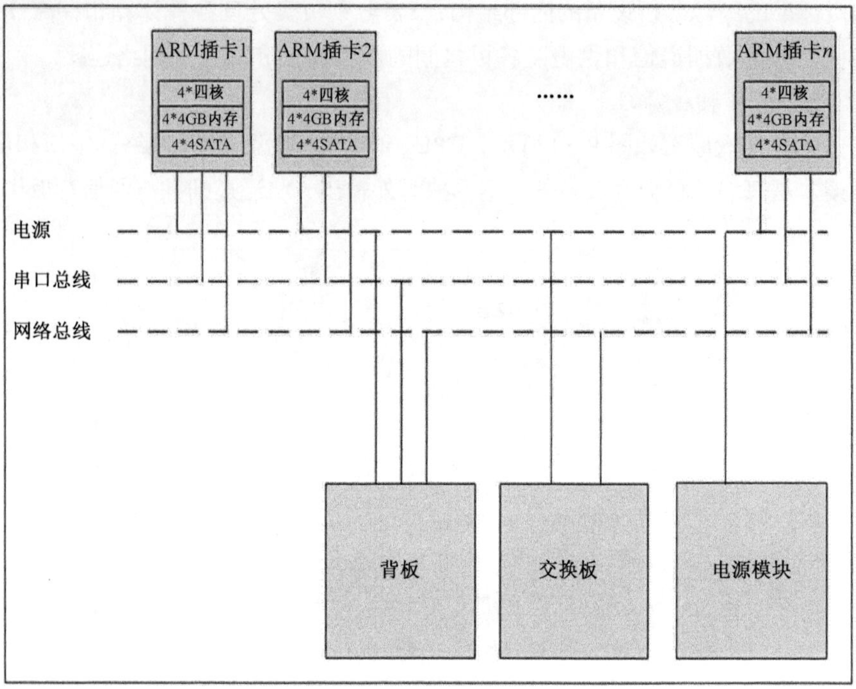

图 9-31　通信背板原理

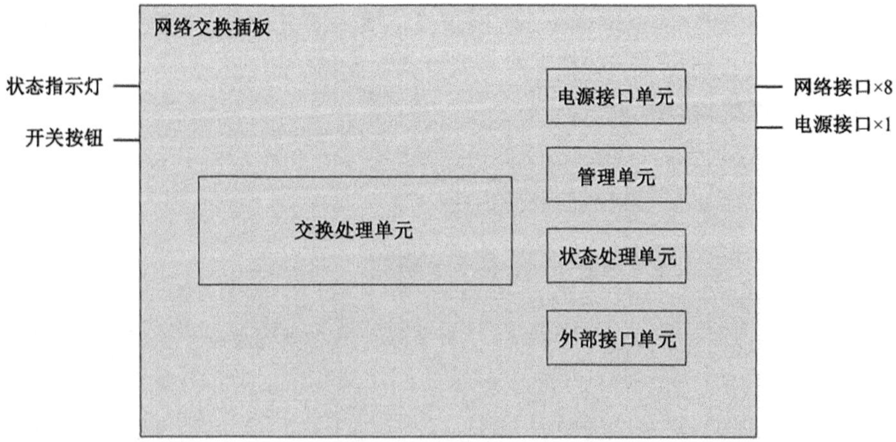

图 9-32　数据交换板原理

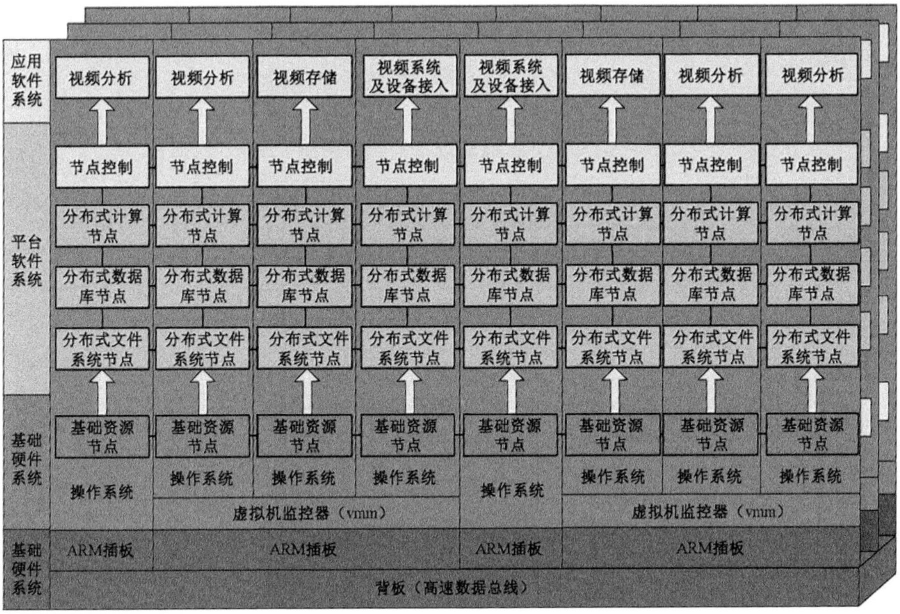

图 9-33　基于 GPU 技术的图像分析系统架构

9.4.2　多系统之间的信息化智能联动

为实现对人员、设备、环境等多方面综合安全管控，提高管控的主动性，采用了多系统之间的信息智能化联动技术，通过对多个系统信息的采集、联动、融合，实现从多方面对人员、设备、环境状态的准确判断。

相关的系统和数据包括变电站图像监控系统、变电站安防消防监控子系统、环境监控子系统、设备设施防盗／防外力破坏智能传感监控子系统、近电感应子系统、变电站场景定位子系统、配网分支线路故障检测子系统、工作票系统、操作票系统等，通过将各系统的采集数据、信息数据等进行融合，实现对其他各项技术的研究支撑。

参考文献

[1] 惠晓林，孙振权．智能配电网与物联网的融合[J]．物联网技术，2011，1（8）：31-35.

[2] 肖宏磊．基于物联网技术的配电网开闭所环境监测技术研究与应用[D]．北

京：华北电力大学，2016.
[3] 林城杰. 物联网在配电网运维管理中的应用及意义研究[J]. 科技与创新，2017（21）：93-97.
[4] 刘晋武. 物联网在配电网运维管理水平提升中的应用分析[J]. 信息通信，2017（5）：285-286.
[5] 杨肖波. 物联网技术在配电网中的应用[J]. 无线互联科技，2013（1）：46.

第 10 章

物联网芯片技术及应用

物联网是互联网、能源互联网信息获取的重要载体，物联网的传感芯片是获取信息的基础，传感芯片可完成多种参量的获取。本章主要介绍能源互联网中几种常用的传感芯片，如电流、温度、振动、力等传感芯片，重点介绍它们的基本技术原理、电路及在智能电网中的应用等。

10.1 传感芯片概述

人类社会已进入信息化时代，工农业生产、交通、物流、社会服务等方方面面都需要实时获取各种信息，而传感器通常是各类信息的源头，是各类智能化系统的“感觉器官”。传感器是以一定精确度把某种被测参量（主要为各种非电的物理量、化学量、生物量等）按一定规律转换为另一参量（通常为电参量）的器件或测量装置。传感器通常由敏感元件和转换元件组成[1]。

近年来，世界各国都将传感器列为重点发展的技术方向。特别是随着 MEMS 工艺、集成电路工艺、立体封装等技术的发展，传感器微型化、智能化水平不断提高。传感芯片就是传感器微型化的产物，在传感芯片内可以集成多种敏感元件和转换元件。在智能电网中广泛应用的传感芯片包括磁传感芯片、温度传感芯片、光电传感芯片、加速传感芯片、位移传感芯片等，芯片内分别集成了磁敏元件、热敏元件、光敏元件等。传感芯片在智能电网的防窃电、红外通信、电气隔离、电能计量、温度感知等功能领域发挥了重要作用。常见的传感器架构如图 10-1 所示。

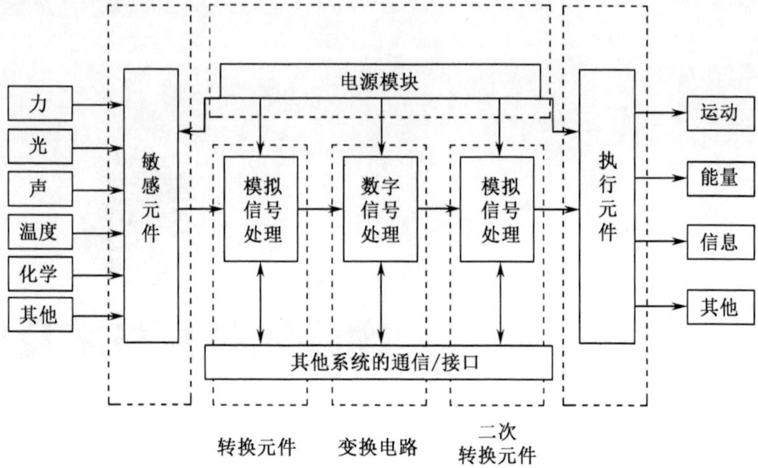

图 10-1　常见的传感器架构

敏感元件直接感知被测量，如力、热、光、声、化学量、生物量等。随着传感器的不断发展，目前一些先进的传感器还具备执行单元，通过二次转换元件将电信号转换为物理信号，从而驱动执行单元进行工作，如运动、能量转换、信息采集等。

10.2　电流传感芯片及其应用

电流传感器是在电器绝缘的状态下，利用电流所产生的磁场来监测电流值的一种介于高、低电压之间的界面器件[2]。开环式电流传感器及其测量原理如图 10-2 所示。

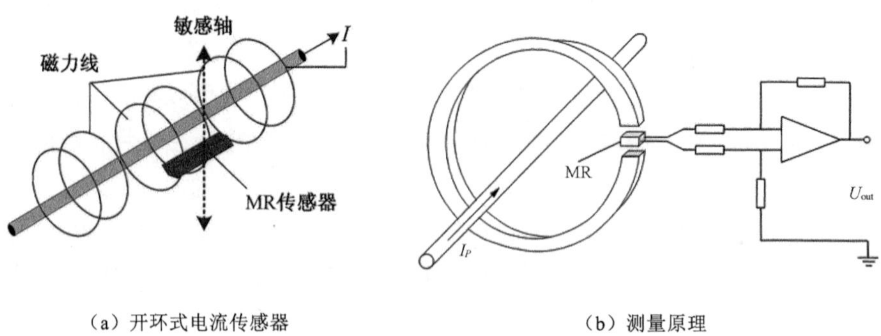

（a）开环式电流传感器　　（b）测量原理

图 10-2　开环式电流传感器及其测量原理

当被测磁场信号较弱或为了抑制干扰磁场时，可以采用软磁材料来聚集被测磁场，并将磁传感器放置于软磁材料气隙处以增强信号强度。

闭环式电流传感器如图 10-3 所示。相比开环式电流传感器，闭环式电流传感器多了一个复变补偿绕组。

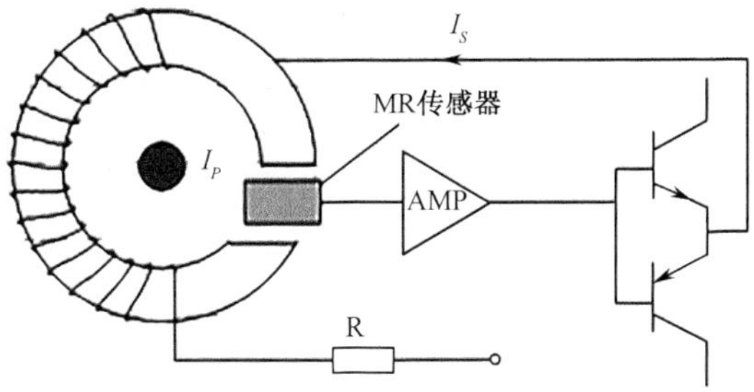

图 10-3　闭环式电流传感器

10.2.1　电流传感芯片的关键技术

1. 温度补偿

磁阻的相对变化率在不同温度下随磁场的变化关系曲线（温度分别为 0℃、25℃、60℃、90℃和 120℃）如图 10-4（a）所示。可见，温度对磁阻的影响不容忽视。要想得到相对准确的测量结果，需要进行温度补偿。

2. 抗磁场干扰

在使用电流传感芯片测量电流的过程中，难免有被测电流之外的通电导线产生的磁场或其他环境磁场对电流传感芯片产生磁场干扰。这些干扰磁场影响电流传感芯片的测量精度，尤其当被测电流比较微弱时，干扰磁场有可能导致错误的测量结果，如图 10-4（b）所示。

电流传感芯片通常采用两种方式来抑制磁场干扰：采用软磁材料来聚集被测磁场，并将磁传感器放置于软磁材料气隙处以增强信号强度；采用两个磁阻传感器差分检测被测电流，从而抑制共模干扰，增加电流传感芯片在磁噪声环境中的测量精度，其原理如图 10-5 所示。

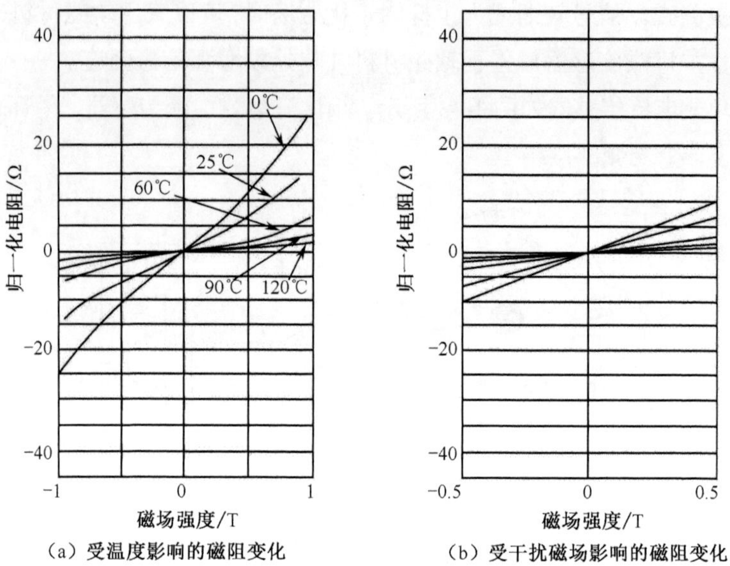

图 10-4　归一化电阻与磁场关系的变化曲线

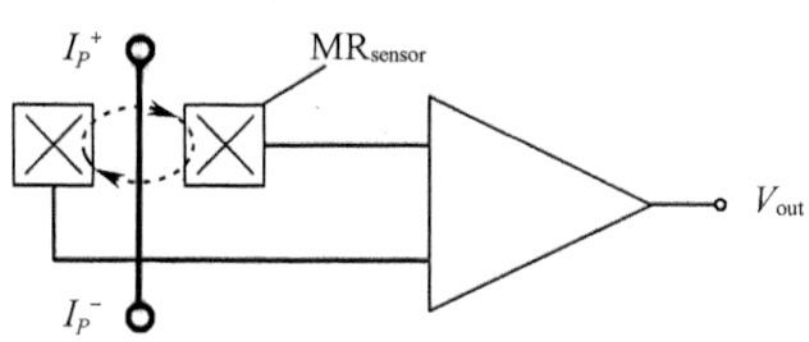

图 10-5　抗磁场干扰原理

3. 微弱信号处理

磁传感器输出的信号通常是低频微弱信号，一般在 100kHz、毫伏级以内。将传感器的信号先用方波调制，再送入运放；已调制信号和放大器自身的失调电压与噪声同时被放大后再解调（对已调信号是“解调”，对失调电压与噪声是一次“调制”，这样在频率域上被放大后的传感器信号和失调电压与噪声就远远地分隔开了），用 LPF 即可提取出相对纯净的传感器信号。电流传感芯片内部通常使用斩波放大电路。其工作原理如图 10-6 所示。

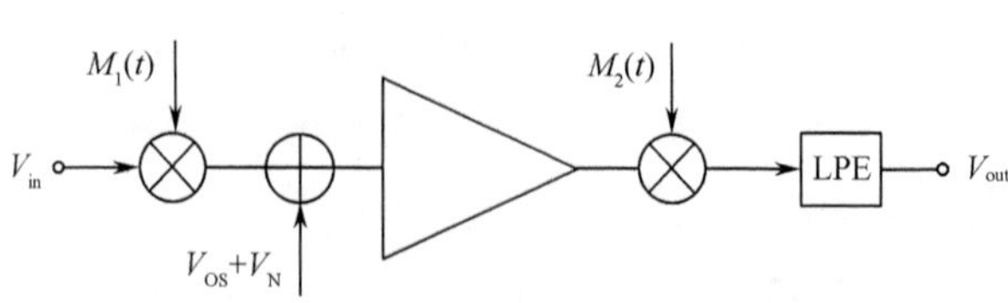

图 10-6　斩波放大电路工作原理

10.2.2　电流传感芯片电路

如图 10-7 所示的电流传感芯片内部含有聚磁环，由磁路和温度补偿、增益控制、偏移控制、滤波放大等电路组成，信号流向如图 10-7 所示，输出模拟电压信号。

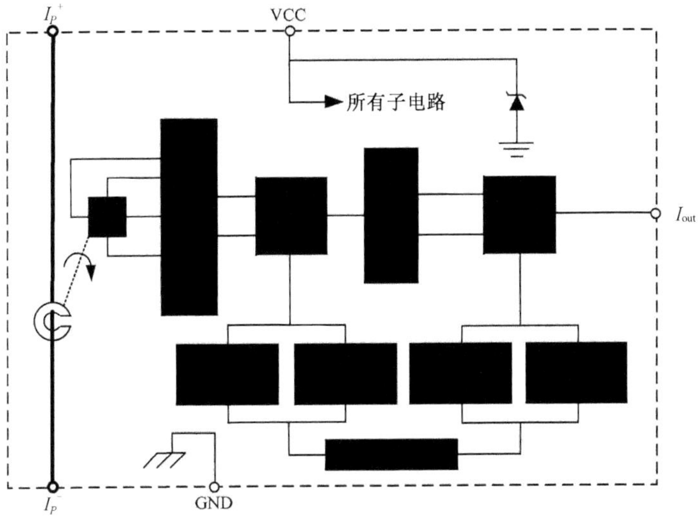

图 10-7　典型的电流传感芯片内部结构 1

如图 10-8 所示的电流传感芯片磁路部分含有两个霍尔传感器差分检测被测电流，有效地抑制了环境磁场的干扰。数字信号处理单元根据温度补偿传感器（T）和机械应力传感器（S）探测到的环境温度和机械应力值，从 EEPROM 中查找标准表，对电流传感信号进行补偿。该芯片含有快速过流检测功能，电流的阈值可以通过可编程接口进行设置。

如图 10-9 所示的电流传感芯片采用闭环结构。由闭环电流传感模块组成模拟前端，经 A/D 转换后送入数字信号控制单元，数字信号控制单元根据温度传感器输出的环境温度信号调取 EEPROM 中的温度补偿信息，温度补偿后的信号经滤波、测量线性化、钳位等处理，输出 PWM 信号控制数字输出模块。该芯片中含有模拟、数字、EEPROM 内建自测试电路以降低器件测试对自动测试设备的依赖程度。

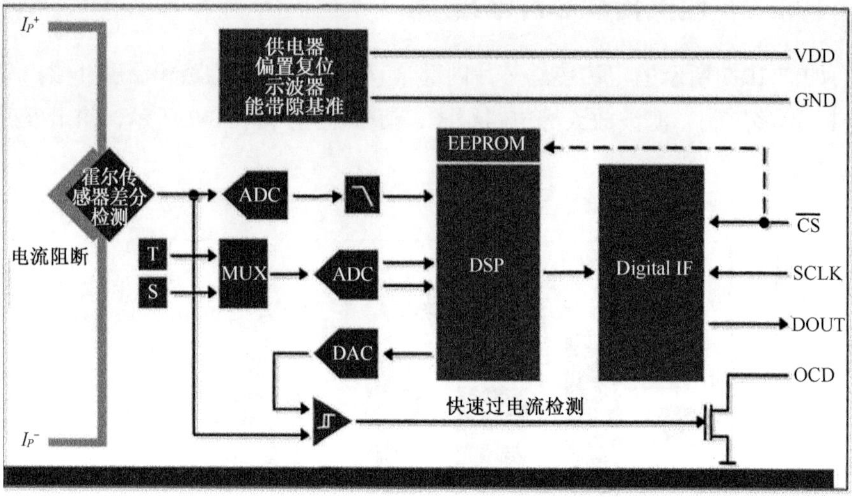

图 10-8　典型的电流传感芯片内部结构 2

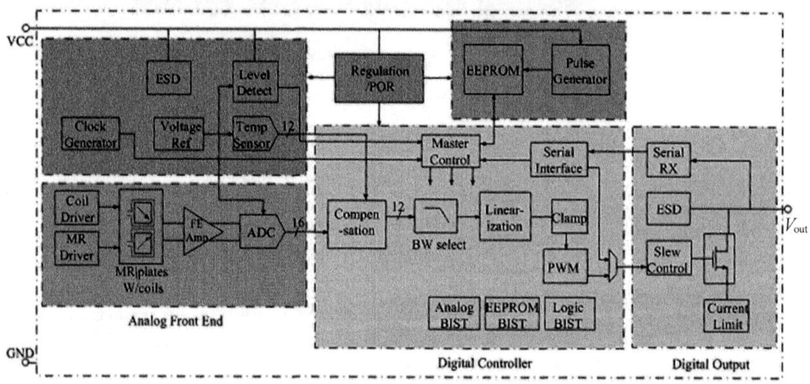

图 10-9　典型的电流传感芯片内部结构 3

10.2.3　电流传感芯片的应用

1. 电流传感芯片应用概述

基于电流互感器的智能电能表，其用电负载影响计量精度的问题日益严重，该类问题的表现为：①负荷的功率因数影响电能表计量精度；②非线性用电设备影响电能表计量精度。

在非线性用电设备运行中，时常出现电能计量误差较大的情况，更有甚者，窃电者利用此漏洞，故意安装非线性用电设备，以达到窃电的目的[3]。此问题的原因在于我国的智能电能表采用基波计量的方式，只统计基波能量，同时对直流分量和谐波分量的抗干扰能力较弱。因此，需要提高基波电能表对非线性负载的适应性，提高计量对直流、谐波分量的抗干扰能力。等条件成熟后，使用谐波表和全波表计量。

2. 电流传感芯片应用的实现

基于电流传感芯片方案的智能电能表有效地改善了上述问题，基于该方案的智能电能表系统结构如图 10-10 所示。在智能电能表系统中，电流传感芯片完成电流变换和电气隔离功能，将采样的大电流转换为微处理器能够接受的弱电信号。电流传感芯片可以根据被测电流的大小输出数字或模拟电压信号直接取代电流互感器。

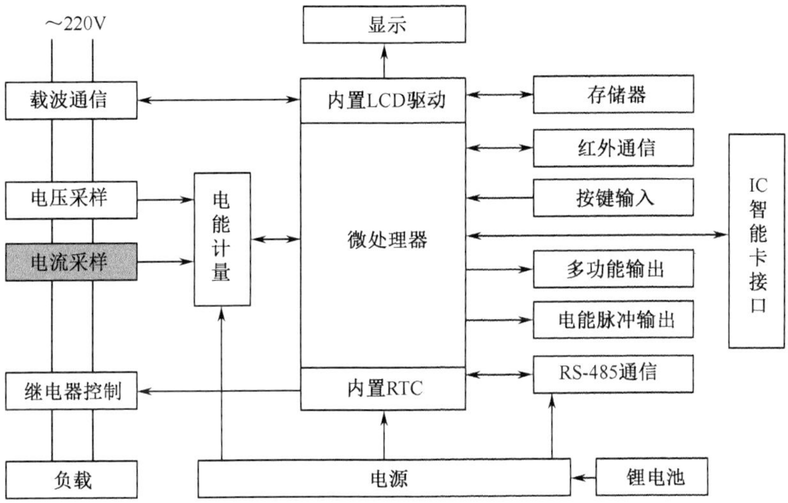

图 10-10　基于电流传感芯片的智能电能表系统结构

电流传感芯片能够弥补电流互感器因角差和比差引起的电能计量偏小的缺点，也能够避免电流互感器因铁芯线圈磁化曲线非线性引起的计量误差，还能够克服电流互感器的剩磁误差，从而提高计量精度。

10.3　温度传感芯片及其应用

温度传感芯片主要由温度传感模块、Δ－Σ调制器、计数器、控制时钟模块、偏置和基准模块、接口模块六大模块组成，其总体框架如图 10-11 所示。

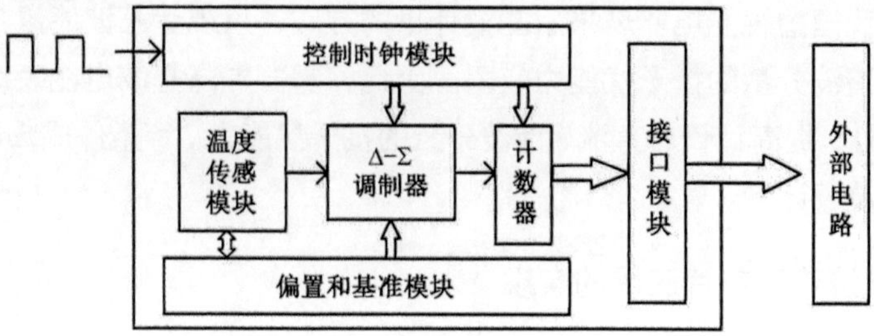

图 10-11　温度传感芯片总体框架

目前应用较广泛的温度传感芯片主要有模拟集成温度传感芯片和数字输出温度传感芯片两种。

1. 模拟集成温度传感芯片

模拟集成温度传感芯片的主要特点是测温误差小、体积小、功耗低、价格低、响应速度快、传输距离远等。测温范围为－55℃～125℃，可根据环境封装成不同的产品，用于电力机房、电缆线槽等电力系统多种测温和控制场景。

2. 数字输出温度传感芯片

数字输出温度传感芯片就是把温度物理量和湿度物理量，通过温湿度敏感元件和相应电路转换成方便计算机、PLC、智能仪表等数据采集设备直接读取的数字量的传感芯片，应用在对温度敏感的应用场合。温度分辨率可以设置为1.0℃、0.5℃、0.25℃、0.125℃或 0.0625℃。

10.3.1　温度传感芯片的关键技术

温度传感芯片的关键技术是对温度的采集是否准确。如果温度采集本身的精度不高，无论电路设计得如何巧妙，都没有办法弥补损失的精度。所以，到目前为止开发了很多传感器技术用来采集温度。下面选取几种典型的温度传感器技术进行介绍。

1. 基于双极结型晶体管的传感器

可以利用两个双极结型晶体管（Bipolar Junction Transistor，BJT）的基极-发射极电压的差值（ΔV_{BE}）得到与温度有关的电压，其电路原理如图 10-12 所示。

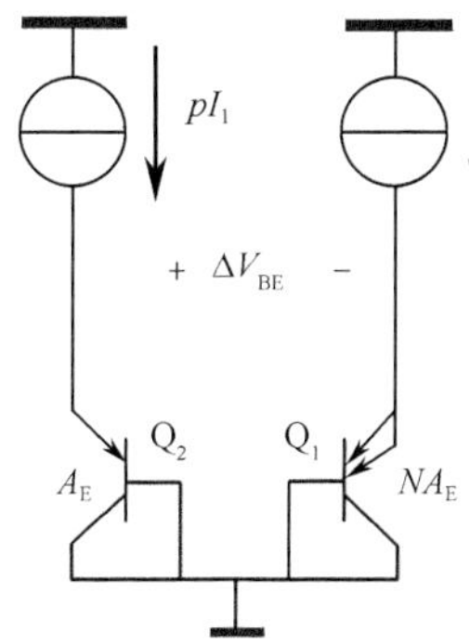

图 10-12 基于双极结型晶体管的传感器电路原理

图 10-12 中，Q 为双极结型晶体管，ΔV_{BE} 为基极-发射极电压的差值，I_1 为工作静态电流，A_E 为晶体管发射极面积。

为了获得好的温度精度，正确的偏置电流约为 1μA。为了补偿因为晶体管不匹配和应力导致的基极-发射极电压 V_{BE} 的变化，需要正确地校准和修正。用 V_{BE} 和 ΔV_{BE} 的正确组合作为 Σ - Δ 型 A/D 转换器的输入，能得到一个宽的温度范围，如式（10-1）所示。在这个传感器中需要考虑的几个误差因素是晶体管不匹配、电阻不匹配、放大倍数的偏移、电流镜的不匹配。

$$\Delta V_{BE} = \frac{kT}{q}\ln(N) \tag{10-1}$$

式中，ΔV_{BE} —— V_{BE} 的变化值，单位 mV；

k——波尔兹曼常数，1.38×10^{-23}J/K；

T——开尔文温度，单位 K；

q——电荷量，1×10^{-4}C；

N——Q_1 和 Q_2 发射极面积的比值。

通过量化 ΔV_{BE} 的值，可以精准地得到当前环境的温度。

2. 基于 MOS 的传感器

当 MOS 工作在亚阈值区域时，MOS 的漏极电流 I_D 和 MOS 的栅源电压 V_{GS} 之间就是指数关系，公式为

$$V_{GS} - V_{TV} = \frac{\eta kT}{q}\ln\left(\frac{I_D}{I_O}\right) \tag{10-2}$$

式中，V_{GS}——MOS 的栅源电压，单位 mV；

V_{TV}——MOS 的阈值电压，单位 mV；

k——波尔兹曼常数，1.38×10^{-23} J/K；

T——开尔文温度，单位 K；

q——电荷量，1×10^{-4}C；

η——工艺系数。

只要控制漏极电流 I_D，就可产生与二极管相同的效果，从而产生与温度成正比的电压 ΔV_{GS}。但是，因为 MOS 的温度非线性特性，相较于二极管更加恶劣，所以如果在比较窄的温度范围内，也可以利用 MOS 的温度特性进行温度采集。然而，如果要在－40℃～125℃实现很好的温度传感，基于 MOS 的传感器是不行的。

3. 基于时钟计数的传感器

可以利用二极管之间的电压差产生与温度有关的正温度系数电压 ΔV_{BE}，其电路原理如图 10-13 示。

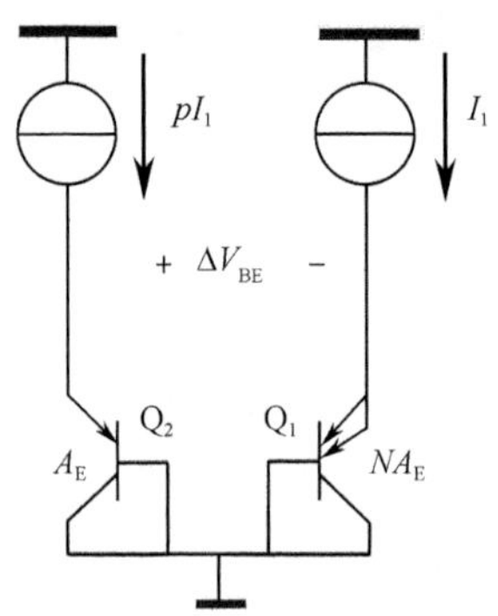

图 10-13　基于时钟计数的传感器电路原理

与温度有关的正温度系数电流 I_1 可以控制振荡器（Oscillator，OSC）电路的频率，即 OSC 产生了与正温度系数电流正相关的时钟输出，这个时钟输出的脉宽是随着温度的变化而有所变化的，其信号转换实现原理如图 10-14 所示。

在图 10-13 中，Q 为双极结型晶体管，ΔV_{BE} 为基极-发射极电压的差值，I_1 为工作静态电流，A_E 为发射极参数，NA_E 为晶体管发射极面积。

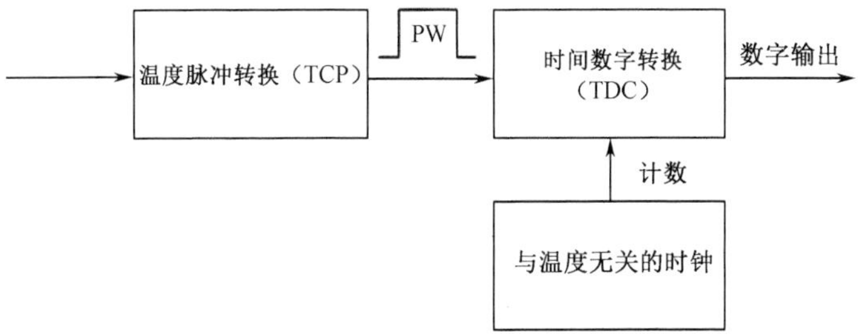

图 10-14　基于时钟计数的温度传感器实现原理

此时需要从系统中引入一个与温度无关的时钟，对与温度有关的 OSC 输出时钟脉宽进行计数，就可以得到与温度相关的数字输出，从而对温度进行采集，其时序如图 10-15 所示。

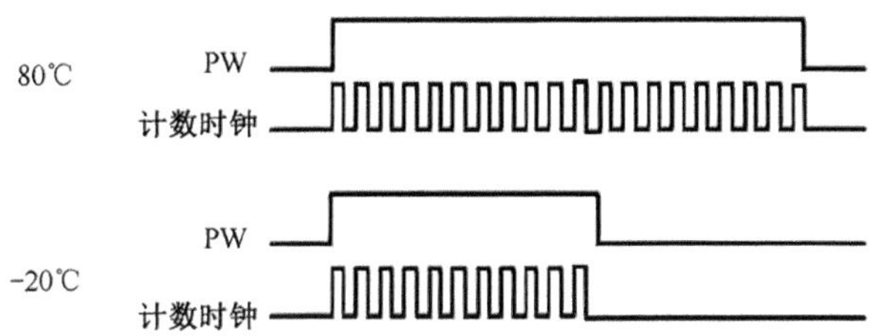

图 10-15　时序

该方案的关键在于产生低功耗且与温度线性相关的脉冲及恒定的基准脉冲信号。基准脉冲信号需要做到与温度和电源电压无关。

10.3.2　温度传感芯片电路

温度传感芯片由温度传感器、ROM、非挥发的温度报警触发器、配置寄存器等组成。温度灵敏元件是其中的关键电路，下面主要介绍几种常用温度灵敏元件电路的实现。

1. 基于 BJT 的传感器电路

基于 BJT 的传感器电路原理如图 10-16 所示，利用图中三极管 Q_1 和 Q_2 之间的差值 ΔV_{BE}，将 ΔV_{BE} 放大后得到 V_{PTAT}。ΔV_{BE} 和 V_{PTAT} 求和得到 V_{REF}，ADC 利用 V_{REF} 对 V_{PTAT} 这个与温度相关的量进行量化，得到输出量μ，再经过数字量化电路处理之后，得到输出 D_{out}。

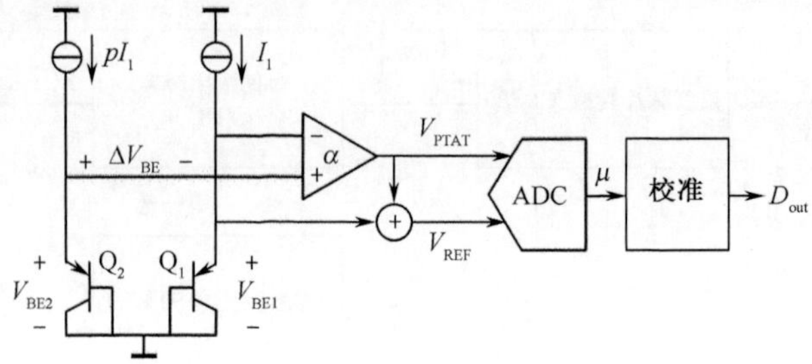

图 10-16　基于 BJT 的传感器电路原理

根据该原理，可以得到每个阶段的公式为

$$\mu=\frac{\alpha\Delta V_{BE}}{V_{REF}}=\frac{\alpha\Delta V_{BE}}{V_{RE}+\alpha\Delta V_{BE}}=\frac{\alpha}{\dfrac{V_{RE}}{\Delta V_{BE}}+\alpha} \tag{10-3}$$

式中，ΔV_{BE}——V_{BE} 的变化值，单位 mV；

V_{REF}——基准电压，单位 mV；

α——匹配系数；

μ——偏差量和基准的比例关系。

通过对 V_{BE} 和 ΔV_{BE} 进行电路设计，产生 $X=\dfrac{V_{RE}}{\Delta V_{BE}}$，使用 ADC 将 X 的值量化，得到与温度相关的输出。

2. 基于 MOS 的传感器电路

基于 DTMOS 的特性（见图 10-17），将 MOS 的栅极、漏极和衬底连接在一起，产生了类似于 BJT 的二极管特性。

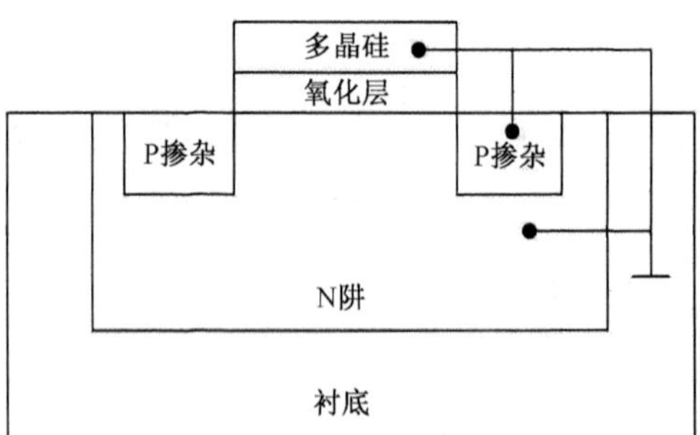

图 10-17　DTMOS 的特性

利用 MOS 在不同电流情况下阈值电压 V_{GS} 的差异，可以得到阈值的差 ΔV_{GS}，ΔV_{GS} 产生电路原理如图 10-18 所示。但是，因为电流源的不匹配及 DTMOS 的版图不匹配导致的偏差会影响温度相关量阈值之差 ΔV_{GS} 的线性度。

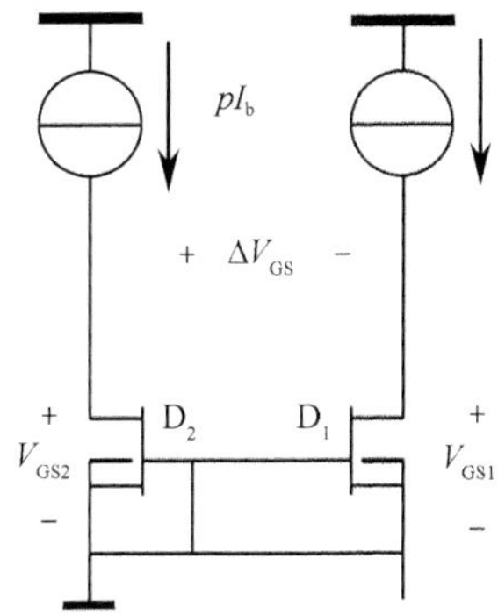

图 10-18　ΔV_{GS} 产生电路原理

和 BJT 类似，仍然需要将与温度相关的 ΔV_{GS} 进行量化，这就需要产生一个与温度无关的基准电压。基准电压产生原理如图 10-19 所示。

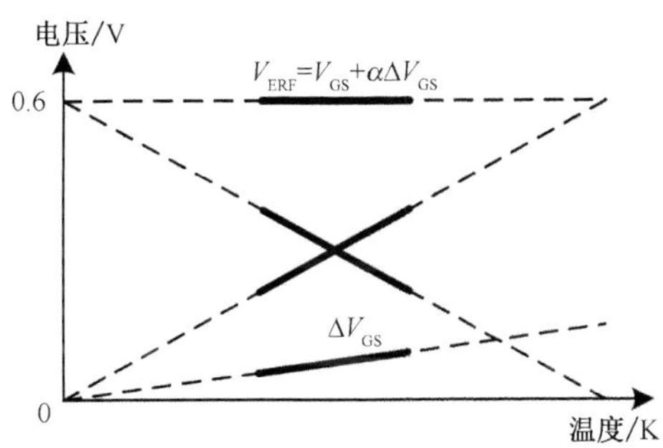

图 10-19　基准电压产生原理

产生基准电压的一般公式为

$$V_{REF}=V_{GS}+\alpha\Delta V_{GS} \tag{10-4}$$

式中，ΔV_{GS}——MOS 栅源之间的差值，单位 mV；

V_{GS}——栅源电压，单位 mV；

α——匹配系数；

V_{REF}——基准电压，单位 mV。

通过 ADC 将 $V_{GS}/\Delta V_{GS}$ 进行量化之后，通过数字的算法，对 X 进行数字滤波和数学运算，最终得到温度传感器的输出，基于 DTMOS 的温度传感器工作原理如图 10-20 所示。

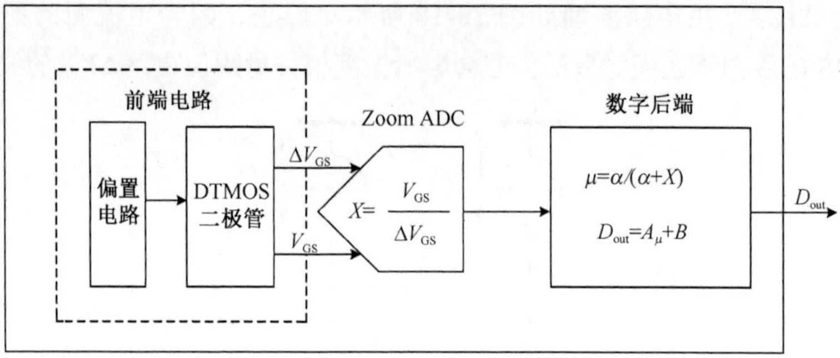

图 10-20　基于 DTMOS 的温度传感器工作原理

此 Zoom ADC 采用了 SAR-ADC 和 1 阶 Σ－ΔADC 的优点，既保证了精度，又降低了系统的功耗。

3. 基于 OSC 的传感器电路

基于 OSC 的温度传感器电路的原理如图 10-21 所示。

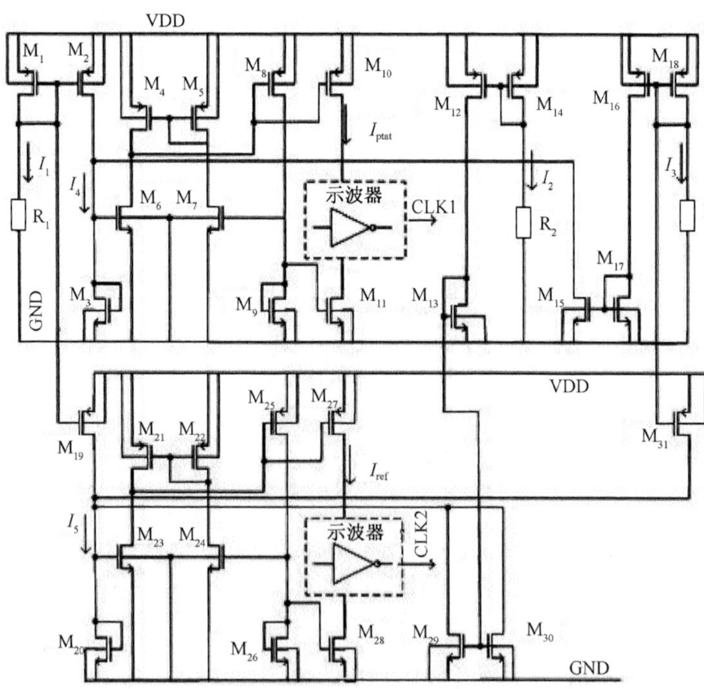

图 10-21　基于 OSC 的温度传感器电路原理

在图 10-21 中，M_1～M_{30} 是 MOS 晶体管，I_1～I_5 是支路的电流。I_{ref} 是产生的基准电流，并产生与温度无关的时钟 CLK2。I_{ptat} 电流是正温度系数电流，并产生与温度有关的时钟 CLK1。利用 MOS 的温度特性产生与温度有关的 I_{ptat} 电流，这个电流控制产生的 CLK1 就与温度直接正相关。利用正温度系数电路和负温度相加的原理，产生与温度无关的电流 I_{ref}，可以得到与温度无关的时钟 CLK2。进而用 CLK2 对 CLK1 进行采样，就能得到与温度相关的输出，实现温度传感器的设计。

10.3.3　温度传感芯片的应用

高压线路的耐张线夹因施工工艺、材质、过载和连接板螺栓松动等因素导致发热，而热应力会进一步加剧耐张线夹的损害，最终导致事故，所以运行规范要求定期监测耐张线夹的运行温度。耐张线夹的位置通常在距地面数十米的高度，而且往往在人员车辆不易到达的湖泊、山地等处，普通轻便的红外热成像仪无法对其进行测温，必须采用非常昂贵的长焦红外镜头，其携带和操作都很困难，运检人员工作强度和工作量都很大，实时性也很差[4]。为减轻运检人员工作负荷，降低运行成本，有必要采用低成本的物联网技术实现耐张线夹工作温度的在线监测。

高压输电线路运维人员野外作业时，很难获取导线工作电流的实时数据，导线、线夹、引流板等的工作温度与导线电流紧密相关，所以实时在线监测导线、线夹、引流板的工作温度可以有效支持现场运维工作。

温度在线监测系统主要分为终端层和主站系统层，如图 10-22 所示。终端层主要包括安装于输电线路的各类温度传感器和用于传感器数据汇聚转发的基站设备。该层主要实现对温度信息的采集及转发功能。输电线路温度传感器通过无线通信方式将采集的数据传输至就近基站，基站通过 3G/4G 的方式将数据上传至输电线路在线温度监测系统。主站系统层主要包括面向运检人员的温度监测平台，实现对采集数据进行处理及存储，向运检人员提供直观的输电监测区域设备温度信息。

耐张线夹温度传感器如图 10-23 所示，一般直接安装在耐张线夹接线板的中心位置，实现整个耐张线夹温度的高可靠实时在线监测，保障输电线路的安全运行。该传感器具有体积小、易安装、超低功耗、环境适应性好、与基站通信距离远等特点。

导线温度监测设备如图 10-24 所示，用于对导线的温度数据进行实时监测，通过无线感知网络对数据进行实时采集、上传，形成导线温度的在线监测解决方案。

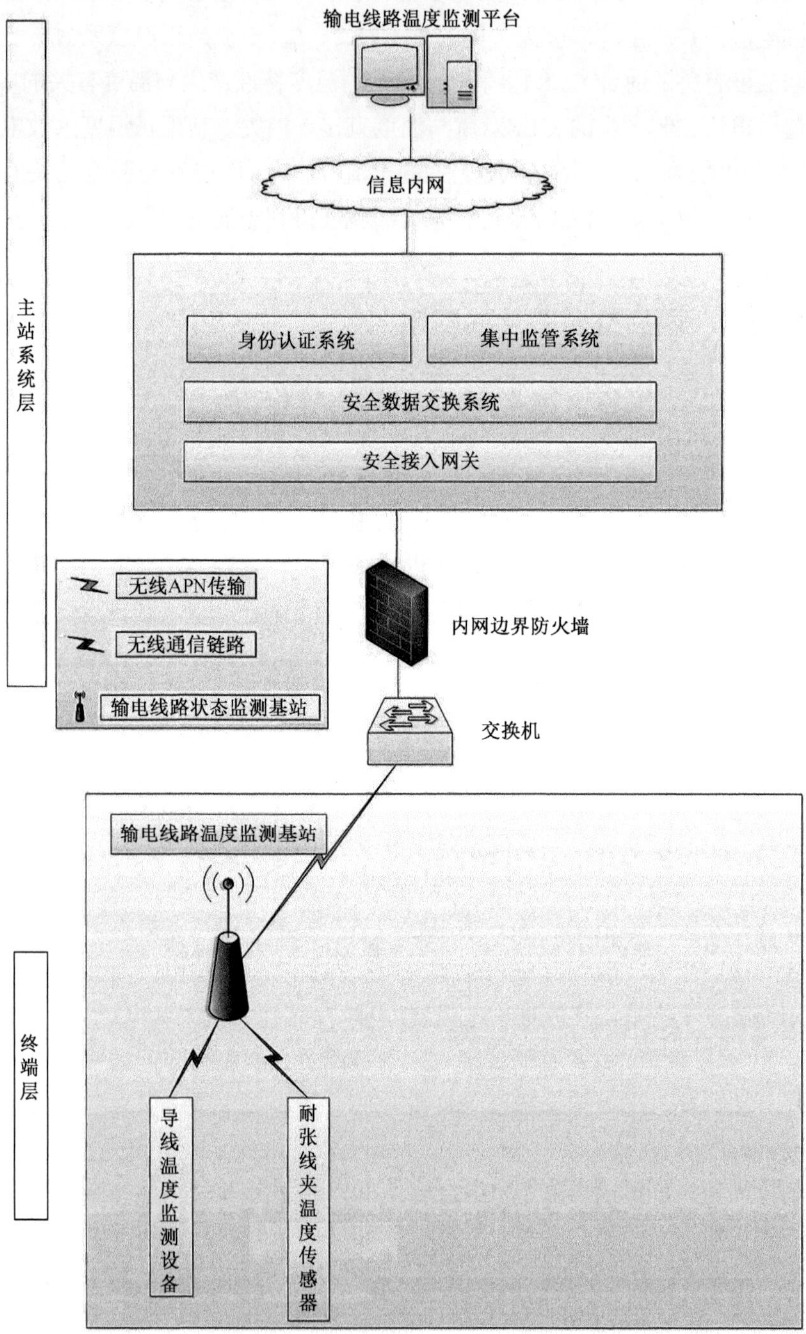

图 10-22 输电线路在线温度监测系统结构

图 10-23　耐张线夹温度传感器

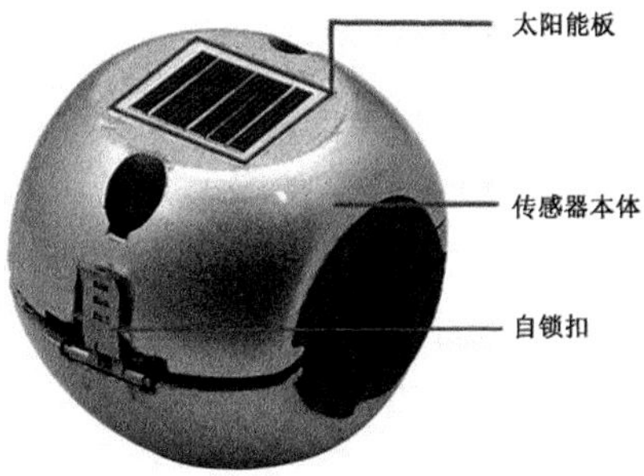

图 10-24　导线温度监测设备

导线温度监测设备主要由以下几部分组成。

（1）太阳能板：用于传感器辅助供电，易碎，传感器在任何场景下的安装过程中都不能磕碰太阳能板，并保证太阳最长照射时间。

（2）传感器本体：采用铝合金材质，椭圆形设计，安装方便，本体上有设备独立的 ID，在实际应用中，ID 需要与测点位置进行绑定关联。

（3）自锁扣：使施工人员在安装过程中安装更方便，在安装时设备利用自锁功能临时固定在导线上，然后利用螺钉抱紧导线。

10.4　振动传感芯片及其应用

振动传感芯片是一种能够测量加速度的传感芯片，根据传感芯片敏感元件的不同，常见的加速度传感芯片包括电容式、电感式、应变式、压阻式、压电式等[5]。

10.4.1　振动传感芯片的关键技术

智能电网中常用的振动传感芯片主要包括压电振动传感芯片和 MEMS 振动传感芯片等。

1. 压电振动传感芯片

某些电介质，如石英、钛酸钡等，由于它们的晶体具有点阵的特殊结构，介质的表面被拉伸或压缩时，相对的两个表面会产生异号电荷，所受的力越大或受力面积越大，产生的电荷就越多，研究人员将此现象称为“正压电效应”[6]。石英晶体就是一种常见的具有正压电效应的晶体，其单元的形状为六角锥体，如图 10-25 所示就是石英晶体受 x 轴方向拉伸或压缩时表现的正压电效应电荷分布。

在压电振动传感芯片中，敏感元件是压电材料，测量的加速度与压电材料产生的电荷成正比，并依此设计内部转换电路。压电振动传感芯片按结构不同可分为压缩型压电振动传感芯片、剪切型压电振动传感芯片和弯曲型压电振动传感芯片三种类型[7]。

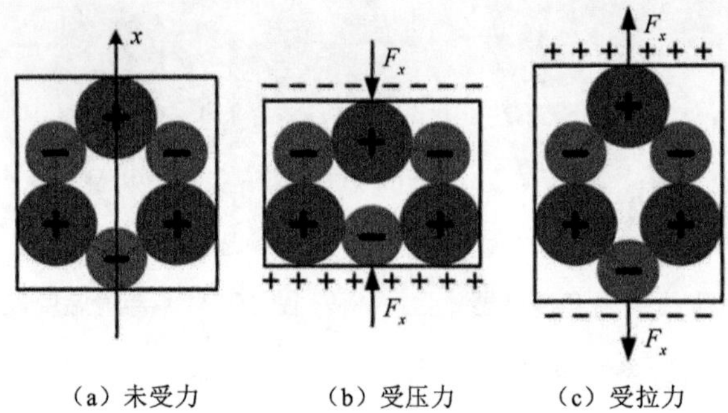

图 10-25　正压电效应原理

1）压缩型压电振动传感芯片

压缩型压电振动传感芯片的结构由上到下依次为质量块、压电元件、引线、基座，如图 10-26 所示。质量块作为敏感元件，能够感受外界的振动信号。如图 10-27 所示为压缩型压电传感芯片力学模型。

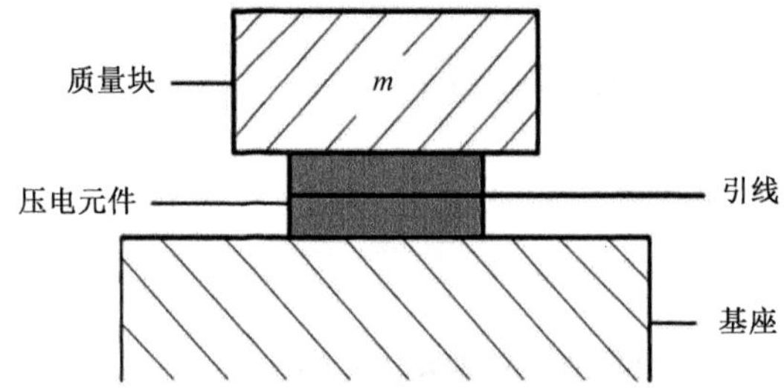

图 10-26　压缩型压电振动传感芯片结构

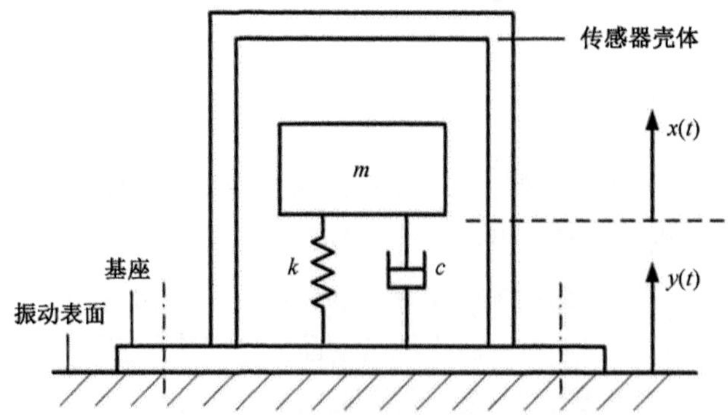

图 10-27　压缩型压电振动传感芯片力学模型

压缩型压电振动传感芯片应用较广泛，其中的中心压缩型压电振动传感芯片结构比较简单，如图 10-28 所示。

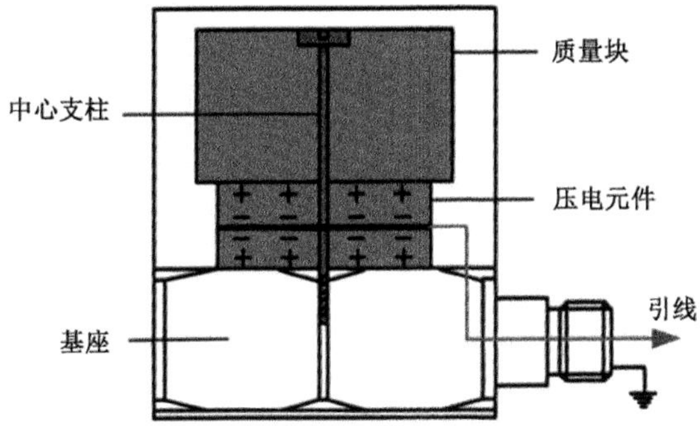

图 10-28　中心压缩型压电振动传感芯片结构

2）剪切型压电振动传感芯片

在应用中发现，由于中心压缩型压电振动传感芯片结构中的压电元件与基座完全接触，基座的振动等易导致传感芯片的测量精度降低，产生系统误差。为避免基座的影响，专家设计了剪切型压电振动传感芯片，在剪切型结构中，常分为三角剪切型、平面剪切型和夹心剪切型三种，分别如图 10-29、图 10-30 和图 10-31 所示。

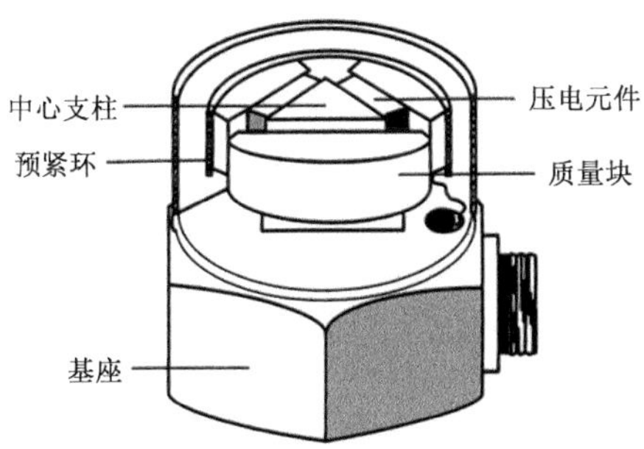

图 10-29　三角剪切型

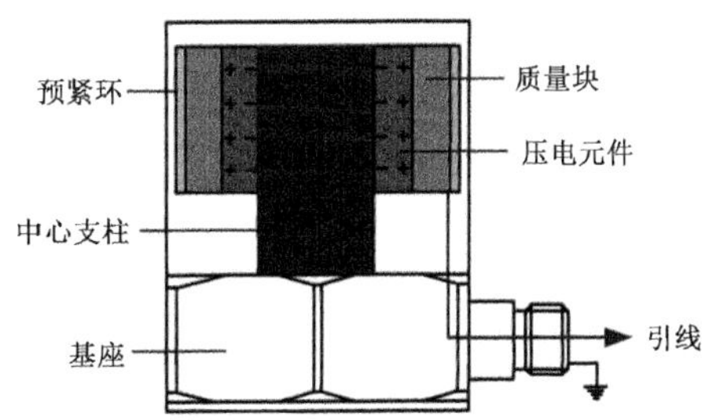

图 10-30　平面剪切型

三角剪切型可以在恶劣的环境条件下工作；平面剪切型除适合恶劣环境工作外，还可应用于高精度要求的测量中；夹心剪切型元件之间组合较稳固，适用于测量空间狭小的环境。

3）弯曲型压电振动传感芯片

除上述两种外，还有一种质量较小、体积小、便于携带的弯曲型压电振动传感芯片，由于减少了质量块，该传感器灵敏度较高。其结构如图 10-32 所示。

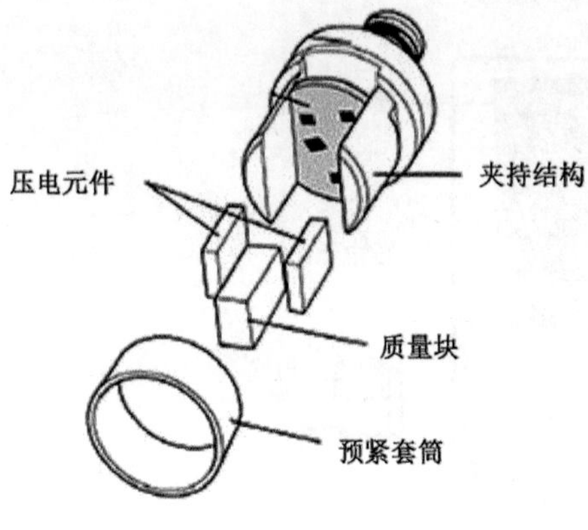

图 10-31　夹心剪切型

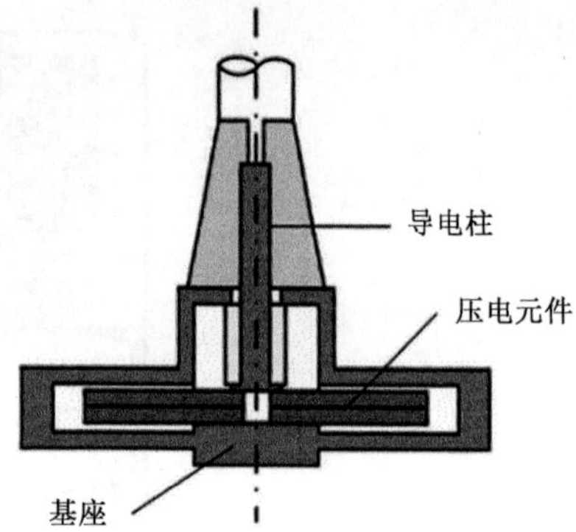

图 10-32　弯曲型结构

2. MEMS 振动传感芯片

目前，主流的 MEMS 振动传感芯片是电容式振动传感芯片，其主要特点是测量范围广、精度高、稳定性能好等。按照敏感机理的差异可将其分为变电容间距式和变电容相对面积式两类；按照电容改变的形式可将其分为梳齿式和平行板式两种结构[8]。

变电容间距式振动传感芯片的检测原理是利用改变梳齿间间距，改变电容的数值，如图 10-33 所示，中间极板为从敏感质量两侧伸出的可动电极，其与上下两侧固定在基底上的固定电极形成差分电容对。

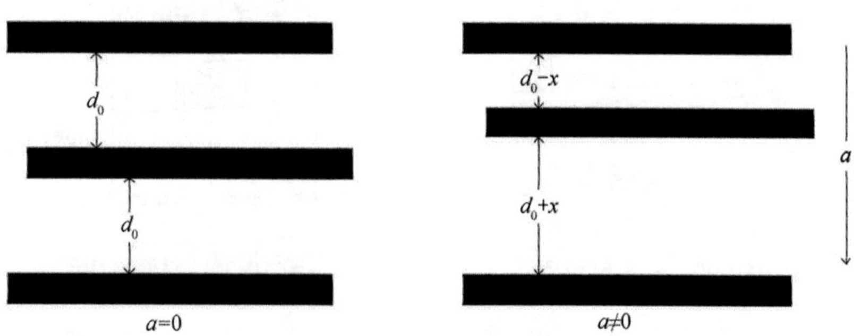

图 10-33　变电容间距式振动传感芯片检测原理

变电容相对面积式振动传感芯片通过运动使两相对电极的面积改变，产生电容差值。其检测原理如图 10-34 所示，上面为固定电极，下面为可动电极。

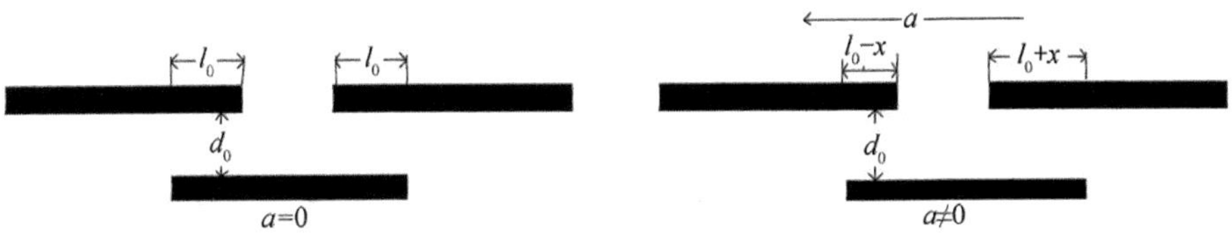

图 10-34　变电容相对面积式振动传感芯片检测原理

10.4.2　振动传感芯片电路

微弱信号检测技术是 MEMS 器件的关键技术之一。根据信号检测方式的不同，MEMS 器件主要分为压阻式、电容式和隧道电流式等几种类型[9]。通常 MEMS 器件十分微小，输出的都是模拟信号，且这一信号非常微弱，如果不能采取有效方法减小干扰及噪声的影响，就无法检测到 MEMS 器件输出的微弱信号[11]。常用微弱信号检测技术有微小电容检测和压电式检测。

1. 微小电容检测

MEMS 输出的电容一般只有几皮法。随着 MEMS 技术的不断发展，器件的尺寸越来越小，设计高灵敏度的检测电路对小电容进行检测，对提高传感芯片的性能起着重要作用。电压调制差动电容检测与开关解调电路如图 10-35 所示，这是微振动传感芯片信号处理电路的核心。

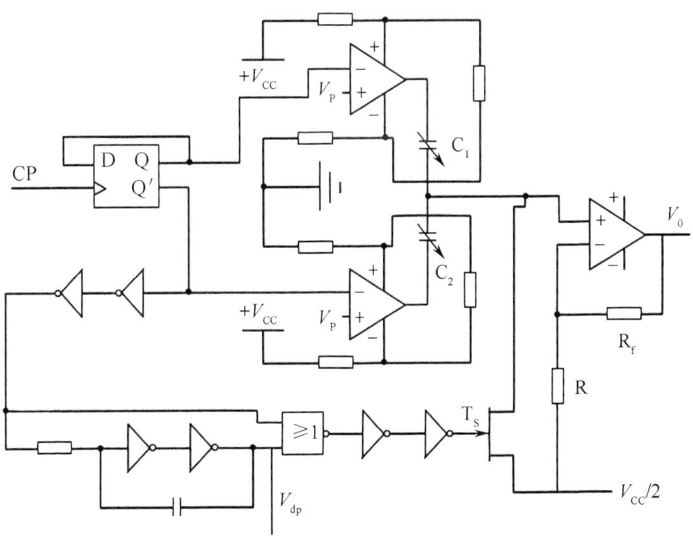

图 10-35　电压调制差动电容检测与开关解调电路

2. 压电式检测

在振动传感芯片中，晶体上的应力是以振动体施加在晶体上力的形式出现的，积累电荷的总量和施加的力成比例，而施加的力和加速度成比例。电荷经过信号电子设备的调整，输出信号可用作显示、记录、分析或控制。如图 10-36 所示，电路由电荷放大器和电压调整放大器组成。它的灵敏度为 10000pC/g，即在 1g 的加速度作用下，传感芯片能产生 10000pC 的电荷。

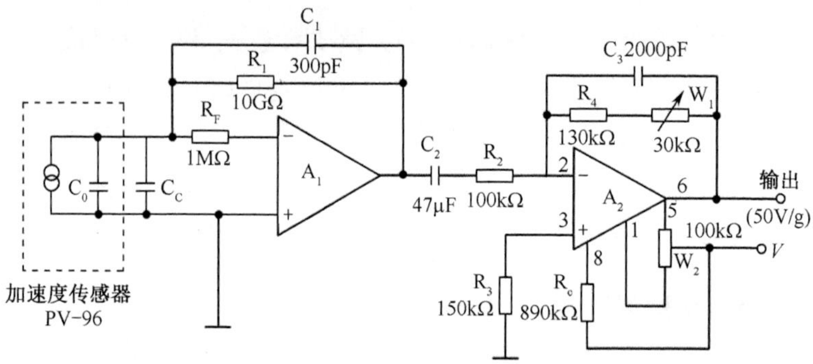

图 10-36　PV-96 压电式加速度传感芯片电路检测微振电路

10.4.3　振动传感芯片的应用

随着电网规模的迅速扩大，电压等级和自动化技术不断升级，输电线路、变电站的智能化运维水平要求不断提高，通过传感芯片监测输电线路、变电站设备、变压器、开关等电力设备的在线运行状态，可实现对这些设备运行信息的获取，为电力系统的安全稳定运行和管理提供技术手段。

电力设备的内部故障往往通过振动信号的变化体现出来。例如，对电动机、汽油机等驱动的各类旋转机械设备来说，绝大多数故障都是与机械运动或振动密切相关的，因此设备振动量监测在输变电在线监测系统中显得尤为关键[10]。

1. 电动机振动传感芯片的应用

用于电动机振动监测的压电陶瓷振动传感芯片，其内部结构如图 10-37 所示，将预先切割成型的压电陶瓷晶片、质量块及其他器件和无线模块集成封装在金属外壳内，完成压电陶瓷振动传感芯片的制备，其实物如图 10-38 所示。压电陶瓷振动传感芯片技术参数如表 10-1 所示。

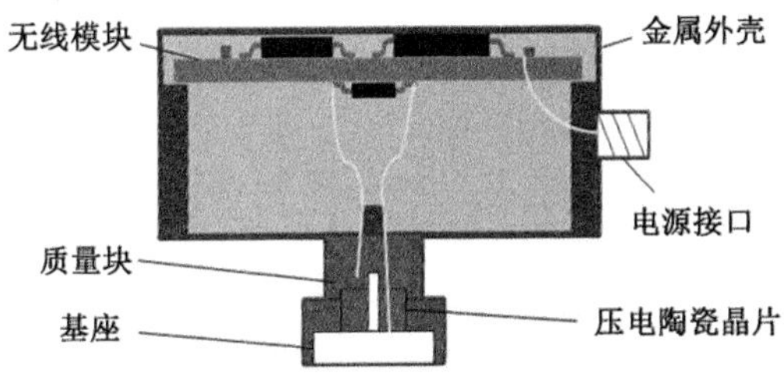

图 10-37　压电陶瓷振动传感芯片内部结构

图 10-38　压电陶瓷振动传感芯片实物

表 10-1　压电陶瓷振动传感芯片技术参数

防　护	防护等级	参　数
加速度和速度特性	测量通道	3 轴
	速度测量量程	50mm/s（有效值）
	加速度测量量程	±16g
	速度频率范围	10～1000Hz（*X* 轴 550Hz）
	加速度频率范围	0.5～1200Hz（*X* 轴 550Hz）
	加速度分辨率	12mg
	线性度	1%
	采样频率	20kbps
	无线射频频率	LoRa 通信
	通信距离	500m 可视距离
	空中最大数据传输率	9600bps
	天线	内置天线或外置天线
环境	冲击极限	1000g
	环境温度范围	-40℃～85℃
	温度漂移	15×10^{-6}/℃
电气特性	供电	外接电源或电池供电
	工作电流	最大 25mA
	发送间隔	小于 1min

基于压电陶瓷技术设计的电动机振动传感芯片已成功应用于首钢京唐公司热轧 1580 产线和热轧 2250 产线共计 126 台电动机的振动监测，其应用方案如图 10-39 所示。传感芯片采集电机振动数据，并通过 LoRa 通信方式将数

据上传至 LoRa 网关，LoRa 网关汇集同一个产线机房内的所有振动数据，并通过光纤将数据上传至后台管理系统，实现所有电动机振动状态的实时监测和预报警。

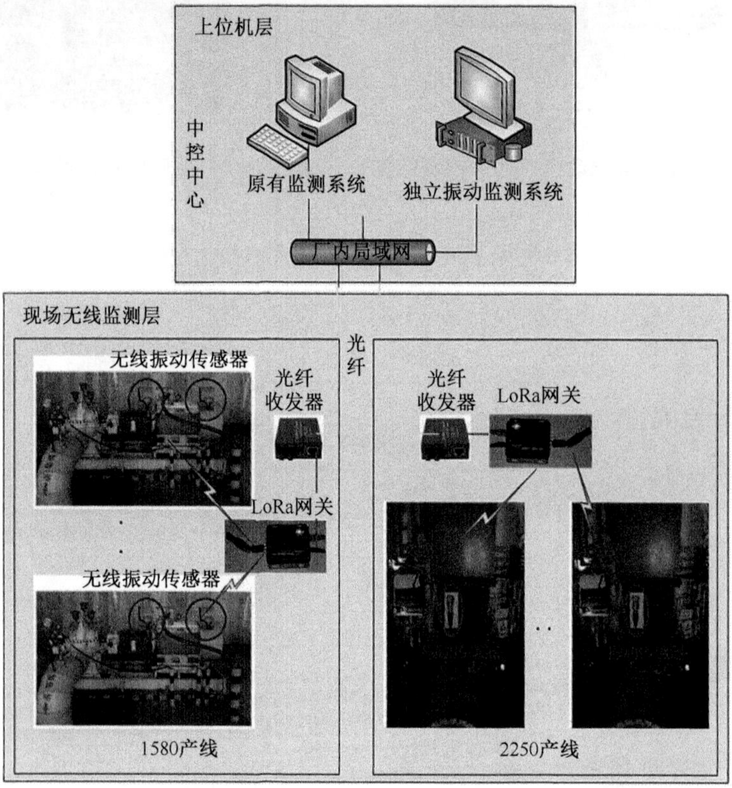

图 10-39　首钢京唐公司电动机振动监测应用方案

振动传感芯片安装在电动机驱动端和非驱动端轴承端盖部位，为焊接或粘接一个底座到轴承座上，后续只需要将传感芯片拧到焊接底座上即可，其安装实物如图 10-40 所示。

电动机振动监测系统可实现电动机振动状态实时监测、振动超限预警、历史数据查询等功能，电动机振动监测系统部分功能如图 10-41～图 10-43 所示。

2. 输电线路微风振动传感芯片的应用

输电线路微风振动是一种高频、低幅的导线运动状态，由于导线的动弯应变与其振幅有一定的线性关系，因此常采用测量弯曲振幅的方法。弯曲振幅是两点之间的相对振幅，利用 MEMS 振动传感芯片测量弯曲振幅如图 10-44 所示。

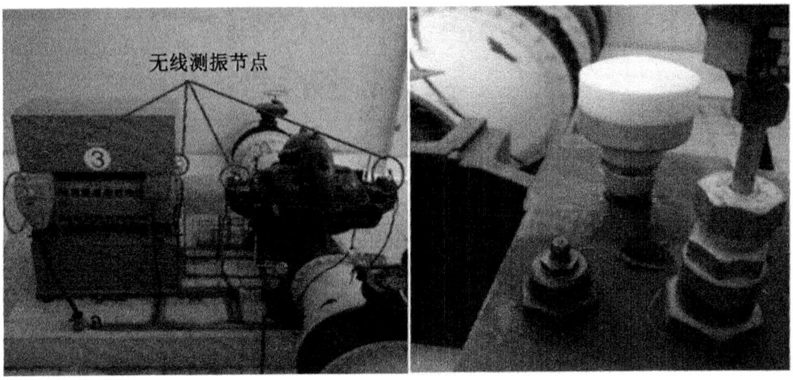

图 10-40　电动机振动传感芯片安装实物

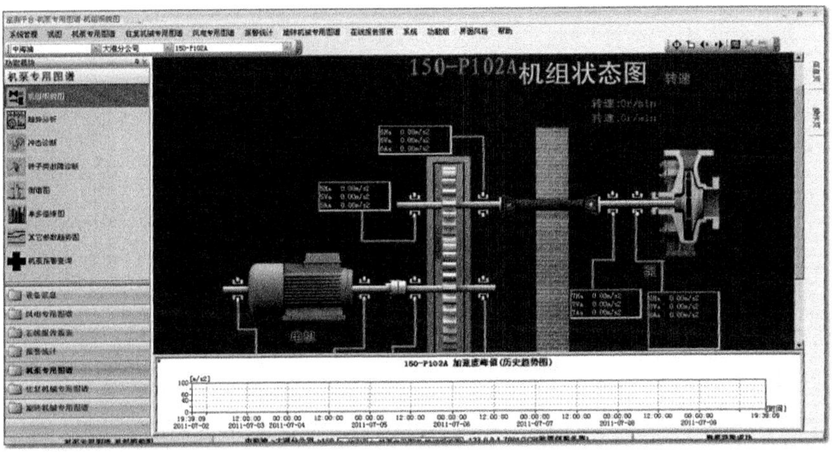

图 10-41　机组状态概貌

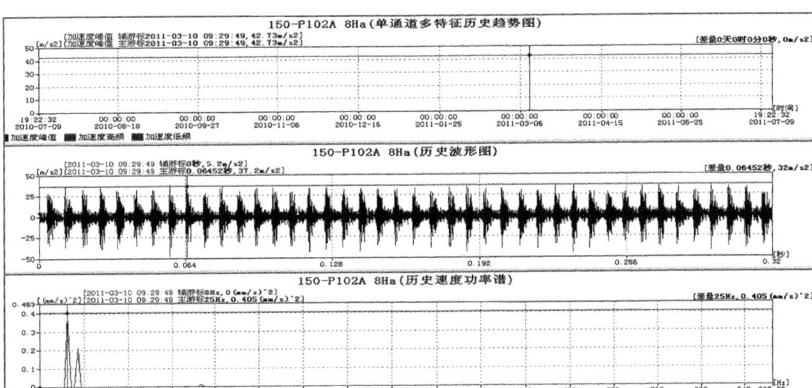

图 10-42　振动趋势-波形-频谱

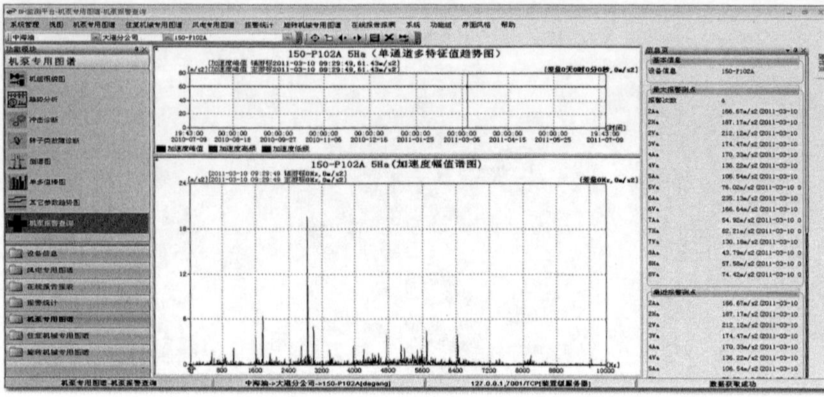

图 10-43　电动机振动报警查询

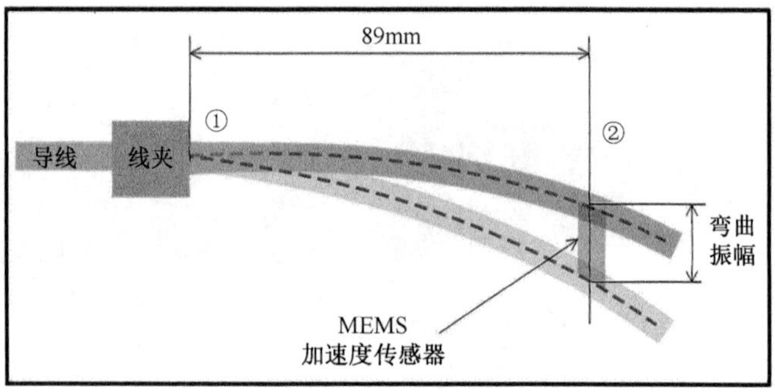

图 10-44　利用 MEMS 振动传感芯片测量弯曲振幅

在图 10-44 中，①是线夹与导线的接触点，②是与①相距 89mm 处导线上的位置，②处相对横向振幅就是弯曲振幅。导线表面的应变取决于外层线股的材质，导线振幅的大小与动弯应变值的关系如下：

$$\varepsilon=\frac{E_a D p^2 Y_b}{4\left(\mathrm{e}^{-px}-1+px\right)} \tag{10-5}$$

式中，E_a——外层线股的杨氏模量，单位 MPa；

x——导线与线夹的最终接触点到被测点的距离，单位 mm；

Y_b——89mm 处振动峰的峰值，单位 mm；

D——导线直径，单位 mm；

p——试验常数。

通过在装置内安装高精度 MEMS 振动传感芯片，对测得的导线振动加速度进行两次积分后，可得到导线振动的 Y_b 值，利用式（10-5）得到 ε 值，从而成为衡量导线微风振动情况的依据。基于 MEMS 振动传感芯片的微风振动监测装置如图 10-45 所示。

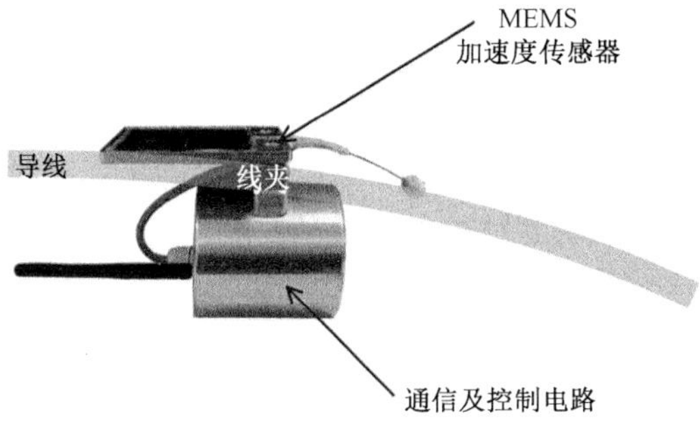

图 10-45 基于 MEMS 振动传感芯片的微风振动监测装置

微风振动传感芯片是基于嵌入式技术、无线网络技术和传感芯片技术研发的新型传感芯片，其核心部件为加速度传感芯片，可对输电线路现场微风振动的振幅和频率进行在线监测，并通过 GPRS 等无线网络实时传输到后台计算机进行处理分析。系统架构如图 10-46 所示。

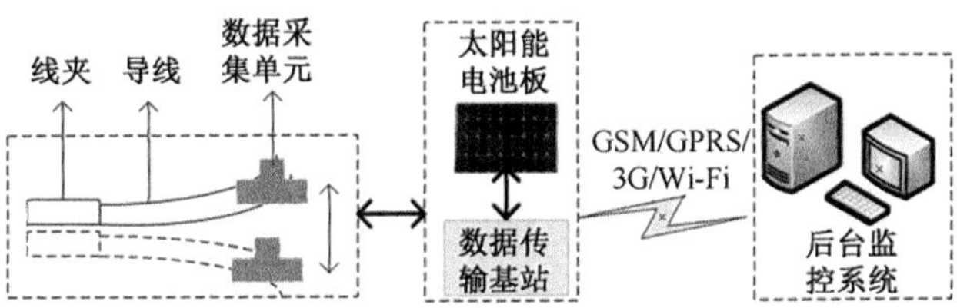

图 10-46 微风振动传感芯片系统架构

芯片传感技术立足于解决智能一次设备一体化集成设计与制造方面存在的诸多不确定性问题，如电力系统中的无线传感芯片等检测装置与一次设备的集成度不高，装置存在功能单一、结构庞杂、体积庞大、耗电巨大等问题。

10.5 力传感芯片及其应用

力传感芯片由测量力的传感芯片敏感元件、逻辑控制电路、模拟前端通信电路、天线、电压监测器构成，力传感芯片结构如图 10-47 所示。测力传感芯片有多种获取力值变化的方式，其将测量的力值转换成数字信号输出，通过前端通信电路的处理，再通过天线将采集的信号发送出去，最终被基站、读写器等接收，从而完成传感信号的采集传输工作[11]。

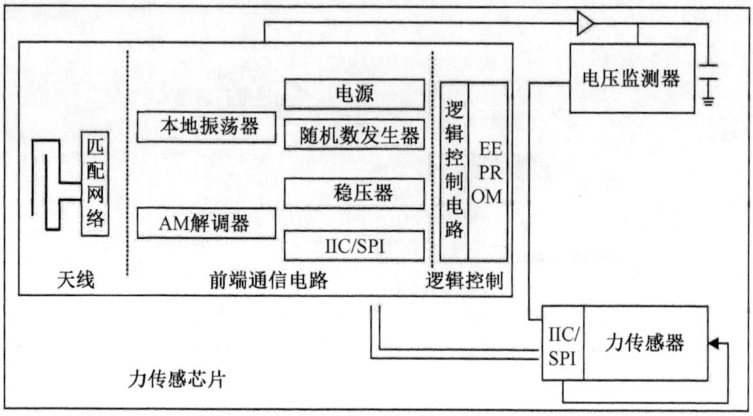

图 10-47　力传感芯片结构

目前主要应用的力传感芯片有电阻应变式传感芯片、压电式传感芯片、电容式传感芯片、光学式传感芯片、声表面波式传感芯片。这里主要介绍在智能螺栓中如何应用力传感芯片。

在电力施工、安装、维护过程中，螺栓作为输电线路杆塔、电力金具及其他的钢结构连接用零件，数量极多。螺栓安装的施工质量直接影响相关连接的钢结构的施工质量。目前，螺栓安装的施工质量检查采用力矩扳手校验的形式，流程复杂，管理难度高[12]。通过基于力传感芯片的智能螺栓的应用，可有助于支撑螺栓安装标准化、规范化，提高验收人员工作效率，有效控制施工质量，且可移交运检使用，实现力传感设备在线路工程全生命周期的应用，提高电网智能化水平。

智能螺栓由金属结构件、力传感芯片（预紧力敏感单元）、数据处理单元、RFID 天线等组成，其中力传感芯片是螺栓智能化的核心部件，负责预紧力的准确监测。目前，力传感芯片可以选择安装在螺栓中或垫片中，螺栓和垫片结构外形如图 10-48 所示。

为了检测螺栓预紧力，分析其检测原理，施加预紧力会引起螺栓结构或垫片结构的微形变，本质上螺栓结构可以等效于悬臂梁，如图 10-49 所示。通过检测结构的微形变，最终得到预紧力的大小。

装有力传感芯片的智能螺栓实物如图 10-50 所示，在螺栓或垫片中以等角度（120°）间隔贴装三个力传感芯片，以便更精确地测量螺栓预紧力的大小。

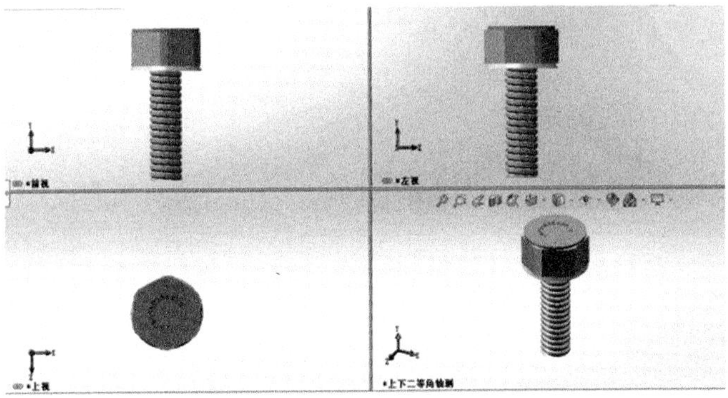

（a）螺栓各视角的结构外形

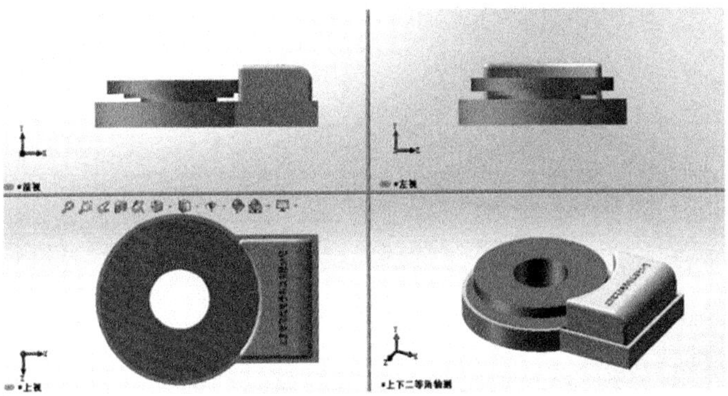

（b）垫片各视角的结构外形

图 10-48　螺栓和垫片结构外形

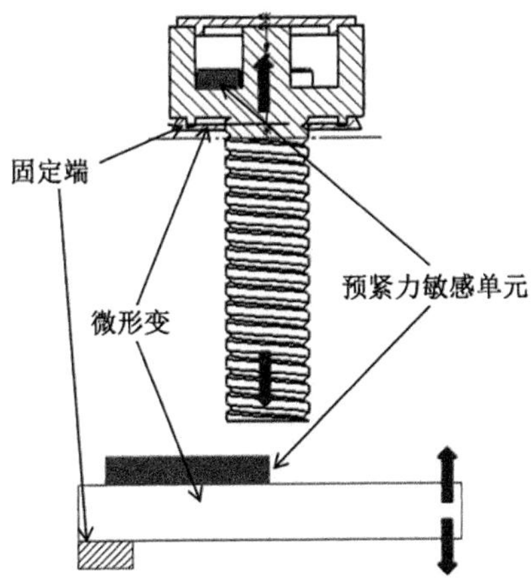

图 10-49　螺栓结构等效悬臂梁

图 10-50　装有力传感芯片的智能螺栓实物

由于两种智能螺栓在结构上有所不同，其主要应用场合也存在区别。螺杆式智能螺栓主要适用于塔身关键节点应力变化的监测，而垫片式智能螺栓则主要适用于地脚螺栓应力变化的监测。

智能螺栓技术指标如表 10-2 所示。

表 10-2　智能螺栓技术指标

指　标	螺杆式智能螺栓		垫片式智能螺栓	
型号	M24	M36	M24	M36
精度	0～150kN，0.5%FS	0～350kN，0.5%FS	0～150kN，0.5%FS	0～350kN，0.5%FS
预紧力目标值	135.5kN	313.7kN	135.5kN	313.7kN
屈服强度	225kN	522.8kN	250kN	550kN
极限强度	282kN	653.6kN	300kN	700kN
设计寿命	10 年	10 年	10 年	10 年
传输间隔	1～10min 可调	1～10min 可调	1～10min 可调	1～10min 可调

参考文献

[1] 张旭涛. 传感器技术与应用[M]. 北京：人民邮电出版社，2010.
[2] 刘利秋，卢艳军，徐涛. 传感器原理与应用[M]. 北京：清华大学出版社，2015.
[3] 吴建平. 传感器原理及应用[M]. 北京：机械工业出版社，2016.
[4] 郁有文. 传感器原理及工程应用[M]. 西安：西安电子科技大学出版社，2014.
[5] 刘少强. 现代传感器技术：面向物联网应用[M]. 北京：电子工业出版社，2016.
[6] 徐文毫，郭训华，王国兴，等. 霍尔芯片关键技术及发展趋势分析[J]. 电路与系统，2014，(3)：65-72.

[7] 张碧勇，许洋铖，张磊，等. 高灵敏度低频感应式磁传感器的研制[J]. 实验室研究与探索，2015，34（8）：61-63.

[8] 邵英秋，王言章，程德福，等. 基于磁反馈的宽频带磁传感器的研制[J]. 仪器仪表学报，2010，31（11）：2461-2466.

[9] 欧阳斌林，杨方，王润涛，等. 恒流源充电二极管放电的电感式位移传感器[J]. 传感技术学报，2012，25（9）：1262-1267.

[10] 樊尚春. 传感器技术与应用[M]. 北京：机械工业出版社，2010.

[11] 杜晓强，吴柯锐. MEMS 器件常用微弱信号检测技术研究[J]. 仪表技术，2010，（2）：49-52.

[12] 陈毅强. 低频压电加速度传感器的噪声特性及信号处理方法研究[D]. 秦皇岛：燕山大学，2016.

第 11 章

物联网与电力巡检

电网设备规模的扩大给巡检带来了巨大的工作量，电力设备巡视、状态检测及故障诊断的业务瓶颈须通过智能物联网化进行突破。电力机器人技术、可穿戴巡检装备技术、物联网智能诊断技术的发展，为现代电力巡检提供了前端装备和后台系统两个方面的支撑，这些技术将构成基于物联网的电力巡检方案。本章从前端和后台两个方面介绍物联网与电力巡检，先从电力机器人技术切入，介绍不同类型的变电、配电、输电机器人装备及工作场景。接着讨论基于物联网的可穿戴装备巡检技术，介绍便携式设备状态检测装备功能及应用场景。最后介绍面向电力巡检的物联网后台智能诊断技术，结合传统电力专业故障分析和先进的人工智能算法，讨论物联网技术在设备状态分析方面的具体应用。

电力物联网技术的发展将对电力巡检的业务模式产生深远的影响，机器人技术、智能传感器技术、智能巡检装备和巡检终端技术、低功耗广域无线通信技术、大数据与人工智能技术等一系列物联网技术的不断更新换代，将为电网设备的状态检测与诊断提供更多的思路和手段，为电网设备安全稳定运行提供更加坚实的保障。

11.1　变电站巡检机器人

变电站巡检机器人系统是集机电一体化技术、多传感器融合技术、电磁兼容技术、导航及行为规划技术、机器人视觉技术、安防技术、稳定的无线传输技术于一体的复杂系统。其中，红外检测系统能够对变压器、互感器等设备本体及各开关触头、母线连接头等的温度进行实时采集和监控，并采用温升分析、同类或三相设备温升对比、历史趋势分析等手段，对设备温度数据进行智能分析和诊断，实现对设备故障的判别和自动报警。因此，变电站巡检机器人系统可替代巡检人员完成变电站室外一次设备的部分项目巡检工作，及时发现电力设备存在的问题，为无人值班变电站的推广应用提供创新型技术检测手段，提升电网的可靠性。

近几十年来，各厂家及科研机构的大力科研攻关大大促进了变电站巡检机器人技术的发展。1999 年，国网山东省电力公司电力科学研究院及下属的山东鲁能智能技术有限公司最早开始了变电站巡检机器人研究工作，并于 2002 年成立了国家电网公司电力机器人技术实验室，进行电力机器人领域技术攻关。2004 年，第一台功能样机研制成功。2005 年，第二代变电站设备巡检机器人在济南 500kV 长清变电站成功运行；2007 年第三代变电站设备巡检机器人在天津 500kV 吴庄变电站、2008 年在南宁变电站投入运行。它具有强大的数据库系统、视频采集压缩传输系统及可靠的自足充电管理系统，通过防尘、防水、散热等设计达到了变电站设备巡检机器人全天候工作的要求，而且实现了机器人精确巡检、变电站设备运行状态分析诊断等功能。2010 年，性能更为优越的第三代变电站设备巡检机器人服务于西北电网公司 750kV 乾县变电站、浙江嘉兴王庄变电站和山东超高压泰安变电站。目前，第四代变电站巡检机器人陆续在山西 500kV 长治久安变电站、青岛午山变电站等投入运行。2012 年 11 月，慧拓变电站智能巡检机器人在郑州 110kV 牛砦变电站正式投入运行。2012 年 12 月，重庆市电力公司和重庆大学联合研制的变电站巡检机器人在巴南 500kV 变电站成功试运行，可实现远程监控及自主运行。2014 年 1 月，浙江国自机器人技术有限公司研制的变电站巡检机器人在瑞安变电站投运。2015 年，变电站智能巡检机器人在萧山电网投入运行。

机器人变电站巡检不仅具备人工巡检的灵活性、智能性，还突破了一些人工巡检的局限性，可更好地满足智能变电站和无人值守变电站的发展需求，具有广阔的发展空间和应用前景。如图 11-1 所示为典型变电站巡检机器人。

图 11-1　典型变电站巡检机器人

11.1.1 变电站智能机器人巡检系统结构

变电站智能机器人巡检系统为网络分布式架构，包含集控层、基站层和终端层，如图 11-2 所示。

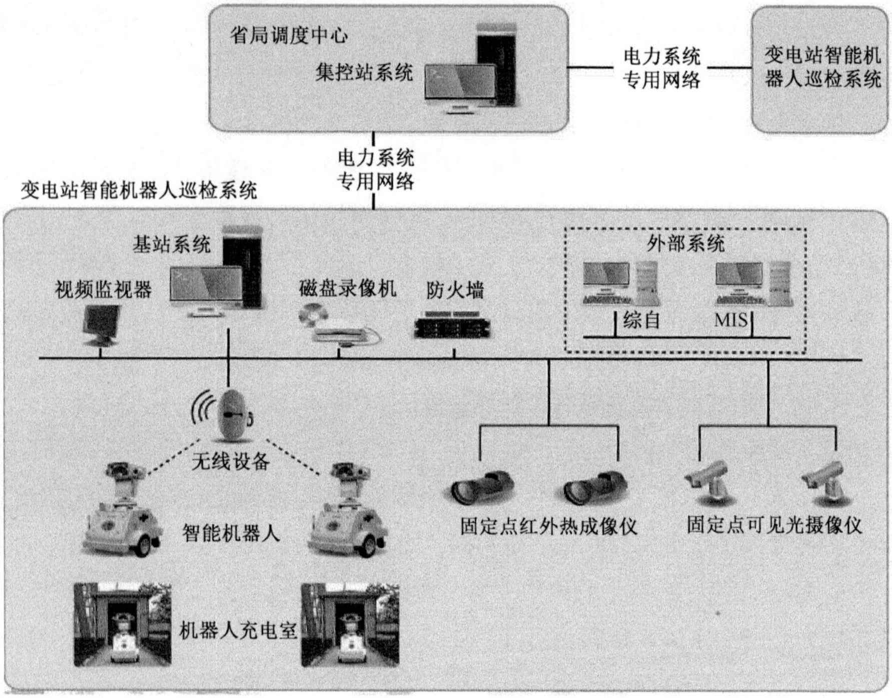

图 11-2 变电站智能机器人巡检系统网络分布式架构

该系统搭载高清摄像机、红外热成像仪、激光导航定位装置和语音对讲系统，使用户实时掌控变电站现场环境信息。通过实时监控平台，实现对巡检机器人的控制，并实现数据接入、存储、统计、定位及立体展示。

变电站智能巡检机器人作为该系统的核心部分，集成红外热成像仪、高清摄像机、扬声器、高灵敏度拾音器等多种传感器，使机器人能够在全天候条件下，以全自主或遥控方式，实现对变电站的全方位检测。

巡检机器人的主要模块包括以下几个。

（1）信息采集模块。主要包括高清摄像机、红外热成像仪、紫外检测组件和拾音器。

（2）导航定位模块。导航定位模块是机器人在变电站进行正常巡检任务的关键部分。机器人采用激光导航、惯导和视觉导航的组合导航技术，可突破单一导航方式的局限性。机器人使用激光雷达获取当前位置的小范围平面图，并将其与变电站全局图进行比对，从而获得机器人的当前位置。机器人后台通过多种匹配算法，可在实际环境出现干扰的情况下依旧能定位精准。

（3）安全防撞模块。变电站智能巡检机器人车体装有超声波雷达和前置摄像头，具备 1.5m 的障碍物探测能力。在运行过程中，一旦发现前进方向有障碍，会立即停车并报警。

（4）自主充电模块。自主充电模块可实现电池电压转换及电源分配，电池电压、电流、电量及温度监测，过放、过充、欠压等多重保护，非易失性存储命令执行及异常发生时的状态等历史事项信息收集。

11.1.2　户外巡检机器人

变电站巡检机器人的主要功能包括例行巡检、定点巡检、遥控巡检、红外快速普测、设备缺陷跟踪、应急事故处理、安防联动、远程视频工作指导等。

例行巡检是最常见的应用模式。在例行巡检模式下，系统根据选定的巡检设备自动关联相应的停靠点位，在用户指定检测模式、定时时间、定时周期的基础上，采用机器人定时自主运行或人工远方临时发令的方式例行巡检。机器人按照设定路线巡视设备的外观、噪声、状态等常规内容，并将数据保存至系统后台，生成检测分析报告。运维人员可查看当日报告，筛选巡视异常数据，核实缺陷结果。

在恶劣的天气条件下，运行人员可选择部分设备进行巡检，系统按照自动生成的最佳巡检路线执行定点任务，如图 11-3 所示。

图 11-3　机器人雨雪天气定点巡检

遥控巡检适用于对某类设备的状态进行即刻锁定与监测，尤其在机器人巡检过程中检测到异常并向运维人员报警时，运维人员可即刻调用机器人迅速到达设备现场位置，及时核实报警信息。机器人遥控巡检如图 11-4 所示。

图 11-4　机器人遥控巡检

红外快速普测是在现有测温模式基础上新增的模式。机器人在执行巡检任务时，通过任务预设的停靠点进行红外测温快速扫描，针对站内超出温度阈值的设备区域抓拍红外热成像图，并自动生成区域设备报警信息，为下一步精确测温任务的执行提供数据参考，如图 11-5 所示。

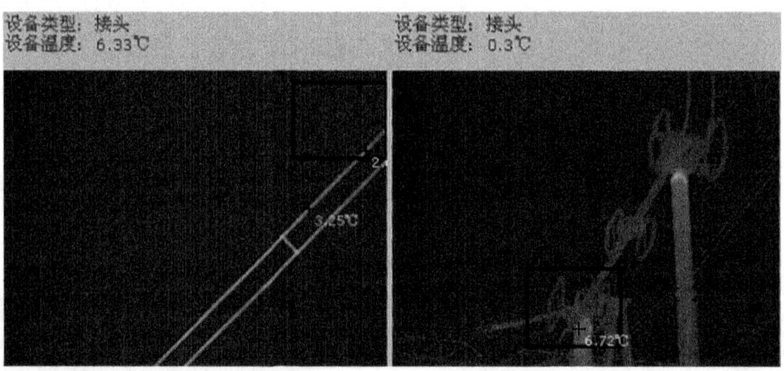

图 11-5　红外测温图像

当设备存在缺陷时，运维人员可通过客户端控制机器人以指定周期重复巡视设备或定点全天监视，实时采集缺陷设备数据。机器人还可跟踪数据变化，并及时报警设备缺陷发展。

变电站发生事故后，运维人员可通过客户端点选指定设备，建立特巡任务，机器人到达现场后，利用视频传输和信息交互快速向运维站传送现场信息，运维人员即可快速掌握现场动态，及时确定处理方案。

当无人值守变电站发现异物入侵时，机器人后台系统与变电站安防系统联动，实时收取并判别无人变电站安防报警信号，启动相应的安防巡视任务，如图 11-6 所示。此外，日常安防巡视任务也可手动触发。

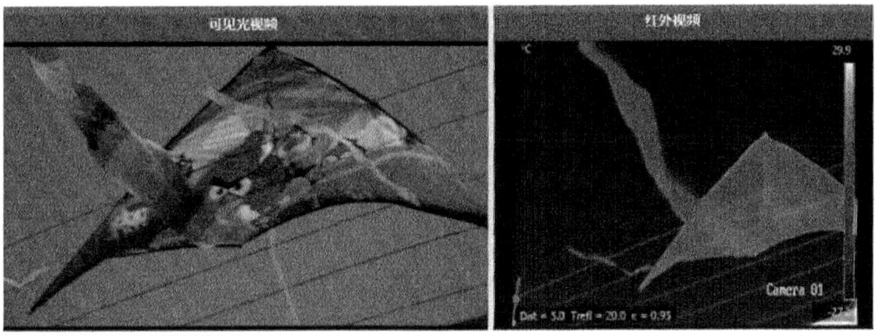

图 11-6　发现异物入侵

变电站智能机器人巡检系统可通过视频远传、远程控制功能，实现变电站巡检的远程可视化；通过双向语音对讲功能，实现远程视频工作监护及指导。

11.1.3　站房巡检机器人

室内轨道智能机器人巡检系统主要应用于变电站室内环境（保护室、开关柜室、GIS 室等），其以轨道机器人为核心，融合了电力设备非接触检测、多传感器融合和模式识别等多种技术。相应的系统架构如图 11-7 所示。

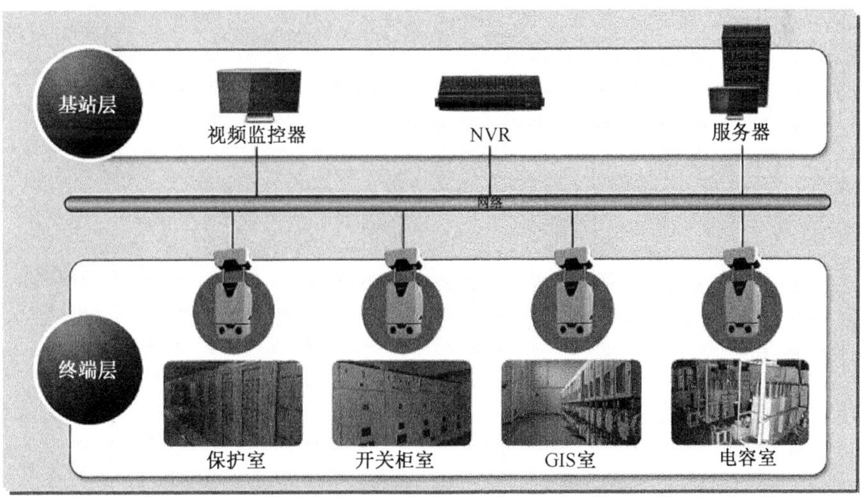

图 11-7　室内轨道智能机器人系统架构

除可实现室外巡检外，某些型号的巡检机器人也可进行室内巡检，可实现智能操纵开闭入室门口的电动卷帘门和电动挡鼠板，顺利进出室内外。此外，机器人可自动操纵开闭室内间隔门处的电动平开门，顺利地在不同房间内进行例行巡检任务。

机器人在不同楼层进行日常巡视时，可操纵并搭乘升降设备，沿楼道内的斜挂式轨道上下楼，从而完成变电站室内外日常巡检任务。

1. 屏体压板识别

变电站智能巡检机器人可识别室内压板设备状态。压板设备的识别过程大致分为图像预处理、压板设备定位和压板设备状态识别。使用图像预处理技术对巡检图像进行降噪操作，减少环境噪声对图像质量的影响，使用纹理分析定位压板设备位置，利用图像处理和机器学习技术识别压板状态。

室内压板设备类型多样，一般分为两项方形压板、两项原点压板和三项压板，对于不同类型的压板设备进行逐类别检测，利用图像处理和机器学习等模式识别技术进行组合处理，简化了算法流程，保证了算法的可靠性，增强了变电站智能巡检机器人的巡检能力。

2. 屏体指示灯识别

变电站智能巡检机器人可以识别室内屏体上不同颜色指示灯的亮灭状态。利用图像预处理算法消除指示灯光晕对图像质量的影响，利用图像分割对指示灯位置定位，利用纹理分析、特征识别技术对指示灯状态进行高效识别。

11.1.4 变电站巡检机器人关键技术

1. 基于巡检机器人深度学习算法的设备外观异常识别技术

智能巡检机器人的应用虽已初见成效，但目前机器人在视觉识别方面仍然无法完全替代人工，对变电站设备经常发生的缺陷如设备渗漏油、呼吸器异常、表计表面模糊/破损、鸟害、异物等没有相对应的判别功能，导致大部分机器人应用站点在机器人巡检基础之上，还需要人工巡视进行工作的完善补充，造成了重复工作。因此，机器人设备外观异常检测及智能识别技术亟待开发。

从现场运维现状来看，需要对变电站现场设备渗漏油、呼吸器异常、表计破损等常见故障进行充分调研，对变电站常见缺陷设备进行建模。在此基础上进行图像背景分割算法、图像滤波技术、机器人深度学习算法和卷积神经网络方法等关键技术的理论研究，最后基于以上研究，开发出变电站设备外观异常识别软件模块。

目前，智能巡检机器人的主流导航技术采用激光无轨导航技术，但变电站区域一般较为空旷，且灌木生长、设备变动、天气变化、变电站区域检修等环境因素，可能导致激光导航智能巡检机器人定位发生偏移，存在定位精准度低、环境适应能力差等问题，容易影响机器人巡检的使用效率。

通过三维建模还原变电站现场的三维真实场景后，机器人巡检路径可在三维实景平台系统中真实展示并进行标注，实时显示机器人巡检位置的移动，反映机器人在变电站中的真实位置，以及机器人现场巡检情况。机器人巡检实景重构如图 11-8 所示。

图 11-8　机器人巡检实景重构

此外，使用三维建模可以在运行检修时，无须到现场便能测量作业现场的安全距离，为现场作业制定科学合理的预案，可完成现场踏勘所不能达到的协同推演、协同演示和评估效果，具有操作灵活、使用资源少、成本低、效率高、测量准确迅速、现场作业风险低等优点。

三维激光定位导航技术通过 360° 全方位扫描周围环境，获取三维空间点云数据，以立体点云图的形式匹配周围环境，并进行海量点云数据的实时和低耗处理，为三维电子地图的建立提供有利的基础，完成基于三维激光信息的变电站环境道路建模。具备以上基础后，对激光传感器、惯导传感器及视觉传感器等多维数据进行数据融合，研究模糊决策算法，输出导航定位信息。最终，将机器人实时工作情况、工作位置及其附近的工作环境和设备的工作情况通过虚拟的电子三维空间场景直观展现出来，如图 11-9 所示。该方法有效解决了受环境场景变化（如站内施工、草丛增长、群众围观、起伏路段等常见因素）影响可能引起的路径偏离现象，增强了其环境适应性。

图 11-9 精确坐标三维实景重构

2. 机器人自主导航技术

路径识别技术是变电站移动机器人的控制关键。目前主要的导航定位技术手段有磁导航、GPS 导航、激光导航及惯性导航等。利用铺设或埋藏磁性感应线的磁导航方式建设成本高，改造和维护困难。GPS 定位的误差在几米至几十米，无法在窄小的空间中精确导航。激光导航是一种利用激光作为探测媒介的导航方式，虽然具有测距分辨率高等优点，但易受环境干扰，同时激光测距探测范围有限。惯性导航属于推算导航方式，即依靠电子罗盘、里程计等给出移动机器人大概位置和方向的相对定位系统，电子罗盘由于受到电晕放电等强烈的磁场干扰，无法精确测定机器人朝向。

机器视觉利用视觉传感器采集周围的环境图像，再通过机器视觉理论和图像处理算法还原三维环境信息，使计算机具备视觉感知能力。在此基础上发展的视觉导航具有探测范围宽广、获得的信息量大等优点。由于该技术需要将目标从背景中分离，相应的图像处理计算量大，以前运算设备的速度和存储容量严重限制了视觉导航技术的发展。目前随着计算机运算能力和视觉传感器性能的提升，视觉导航发展前景更加广阔，而基于视觉导航的变电站巡检机器人由于其智能水平优势也备受关注。

3. 巡检机器人自主规划巡检路径策略

在目前的技术条件下，当巡检路线上出现异物或进行检修工作时，机器人只会停车报警，仍然需要工作人员人工处理异物或手动遥控绕开障碍区，这不仅增加了工作人员的紧急处理工作量，还影响了正常巡检工作，降低了机器人巡检的整体效率。

智能巡检机器人自主规划巡检路径的策略研究，对增强智能巡检机器人变电站巡检的智能化、无人化和提高变电站巡检效率起着重要作用。该策略实施之后不仅能在一定程度上减轻现场工作人员的工作量，而且可以增强机器人巡检的连续性，不会因为站内部分设备区域的检修工作而暂停整个变电站的巡检工作，从而提高智能巡检机器人的利用率和整体巡检效率。

4. AR 技术

应用热点互动的方式，操作人员可通过二维平面图定位三维场景中的对应设备，根据人们擅长看电路图的习惯，用二维电路平面图与三维模型互动，令二维设计图的电气设备融入三维实景场景中，增强了友好型人机交互的体验效果。二维平面与三维模型互动如图 11-10 所示。

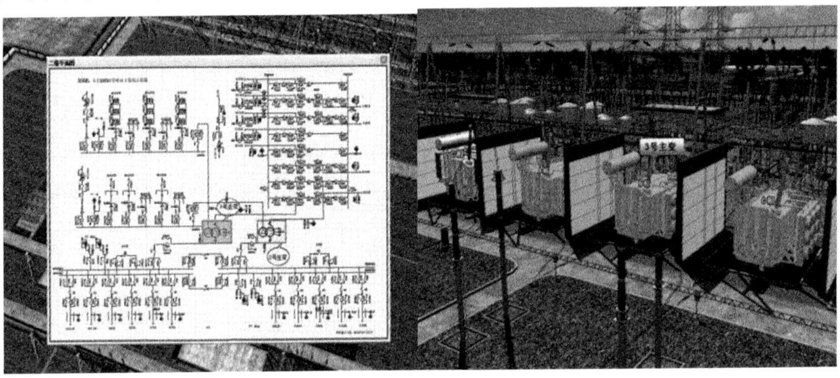

图 11-10　二维平面与三维模型互动

此外，三维场景可展示机器人主观跟随、侧面旁视的效果，从摄像机视野、机器人视野查看其自主巡检的路径，更直观地体现了变电站的巡视过程和巡视路径的管理，这也是三维展示终端的一种必然发展趋势，进一步增强了现场沉浸感。

5. 变电站机器人巡检数据协同方案

由于设备形态、地形等多种因素的限制，机器人在部分变电站的巡检过程中无法达到 100%的覆盖，这使机器人无法完全代替人工巡检。为达到机器人巡检 100%的覆盖，需要对现有巡检系统进行补充，可通过在线传感器实施多渠道巡检数据协同方案。

机器人巡检数据将通过站内自组无线网回传至站端后台进行分析处理，车载端与本地端采用高实时性的 Suro-OS-RT 分布式协议，以及 TCP/IP 点对点连接的方式，传输以下几项内容。

（1）高实时性数据。其中，中低密度数据包括智能巡检机器人实时状态、巡检数据与图片信息、实时遥控指令等；流媒体数据包括可见光 H264 高清压缩视频流、红外热成像仪 MPEG4 压缩视频流、音频流等。

（2）事务性数据。包括巡检任务的安排、下发，任务的暂停与取消，巡检报表的上传等。

11.2 配电网作业机器人

配电网中设备体量大、种类多、运行环境复杂，这些因素直接影响供电的可靠性。传统人工作业存在两大不足：①运维检修任务繁重，人力投入成本高，现有人员配置情况难以满足高频度、精细化运检工作需求；②人工带电作业难度大、风险高，停电作业又影响供电可靠性，人力操作的先天劣势与高可靠供电要求间的矛盾日益突出。因此，现阶段配电网的快速发展分别对配电网带电作业机器人和配电站房巡检机器人的发展提出了更高的需求，构建更加智能、高效的配电网机器人作业体系，对于提升配电网运行效率、提高供电可靠率具有重要意义。

11.2.1 配电网带电作业机器人

1. 配电网带电作业机器人简介

根据不停电作业机器人的控制方式，可将不停电作业机器人分为三种类型[1]，如表 11-1 所示。

表 11-1 不停电作业机器人的类型

类 型	功能描述	应用现状
主从控制型	操作人员通过操作对应主手来控制机械臂完成作业任务	已被半自主控制型机器人取代
半自主控制型	操作人员依托视觉测试技术在地面控制机器人作业	发达国家早期开展了试点应用，目前应用较少
全自主控制型	操作人员设定任务后，机器人根据视觉测试获取的目标数据自动完成控制程序的编写，自主完成作业任务	未实现量产

1）主从控制型

在传统操作平台末端加装机械操作臂，操作人员在作业斗中人工操作机械臂完成作业。20 世纪 80 年代初，日本九州电力研制了第一代不停电作业机器人系统 Phase Ⅰ，采用斗内主从控制方式，能够完成配电线路的带电断接引线等基础工作。美国力科学研究院研制了主从式不停电作业机器人，采用地面控制、单液压机械臂设计，可针对 50～345kV 线路开展不停电作业，如图 11-11 所示。但由于该类型机器人作业成本高、效率低等问题，仍停留在试验研究阶段。

图 11-11　美国力科学研究院研制的不停电作业机器人

2）半自主控制型

操作人员依托视觉测试技术在地面人工控制机器人作业，此技术提高了操作人员的安全性。日本、西班牙研制了采用地面控制、双液压机械臂+单起重臂设计的半自主控制机器人，主要用于更换直线杆绝缘子作业，但应用较少，如图 11-12 所示。国内对半自主控制不停电作业机器人的研究依旧处于实验室功能验证阶段，该类型机器人工作时仍采用两级控制，首先由人工操作绝缘斗臂、升降平台，靠人工判断将机器人送至合适的工作位置，然后机器人实现自主作业，自主化水平还有待进一步提升，如图 11-13 所示。

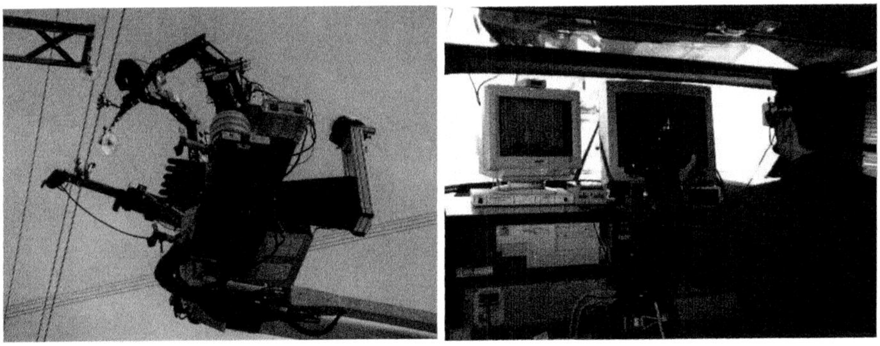

图 11-12　西班牙 Iberdrola 电力公司研制的不停电作业机器人

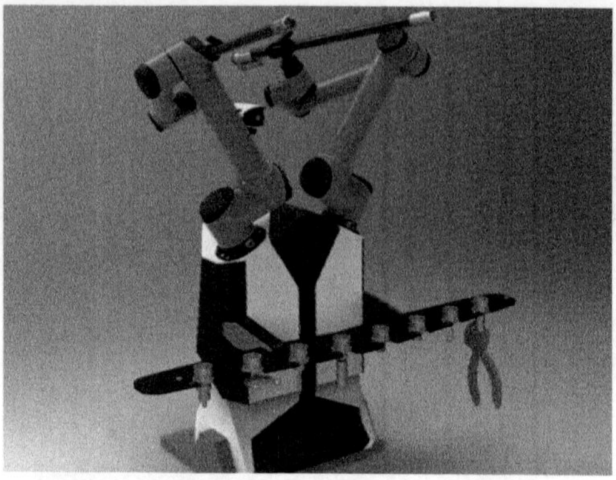

图 11-13 国内开发的半自主控制不停电作业机器人

3）全自主控制型

机器人根据视觉测试获取的相关数据，完成人工智能研判，自主完成作业任务。日本在全自主控制带电作业机器人方面的研究工作开展较早，但其研制的 PhaseⅢ全自主不停电作业机器人仍未实现实用化量产，而国内对全自主式不停电作业机器人的研发尚处于起步阶段。

2. 配电网带电作业机器人的发展方向

目前，半自主控制的不停电作业机器人受制于复杂场景智能感知、升高装置与作业臂控制集成等技术难点，尚不能完全自主地开展不停电作业。从前期研究来看，全自主控制不停电作业机器人的发展方向主要有如下几个。

1）智能感知与目标识别技术

配电线路现场情况复杂，设备种类繁多，不停电作业机器人在多场景、多设备模式下如何快速、准确地识别不停电作业目标点，并生成作业策略，一直是不停电作业机器人研究的难点。需要进一步加强非结构化复杂作业场景建模与重构，并加强机器人的自主学习能力，提升不停电作业机器人在复杂作业环境下的适应性。

2）传动与控制系统

不停电作业过程涉及绝缘遮蔽、线路压接、线夹紧固等作业工序，不停电作业机器人需要灵活适配不同作业工序的力度与精度要求，对传动与控制技术提出了更高的要求。

3）机械臂协同控制系统

不停电作业机器人采用双机械臂协同控制，在紧凑的作业空间及不同电位作业环境下，需要最大限度地减少机械臂抖动，并缩短作业臂稳定状态恢复时间，需要对机械臂的反馈系统做进一步研究。

4）多模块一体化集成

全自主控制不停电作业机器人需要将底盘、升高臂和作业机械臂等模块集成控制，减少人工升高作业机械臂环节，提高自主作业能力，实现机器人在作业现场的全自主作业和灵活应用。

5）复杂电磁环境下的通信、控制技术

不停电作业中线路带电运行，复杂的电磁环境对机器人的通信、控制提出了极高的要求，需要针对带电作业环境，优化改进通用机器人通信与控制系统。

11.2.2　智能配电网巡检机器人

目前，为了提升电力机房智能巡检系统的管理水平，进一步实现“无人值守、少人值守”的科学管理模式，提升运行维护效率和生产管理水平，升降式轨道智能巡检机器人被广泛应用于配电网巡检工作中。

1. 智能配电网巡检机器人系统简介

智能配电网巡检机器人系统主要由升降轨道机器人、通信系统和监控平台构成。机器人通过无线通信，实时将采集信息传递给后台监控平台，并可通过电力专网及远程监控后台的形式实现与电监部门、远程专家组之间的数据交互。机器人巡检系统支持接入原有监控系统，实现数据交换和设备共享。升降式轨道巡检机器人作为巡检系统的核心，承载着系统数据采集、信息交互、声光报警等功能。

智能配电网巡检机器人系统结构如图 11-14 所示。

智能配电网巡检机器人由供电系统、导航系统、运动控制系统、通信系统、前端数据采集设备等组成，主要承担巡检、环境检测等任务，其本体如图 11-15 所示。

智能配电网巡检机器人可以在较大的范围内进行快速升降运作，扩大了机器人可移动的范围，通过升降结构，可适当调整机器人采集数据时的角度及与设备之间的距离，采集的信息更加精确。可适用的场景有仓库、信息机房、配电室、主控室、室内变电站、高压开闭室、开关室、继保室等。

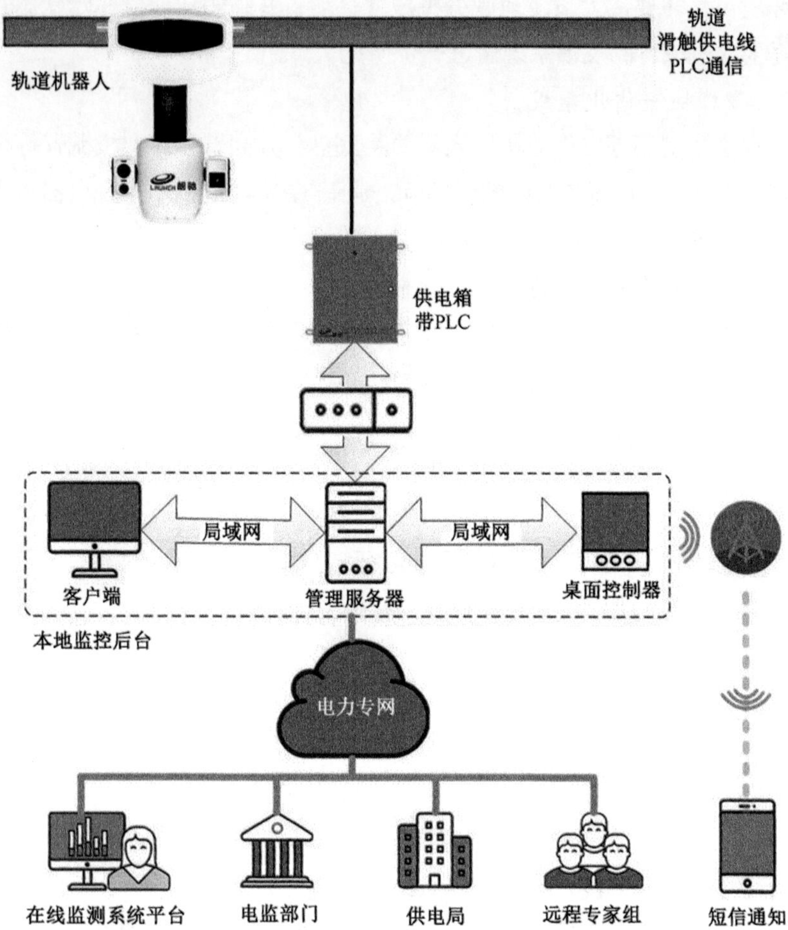

图 11-14　智能配电网巡检机器人系统结构

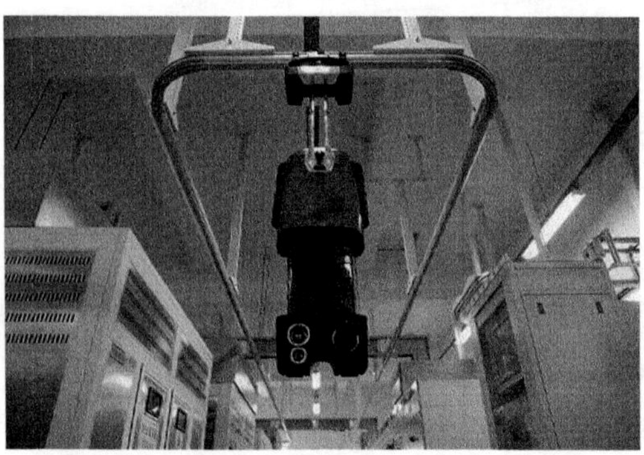

图 11-15　智能配电网巡检机器人本体

2. 智能配电网巡检机器人的发展方向

目前，智能配电网巡检机器人已经成为特种机器人领域的研究热点，其技术发展主要有三个值得关注的方向[1]。

1）基于多传感器融合的巡检机器人

随着自主巡检机器人技术的逐渐完善和站内设备故障检测方法的成熟，一个智能巡检机器人一定会集成多种传感器，运用多种传感器进行机器人移动和定位，对配电设备故障实现精确诊断，并完成故障后设备的及时维护和信息上传，真正实现机器人代替运维人员对配电站房的巡检和维护工作。

2）基于组合作业模式的巡检机器人

一个多任务的机器人必定体积大且笨重，在电网中使用是不现实的。由于日常巡检任务的复杂性，可以将目前的几种作业方式，包括机器人巡检和在线监控等进行合理组合，构建一种全新的涵盖多种巡检作业模式的在线巡检平台，实现实时的信息交互与共享。

3）基于电力物联网的配电网智能巡检机器人

目前智能电网系统快速发展，新一代电网设备互联标准逐渐使用，电力物联网也进入了大发展时代，巡检机器人应具备与电力物联网的互通能力，发挥巡检机器人快速反应的优势，完成配电网设备及时准确的维护工作。

11.3　输电巡检机器人

输电线路是电力系统中的血管，负责将电能输送到各地区。也正因为如此，输电线路存在巡视范围大、所处地形复杂、登塔检测安全隐患大等问题。因此，需要研发输电巡检机器人技术，重点解决输电线路、地下电缆检测巡视效率低下的问题。以下针对架空输电线路、GIL 管廊、电缆隧道三种工况，分别介绍智能巡检无人机、管廊巡检机器人和隧道巡检机器人。这些机器人根据工作环境进行差异化设计，以满足特种巡视需求[2]。

11.3.1　输电线路智能巡检无人机

无人机低空日常巡线，不仅能将部分野外作业转为室内作业，还能对温度升高、轻微放油等肉眼难以发现的隐患通过红外/紫外成像进行有效辨识，有力地保证输电线路的安全，保障居民的用电[3]。

（4）基于卷积神经网络的绝缘子检测及自爆识别无人机，通过搭建卷积神经网络，可实现在复杂航拍背景中的绝缘子检测。

（5）图像预处理算法在无人机巡检系统中的应用，可对存在一定重叠和旋转的多幅图像进行自动拼接，获得无缝、清晰的大视场图像。

（6）利用三维激光雷达智能识别输电线路缺陷。首先使用自动化分类方法将走廊三维点云进行金字塔式数据重采样及分档式处理；其次将分档数据自动划分为地面、植被、杆塔、导线四个类别，结合人工判读识别低等电力线、公路等其他类别；最后根据相关安全规程提取当前工况下导线与周围地物存在的安全缺陷。基于这种技术的无人机能够有效识别导线-植被、导线-建筑物、导线-交跨等多类重要缺陷，可大幅提升现有高压输电线路巡检流程的质量和效率。

（7）基于柱状空间法和支持向量机的电力无人机巡线避障方法，该方法首先根据飞行区域内的障碍物，建立了柱状空间模型；然后引入支持向量机，从一个全新的角度实现无人机对环境的避障，确保电力无人机巡线时安全可靠地避障。

（8）基于图像处理的绝缘子跟踪与测距技术，通过对绝缘子在空间最大类间方差法分割与尺度变化调整策略，不仅能够有效跟踪目标，还能够准确得到绝缘子与无人机之间的距离，测距精度较高，在无人机巡检线路的场景中有良好的应用前景。

2）无人机巡检操作方式

目前无人机巡检操作方式的主要研究成果包括全自动巡检和基于 VR 技术的无人机巡检控制。

（1）无人机全自动巡检突破了复杂环境下大型无人机超低空、超视距安全巡检涉及的关键技术，实现了实时差分定位、无人机中继通信、自主避障、高精度位姿测量、吊舱自动追踪、飞行计划和航迹规划、任务规划和任务控制等功能。

（2）基于 VR 技术的无人机巡检控制，通过 VR 技术使电网日常巡检工作更安全、可靠、高效，大幅提高了电网的运行管理水平。

3. 智能巡检无人机的发展前景

目前，全面推广无人机巡检仍然存在很多需要解决的问题，其未来的发展方向主要包括以下几个。

1）研究和提高远距离无人机的通信水平

由于无人机通信距离短，无法远距离对无人机进行实时操控，因而只能对预先确定的电力路线开展巡检。为提高无人机巡检的灵活性，有必要进行远距离无人机通信技术研究。

2）研究和提高飞行控制技术

由于超高压架空输电线路输送距离远，线路较长，部分线路或区段穿越原始森林或无人区，提高无人机飞行控制技术，使其具备线路导航自动控制、地理匹配自动控制、线路杆塔自动跟踪等飞控功能，将大幅提升线路的巡线效率，拓展无人机的巡线范围[5]。

11.3.2　GIL 管廊巡检机器人

气体绝缘金属封闭输电线路（Gas-insulated Metal-enclosed Transmission Line，GIL）是一种采用 SF_6 或其他气体绝缘、外壳与导体同轴布置的高电压、大电流、长距离电力传输设备。

1. GIL 管廊巡检机器人的组成

GIL 管廊巡检机器人本体包含行走机构、升降机构、检测机构三个部分，如图 11-16 所示。

图 11-16　GIL 管廊巡检机器人本体及轨道

1）行走机构

行走机构是 GIL 管廊巡检机器人本体在管廊轴向的运动机构，采用转向架转向原理，设置有前、后转向架，当其进入弯道时，导向轮带动转向架跟随轨道方向自行转向，实现行走机构转弯，前后转向架使行走机构的转弯半径更小。前后转向架的侧面设置导向压紧轮，导向压紧轮通过弹簧作用与轨道侧面压紧，起导向和稳定机构运行的作用。机构外壳上安装有 RFID 读卡器和接近开关，用于校准机器人的行走位置。

2）升降机构

升降机构是 GIL 管廊巡检机器人本体在管廊内垂直方向的运动机构，采用剪叉式升降方式。升降机构采用步进电动机作为驱动源，在不大于 0.3m/s 连续可调的下降速度限制下，通过自动计算预置位高度，自动定位并通过带轮和同步带将动力传递到卷筒机构。卷筒通过旋转卷绕高强涤纶带，达到管廊内垂直方向的升降并到达三个目标检测位。

3）检测机构

检测机构是一个集成式模块，包含视频可见光检测模块、红外热成像温度检测模块、局部放电检测定位模块、气体检测模块等。局部放电检测模块为伸缩式，位于检测机构右边。检测时，耦合剂涂抹装置在传感器表面涂上耦合剂，局部放电检测模块通过计算预定点位距离伸出，通过设计的自适应装置，可围绕旋转轴进行 360° 旋转。装置中局部放电检测传感器头后方设置微动开关，当传感器紧贴 GIL 设备表面时微动开关输出到位信号，检测完毕缩回后，自适应装置中的拉簧自动让检测装置复位，耦合剂涂抹装置刮去传感器表面的耦合剂，通过耦合剂与自适应装置保证局部放电检测传感器很好地贴合在 GIL 表面的对应位置，避免了贴偏、贴错位置、对不准、按不牢等情况。视频监控模块、红外检测模块为正交两轴旋转式，位于检测机构左边，可实现水平方向和垂直方向旋转，气体、温湿度均为固定式传感器，位于检测机构中间。

2. 重要创新部件

（1）GIL 管廊巡检机器人是集局部放电、红外、紫外、视频、有害气体诊断等多功能于一体的智能巡检方法。GIL 管廊巡检机器人有六种工作模式，即自动巡检模式、遥控巡检模式、特殊巡检模式、多机协作巡检模式、远程监控指挥工作模式和系统联动工作模式，不同工作模式对应不同的控制、运动和检测方式。目前，GIL 管廊巡检机器人技术主要涉及 GIL 管廊环境机器人运动方式、局部坐标定位、通信技术、自动充电技术、局部放电自动检测技术、视频读表及预警技术等方面。

（2）GIL 管廊巡检机器人采用轨道式，机器人采用滚轮行进方式，在轨道上依靠滚轮与轨道表面的摩擦力行进和后退，升降时则采用剪叉式升降方式，均采用步进电动机驱动。GIL 管廊巡检机器人的运动部件精确定位是通过定时位置校准+自身路径计算，以及实时位置校准两种方式实现的。GIL 管廊巡检机器人目前可使用的精确定位方式有自主惯性导航定位、激光扫描目标识别定位、RFID 校准结合里程计算定位和二维码扫描定位等。

（3）GIL 管廊巡检机器人的局部放电检测定位模块集成超声传感器，固定于机器人机械手臂上，机械手臂可围绕主轴旋转并感知压力，将超声波局部放电检测装置上的超声传感器探头压力适中地紧密贴放在 GIL 设备待测试点表面，有局部放电普测、局部放电精测和局部放电诊断三种模式，具有基于信号幅值图谱特征的 GIL 局部放电检测数据分析及报警功能。

（4）GIL 管廊巡检机器人的通信技术方式主要有有线通信、无线通信、光通信等。GIL 管廊巡检机器人综合采用了光纤通信结合 Wi-Fi 无线通信两种技术实现廊道内 WLAN 全覆盖的通信系统需求。系统采用全光环网冗余传输技术，保证通信干线传输的稳定性和高效性。通过使用自主研发的无缝 Wi-Fi 漫游技术，机器人可以在整个隧道中进行高速的数据传输，视频连续不卡顿，对讲流畅无杂音，指令传输高效实时。

（5）GIL 管廊巡检机器人在运行过程中通过电池进行供电，电池容量与机器人功耗、分布式充电站间距、机器人自身重量密切相关，应选择高性价比容量电池。通过结合自有防打火充电专利技术，保证了机器人隧道环境充电的安全性。机器人采用分布式充电策略，每间隔一定距离设置一个充电桩，保障了机器人动力供给及稳定。同时采用验证式判断充电策略，当机器人检测到自身电池电量降到仅满足机器人到达最近充电桩所需的保证电量时，停止执行任务，行驶到就近充电桩进行充电。

（6）基于 GIL 管廊巡检机器人本体搭载高清视频摄像机，可实现隧道内实时移动视频监控，实时采集监测点表计图片，经后台智能分析软件的分析，可识别出表计读数，并对采集数据加以存储、判定，形成表计历史数据信息、设备缺陷预警信息及巡检报表。

GIL 管廊巡检机器人在苏通特高压 GIL 管廊工程中得到了应用，其整体系统由巡检机器人、轨道系统、通信系统、供电系统、后台服务器系统等组成，系统架构如图 11-17 所示。

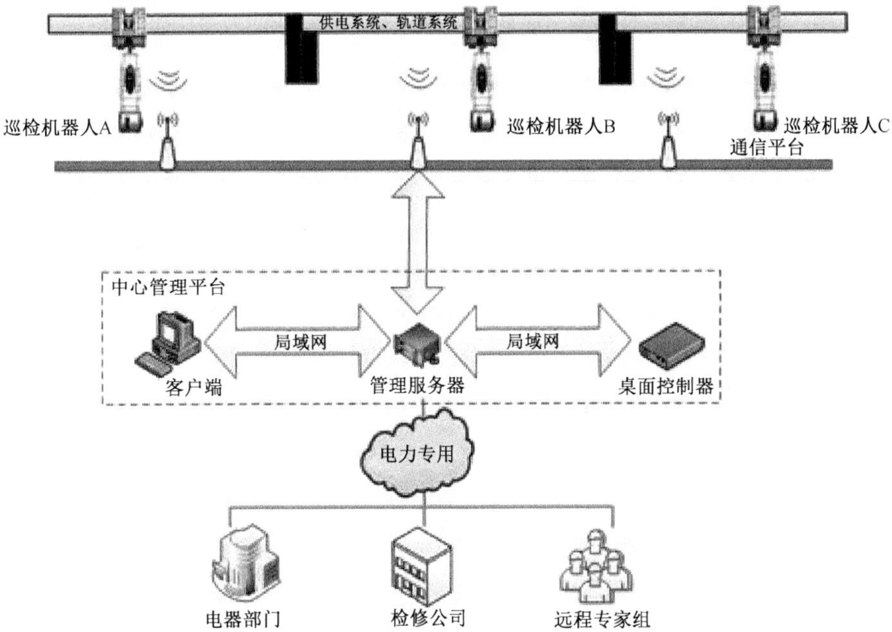

图 11-17　智能机器人巡检系统构架

11.3.3　电缆隧道巡检机器人

电缆隧道巡检机器人以自主或遥控的方式，在无人或少人值守的电力隧道、城市综合管廊等对高压设备和线路进行巡检，可及时发现电力设备的热故障、外观缺陷等设备异常现象，提高运行的工作效率和质量，真正起到减员增效的作用[6]。

巡检机器人可不间断地对电力隧道进行反复巡检，连续、动态采集电力隧道设备状态数据。在紧急情况下，不仅可以在第一时间将现场情况以图片、视频及数据形式发回集控中心，还可执行中心应急处理措施。

1. 视频监控

机器人可采集隧道内各设备的高清图像和红外热成像，如图 11-18 所示，并通过无线局域网实时传输到主控室。此外，机器人可灵活近距离地观察拍摄目标物体，消除固定监控系统的监控盲区。因此，借助机器人，可实现对隧道内设备的全范围视频监控。

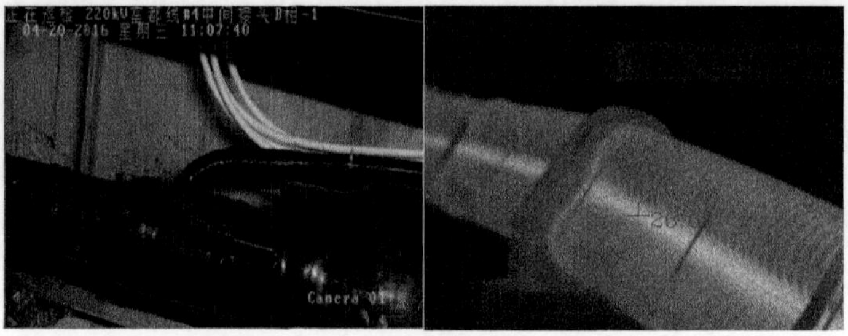

图 11-18 可见光和红外实时监控效果

2. 红外测温功能

针对高温季节电缆输电负荷增大可能导致的超高温运行情况，巡检机器人配置了温度采集功能，可灵活地通过车载红外热成像仪对隧道内设备接头进行温度测量。当测量值高于温度阈值时，则自动报警并存储相关信息至数据库。

3. 隧道环境监测

隧道长期封闭，其中空气成分不明，可能危害工作人员的生命及设备安全。为此，巡检机器人配备了气体探测器和温湿度传感器，可高效分析隧道内的空气成分和温湿度，同时向主控室反馈分析结果。当分析值超出阈值时，则自动报警。此外，挂轨机器人还可在工作人员前面进行有毒气体、温湿度实时监测，对异常情况进行告警。

4. 常规及特殊巡检

巡检机器人具有定时巡检、定点巡检、指定点巡检、遥控巡检等多种巡检功能。

（1）定时巡检。到达设定时间后，机器人可以沿预定的轨迹进行自动巡视，所有检测完成后自动回到充电点进行自主充电。

（2）定点巡检。巡检机器人根据指定的路径和指定的巡检目标点进行自动匀速巡检，自动记录并保存所采集的数据。

（3）指定点巡检。巡检机器人可根据当前位置及指定目标点，规划出最优路径，自主运行到目标点。

（4）遥控巡检。操作人员可以遥控机器人脱离预先设定的路线，行驶到指定位置，对待检设备进行特检。

5. 设备状态查询及历史数据分析

巡检机器人在执行任务过程中获取的各类信息可生成报表和日志记录，以供工作人员进行设备状态查询和历史数据分析。历史数据分析内容包括设备历史温度变化趋势分析、同类设备温度对比、设备负荷-温度关系分析。

6. 无人化自主充电

巡检机器人本体自带电池电量检测电路，一旦电池电量低于设置值，则自动停止当前巡检任务，并在发出警报后自主运行到充电点充电。

7. 自身安全防护

巡检机器人采用超声波停障系统，对障碍物和隧道内工作人员进行探测，遇到障碍会停障并报警；增加防护结构及闪动警示灯，防止碰撞造成人员或设备损伤。

8. 交互式对讲指挥

交互式对讲指挥功能采用双向对讲广播系统，支持双向对讲和录音回放，可实现现场工作人员与远端专家的音视频即时交互。

9. 隧道内突发情况处理

当隧道内部遇到突发事件时，如发生停电、火灾或工作人员有生命危险等，机器人会自动切换到应急控制模式，工作人员可以在主控室遥控机器人携带必要的急救物品和应急设备，到事发地点查看实时情况。

11.4　可穿戴巡检装备

变电站巡检基本可分为人工巡检、智能化巡检和远程巡视三种作业形态。人工巡检是最原始的巡检作业方式，它对作业人员的要求最高，包括专业经验和劳动强度。目前人工巡检方式最大的缺点是劳动效率低、工作强度大，最大的优势是可以充分发挥人的综合分析和判断能力。智能化巡检（包括智能机器人巡检和车载式智能巡检）的最大优势是工作效率高、巡检作业重复度高、可携带检测装备齐全、巡检作业智能化程度高，劣势是智能化巡检系统工作的可靠性、稳定性欠佳。远程巡视方式的最大优势是不需要人到现场巡视，劣势是无法直接全面感知现场实际情况，远程巡视只能作为前两种巡检方式的有益补充[7]。

目前，变电站单兵巡检装备可为变电站运维人员提供小型化的红外成像测温仪和局部放电综合巡检仪。在最新的可穿戴和大数据服务技术的推动下，以人的综合判断分析能力为中心的新型智能化巡检技术工作已经开始推进。通过对虚拟化、可视化、大数据、智能穿戴等多种技术的综合性研究和应用挖掘，可以进行多方面技术创新。例如，利用谷歌眼镜定制开发可视化专业应用，利用智能穿戴技术进行生命特征识别创新，利用大数据平台做好变电站巡检大数据应用服务，利用便携式一体化装置集成技术创新手段实现多通道无线通信和前端App应用的高度集成。

变电站智能移动巡检及后台支撑系统可以为变电站巡检人员提供更为全面的现场检测方法、后台实时的大数据服务支持及现场高效便捷的显示手段，可有效提高变电站运维水平[8]。

11.4.1 智能移动巡检系统框架

智能移动可穿戴巡检系统原理和装备如图 11-19 所示。该系统包括以下组成部分。

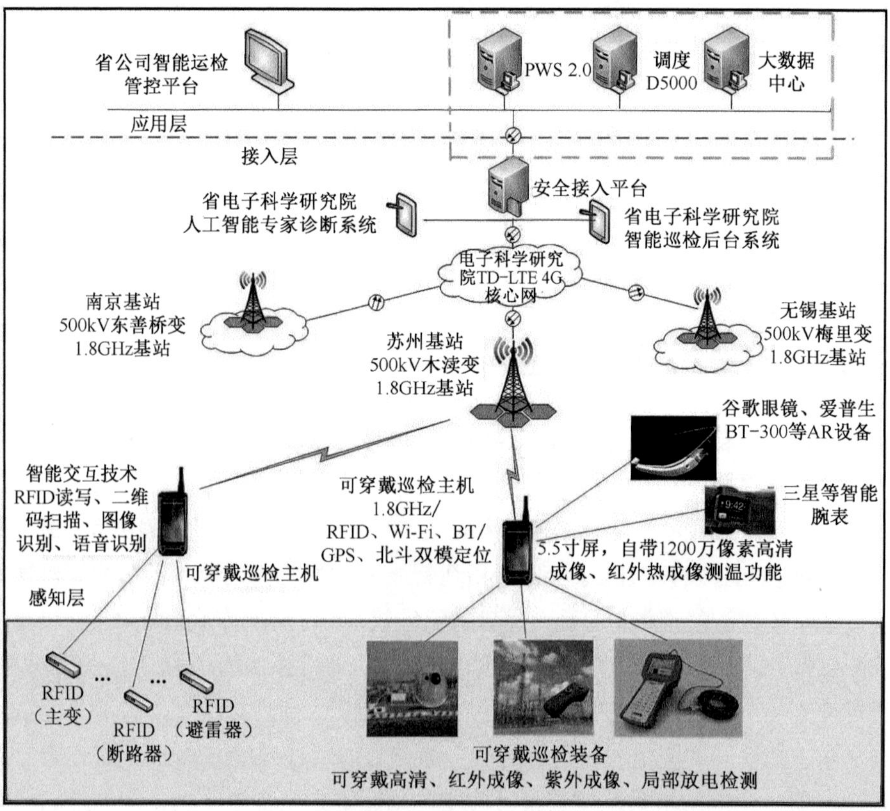

图 11-19 智能移动可穿戴巡检系统原理和装备

（1）可穿戴智能传感器硬件设备，包括高清摄像机、红外热成像仪、紫外成像仪、局部放电检测仪及可穿戴一体化巡检主机等。

（2）可穿戴附属显示装备，如谷歌眼镜等 AR 设备、三星智能腕表等。

（3）先进的高带宽无线通信网络。

（4）具备人工智能故障诊断功能的后台系统。

（5）与电网公司现有的各类系统的信息交互接口，如生产管理系统 PMS2.0、调度 D5000、大数据中心、电网 GIS 平台和省公司运检管控平台。

（6）专业业务应用模块。

11.4.2　智能巡检装备仪器

1. 头戴式红外热成像仪

为解决电力设备"运维一体化"模式下巡检装备短缺的问题，江苏电网创新提出了将红外热成像仪与安全帽相融合的设计理念，研制了电力巡检用头戴式红外成像测温仪（以下简称"头戴热像仪"），其外观如图 11-20 所示。

图 11-20　头戴热像仪外观

头戴热像仪主要装载非制冷 384 像素 × 288 像素探测器，整机质量约 800g，显示分辨率为 640 像素 × 480 像素，同时实现了对过热现象进行自动报警的功能。采用宽视角拍摄和 Glass 视屏设计，能够提供清晰的红外图像，更加适合电力巡检工作，并集成无线通信、物联网等功能，可连接巡检人员 PDA 单元，实现设备温度的智能巡检[9]，如图 11-21 所示。

头戴热像仪采用外置式红外测温仪，可扣置于常用的安全帽上，采用目镜显示模式，将电池模块外置化（以下简称"控制盒"），通过有线实现头盔端与腰部电池组件的连接，可减少头盔质量，同时增加电池容量。控制盒上开发有无线传输模块，增加上传和下载的接口功能，实现与辅助系统数据导入导出互通。检测结果可通过头盔自身传输模块上传至红外智能诊断分析系统，将诊断结果发送给对应设备的指定手机即可。

图 11-21　第三代头戴热像仪设计思路

2. 局部放电综合巡检仪

局部放电综合巡检仪配置了四合一传感器和信号处理电路，具备暂态地电压局部放电检测、超声波局部放电检测（接触式、非接触式）和特高频局部放电检测功能，同时解决了电磁干扰和信号屏蔽的难题；采用数字化频分和无线通信技术，在满足测量精度的同时，实现硬件设计小型化、软件分析功能强的要求；扩展了高频电流、百兆采样等检测方式，结合了“大云物移”新技术，现场采集信号实时上传并通过云诊断系统对放电类型进行实时诊断和分析，实现基于智能交互和大数据分析的设备状态检测技术体系，做到巡检手段多样化、工作过程自动化、检测流程无纸化、故障诊断智能化。局部放电综合巡检仪外观如图 11-22 所示。其功能特色如下。

（1）无线数据传输功能。局部放电综合巡检仪具备 RFID 标签识别功能，设备能够识别 RFID 标签内容并实现设备信息现场查询。增加内网安全无线上传及下载的通信功能，实现与局部放电大数据系统上传下载互通；增加任务派发、报告自动生成功能，实现测试平台化、流程化及无纸化。

图 11-22　局部放电综合巡检仪外观

（2）支持内网 APN 接入的 SIM 卡的无线通信传输，采用有关机构认证的“加密芯片-安全接入平台”加密方式，实现局部放电诊断数据与诊断结果的实时交互诊断。

（3）数据云诊断功能。开发基于深度学习的局部放电缺陷诊断系统，建立高精度、高可靠性、高稳定性的智能诊断模型和自学习演进机制。系统支持现场采集特高频异常信号的远程在线诊断，实时反馈检测结果到手持终端，并能通过监测的异常数据，进行自我学习进化、数据的多维分析对比与历史对比、趋势判断、自动生成检测报告等。

3. 电力 AR 眼镜

增强现实（Augmented Reality，AR）涉及的关键技术主要包括透视式头盔显示技术、虚拟物体绘制渲染、三维环境注册定位、虚实融合显示和无缝拼接技术等。

可穿戴及 AR/VR 技术提供了一种提高电网作业自动化水平、智能化水平和安全生产水平的技术路线。例如，在基建施工作业过程中，可采用头盔、眼镜等智能穿戴设备实时获取套管、变压器等设备的安装指南，按照预定策略指导现场作业；在输电线路巡视业务中发现问题，可利用可穿戴设备辅助定位原因，并提供直接查看现场的专家会商功能；变电站巡检作业人员可通过可穿戴设备感知所处情境，完成路线规划导航、备品备件准备、作业现场协作，实现安全检修等。

目前可应用于电网领域的 AR 设备主要有谷歌眼镜、Atheer 眼镜、DAQRI 头盔、EPSON 眼镜、Hololens 眼镜等。如图 11-23 所示为国网企联电力技术研究院自主研发的 AR 巡检头盔。

图 11-23 国网企联电力技术研究院自主研发的 AR 巡检头盔

智能可穿戴设备凭借快速的数据获取和内容分享能力高效地保持各项业务之间的协同，获得无缝的网络访问体验，这将在很大程度上改变目前基建工程安装、输变电巡检、信息通信运维等电网作业工作方式，以开放的架构体系支撑电网丰富的业务。在电力系统作业中，为解决电网生产中的迫切需求，对可穿戴设备的典型需求主要可以归结为人机交互、远程会商、智能识别、作业工作流、信息交互和业务模块六个方面。研发面向电网运检、建设等领域的工业级智能可穿戴设备和业务支持系统，将带来四个方面的提升。第一，利用智能可穿戴设备能帮助作业人员提高工作效率 50%以上，在作业现场利用主动引导、自动识别等手段减少定位设备、查找资料、核对数据及沟通联系等的额外操作时间，辅助员工快速完成作业任务。第二，利用智能可穿戴设备将有效减少单位任务的作业人员数量，改变一人唱票一人操作的模式，改为利用语音辅助、远程协助、系统智能分析等手段，实现单人操作模式。第三，利用可穿戴设备的智能分析手段，能有效判断作业完成情况，提高工作质量。第四，利用智能可穿戴设备可及时提醒作业人员，从而有效降低意外、生命及财产损失。

目前，工程技术人员已开发出头戴式高清可见光、红外热成像双光融合可穿戴传感器、手持或臂戴式紫外传感器、便携式局部放电检测仪及 HN-850 智能可穿戴巡检主机等一系列专门应用于输变配智能巡检和安全生产的可穿戴装备，2016 年 12 月起，国内依托 500kV 南京东善桥变、无锡梅里变、苏州木渎变，开展了智能可穿戴巡检技术的示范应用。HN-850 可穿戴巡检主机于 2017 年 11 月通过新产品鉴定，列入新技术推广应用名录，目前已应用于江苏、河南、陕西、湖南、湖北等省的电网输变配智能化巡检领域。

4. 可穿戴一体化巡检主机

可穿戴一体化巡检主机是智能巡检可穿戴装备的核心部分，它充当可穿戴计算机的角色，是现场数据采集、处理、存储、传输、显示的神经中枢。

1）可穿戴一体化巡检主机的主要功能

可穿戴一体化巡检主机的主要功能有以下几个。

（1）自身信息采集。通过自身的高清可见光摄像头、微型红外摄像头、语音模块、GPS/北斗模块，采集用户所在的环境信息和位置信息。

（2）专业检测仪器信息采集。通过 Wi-Fi／蓝牙方式与巡检人员携带的可穿戴巡检专用设备（如头盔式红外热成像、高清摄像机、手持或肩戴式超小型紫外成像仪、便携式局部放电检测仪等）进行近场互联，实现对上述电网巡检专用检测设备的数据采集、处理、存储、上传及本地显示功能。

（3）生命特征信息采集。通过智能腕表等可穿戴附属设备，实时监测巡检人员的身体状态，并将相关信息通过 BT 方式传送至可穿戴巡检主机。

（4）专网通信。通过 TD-LTE 4G 专网或公网 VPN 专网并经安全接入平台接入电力信息内网四区，实现现场电网巡检检测数据的电力内网上传，同时能从电力内网 PMS2.0、调度 D5000、GIS 平台等系统中提取所需信息或数据，并实时推送至现场可穿戴一体化主机。通过上述方式，实现巡检前端和后台的双向数据交互。依赖建立的高带宽无线通信网络，可消除巡检作业前端和电力内网后台之间的距离感。

（5）AR 显示。通过 Wi-Fi／蓝牙方式，实现谷歌眼镜、爱普生 BT-200 眼镜、美国 DAQRI 工业智能头盔等 AR 显示设备与可穿戴巡检主机的无缝对接，为可穿戴巡检主机提供便捷的拓展显示模式。

2）智能可穿戴巡检系统的软件功能

智能可穿戴巡检系统软件功能原理如图 11-24 所示。智能可穿戴巡检系统的核心功能主要包括以下几个。

（1）对可穿戴巡检专用头盔式红外热成像仪、高清摄像机、手持或肩戴式超小型紫外成像仪、便携式局部放电检测仪等电网巡检专用检测设备进行数据采集、处理、存储及转发。

（2）巡检主机对被巡检设备的智能识别、关联。巡检主机通过综合采用 RFID、二维码、图像识别、语音识别、GPS／北斗定位系统等技术，实现对被巡检设备的准确定位，为下一步巡检数据的自动关联创造先决条件。

（3）可穿戴巡检主机的无线通信功能，包括向上的 TD-LTE4G 专网通信、

4G 公网 VPN 通信，向下的 Wi-Fi／蓝牙等近场通信。

（4）巡检主机与谷歌眼镜等 AR 产品的智能化交互功能。

（5）后台电网设备故障诊断与预警功能。

（6）电网巡检数据人工智能分析功能。

（7）巡检系统与现有 PMS2.0、调度 D5000、大数据中心、GIS 平台及运检管控平台的数据交互功能。

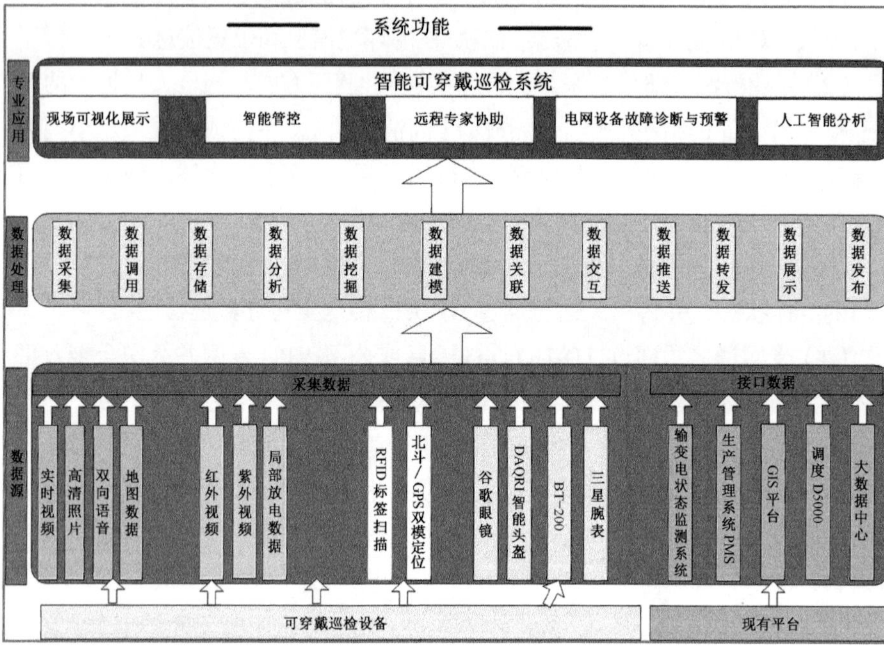

图 11-24　智能可穿戴巡检系统软件功能原理

3）智能可穿戴巡检系统的特点

如图 11-25 所示为可穿戴一体化巡检主机，具有如下技术特点。

图 11-25　可穿戴一体化巡检主机

（1）支持 4G LTE 1.8GHz 专网 / VPN 专网 / Wi-Fi / BT 多通信模式。

（2）支持北斗 / GPS / AGPS 双模亚米级精确定位导航。

（3）5.0 寸高亮度，1300 万像素的高清视频，支持雨中作业、手套作业模式。

（4）具备红外热成像测温功能，同时支持双光融合功能，测温精度为 ±1℃。

（5）DMO 支持 5km 以内 PTT 对讲，频段可调。

（6）支持远距离超高频 RFID 读写。

（7）具备同谷歌眼镜等 AR 产品无缝对接的接口。

（8）具备 RJ45 网络接口延伸接入功能。

（9）高容量电池 4800mA，工作时间 8～10 小时。

（10）IP67 防护等级。

（11）产品形态为国际首创，荣获 2017 年德国红点设计奖。

该主机装置可通过 TD-LTE4G 或 VPN 专网与电力内网进行双向通信和信息交互；具备高清音视频传输、脱网对讲、红外热成像测温、远距离超高频 RFID 读写等众多功能；支持现场红外、紫外、局部放电等检测设备通过 Wi-Fi、BT 及网络线与其对接，并通过其接入电力内网。

11.4.3　变电站智能交互型运检平台

变电站智能交互型运检平台系统的技术框架主要包含五个层次，即基础平台层、应用支撑层、数据资源层、业务实现层和界面展现层。

（1）基础平台层主要包括网络系统、硬件平台。网络系统用以传输数据；硬件平台包括应用服务器、数据库服务器和文件存储服务器等。

（2）应用支撑层主要包括应用/消息中间件和安全/业务/接口规约等支撑体系。

（3）数据资源层主要由基础资源库、运检数据库和实时多媒体库组成。基础资源库包括设备资源、人员信息及支撑系统运行的基础数据等；运检数据库包括设备日常运检的各项测检实时数据和历史数据等；实时多媒体库则由设备运检过程中的实时交互音视频等多媒体信息组成。

（4）业务实现层主要包括后台运检管控平台、主机终端 App 系统的业务实现应用。

（5）界面展现层由系统与用户交互的各界面组成。

根据变电站智能交互型运检平台的设计，通过可穿戴一体化主机设备外置挂接专业检测仪器装置，对被检测的变电设备的 RFID 标签进行扫描和识别，然后对该设备的某些部位进行数据采集和隐患报告，将终端的设备处理结果通过电力 4G 无线专网和安全接入平台接入电力专网内的变电站智能交互型运检平台服务中心，后台服务中心根据集成要求与第三方系统（如 PMS 2.0 系统等）交互相关的数据。

变电站智能交互型运检平台系统网络拓扑如图 11-26 所示。前端可穿戴巡检装备通过 TD-LTE 4G 专网进入电力内网与后台大数据分析和专家诊断系统互联，从而构建一个完整的基于可穿戴和大数据的变电站智能化巡检系统。该系统主要组成部分智能巡检主机集“智能手机+对讲机+巡检 PDA+红外热成像测温仪+经纬度测试仪+NFC工卡读取识别器+UHF RFID 电子标签读写器”于一身。从信息通信角度看，它是一个为作业现场量身定做的移动交互终端；从运检业务角度看，它是一款多功能巡检普查工具，一机多能。

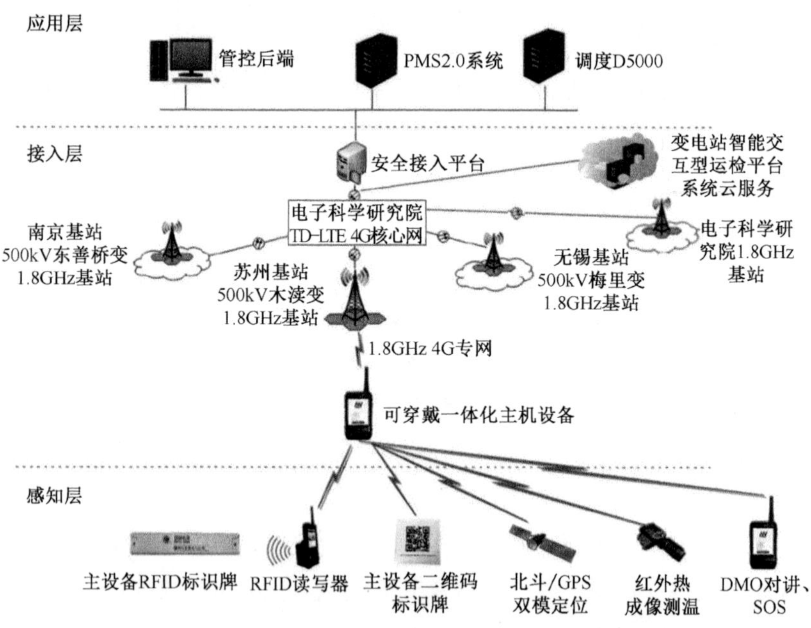

图 11-26　变电站智能交互型运检平台系统网络拓扑

结合运检平台数据和专业功能算法，可以构建智能巡检与云诊断体系，单兵及车载巡检装备将前端检测数据传输至后台服务器，服务器搭载的专家诊断系统对检测数据进行判断，从而快速发现设备异常，实现巡检智能化，提高巡检效率。

11.4.4 智能移动巡检工作场景

基于“智能可穿戴巡检装备+物联网+实时AR+人工智能+移动作业”的思路，可着眼于对电力设备全寿命全业务的专业应用，采用增强现实智能交互（巡检主机+AR 眼镜）技术，通过整合 PMS2.0、调度 D5000、ERP 等系统数据，满足对变电站设备进行基于 RFID 和二维码的快速感应识别，利用识别实物资产 ID 快速调取设备系统数据，并通过一体化巡检主机利用 AR 眼镜进行设备实物、检测图谱、实时数据、智能分析的融合展示，辅助专业人员对变电站运行设备进行规范化、智能化巡视检查，快捷、准确地开展设备全生命周期的过程数据化交互式管理，提升电网等公司资产精益化管理水平。

巡检人员通过可穿戴巡检主机，利用扫描规范的 RFID 与二维码二合一设备来识别标签，开展智能巡检作业。

开展巡检作业时，对需要巡检的设备通过可穿戴巡检终端的无线感应和光谱感应两种模式，实现对设备 ID 的识别和交互式 AR 的应用。根据设备 ID，巡检主机通过 4G 无线专网或公网 VPN 专网与后台系统交互，快速调取设备的运行参数、物理参数、资产参数等数据，同步调取当前设备数据的智能分析结果，包括设备工况数据运行趋势、设备状态说明等，巡检人员可以根据需要对设备进行生产作业操作、提交巡检作业操作（包括拍照说明）、检测结果等。同时，可穿戴巡检主机与 AR 眼镜通信，发送巡检设备的 3D 动态模型和实时数据，通过实物与 3D 模型叠加显示设备实时工况信息，同步显示可穿戴巡检主机的检测图谱（红外、紫外、局部放电等）及设备的运维检修信息。

11.5 面向电力巡检的物联网后台智能诊断

电力设备巡检会产生大量设备状态数据，这些检测数据需要经过电力专业人员使用专业的算法和软件进行深入分析，从而进一步判断设备运行水平是否正常，存在何种缺陷或故障。随着电网规模的扩大和电力物联网的进一步建设，各类传感器和前端装备会向电力巡检人员提供海量设备状态数据，如果仍然依靠人工进行分析，将极大地增加人工成本，降低设备分析效率。为解决这一问题，需要面向电力巡检的物联网后台智能诊断技术，通过计算机自动化智能分析的方式，批量处理检测数据[10]。

本节首先针对现有广泛开展的红外和局部放电带电检测工作存在的检测图像数据自动分析需求，介绍对应的人工智能诊断方法。红外和局部放电带电检测工作每年产生数十万张图片，每张图片都需要经过专业人员查看分析后才能判断设备是否存在缺陷。对红外图像而言，需要划分设备部件区域；对局部放电图谱而言，需要观察图谱图形特征，判断是否存在放电缺陷。上述两种工作作为需要人工完成的内容，要求工作人员具有一定的专业素质，同时需要耗费大量的时间，因此亟待通过后台智能诊断技术来改善现有的业务模式。

本节将介绍一套电力设备主动预警系统，针对变电站设备感知技术不完善、监视手段不全、监测数据准确性差、数据实效性不强、综合信息不能实现高度共享、无法对设备进行自动分析评估和状态预警等问题，集成设备专业分析与状态预测算法，有效利用实时数据价值，结合人工智能和数据驱动的主动预警策略，将“事后找原因”转变为“事前做预防”，从而提高检测效率和效益。

11.5.1 基于深度学习的局部放电缺陷分析

1. 局部放电业务的智能诊断需求

存在局部放电的电力设备可通过局部放电检测的方式，进行设备在运行条件下的状态诊断、缺陷部位的精确定位、缺陷程度的定量分析等试验工作，从而能够提前发现电力设备潜伏性故障，对避免设备事故具有重要价值[11]。

在局部放电信号分析中，局部放电相位分布（Phase Resolved Partial Discharge，PRPD）模式是一种最常用的模式，也被称为 ϕ-q-n 模式[12]。专业人员通过 PRPD 图，即可判断设备是否存在局部放电缺陷。典型故障类型的 PRPD 谱图如图 11-27 所示。

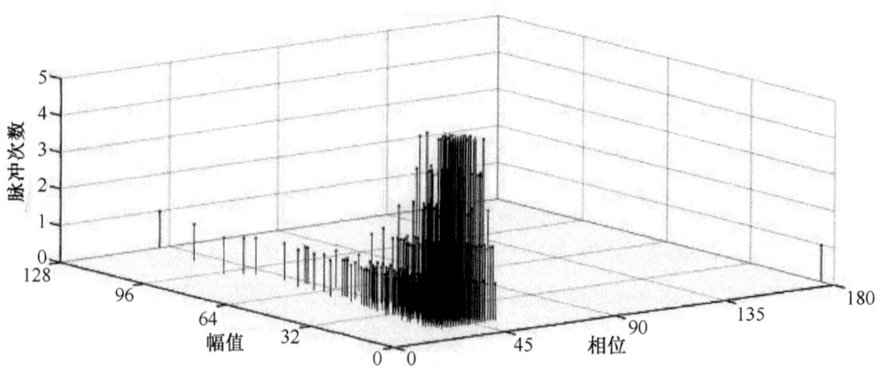

图 11-27 典型故障类型的 PRPD 谱图

目前，局部放电带电检测在实际应用中仍然存在一些问题，最终体现在分析和诊断方面[13]。

（1）分析和判断方式过于单一和固式化，如阈值比较、图谱。

（2）依靠人工对图谱等进行判定，误差较大，结果的准确性和可靠性较低。

为解决上述问题，电力工作者开始开发局部放电图谱智能诊断算法，结合现有的图像诊断分析算法，通过大量样本的学习，实现电力设备局部放电缺陷的自动诊断，提升业务效率。

2. 局部放电灰度图

局部放电灰度图将 PRPD 数据的相位 Φ、脉冲幅值 q、脉冲次数 n 等参量及其关系转化为图像像素点的灰度、空间位置及内在结构联系，将原本 Φ、q、n 三维图谱映射成二维灰度图像。通过灰度图数据训练卷积神经网络模型，可以有效挖掘灰度图中蕴藏的辨识特征，完成放电特征“指纹”的表示学习。

局部放电灰度图的形成方法如下。

（1）导入 PRPD 数据，以工频相位 Φ 为横轴，划分为 N 个区间，以脉冲信号幅度 q 为纵轴，划分为 M 个区间，将 Φ–q 平面划分为 $M\times N$ 个区间，统计每个区间的脉冲次数 n，构造 Φ–q–n 图谱，然后对脉冲次数 n 进行归一化，即：

$$n'_{u,v}=\frac{n_{u,v}}{n_{\max}} \tag{11-1}$$

式中，$n'_{u,v}$ 为归一化后的脉冲次数，$n_{u,v}$ 为实际脉冲次数，$n_{\max}$ 为最大脉冲次数。

（2）为提高灰度图的可视化水平，可使 n 的最大值和最小值依次对应灰度图像的最小灰度级和最大灰度级，即像素点颜色越深，代表该点发生的放电次数越多，最终获得局部放电灰度图各点像素的灰度值：

$$\kappa_{u,v}=(1-n'_{u,v})\times 255 \tag{11-2}$$

依据以上步骤可构造出尖端放电、颗粒放电、气隙放电、悬浮放电四种局部放电类型的可视化灰度图，如图 11-28 所示展示了特高频的四种典型局部放电灰度图。

3. 基于自编码网络的局部放电信号识别网络

针对四种局部放电模式识别的实际问题，研究人员设计了一种基于自编码网络的局部放电类型识别网络，其结构如图 11-29 所示。

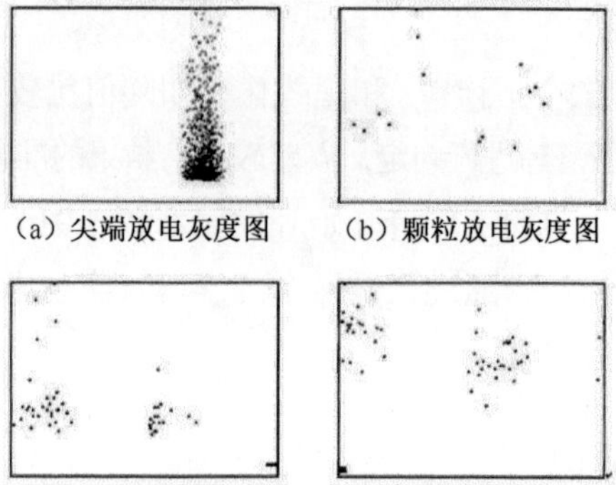

图 11-28　特高频四种典型局部放电灰度图

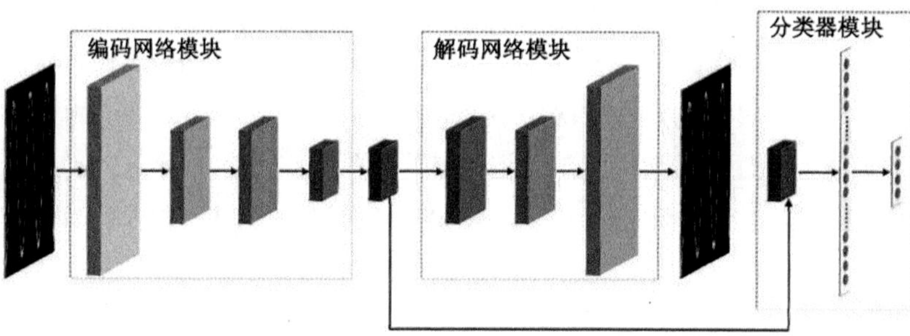

图 11-29　基于自编码网络的局部放电类型识别网络结构

自编码网络的编码网络部分相当于输入数据的特征提取器，先训练自编码网络使其可以重构输入数据，此时编码网络的输出即可被视为输入数据的辨识特征，将这些特征作为分类器的输入，即可获得分类结果。此时分类器不再局限于深度学习方法，传统的经典机器学习分类器如 SVM、随机森林等都可以进行衔接。通过上述方法，可以充分发挥自编码网络的特征抽取能力，将传统机器学习方法与深度学习方法有机结合起来。

基于自编码网络的局部放电模式识别网络的具体结构及参数如图 11-30 所示，整个网络由编码网络、解码网络和分类器网络构成。编码网络对输入信号进行特征提取，解码网络通过编码网络提取的特征重构原始信号，而分类器网络则利用编码网络提取的特征进行分类任务。

各部分的具体结构、参数设置及训练流程如下。

1）输入层

输入数据为原始信号数据（数据为 $40\times N$ 的一维波形数据）。

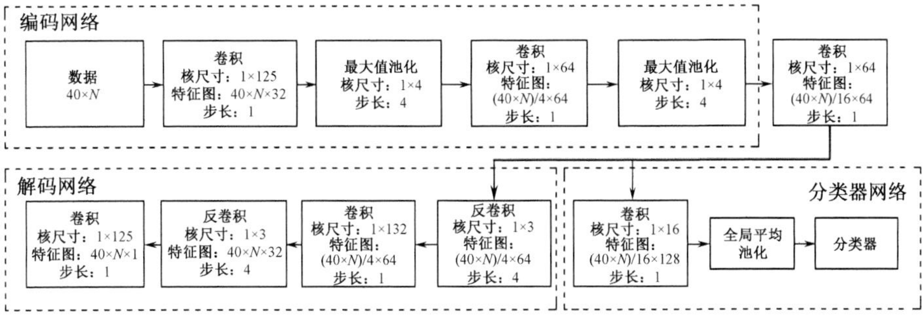

图 11-30　基于自编码网络的局部放电模式识别网络的具体结构及参数

2）编码网络

编码网络由三层卷积层和两层最大值池化层交替构成，旨在通过卷积层对输入数据进行特征抽取，利用最大值池化层对卷积层提取的特征进行压缩，实现特征降维。

3）解码网络

解码网络由两层卷积层和两层反卷积层交替构成，旨在通过卷积层对编码网络提取的特征进行数据处理，利用反卷积层映射并扩大输出特征图的尺寸以重构回输入信号。

4）激活函数

本网络卷积层和反卷积层之后均采用激活函数 LeakyReLU。LeakyReLU 函数是 ReLU 函数的改进版本，它解决了训练过程中部分输入会落到硬饱和区，导致对应权重无法更新的问题。

5）全局平均池化层

为降低编码网络输出的特征维度，在编码网络的输出后面接上“卷积层+全局平均池化层”的结构，旨在通过全局平均池化层将编码网络输出的特征图进行整张图平均池化，每张特征图对应一个特征点，将这些特征点组合成最后的特征向量，再送入分类器进行分类，因此，对于不同尺度的输入信号网络提取的特征维度是固定的（128 维）。

6）训练过程

训练过程分为两个阶段。第一阶段，训练自编码网络，使其可以重构回原始信号，并保存网络参数。第二阶段，在训练好的编码网络后面接一层“卷积层+全局平均池化层+分类器”的结构再次训练，保持编码网络的参数不变，只更新卷积层和分类器参数，训练完成后移除分类器。因此，最终全局平均池化层的输出即为网络提取的原始信号特征量，可以提供给各类分类器进行分类任务，如表 11-2 所示为深度学习算法对特高频信号中不同放电类型的缺陷准确率。

表 11-2　深度学习算法对特高频信号中不同放电类型的缺陷准确率

开 窗 数	尖端放电/%	颗粒放电/%	气隙放电/%	悬浮放电/%	沿面放电/%
20	94.2	90.5	90.2	91.4	90.6
30	95.2	92.2	90.4	91.7	91.6
40	95.3	93.2	90.4	91.6	91.7
45	95.1	93.5	91.2	91.8	91.7
60	95.3	94.1	91.5	92.0	92.8
72	96.3	94.5	92.4	92.1	92.8
90	96.7	94.6	92.5	92.4	93.1
120	96.6	95.6	92.5	93.8	93.1
180	97.4	95.7	92.6	93.8	93.2
360	96.6	95.7	92.7	94.2	93.6

可以看到，采用基于自编码网络提取的特征相比于传统的人工特征在两类分类器上均获得了更高的识别性能，从侧面也反映了通过自编码网络提取的特征比人工特征具有更强的辨识度。

11.5.2　基于深度学习的红外图像智能分区

1. 红外图像智能分区技术需求

红外带电检测是电力设备缺陷检出率最高的检测方式[14]，其检出缺陷数量可占总检出缺陷数量的 95%以上。红外带电检测诊断工作目前主要依靠人工进行，分为以下几个步骤。

（1）巡检人员携带红外图像拍摄仪器，依次拍摄待巡视变电站内的在运电力设备，并进行命名。

（2）巡视人员对所拍摄的设备图像进行部件分区，根据设备类型框选出设备本体、导线接头等部件位置。

（3）提取各分区内的最高温度，结合 DL/T 664—2016《带电设备红外诊断应用规范》中的相关依据，判断是否存在缺陷。

但是，随着电网设备体量的不断增大，上述人工分区诊断的问题逐渐凸显，一是给电网工作人员带来了巨大的重复的工作量，降低了整体的工作效率；二是人工的图像分区往往带有极大的人工随意性，不同的电网工作人员主观进行设备分区，造成分区方式不统一；三是相同设备的不同分区结果会对该设备红外诊断的准确性造成直接的影响，不利于提升诊断准确性。

为解决上述问题，电力工作者开发了基于深度学习的红外图像智能诊断方法[16]，通过深度神经网络实现设备红外图像的自动化、标准化分区，并梳理了诊断规则，从而实现了设备红外图像的自动缺陷诊断。

2. 红外图像分区样本库

图像样本是人工智能图像识别的基础工作，为了实现精确的图像分区，需要大量样本图片的支撑，包括各种设备不同角度的红外图片。在此基础上，经由专业人员筛选标注，构成神经网络训练样本。

以某变电站为例，针对图像分区神经网络的数据接口格式，对整个红外图像数据样本进行预处理。丢弃不规范、不合理的相关分区图像，并对修正后的图像数据集进行重新标定，形成最终的规范化的红外图像数据集。用作训练的图像集做成 Pascal Voc 格式，效果如图 11-31 所示。

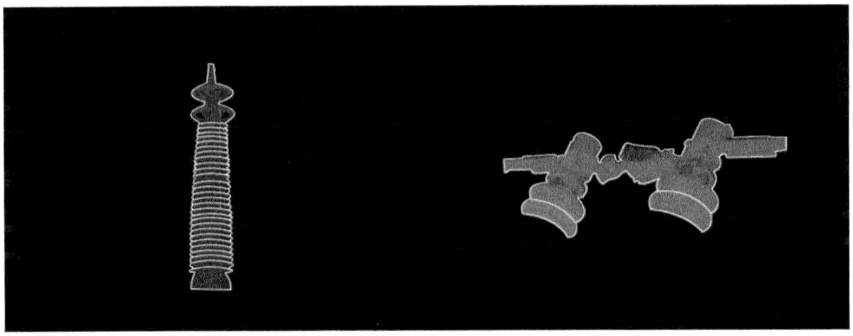

图 11-31　Pascal Voc 图像数据

3. 红外图像智能分区算法

将图谱数据库中的红外图谱分为训练集和测试集，构建多层深度神经网络系统，输入训练集，对每个训练样本 x 设置对应的输入激活 $a^{x,l}$，进行数据的向前传播，计算每层的参数，具体公式如下：

$$z^{x,l} = w^l a^{x,l-1} + b^l \tag{11-3}$$

$$a^{x,l-1} = \sigma(z^{x,l-1}) \tag{11-4}$$

式中，$z^{x,l}$ 为每层神经网络单元的输出，w^l 为每层神经网络单元的权重，$a^{x,l-1}$

为每层神经网络单元的输入，b^l 为每层神经网络单元的偏置，σ 为 sigmoid 函数，l 为神经网络的层数。

计算输出误差 $\delta^{x,l}$，通过反向传播算法，由梯度下降规则根据 $w^l \rightarrow w^l - \frac{\eta}{m}\sum_x \delta^{x,l}(a^{x,l-1})^{\mathrm{T}}$ 和 $b^l \rightarrow b^l - \frac{\eta}{m}\sum_x \delta^{x,l}$ 来更新权重和偏置，使代价函数的值趋于 0，其中 η、m 分别为神经网络的学习率、训练集的样本总数。

在迭代过程中，观察 loss 值的变化，判断收敛情况，调整学习率，生成包含各层参数的深度神经网络的训练模型，调用已生成的训练模型，读取新的输入图像（五类设备中的任意图像），生成图像为已经标记的带有标签的图像，完成分类，存入指定的文件夹。

建立目标检测框架 RCNN，对分类的红外图谱进行设备分区。在检测的红外图谱中确定若干个分区。在每个分区内使用分类器判定深度神经网络提取特征量是否属于一个特定的类，若属于特定的类，即标记为正类；若不属于特定的类，则标记为负类。把大量已标记的此类图像作为训练样本，得到相关设备分区的训练模型。调用此类训练模型，结合 part labeling 的方法，对轮廓不明显的主干设备内部进行进一步分区，实现轮廓不明显的主干设备内部分区。最终根据红外图谱缺陷分析准则，设置分区内温度预警规则。

根据红外图谱缺陷分析准则，提取分区内的像素点，根据像素点与温度的转化规则，将提取的像素点转化为温度。根据温度设置分区内的温度预警规则，如果为单项设备，则计算分区内的平均温度，生成单项设备温度预警规则；如果是三项设备，则计算分区内的项间温差，生成三项设备温度预警规则。

根据温度预警规则，得到设备安全分析结论并实现预警。训练基于深度学习神经网络的红外图像分区数据，对当前较为优秀的目标检测算法 Fast RCNN 进行改进，在标定的分区附近随机生成较多的候选框，在训练神经网络的过程中，不断优化随机候选框和最终标定框之间的匹配值，并通过反向传播算法不断迭代优化，达到最终的收敛，生成最终的基于主要五类设备的神经网络图像分区模型。所有拟合的参数 w、b 和网络结构都以 HDF5 的格式存储。如图 11-32 所示是分区网络的设计思路。

4. 红外图像智能分区算法效果

测试基于深度学习的神经网络的红外图像分区数据，分区结果的灰色区域为人工分区结果，黑色区域为算法分区结果，在本身图像标定时选取的候选框相较人工的更大，候选框上方的数值为实际输出与人工标定的匹配程度，其结果匹配度达到 95%以上，则满足工程实用的要求。分区结果如图 11-33 所示。

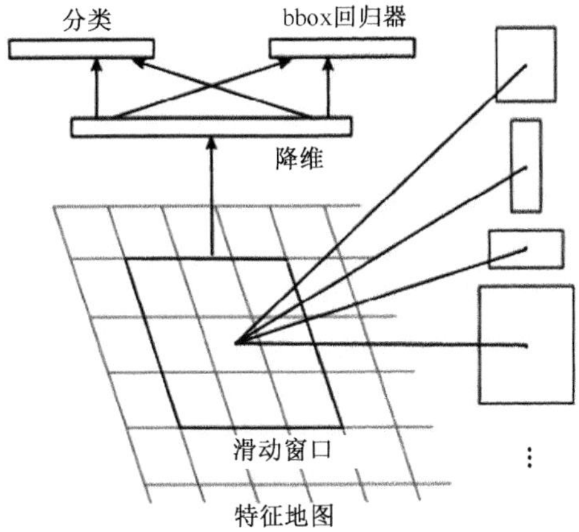

图 11-32 分区网络的设计思路

图 11-33 分区结果展示

11.5.3 电力设备健康状态人工智能识别系统

目前，运行变电站内设备内部感知技术不完善，难以准确反映设备的实际状况，缺乏有效的数据融合与关联机制[15]、预警模型、管理和分析手段，严重影响了检测效率和效益。通过人工智能和数据驱动的主动预警策略将“事后找原因”转变为“事前做预防”，实现电力设备健康状态人工智能识别，有利于提升设备检测水平。

基于设备状态主动预警技术的电力设备健康状态人工智能识别系统，通过建立主动预警模型规则库和主动预警分级分类标准，进行多数据融合，应用设备动态评估规则、大数据分析技术、图像识别技术，动态分析设备运行状态，实现变电设备的实时状态主动预警、自动评估诊断、异常重点跟踪及设备检修决策等全流程的分析研判和辅助决策。

电力设备健康状态人工智能识别系统，自动收集变压器、电抗器、断路器、GIS、隔离开关、避雷器及互感器等变电主设备的全维度状态数据，应用各类判别规则及模型，辅助运检人员进行设备预警、缺陷分析及决策处理。该系统主要包括数据收集、状态预警、诊断跟踪、处理决策和规则模型优化五个部分。其中，状态预警是核心，下面将对该部分进行详细介绍。

主动预警技术的重点在于模型库和规则的建立。其中，模型库的建立通过人工智能算法结合大数据分析对历史数据进行训练，分析历史数据的时域动态特性，实现基于历史数据预测未来数据的功能。规则库的建立采用专家系统和智能算法训练两种方式，对历史数据与设备运行状况的相关性进行分析，利用横纵向对比分析算法、聚类分析算法、分类神经网络和支持向量机等人工智能算法，实现物理量数据与设备运行状态之间的关联性分析，可基于物理量数据评估设备运行状态。人工智能算法是主动预警技术的核心。

人工智能预警算法主要包括训练用历史数据的预处理、主动预警智能算法模型构建、智能算法模型训练、模型优化及训练优化。其主要步骤如下。

1. 数据获取

系统在收集了大量数据后，通过大数据分析和人工智能算法做出科学预测和分析。数据来源包括：检测数据、试验数据、检修数据、抢修数据、状态评价数据、精益化评价数据、缺陷数据、故障数据、状态异常、重载信息、不良工况的历史与实时信息、在线监测系统数据。

2. 智能训练

智能训练过程包括数据预处理、算法架构、人工智能训练、必要的优化和调整等过程。数据预处理包括多源数据有效融合、异常数据舍弃、缺失数据补充、低分辨率数据滤波、异步数据同步化。神经网络的人工智能架构，包含LSTM+CNN及分类神经网络等，其中神经网络包含多个记忆层、卷积层、池化层、全连接层。训练和优化包含权衡结构深度、运算复杂度、主动预警准确率。

1）数据预处理

数据预处理通过提取和融合多源数据，提高数据利用率，有效避免数据重复读取引起的读取效率低的问题。对融合后的数据进行分析和整理，通过填写缺失的值、光滑噪声数据、识别或删除离群点等手段，解决数据的不一致性和异常数据或重复数据的清除等问题，保证数据的连续性和处理能力。具体处理方式为：对异常数据和缺失数据采用五点均值法进行替换；对采样精度较低的数据，采用 Smooth 平滑和 Filter 平滑处理，去除采样精度引起的数据毛刺；对于不同采样周期的数据，采用异步数据同步化的方式，对高采样频率的物理量在软件上进行多次低频率的重采样，获得不同起始时刻的低频数据，如对于高采样频率数据，以一天内整点时刻的数据进行重采样，构成 24 列数据量。不同采样频率的各类物理量均以天为周期进行处理，实现了异步采样频率的同步化。对不同物理量的数据进行 Z 分数归一化，尤其是不同数量级的物理量，数据归一化实现了训练用历史数据中各物理量数量级的统一，避免了数据训练过程中的误差发散。

2）神经网络架构和人工智能算法的应用

有关预测未来数据的神经网络构建包含带时间序列的输入层、带记忆能力的长短期记忆（Long Short-Term Memory，LSTM）神经网络层、用于特征提取的卷积神经网络（Convolutional Neural Netwroks，CNN）层、简化运算的池化层、非线性运算的全连接层和量化输出的回归层。有关分类问题的人工智能算法需要满足适用于时间序列、具有深度学习能力和非线性处理能力的功能，因而采用决策树、K-means 邻近算法和支持向量机手段，对多维数据进行分类，实现设备运行状态和对应物理量实时数据的模糊匹配。

3）主动预警实现流程

主动预警实现流程分为三步：训练分类神经网络、训练预测用神经网络、设备未来故障预警。整个流程如图 11-34 所示。

第一步，训练分类神经网络，如图 11-35 所示。将历史物理量数据和预警状况的对应关系通过分类神经网络进行训练，预警状况 a 中的正常运行对应预警状况 a 的取值为 0，预警状况 a 中的蓝色预警对应预警状况 a 的取值为 1，以此类推。形成的分类神经网络输入层维数为 $\sum_{i=1}^{n} m(i)$，输出层维数为 n，隐含层维数根据训练结果的优化进行修正。通过大量的历史数据训练，分类神经网络实现物理量的状态与设备对应预警状况的高度匹配。

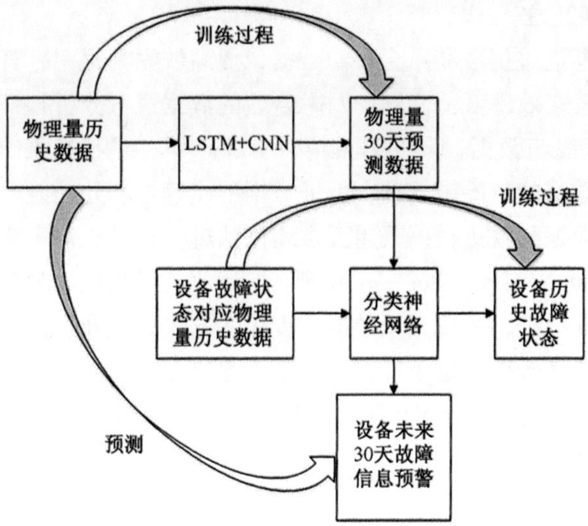

图 11-34　主动预警实现流程

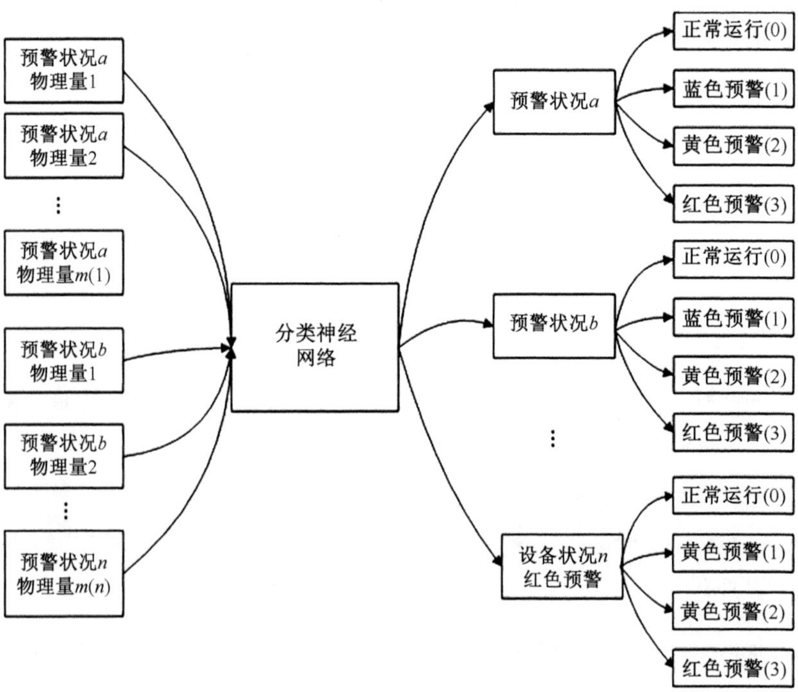

图 11-35　训练分类神经网络

第二步，训练预测用神经网络（LSTM+CNN），取物理量历史数据的 80%，通过 LSTM 神经网络层叠加 CNN 的形式进行训练，并将历史数据剩下的 20% 用于验证，实现历史数据对未来数据的准确预测。相关原理如图 11-36 所示。

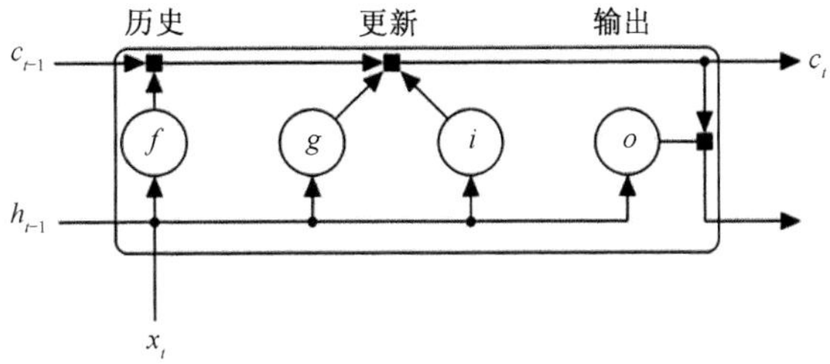

图 11-36 预测用神经网络训练原理

每层 LSTM 对应的计算公式如下。

$$
\begin{aligned}
i_t &= \sigma(W_i x_t + R_i h_{t-1} + b_i) \\
f_t &= \sigma(W_f x_t + R_f h_{t-1} + b_f) \\
g_t &= \tanh(W_g x_t + R_g h_{t-1} + b_g) \\
o_t &= \sigma(W_o x_t + R_o h_{t-1} + b_o) \\
\sigma(x) &= (1 + \mathrm{e}^{-x})^{-1}
\end{aligned}
\tag{11-5}
$$

$$
\boldsymbol{W} = \begin{bmatrix} W_i \\ W_f \\ W_g \\ W_o \end{bmatrix},\ \boldsymbol{R} = \begin{bmatrix} R_i \\ R_f \\ R_g \\ R_o \end{bmatrix},\ \boldsymbol{b} = \begin{bmatrix} b_i \\ b_f \\ b_g \\ b_o \end{bmatrix}
\tag{11-6}
$$

第三步，设备未来故障预警。将未来 30 天预测数据带入第一步训练好的分类神经网络中，实现设备未来故障预警结果的展示，如图 11-37 所示。

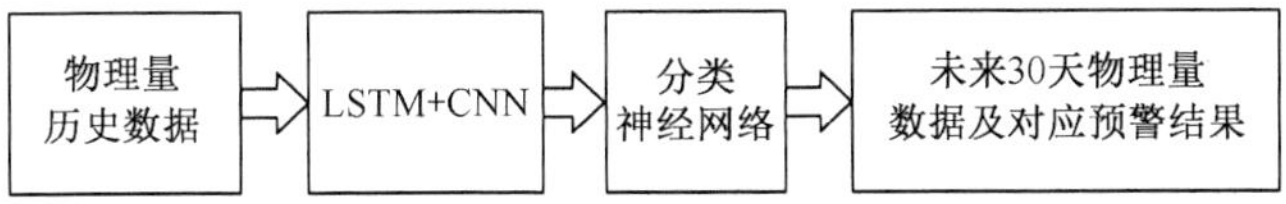

图 11-37 故障预警结果展示

4）训练和优化

人工智能算法在深度学习和神经网络两个平台上进行训练，训练结果与实际测量值的均方差都随迭代次数逐渐降低，预测结果和目标值更加接近，具有较好的线性关系。

权衡结构深度、运算复杂度和主动预警准确率三者之间的联系，通过对神经网络内部参数、神经网络层间结构、训练步数、学习效率和遗忘指数等进行调整，在保证主动预警准确率的前提下降低运算的复杂度。神经网络优化如图 11-38 所示。

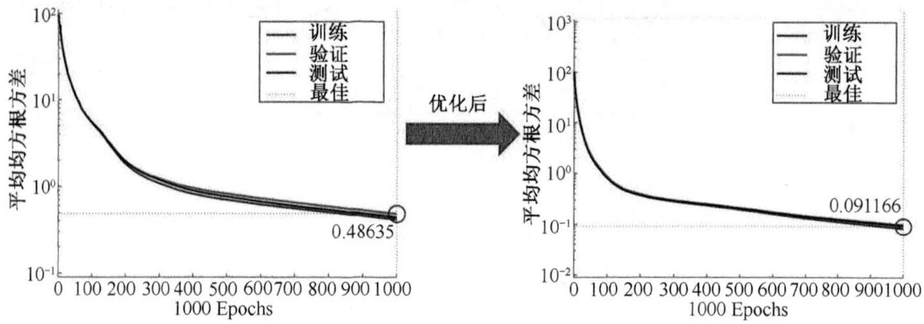

图 11-38　神经网络优化

5）预警功能模块展示

系统采用专家人工评估和机器学习两种方式，实现各类规则和模型的优化提升。方式一是由业务专家对诊断效果进行人工评估，实现规则模型库优化提升；方式二是应用大数据和人工智能等机器深度学习等技术，基于结构化的缺陷诊断记录典型案例库，自动实现规则和模型的持续优化提升。

电力设备健康状态人工智能识别利用该系统，不仅可以对设备状态进行纵向分析，还可横向对比变电站内部设备状态的关联性（相同类型的设备间往往具有通性的预警状况），预警设备状态。

以变压器油色谱 30 天预测结果为例，利用系统对其进行预测，对比预测值和实测值间的差距，两者间的相对误差小于 0.2 倍样本标准差，结果如图 11-39 所示。

通过模型库和规则库的建立能够实现电力设备的主动预警功能。基于人工智能算法，结合大数据分析，对历史数据进行训练从而构建对应的模型库。模型库能够用于发掘不同物理量数据基于时域上的关联性，具有基于历史数据预测未来数据的功能，均方根误差低于 0.1。基于专家系统和智能算法训练形成的导则库，能够用于发掘历史数据与设备运行状况的相关性，实现基于物理量数据评估设备运行状态。

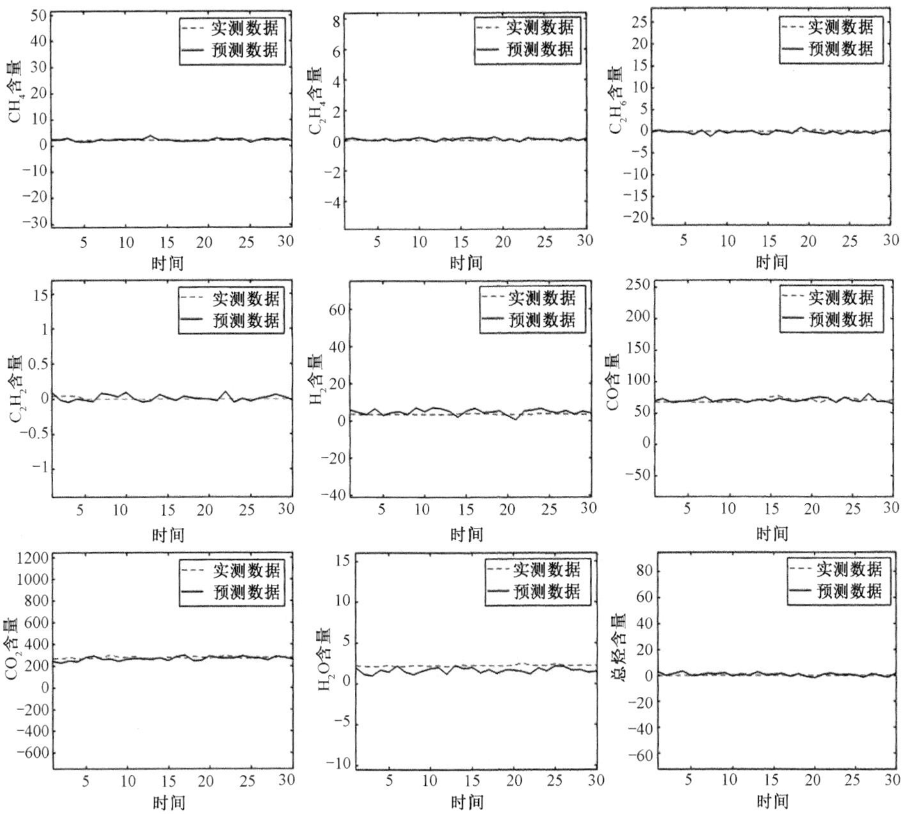

图 11-39　油色谱数据预测结果

参考文献

[1] 李实，刘波，韩刚，等. 电力系统配电网带电作业机器人[J]. 自动化博览，2018（3）：68-70.

[2] 蒋昀宸，樊绍胜，陈骏星溆. 带电作业智能新技术及其应用现状[J]. 湖南电力，2018，38（5）：1-4.

[3] 张成巍，岳湘. 智能巡检机器人研究现状与发展趋势[J]. 电工文摘，2015（1）：9-12.

[4] 赵晖. 电缆隧道巡检机器人机械系统设计与作业性能研究[D]. 南京：东南大学，2018.

[5] 邵剑雄，闫云凤，齐冬莲. 基于霍夫森林的变电站开关设备检测及状态识别[J]. 电力系统自动化，2016，40（11）：115-120.

[6] 李晖. 变电站智能巡检机器人高压隔离开关状态自动识别系统[D]. 天津：天津大学，2016.

[7] 尹阳. 基于红外图像的变电站设备识别与热状态监测系统研究[D]. 西安：西安科技大学，2018.

[8] 周佀，崔昊杨. 红外测温技术在电力设备故障诊断中的应用[J]. 上海电力学院学报，2016，32（6）：543-546.

[9] 邹辉，黄福珍. 基于 FAsT-Match 算法的电力设备红外图像分割[J]. 红外技术，2016，38（1）：21-27.

[10] 李军锋. 基于深度学习的电力设备图像识别及应用研究[D]. 广州：广东工业大学，2018.

[11] 李鹏，张小易，黄浩声，等. 基于雷电信息的电网故障诊断系统研究[J]. 电力工程技术，2014，33（2）：17-21.

[12] 郭杨，陈昊. 激光导航智能机器人巡检系统在特高压变电站的应用[J]. 电力工程技术，2017，36（4）：125-130.

[13] 刘晨斐. 基于多源信息融合的电力设备故障诊断的研究[D]. 上海：上海电力学院，2018.

[14] Cheadle C, Vawter M P, Freed W J, et al. Analysis of Microarray Data Using Z Score Transformation[J]. The Journal of Molecular Diagnostics, 2003, 5(2): 73-81.

[15] 左剑，谢平平，李银红，等. 基于智能优化算法的互联电网负荷频率控制器设计及其控制性能分析[J]. 电工技术学报，2018，33（3）：478-489.

第 12 章

物联网在能源互联网中的典型应用

随着物联网技术的飞速发展，物联网在能源互联网中的应用越来越多。本章重点介绍物联网技术在能源互联网中的典型应用，包括家庭能源管理、智慧路灯管理、储能技术、综合能源服务与管理、源网荷的协调等。

12.1 家庭能源管理典型应用

随着信息通信技术的发展，用户对电网的服务方式、服务内容和服务质量提出了更高的要求，除安全可靠的用电需求外，还希望能够享受更加个性化、便捷化、多样化、互动化的服务。

家庭能效管理可以实现与家庭空调、热水器、智能插座、空气净化器等家庭常用电器或智能用电设备的对接，实现家庭用电监测和家庭需求侧管理。研发家庭用电智能化用户侧手机 App 软件，家庭用户通过该软件可以对家庭电器进行远程控制、定时控制、状态查询等智能化管理，实现家用电器设备的用电数据采集和统计分析，同时可以在家庭用户许可的范围内参与需求侧管理平台的统一调控。

12.1.1 家庭能效管理平台

家庭能效管理平台是实现居民与电网双向互动的基础，可集中管理用户侧用电设备，参与电网需求响应，通过数据分析技术，挖掘家庭能效提升潜力，实现家庭能源的智能优化调控。其核心业务功能包括用电能效分析、智能双向互动服务、需求响应调控、分布式电源管理、电动汽车及储能管理等。在此基础上，家庭能效管理平台具备良好的业务扩展性，可以实现更加智能化、人性化、互动化的增值服务，如智慧社区服务、多表集抄、基于数据分析的衍生服务及第三方信息服务交易等，如图 12-1 所示。

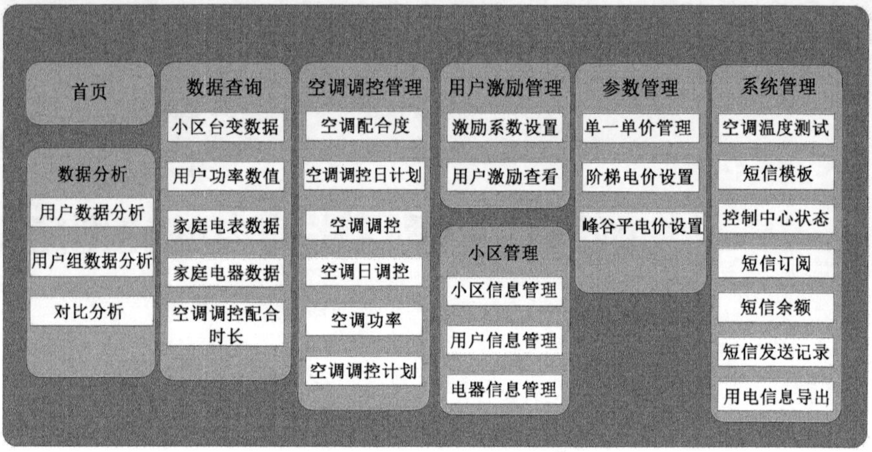

图 12-1　家庭能效管理平台

家庭能效管理平台的基本特征包括以下几个。

（1）云化设计：支持家电企业、物联网产品企业、主流电商平台云端标准化接入。

（2）智能化管控：对海量家庭物联网终端设备进行集中管理，利用人工智能和边缘计算等技术手段，对家庭电器设备的用电能效进行精准分析，支持电网需求响应调控。

（3）大数据服务支撑：为大电网的负荷预测和能源调度提供支撑，挖掘用户用电数据的深度价值，开展数据增值服务。

1. 用电能效分析

为居民家庭提供总用电量数据，为用户提供每个月的家庭用电量和电费信息。同时，用户使用用电互动客户端软件可以查询家庭的历史用电数据，了解家庭用电趋势。根据家庭所在地区的用电政策，为用户提供家庭用电数据的阶梯电价或分时电价信息。用户可以查询各设备的历史用电信息，通过图表形式直观形象地展示家庭能效分析结果，输出统计报表，帮助用户科学合理地调整家庭用能。

2. 智能双向互动

在用户家庭中布置智能用电产品，为用户提供智能家居控制功能，如远程控制家中的用电设备，设定用电设备的定时工作状态，使用场景模式一键控制家中多个电器设备，实时远程查看用电设备的工作状态或用电参数，指导用户合理调整，及时获取通知信息，指导用户正确处理异常状况。

3. 自动需求响应

根据电力公司的需求响应执行机制，进行相应的自动化负荷调整。目前主要的实现方式为，在用户完成需求响应参与者注册后，电力公司提前下发降负荷通知，在能源集成商收到通知后，根据一定的资源分配机制下发到用户层面，用户侧的平台设备收到降负荷通知后，根据内部的优化调控策略，在尽可能满足用户需求的情况下，短时间（以若干小时或一天为一次响应）内进行用电策略调整，形成需求响应策略并予以执行[1~3]。

通过自动需求响应机制，对用户而言，可以从经济上得到补贴或优化电费开销；对电网公司而言，可以通过这种方式达到负荷调节的作用，既可以削峰填谷，维持电网平衡，又可以填补局部供电故障等突发情况的用电缺口，甚至可以实现电力市场的自由开放，灵活互通。

12.1.2　智能用电关键技术和设备

1. 智能用电关键技术

1）协议标准

为满足对智能用电产品、智慧家庭市场的需求，人们研究制定了通信及计量标准规范，促进产品标准化设计。智能家用电器主要包括空调、热水器、灯具、窗帘、安防监控设备、环境质量检测仪、家庭网关、智能插座、智能插排、红外遥控器、储能设备等。所有智能设备均采用统一的通信协议，并配置智能电器监控模块。

物理层通信协议帧格式如图 12-2 所示。

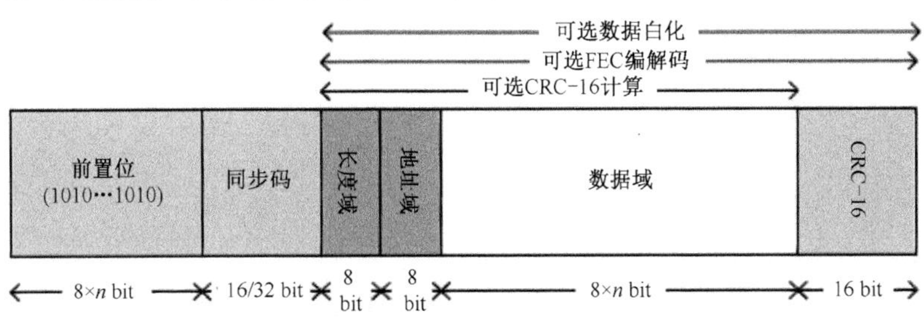

图 12-2　物理层通信协议帧格式

通信模块支撑了整个智慧家庭网络的各种协议算法，具有体积小、抗干扰能力强、支持 TCP/IP 接口等优点，内部集成了主控芯片，开发厂家只需要通过模块提供的串行接口和 TCP/IP 接口等对模块进行设置，就可以开发出性能稳定可靠的无线产品。

2）计量模块

电能计量模块采用统一的软硬件接口和数据加密算法标准，通过了电能计量标准的认定。

电能计量模块充当传感器的角色。计量模块包括电源电路、用电信息采集单元、单片机控制单元、数据自动存储单元、掉电检测单元及相关接口电路。计量模块与家电主控板的连接如图 12-3 所示。

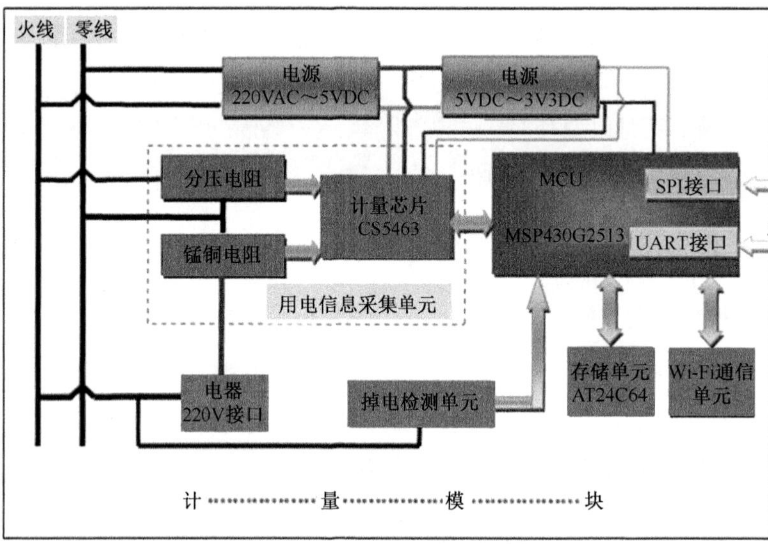

图 12-3　计量模块与家电主控板的连接

电能传感模块能正确地监测家电的运行状态。家电正在运行时，通过电能传感模块监测到功率、电流、电压等参数处于正常范围之内，表明工作正常，智能家电告知云端平台，在某一时间家电工作运行正常；若某个参数出现异常，如电器本要大负荷运行，但是功率和电流值很小，表明家电出现某种故障或已经老化，智能家电将告知云端平台，家电出现问题，并且提醒用户注意使用或需要维修家电。

计量模块的微控制单元在对用电数据存储前先进行加密，所以存储单元里面的数据都是经过加密的，即使意外被他人获取，在没有密钥的情况下，他人也很难破解里面的真实数据。计量模块的对外通信都采用了加密算法，保证了数据通信的安全性，对于对安全性要求较高且需要电能计量的智能家电是较好的选择。

电能传感模块有助于家电厂家设计更优产品，家电厂家可以通过对电能数据进行分析，区分不同地域或人群使用家电的习惯、频率及耗能等，并针对差异设计出更加合适的产品。从 2012 年开始，各单位积极推动计量模块标准化设计和相关标准的制定，加强同各电器设备厂家的沟通合作，促进计量模块及具有自主知识产权的芯片在智能家电产品中的推广应用。

3）IoT 通信模组

IoT 通信模组是一款支持 802.11b/g/n 的 Wi-Fi 模块，可以通过 UART 口与其他设备进行通信，如 12-4 所示。模块集成了射频收发机、MAC、基带处理、所有的 Wi-Fi 协议和配置信息及网络协议栈，可广泛用于智能家居设备、远程监控设备、医疗器械等领域。高度集成的系统级芯片拥有 32 位 RISC 处理器，以及 8MB 的外置 Flash。

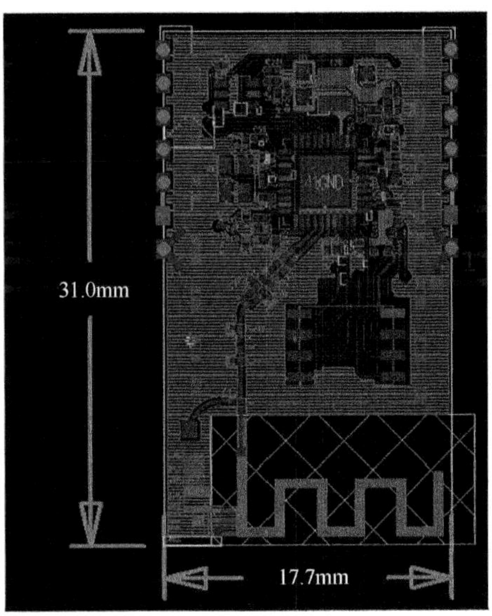

图 12-4　IoT 通信模组

IoT 通信模组支持通过输入无线名称和密码的方式来进行快速联网，同时具备多种无线网络加密方式，能充分保证用户数据的安全传输。

2. 智能用电设备

1）家庭能源路由器

在第 5 章中已经介绍了家庭能源路由器的分层架构和主要功能，以及智能交互终端、智能交互机顶盒和智能插座等设备的主要功能结构，本章重点介绍工程应用和具体设备。

家庭能源路由器遵循信息物理系统设计理念，以能源流与信息流深度融合为目标，包含四大核心单元：能量转换单元、信息通信单元、智能控制单元、标准接口单元，如图 12-5 所示。

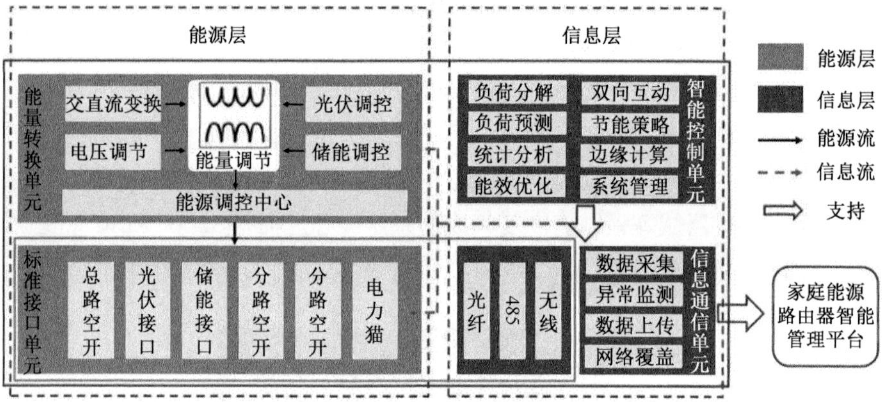

图 12-5 家庭能源路由器的核心单元

智能能源服务平台架构如图 12-6 所示。

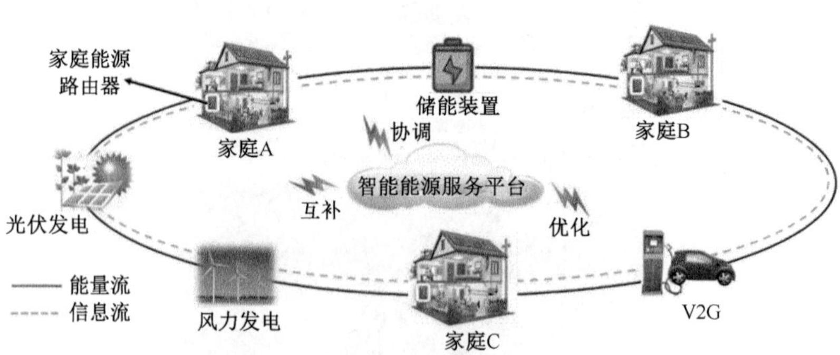

图 12-6 智能能源服务平台架构

该平台可实现以下功能。

（1）利用能源路由器，打造能源互联网核心入口，利用电力线通信、电力光纤到户技术，实现园区、社区、家庭网络覆盖，构建区域电力物联网，促进能源流与信息流的深度融合，支撑多能源信息的高效采集及客户与电网之间的双向互动。

（2）支持风、光、电动汽车等新能源设备的便捷接入，集成交直流变换和电能质量管理功能，提高配电网对新能源的就地消纳能力，支撑直流终端设备的推广应用。

（3）支持储能设备接入，具备能量路由功能，可以实现不同能源路由器之间的协调优化，开展终端客户与电网之间的双向互动，参与电网需求响应调控。

（4）运用人工智能、边缘计算等先进技术，结合电价政策，设计智慧用能优化策略，实现终端负荷精准预测和设备的智能调控，提高终端能源利用效率。集成智能家居、智能用电服务功能，提高家庭用电设备的智能化控制水平，实现居民与电网的双向互动。

2）智能插座类设备

（1）智能红外插座。智能红外插座是一款针对空调温度调节，集开关控制、电量计量、红外遥控、温湿度检测、与 Wi-Fi 通信于一体的智能插座，采用无线方式连接互联网，通过手机客户端可以实现远程通断电控制、家电工作模式控制、用电数据查询、定时控制等功能，其外观如图 12-7 所示。用户可以使用智慧家庭软件客户端控制家庭需求响应终端的电源通断，并通过该终端控制空调设备，调节空调的工作参数和模式。智能红外插座还能够采集电器设备的电量数据，用户使用智慧家庭软件客户端可以查看电器设备的当前用电信息和历史用电数据。设备正面的手动开关可方便用户本地控制需求响应终端的电源通断。

（2）智能插座。智能插座可以打开或关闭指定的电器，设定电器的工作时间，掌握电器的用电数据，节约用户的电费开支，其外观如图 12-8 所示。该产品的主要功能和特点如下。

① 远程控制。在手机连接移动网络或 Wi-Fi 网络的条件下，可以使用客户端软件远程操作电器设备打开或关闭。

② 定时控制。使用手机客户端软件设定热水器等大功率电器的工作时间。

③ 场景控制。将不同的家用电器根据具体使用情景添加到不同的场景模式中，进行统一管理和控制。

④ 电能计量。智能插座集成了电能计量模块，能够采集电器设备的用电数据，提供家庭能效分析和历史电量查询功能。

⑤ 安全保护。智能插座具备漏电保护功能，检测到用电异常立即切断电器电源。

图 12-7　智能红外插座

图 12-8　智能插座

⑥ 状态查询。可以使用客户端软件远程查看智能插座的当前工作状态，掌握电器工作详情。

⑦ Wi-Fi 联网。智能插座集成了 Wi-Fi 通信模块，利用家庭现有的路由器连接互联网，通过一键配置操作即可完成设备添加流程。

（3）智能墙壁插座。智能墙壁插座是替代家庭常用传统墙壁插座的智能化产品，搭载了 Wi-Fi 模块和计量模块，以无线方式通过路由器连接上网，通过手机客户端可以实现远程通断电控制、用电数据查询、定时控制开关等功能。该设备外形尺寸采用标准 86 盒外观设计，方便家庭安装使用，一般分为 10A 国标 5 孔和 16A 三孔两种，外观如图 12-9 所示。

（4）智能插排。传统插排是家庭用电设备临时取电或多个电器设备同时取电的常用设备，大多数型号的插排只提供电源总控的手动按钮，个别型号为用户提供分路控制按钮，但无法满足用户的智能控制需求。智能插排中搭载了无线通信模块和计量模块，采用无线方式接入互联网，用户使用手机即可进行总路和各分路的通断电控制，并可采集每路的用电信息，进一步实现家庭能效分析。智能插排的外观如图 12-10 所示。该设计充分考虑了家庭用电安全，设备外壳使用阻燃材料制作，同时还具备过载保护功能，当电器设备发生过载异常时，能够及时切断电源。

图 12-9　智能墙壁插座

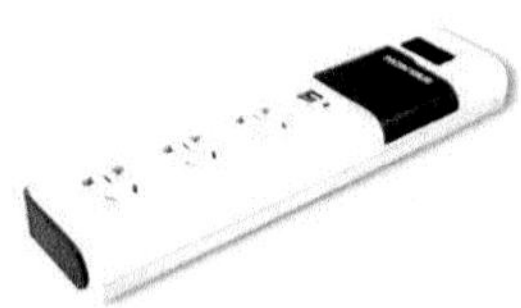

图 12-10　智能插排

3. 中国智能家居产业联盟

智能电器是构建智慧家庭的终端基础设施，通过建设智慧家庭服务系统，让普通家庭能够通过智能电网实现用户能源管理、移动终端购电、综合信息服务、远程家电控制等，全面提高居民生活智能化水平。

2012 年，在中国从事智能家居相关技术研发、设备生产、经营、销售的单位及有关社团组织共同组织成立了中国智能家居产业联盟（China Smart Home Industry Alliance，CSHIA）。CSHIA 由北京市标准化研究院、中关村标准创新服务中心、中国信息通信研究院、福州大学、海尔集团、科大讯飞、美的集团、海信集团、国美集团、长虹集团、海康威视、正泰集团、武汉学院、华强集团、鸿雁电器、瑞德智能、福建冠林、松下电器、厦门立林、宁波杜亚、武汉中部国际物联港、杭州麦乐克、广东汇泰龙、深圳新和创、杭州万高科技、华南家电研究院、广东数字家庭产业基地等单位和机构联合支持发起。

CSHIA 的成立和发展得到了国家市场监督管理总局、中关村管理委员会、中国电子技术标准化研究院、住房和城乡建设部信息中心、北京市市场监督管理局、浙江省经济和信息化委员会、中国信息通信研究院、北京市标准化研究院、中关村标准创新服务中心，以及相关科研院所、产业基地的支持。CSHIA 旨在打造产、学、研、工程多赢的产业平台，为中国智能家居行业的企业、技术研究、技术标准建设等服务。截至 2019 年年底，CSHIA 理事长、理事单位达到 180 余家。通过连续六年的专业智能家居技术培训，CSHIA 吸纳了千余家全国智能家居安装服务集成商，目前已经形成纵向从芯片到模组、方案、产品，横向从产品商到代理商、集成商、平台渠道商的生态格局。CSHIA 成员企业设备制造商类别如图 12-11 所示。

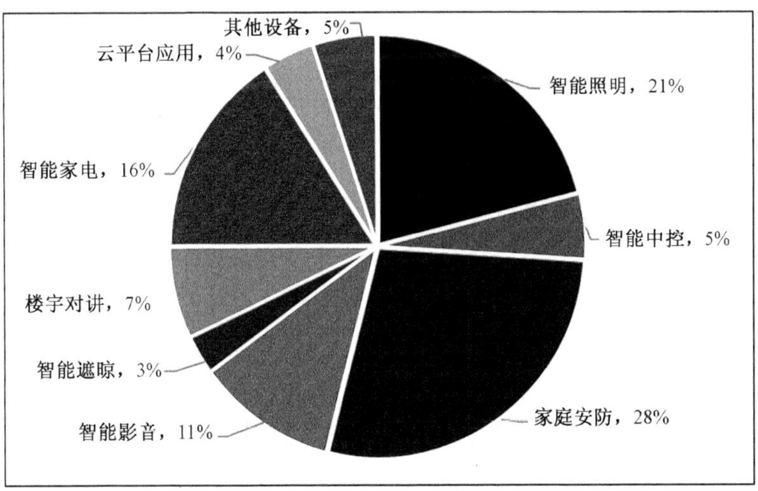

图 12-11　CSHIA 成员企业设备制造商类别

12.1.3 居民侧需求响应

1. 主要互动手段

对家中的电器设备类型进行分类，根据不同电器设备的负荷特性，分析家中可以参与需求响应调控的电器设备类型及家庭总的可控负荷量，为家庭需求响应调控策略的制定提供参考依据。

在家庭内部从设备改造和监测控制两个方面进行建设，以满足接入自动需求响应系统的要求。自动需求响应系统利用专用接口进行家庭用电能效信息的采集监测和远程控制。自动需求响应系统的组成如图 12-12 所示。

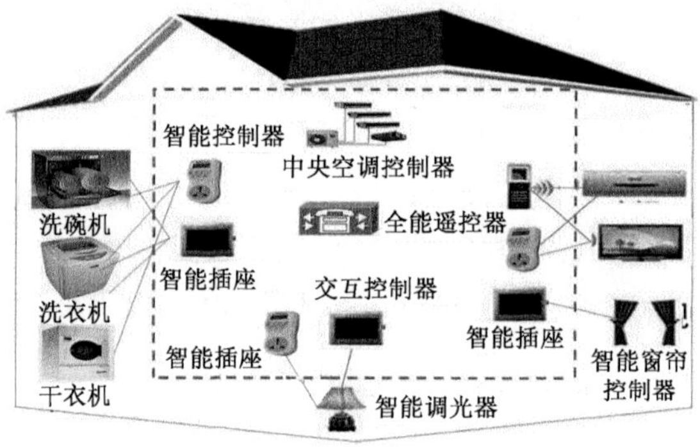

图 12-12　自动需求响应系统的组成

首先在每个用户内部对主要负荷设备装设智能插座等智能交互终端，用以实现设备的远程调控。一般家庭用户负荷构成较为简单，主要包括空调、洗衣机、地暖系统（电暖器）、热水器、照明、电视机等电器设备，其中空调、热水器是重要的可控负荷组成，而洗衣机和洗碗机对用电时间要求不高，用电灵活性较高。主要的改造内容包括以下几项。

（1）空调：采用智能插座，装设智能遥控器，在用电高峰可通过智能交互终端给家庭网关发送指令，调高设定温度或减少出风量，其应用如图 12-13 所示。

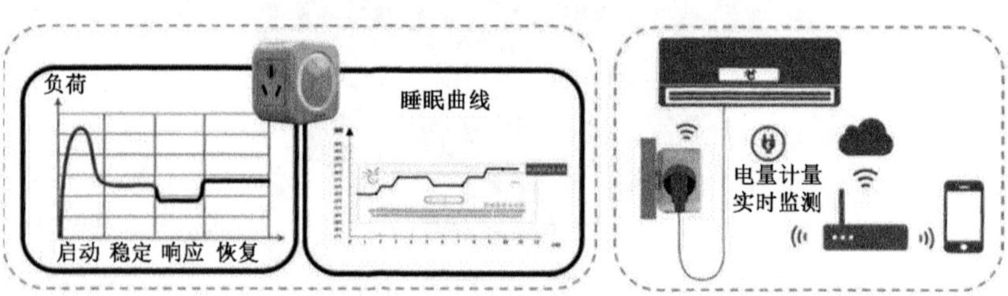

图 12-13　智能插座在空调中的应用

（2）洗碗机、洗衣机、热水器：安装智能插座，配置智能控制器，在电网高峰时段，避免洗碗机、洗衣机等对用电时间要求不高的设备开启，尽量安排在非高峰时段工作；根据用户的日常使用习惯，将热水器设定在早晚非高峰时段工作，可以最大限度地提高热水器的工作效率。其应用如图 12-14 所示。

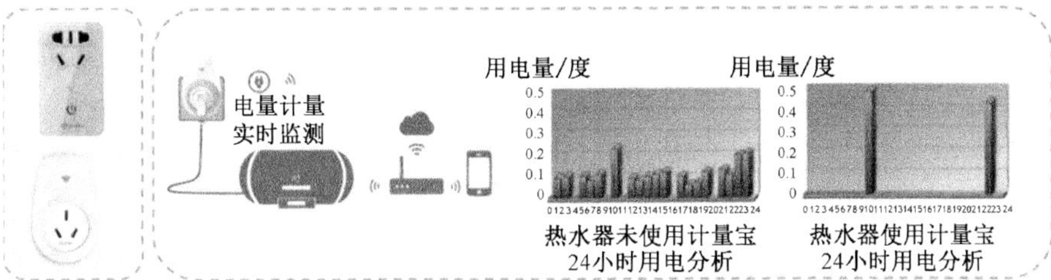

图 12-14　智能插座在洗衣机、热水器中的应用

（3）照明设备：配有智能插座或智能开关，在用电高峰可通过智能交互终端给家庭网关发送指令，适当调低亮度或关闭不必要的照明设备。

（4）地暖系统（电暖器）：安装智能插座，在用电高峰可通过智能交互终端给家庭网关发送指令，调低设定温度或减小阀门开度。

2. 智能用电效果

通过智能电网创新示范工程智慧家庭建设，将使用户用电更加合理，错峰、增加谷时用电、减少电器待机用电。示范小区的全面推广应用，将实现家庭用电峰谷差下降 10%左右，同时实现分布式能源的广泛应用，以及区域绿色能源的接入，结合家庭用电移峰填谷，将大大节约电厂和电网的基础建设投入。

电器企业通过智慧家庭的建设，将促进智能电器、智能设备在用户家庭的普及，带动企业在智能电器设备方面的研发投入，最终促进整个行业的快速发展。

对于普通居民用户，如果空调按照年使用时间三个月进行计算，智能空调在为用户带来舒适便捷的同时，结合睡眠曲线等功能，每天每台空调可节省 1 度电。因此，随着家庭智能空调及其他定时使用电器的普及使用，将大大提高家庭用电能效。

3. 应用案例

中新生态城智能电网示范区是国家电网公司 2010 年确定的第二批坚强智能电网综合示范工程，位于天津市滨海新区，总面积约 34km^2，规划人口 35 万人，2011 年 9 月建成投运。该工程包括分布式发电、微电网、配电自动化等 12 个子项，集中示范智能配电、智能发电、智能用电和信息通信领域的先进技术。该工程包含智慧家庭、需求响应、能源数据平台等，是国际领先的智能电网创新示范基地、体验基地[4]。

1）建设规模

智慧家庭建设在生态城中选择 5000 户家庭安装基本的智慧家庭设备，实现用电信息上传；选择 1000 户家庭安装基础智能设备及智能空调，参与电网公司需求响应业务；选择有条件的 10 户家庭建设分布式光伏系统。

2）平台部署

智慧家庭服务平台部署在中新天津生态城的智能电网可视化展厅，与家庭能源中心、客户端建立连接通道，支撑智能家居控制和智能用电互动服务的开展，项目建成后将实现覆盖天津市的智慧家庭服务平台。

用电互动客户端基于互联网公共平台发布，用户可以使用第三方软件安装工具或在苹果官方应用商店中下载并安装；也可以通过手机扫描二维码的方式直接下载客户端软件，二维码可以在智慧家庭设备和小区内布置的宣传栏中找到。用户使用客户端可以实现家居产品的智能化控制、获取家庭能效统计分析结果、自助缴费及参与需求响应等服务。

3）建设成效

通过智能电网创新示范工程智慧家庭建设，可以使用户用电更加合理，增加谷时用电，减少电器待机用电。示范小区的全面推广应用，实现了家庭用电峰谷差下降 10%左右，同时实现了分布式能源的广泛应用及区域绿色能源的接入，结合家庭用电移峰填谷，通过智慧家庭的建设、应用推广，大大提升了居民的信息化水平，改变了居民的用能方式，增加了居民生活的便利度，不仅推动了坚强智能电网的发展，更切合了智慧城市发展战略。

12.2　智慧路灯的建设与应用

智慧路灯是一种集成各种信息技术应用的市政基础设施，因其分布密集且均匀的属性，可集智慧照明、智慧安防、智慧市政、智慧交通、通信基站等功能于一体，实现“一杆多用”。智慧路灯是构建以物联网和 5G 通信网络为核心的智慧城市全面感知网络的优质载体，具体应用场景如图 12-15 所示。

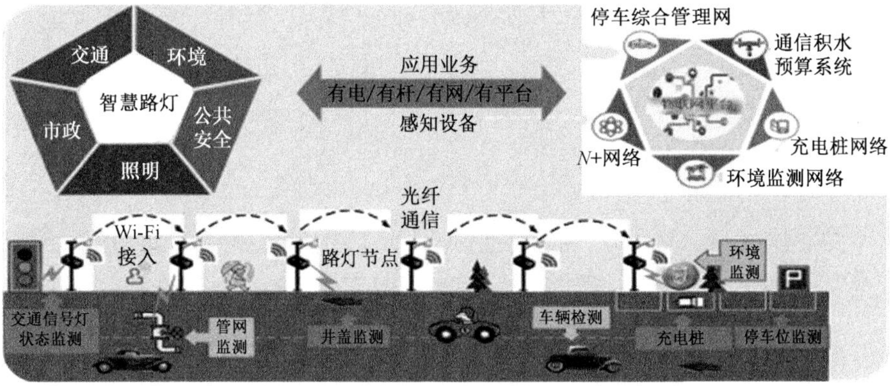

图 12-15　智慧路灯应用场景

12.2.1　功能设计

与传统路灯杆相比，智慧路灯杆采用卡槽式杆体及标准化的供电、通信接口，预留足够的供电、通信网络容量，功能易于扩展，未来在功能模块扩展的情况下，地下管线、路灯杆等无须进行二次改造。

路灯杆及智慧化模块的基础设施与综合管理平台（以下简称“平台”）的对接，可实现不同的智慧化功能。

1. 智慧照明

利用单灯控制，实现智慧照明。遇到雷雨台风等恶劣天气，路灯可根据环境自动亮灯、关灯，并调节亮度，为市民出行提供贴心服务。同时，通过平台，可对路灯运行状态进行实时监测、故障定位等，提升亮灯率。

2. 智慧安防

集成公安监控、交通监控、数字广播、一键求助等功能，基于道路、环境等信息数据的集中收集与处理，通过车流量及人流量分析、车牌识别、车辆定位等大数据应用技术与市政联动机制，开展公共安全事故的预防与应急处理，实现城市的智慧安防，创建“平安城市”。

3. 智慧市政

环境监测装置可实时监测环境温度、湿度、$PM_{2.5}$等。智慧井盖在发生井盖移位、丢失时，平台会自动推送报警信息，通知相关管理部门及时处理。同时，市政管井内安装超声波水位计与压力水位计，可对井内水位进行实时监测，防止内涝事件发生。数字广播、LED 显示屏等可用于日常的市政宣传或紧急情况下的信息扩散。

4. 智慧交通

交通监控、智慧停车有利于打造安全、便捷的交通秩序。此外，随着新能源车的快速发展，充电设施需求量大。路灯杆是充电桩的优质载体。

5. 智慧生活

信息交互功能为市民提供信息查询服务，如旅游景点、公共设施、交通信息等。手机充电、Wi-Fi 等功能为市民出行提供便利服务。

6. 无线城市

智慧路灯杆是搭载通信基站的优质载体，尤其是随着 5G 时代的来临，5G 基站功耗大、布点密的特性，让智慧路灯杆成为布局 5G 网络的绝佳途径。

12.2.2 应用案例

上海、深圳、广州、长沙等城市先后开展了智慧路灯杆建设。2018 年，上海发布《架空线入地和合杆整治三年计划（2018—2020 年）》，计划三年内完成内环以内 470km 路段的合杆整治。其中，2018 年已完成 132km（含南京路试点路段）的道路路灯杆改造。在深圳，已建成华强北商业街和前海自贸区，以及 200 多杆的一期智慧路灯杆试点，福田区在 2019 年结合既有道路的改（扩）建工程，计划对长约 7.2km 的红荔路进行智慧路灯杆改造。在广州，为推动 5G 网络试点城市和智慧城市建设，政府于 2018 年牵头启动了智慧路灯杆试点工作，明确了八个首批试点。目前，已建成天河南二路、广钢新城两个试点。其中，天河南二路试点项目在技术创新、业态模式方面具有一定的特色，兼具示范和推广价值。下面对广州天河南二路智慧路灯杆试点项目进行简要介绍。

1. 项目建设

天河南二路智慧路灯杆项目是由广州供电局投资建设，广州首批试点范围内首个投产的项目。项目位于广州市天河区繁华的正佳商圈，道路全长 580m，涉及路灯杆 35 杆。试点项目通过对原有地下管线及路灯杆的改造，实现“一杆多用”，智慧路灯杆的功能配置如图 12-16 所示。

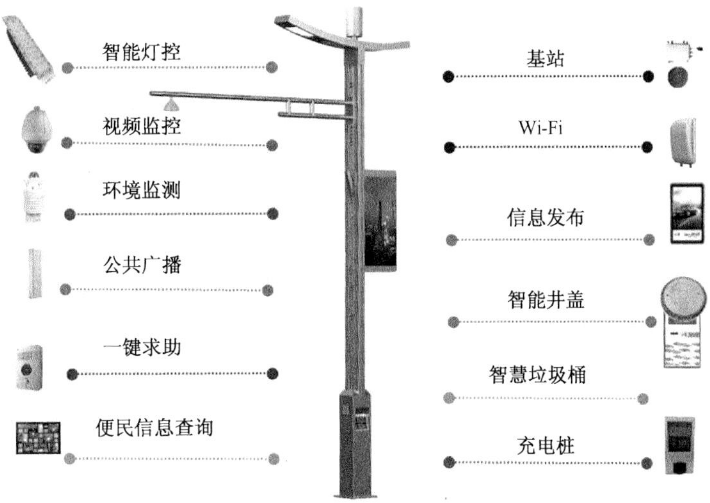

图 12-16　智慧路灯杆的功能配置

路灯杆及智慧化模块的物理层与平台层对接，实现智慧照明、智慧市政、智慧生活等功能应用，形成了城市物联网生态系统。项目采用的智慧路灯杆综合管理平台实现了设备运行状态的在线监控，同时，数据的统一收集、回传可实现不同管理部门的数据分发，满足信息安全、保密要求。智慧路灯杆综合管理平台的功能如表 12-1 所示。

表 12-1　智慧路灯杆综合管理平台的功能

序号	功能分类	功能描述
1	GIS 地图	通过地图显示相关设备位置、状态、业务数据信息，并可以进行实时监控和操作；操作包含对单灯的开关灯、调光、选测、现存及历史故障查询、视频、对讲和广播等；对各种设备实时监听报警信息并进行提示
2	智慧照明	实时监测公共照明信息，支持开灯、关灯、亮度调节等，实时进行故障报警及历史故障数据查询
3	智慧监控	包含视频实时监控、视频视角操作、预设位监控等功能
4	智慧环保	实时监测气象、环境相关数据，实时进行故障报警、气象计算、环境热力图和历史数据管理
5	智慧市政	实时监测井盖的相关数据，实时进行故障报警、历史故障数据查询、签到记录查询及员工管理

续表

序号	功能分类	可实现的功能
6	智慧生活	实时监测 LED 大屏、触摸屏等相关数据，实时进行故障报警、亮度调节、截屏、节目上传等，审核人员管理
7	无线城市	实时监测 AP、4G 微基站相关信息、Wi-Fi 连接状态，计算人流量热力图和管理历史数据
8	充电桩	实时监测充电桩状态信息和管理历史数据
9	资产信息	包含资产管理、资产接入管理（照明监控、视频、广播接入和工控机等设备接入）、数据同步
10	系统管理	包含分组设置、方案设置、联动配置、菜单配置、组织管理、角色管理、用户管理、权限管理、事件管理和日志管理

2. 项目成果

项目效益主要来自以下几个方面。一是为未来需求量巨大的 5G 网络布局提供了最佳途径。目前已整合 4G 微基站四个，未来规划新增通信基站 16 个。二是通过多杆合一，改善市容市貌。改造后路灯杆、视频监控杆、指示牌等由 52 杆缩减至 35 杆。从长远看，资源共建共享，可降低社会公共事业成本。三是将充电桩与路灯杆整合，破解新能源车“充电难”问题。此外，打造了信息采集和便民服务终端，为市民出行提供贴心服务。智慧路灯杆的功能配置如图 12-17 所示，多杆合一如图 12-18 所示，便民服务终端界面如图 12-19 所示。

图 12-17　智慧路灯杆的功能配置

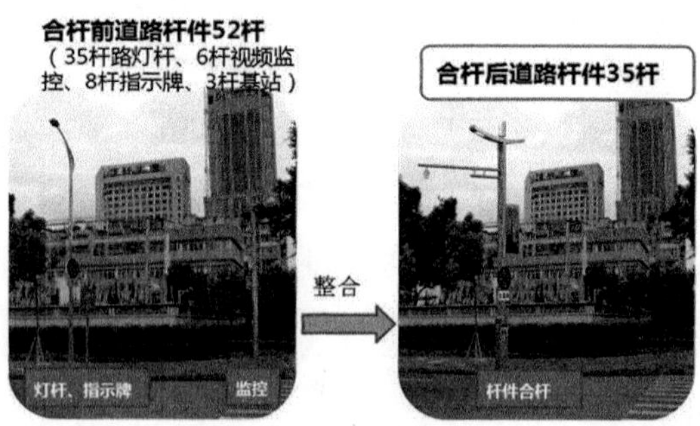

图 12-18　多杆合一

项目亮点方面，自主研发实现了技术创新。项目实现了大功率直流充电桩与路灯杆的整合，这在国内尚属首例。目前，国内智慧路灯杆中整合的充电桩普遍采用 7kW 交流桩，而本项目中采用了 60kW 直流充电桩，0.5 小时充电量达

80%，充电快、实用性强。此外，在路边配置了专用停车位供电动汽车充电使用。自投运以来，充电桩便利的充电服务广获好评，利用率达到广州地区公用充电桩平均水平的 10 倍左右。直流充电桩与路灯杆整合应用如图 12-20 所示。

图 12-19　便民服务终端

图 12-20　直流充电桩与路灯杆整合应用

为确保公共设施的涉电安全，项目自主研发了二级防漏电保护装置并投入应用，确保供电保护不留死区。供电、通信模块以抽屉形式实现强弱电的物理分离，运行安全且维护便利。二级防漏电保护装置及供电、通信模块分仓如图 12-21 所示。

图 12-21　二级防漏电保护装置及供电、通信模块分仓

广州天河南二路智慧路灯杆试点项目建成投产后，便民、利民服务备受市民关注，获得了政府、市民的一致好评，广东电视台、人民网、新华网等媒体报道 30 余次，取得了较大的社会反响。不论是在技术上还是在项目成果上，天河南二路试点具有较强的示范性和实用性，具备推广价值。

智慧路灯杆是物联网技术在智慧城市建设中的一个集中体现，跨专业、跨领域的业务交叉融合，实现了资源共建、共享、共治。同时，推动了大数据关联产业发展，创新了“平安城市”“无人驾驶”等模式，这是 5G 网络和智慧城市建设的重要入口。上海、深圳、广州等地方政府相继出台了一系列政策文件，推动智慧路灯杆建设，对于新建或改（扩）建道路，按照智慧路灯杆标准一次建成，对于既有道路，根据条件进行计划性改造。

但是，目前国内智慧路灯杆建设大都处于试点阶段，还没有形成成熟的项目建设运营模式，这也成为制约智慧路灯杆推广的一大瓶颈。上海、深圳等地以公共财政投资为主，广州试点采用的则是政府主导、企业投资的模式。除公共服务外，基站租赁、广告投放等经营性业务开展较少。后期若形成稳定的运营模式，项目推广将全面加快。

12.3 储能技术在能源互联网中的应用

储能技术是依托储能介质将能量转化储存并释放的技术，可改变能源互联网中能量须即时消耗的基本要求。近年来，随着电动汽车及新能源产业的发展，储能技术迎来了新的发展和应用，相继在美国、中国、英国、澳大利亚等国家“发输配变用”等不同场景中实现了电压等级、规模、形态结构多样的示范验证和应用。与此同时，储能技术与能源互联网中的其他能源系统（天然气、热能等）的结合也日益紧密。

本节从储能技术概览出发，介绍能源互联网中常见的电力储能技术及其发展现状、应用场景、现阶段商业模式等，梳理了储能技术应用的主要技术，并分析了未来技术研究的重要方向，以期为研讨储能技术在能源互联网中的应用与发展提供参考。

12.3.1 储能技术概览

储能技术主要是指利用其他能量形式将能量进行转化、储存，之后转化、释放的技术。目前能源互联网涉及的电力储能技术可分为物理储能、电化学储能、电磁储能等。涉及与其他能源系统互联的，主要还有热能储能和制气储能[5]。

物理储能技术主要包括抽水蓄能、压缩空气储能、飞轮储能，其中抽水蓄能是目前全球应用最广泛、成熟的储能技术。根据中关村储能产业技术联盟统计，截至2018年年底，全球抽水蓄能总装机容量已达170.7GW，约占电力储能总装机容量的94%[6]。

电化学储能技术主要为电池储能，是近年来全球年装机容量涨幅最快的储能技术，包括铅酸电池、铅炭电池、磷酸铁锂电池、钛酸锂电池、镍钴锰酸锂电池、钠硫电池、钒液流电池等。根据中关村储能产业技术联盟统计，全球电化学储能装机规模 2017—2018 年增长率约为 126.4%。

电磁储能技术主要包括超级电容储能和超导储能，该类储能目前尚未在能源互联网中实现大规模集中式应用。

各类电力储能技术截至 2018 年年底的装机占比情况如图 12-22 所示，现阶段各类电力储能主要技术就绪水平如表 12-2 所示。

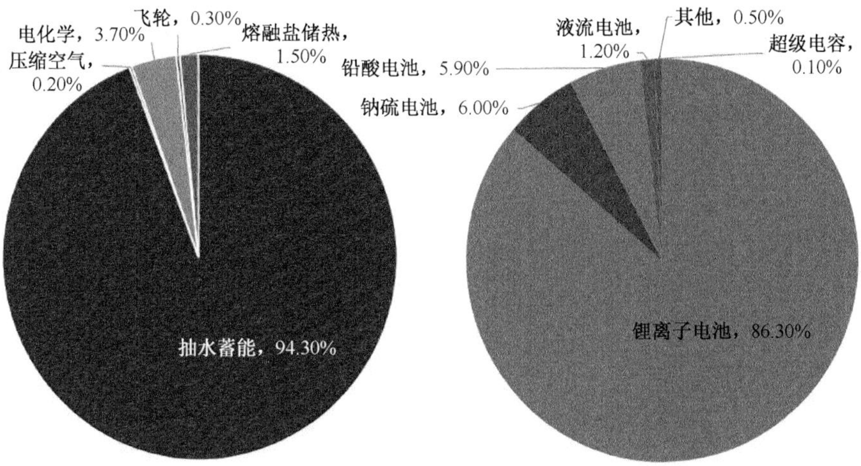

图 12-22　全球电力储能市场累计装机规模（2000—2018 年）

表 12-2 各类电力储能主要技术就绪水平[7]

技术就绪水平	基本原理	概念研究	实验研究	原理样机	完整测试	模拟环境	真实环境	定型实验	商业应用
抽水蓄能	√	√	√	√	√	√	√	√	√
传统压缩空气储能	√	√	√	√	√	√	√	√	√
临界压缩空气储能	√	√	√	√	√	√	√		
飞轮储能	√	√	√	√	√	√	√	√	√
传统铅酸电池储能	√	√	√	√	√	√	√	√	√
铅炭电池储能	√	√	√	√	√				
锂离子电池储能	√	√	√	√	√	√	√	√	√
钠硫电池储能	√	√	√	√	√	√	√	√	√
钒液流电池储能	√	√	√	√	√	√	√	√	√
其他液流电池储能	√	√	√	√					
超级电容储能	√	√	√	√	√	√	√	√	√
超导储能	√	√	√	√	√	√	√		

12.3.2　储能技术在能源互联网中的应用场景

近年来，电动汽车产业带动了电池技术的快速发展，储能技术也逐步成为能源互联网的关键技术之一。电力储能使电能的产生与消耗从时间和空间上解耦，改变了能量的时间价值，在“发输配用”环节中衍生出了多种应用场景，常见应用场景如图 12-23 所示。

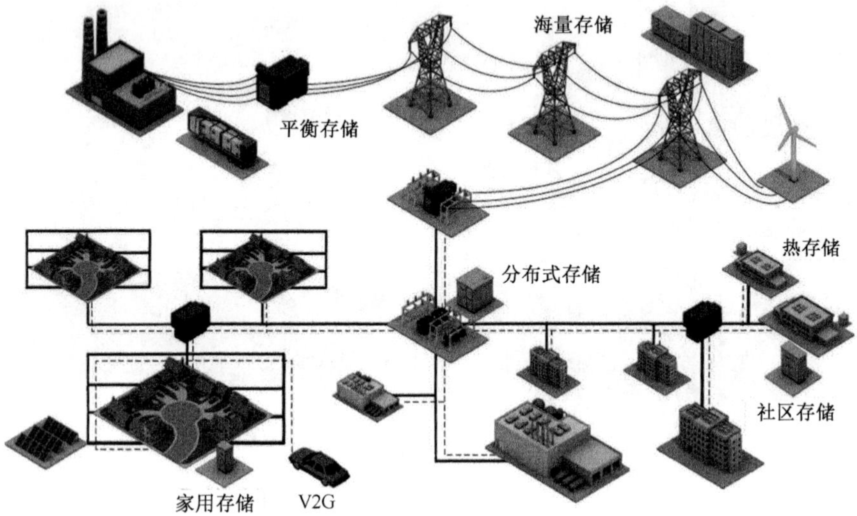

图 12-23　储能能源互联网的应用场景

在发电环节，储能技术主要的应用场景有：作为独立调峰调频电站（百千 MW 级）为能源互联网提供调峰调频服务，作为发电厂的辅助电源（数十至数 MW 级）与发电机一同参与能源互联网的辅助服务，作为新能源集中发电站的平滑功率电源，抑制新能源发电间歇性、不确定性对能源互联网的影响。储能技术在以上场景中的应用已经比较成熟。

在输电环节，储能技术可实现输电通道阻塞缓解、电压支撑与无功功率补偿，但以上应用场景仅有较少的案例，应用的技术经济价值难以评估。

在配用电环节，储能技术可作为大用户园区的调峰电源（数十至数 MW 级）实现用电费用减免及峰谷差套利；作为某一用电片区的备用电源，提高供电可靠性；作为含新能源发电的小用户自用电系统组件（数十至数 kW 级），实现小用电单元的长时可靠独立供电；作为某一用电片区输配电通道阻塞缓解、设备延寿的手段（数十至数 MW 级）等。以上多种场景中的储能技术应用的成熟度不同，但预计未来将有更多的案例论证储能技术在配用电环节应用的技术经济性。

电力储能在能源互联网中主要提供有功功率相关服务，仅有少数为无功功率相关需求配置储能的案例。目前较为成熟的储能应用场景在发电、配用电环节，集中于调峰调频、协助新能源消纳、提高供电可靠性三个方面，通常单个储能系统只服务于单一场景。如果基于储能有功、无功四象限运行能力，在同一个储能系统上实现多个场景的分时利用，可进一步提升其应用的技术经济性，但对其系统结构及控制需要改进优化，同时也需要市场运营机制予以支持。

12.3.3　储能技术在能源互联网中应用的商业模式

从全球储能技术的应用情况来看，虽然美国、英国乃至欧洲大部分地区已经开展了较多能源互联网中的储能应用，但储能应用项目的投资仍然在监管体系和市场体系两个方面寻求投资收益，而且不同的市场主体对政府部门的监管方法存在较大争议。各国对电力储能资产尚没有明确的定位，应用项目多为公用事业公司、输电公司和配电公司投资运营，多以参与电力系统辅助服务为主，因此也称为电网侧储能[8]，涵盖了大部分应用场景。

我国目前电力储能的主要商业模式存在于发、配用电环节的调峰调频场景，主要的投资方为电网公司、储能设备制造或集成企业，鉴于储能成本、政策制度、运管责权、市场环境等多方面的原因，目前的商业模式依然不够清晰、稳定，可大规模推广应用的商业模式尚未建立，需要政府、行业机构、制造商、运营商继续共同探索。

现阶段，能源互联网中的电力储能主要通过参与电力市场获得价值收益，各国对应的商业模式尚处在讨论阶段，各种商业模式的差异则主要体现为投资和运营主体的不同，以及参与市场应用的方式等不同。

12.3.4　储能技术在能源互联网中应用的前景

以市场应用需求为主导，电力储能技术在能源互联网中应用的主要技术要素包括：规划建设及运行特许条件、功率及能量特性、寿命、效率、响应时长、安全性、运维便利性等[9]。基于应用场景和商业模式的前置条件，以适当的经济成本，通过技术研发和集成优化，尽可能提升主要技术要素的品质，是储能技术未来应用与发展的必然选择。抽水蓄能和锂离子电池储能这两种是目前应用较广泛的电力储能技术。

1. 抽水蓄能

抽水蓄能系统的典型结构如图 12-24 所示，主要由上下水库、主厂房（水电站）及其他辅助系统组成。抽水蓄能整体设计建设、设备制造及电站运维技术已非常成熟，影响其应用的主要因素有建设地理位置（离负荷中心及供电电源的距离）、地形条件（上下水库落差、距离等）、地质条件（岩体强度、渗透特性）、环境生态等。因此，抽水蓄能虽有容量大、全寿命周期长、成本低等诸多优势，但缺少建设上的灵活性。

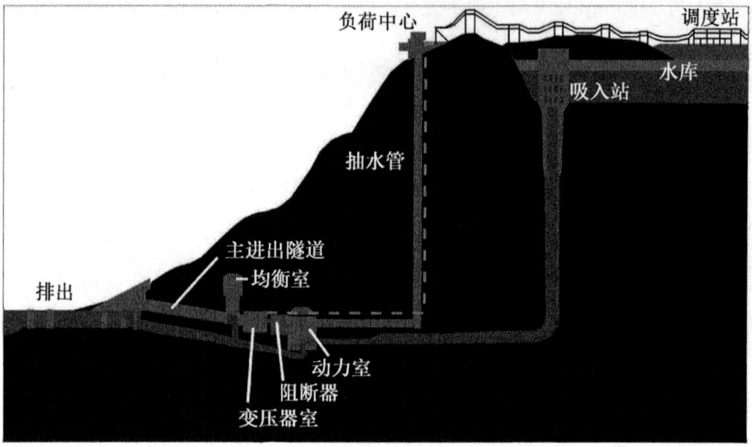

图 12-24　抽水蓄能系统的典型结构

2. 锂离子电池储能

锂离子电池储能系统的典型结构如图 12-25 所示，主要由电池本体、电池管理系统（Battery Management System，BMS）及功率变换系统（Power Conversion System，PCS）组成。锂离子电池储能系统整体设计建设、设备制造及运维技术还在发展优化中，影响其应用的主要因素有电池寿命、电池与 PCS 效率、系统安全性等。虽然以锂离子为代表的电化学储能具有规划布置灵活、毫秒级快速响应等方面的优势，但目前系统全寿命周期成本依然偏高，需要高水平地集成优化各项技术性能指标，才能保证应用的技术经济性。

3. 储能技术应用前景

综上所述，可考虑从以下方向继续提升储能技术的就绪水平，从而提升其在能源互联网中的可用性。

（1）储能介质的功率、能量密度及其他综合性能的提升。

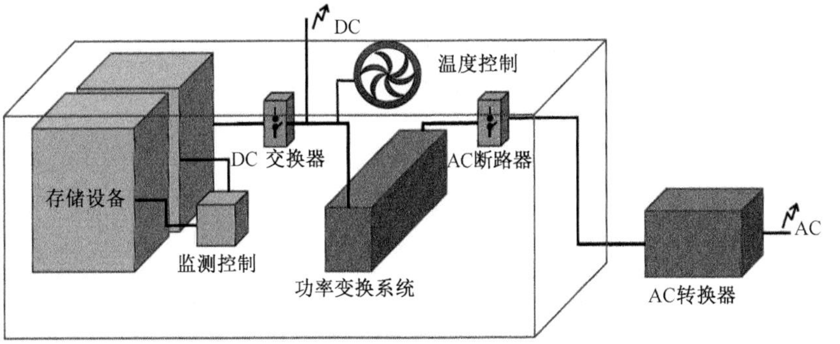

图 12-25　锂离子电池储能系统的典型结构[10]

（2）储能关键设备的规模化、高品质制造。

（3）储能配套辅助系统的高精度检测、低颗粒度控制、高可靠运行及系统智能化。

（4）储能系统规划、多点融合及其接入对能源互联网的影响分析。

（5）含多类型储能系统的高效综合能源系统的设计与协调控制。

（6）储能系统的整体集成设计优化。

（7）储能关键设备及系统的检验检测与认证。

（8）储能行业标准的规范与统一。

近年来，动力电池制备技术的提升、能源互联网建设的提速推动了储能技术的快速发展与大规模应用探索，以抽水蓄能、电化学储能为市场主导技术，在发电、配用电环节定位了调峰调频、协助新能源消纳、提高供电可靠性三个主要应用场景。但目前储能商业化运营模式仍在探索中，储能系统的多项技术要素也有待进一步提升。随着市场机制的逐步成熟和技术研究的转化应用，储能必将在能源互联网的发展中发挥不可替代的作用。

12.4　综合能源服务与管理

实现能源供需的高度协调匹配是能源领域供给侧改革的核心目标之一。在能源互联网的支撑下，综合能源服务解决方案将是践行供给侧改革、推动需求侧响应的关键手段，是综合能源管理的基础，也是未来各能源公司的发展重点。

12.4.1　配电房的智能验收

传感、测量设备和配电房是综合能源管理的重要组成部分，随着综合能源业务的开展，相关设备的数量日益增长，目前面临的痛点主要如下。

（1）每个智能配电房的建设都涉及上百台设备，新增的传感、测量等设备的需要量非常多，验收非常复杂。

（2）在智能配电房验收前，需要提前打印验收线路的数据（沿布图、台账），携带至现场核对，准备工作烦琐、量大，效率较低。

（3）在智能配电房验收过程中，只能人工查阅打印的图纸、表格数据并与现场进行比对，无法确保核对的准确性和效率。

（4）由于相关数据被打印成线路图纸，无法核对其内在的逻辑拓扑关系是否正确，导致现场沿布图和拓扑关系存在与 GIS 不一致的风险。

（5）当现场台账核对存在差异时，差异数据只能通过人工进行统计，效率低且容易出错。

监测设备在线智能验收平台坚持与一体化系统、生产管理平台等系统实现流程集成和信息互通的原则。遵循通用的数据模型标准，兼顾开放性、可扩展性和高效率性，方便为相关业务系统提供通用的服务。

（1）建立统一的设备管理。根据设备管理需要，提供设备注册管理功能，在应用设计方面尽量从源头开始，避免中间应用重复录入，将数据贯穿全过程。为现场提供设备安装指引应用、验收等应用功能，加快安装效率，提高验收成功率。设备维护需要考虑设备能够被快速应用，减少对业务造成的影响。

（2）建立统一的应用服务。提供应用服务网关、元数据服务、权限、集成等服务应用，有效加快业务部门的智能化应用需求，提高应用开发效率。

（3）建立统一的分析管理。在庞大的监测数据下，依赖传统分析能力已满足不了当前的发展需求，可以通过引入人工智能技术和智能化分析手段，为监测数据异常分析、管控分析提供更加高效的应用手段，为科学决策提供强有力的支撑。

监测设备在线智能验收平台的功能框架如图 12-26 所示。

感知层硬件管理接入主要包括动力监控设备、环境监控设备、设备监控、安全监控设备、门禁巡检设备、视频监控设备等。

通信层可采用电力专网等多种通信方式。

监测设备在线智能验收平台的功能包括设备管理、运行管理、分析管理、系统维护。移动应用功能包括数据采集、安装管理、验收管理、电子化移交、故障管理、配电房监控等。

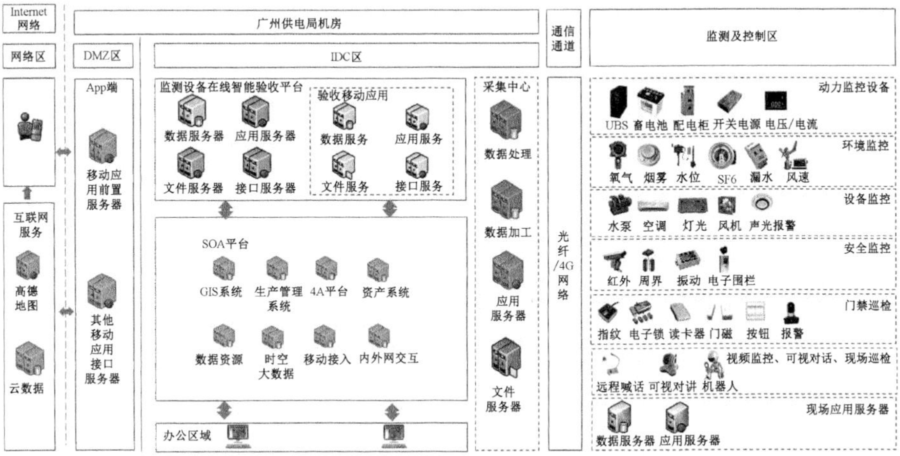

图 12-26　监测设备在线智能验收平台的功能框架

平台系统集成通过服务总线提供的专用数据及管道与 GIS 平台、生产管理系统、时空大数据进行集成应用，使用移动应用平台提供的页面抓取、Web Service、DB 数据库、Socket 套接字、FTP 传输、文件等多种数据采集方式，通过服务总线与 GIS 平台、生产管理系统进行对接，主要实现现场数据采集，以及沿布图数据、台账数据、安装管理数据、巡视地点数据、工单数据的交互。平台应用层主要实现的功能如图 12-27 所示。

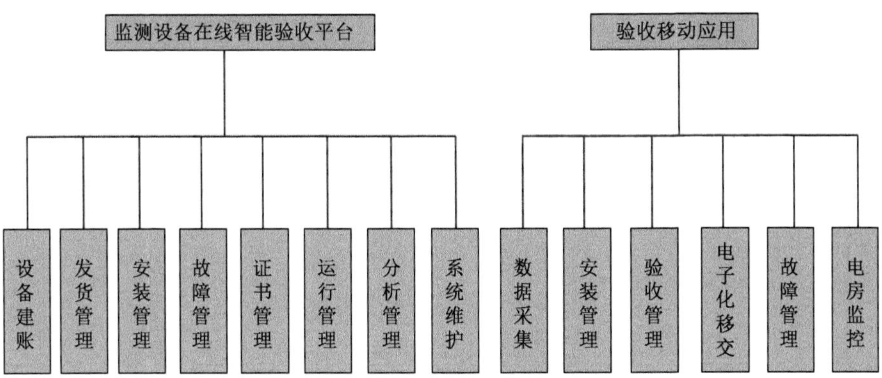

图 12-27　平台应用层主要实现的功能

12.4.2　能源物资的需求管理

在综合能源运维管理中，电力故障的发生率需要保持在一个比较低的水平，但是对偶然发生的电力抢修故障处理的及时性、准确性则要求较高。通常的抢修物资的需求提报流程是：抢修事故发生后，抢修人员在现场核实故障设备和材料的台账、技术参数等信息，据此手工填写完整的应急物资需求单，向相关责任人请示并在系统内提报应急物资需求，获得批复后物资部门再着手准备应急物资的调配。

应急物资需求提报有一套流程需要审批，极大地影响了抢修事件处理的及时率。可以通过利用已有的物资 RFID 标签，辅助进行设备信息的智能匹配，提高数据提报的准确性和速度；简化综合能源管理中的应急物资需求提报流程，现场需求提报后，直接进入应急物资调配管理环节，提高故障处理的速度。

在抢修事故发生后，抢修人员使用手持式 PDA 扫描故障设备的 RFID 标签或输入物资关键词进行智能匹配，通过数据库自动关联其对应的设备台账、技术参数等信息，快速生成抢修电子领料单，以提高抢修物资提报的速度和准确性。其需求管理如图 12-28 所示。

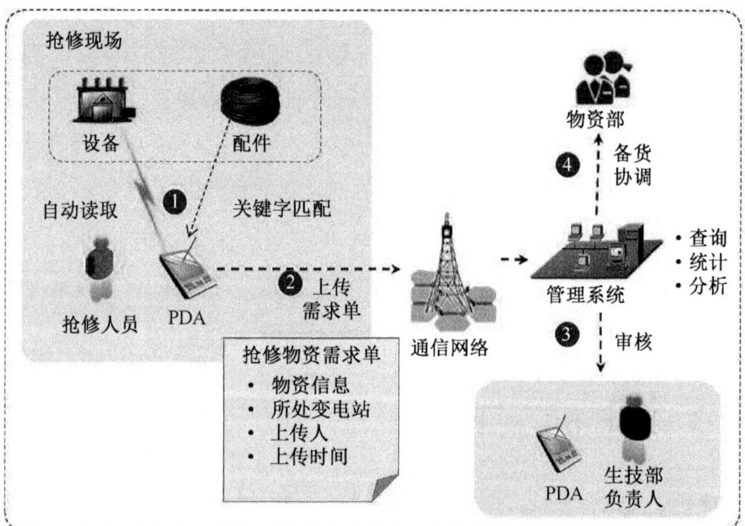

图 12-28 应急物资需求管理

（1）通过扫描设备标签或输入关键词智能匹配的方式，可减少运维人员的输入工作量，在 PDA 内快速生成物资需求单，并通过无线网络实时上传至系统。

（2）上传物资电子领料单后，系统自动进入应急物资调配环节，根据电子领料单进行物资的准备及出库，提高故障处理速度。

利用物联网技术对供应商送货进行监控，通过在主要供应商的仓库出口处、施工现场或自属仓库入口处设置 RFID 阅读设备，当供应商直送物资时读取

RFID 标签，记录出库及到货的物资列表、时间等信息，实现对供应商送货的监控管理。供应商的物资送货监控架构如图 12-29 所示。

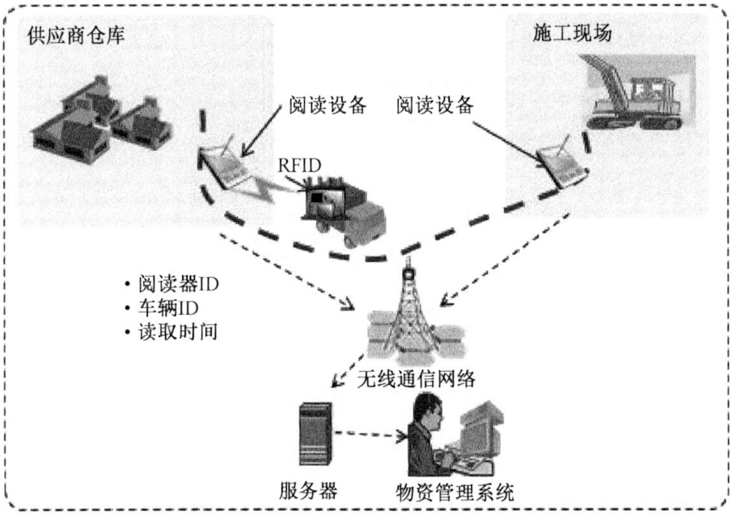

图 12-29　供应商的物资送货监控架构

为了实现对施工现场或事故现场物资的智能化监控，可以利用基于实物标识的物联网技术，设计现场物资监控应用点。处理现场物资监控如图 12-30 所示。

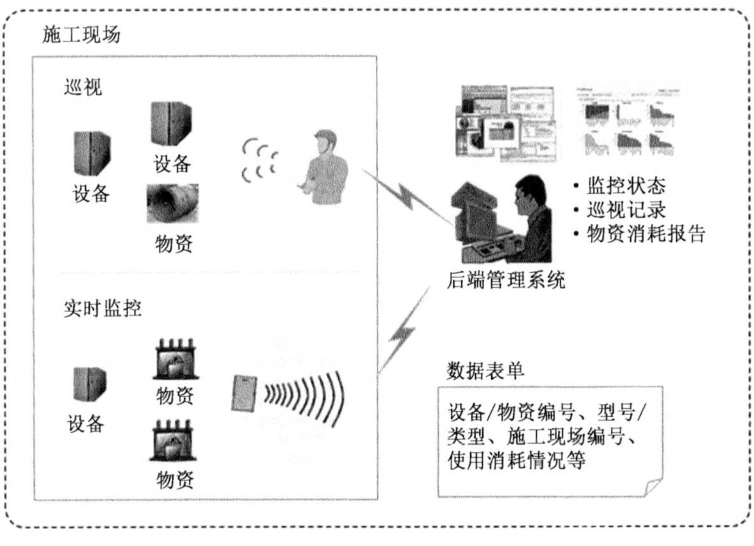

图 12-30　处理现场物资监控

系统终端可以随时统计和查询手持 PDA 上传的设备物资的信息，对现场的物资到货、使用等情况进行跟踪，如果出现异常，可以采取必要的措施进行协调。

12.4.3 能源计量管理系统

能源计量管理系统就是将车间、建筑物或建筑群内的供水、供热、供气、电控阀门、水泵及电控装置等众多分散设备的运行、安全状况、能源使用状况及节能管理实行集中监视、管理和分散控制的管理与控制系统。能源综合计量解决方案主要服务于企业开展能源管理，以及能源服务商利用该平台开展电力运维、能源统计与管理服务。

能源计量管理系统利用云计算技术、物联网技术，采用远程传输等手段及时采集能耗数据，对建筑能耗进行分类、分项精确计量，计量数据远程传输、数据采集与存储、数据统计与分析、数据发布与远传。

能源计量管理系统不仅能为企业在能源管理信息化方面节省大批投资，同时也可大大节省综合能源服务商、售电公司、节能服务公司等在信息化方面的投入，提高了服务商的服务水平和管理能力。该平台不仅是企业开展能源计量统计与能源管理的有效工具，更是综合能源服务商、售电公司及节能服务公司开展业务的有力工具。用户和供应商可以利用该平台实现高效沟通和高效服务。

能源综合计量逻辑架构包括通信层、存储层、计算层、应用层和接口层，设计目标满足电、水、气、热四表采集需求，同时支持大批量采集系统终端、电能表、非电力表计接入，实现采集网络状态智能感知与故障自我修复。通信层研究如何扩展电力标准通信协议，实现支持电、水、气、热数据采集通信统一标准的通信协议，实现支持采集终端设备到采集系统主站通信的远程协议。存储层研究数据分类存储，对不同的数据采取合适的存储方式，对采集系统的应用数据、历史数据、灾备数据、报文数据和其他非结构化数据分别采取轻量级数据库方式存储。计算层主要研究数据库的定时任务数据计算。应用层研究主站与通信层的数据交互方式，研究消息中间件及消息队列的信息交互。接口层研究统一数据发布接口，与主站交互电力数据及水、气、热等其他业务应用数据。

该系统增加了通信协议功能，对居民用户电能表、水表、气表、热表进行计量数据采集和综合监测，可收集电能表、水表、气表、热表的数据。该系统具备统计分析功能，由分布式流处理和离线数据分析挖掘两个功能，分析电、水、气、热采集数据类型、采集频度、采集数据量等特征，设计了能够适应电、水、气、热不同数据的关系型数据库、分布式数据库及内存数据库的混合数据存储模型，提升了整个 App 的性能指标。

该系统面向燃气、水、电等抄表应用的互联终端，主要解决多种型号的户内计量表和户外抄表设备之间的可靠互联问题，支持电力线载波和微功率无线两种方式，对计量表可以采用微功率无线、MBUS、RS-485 等方式，支持电、水、气、热等不同表计在该通信方式下的主流通信协议，可对相关通信协议通过分析和筛选、融合等方式建立适应多种表计通信协议的协议库，如图 12-31 所示。

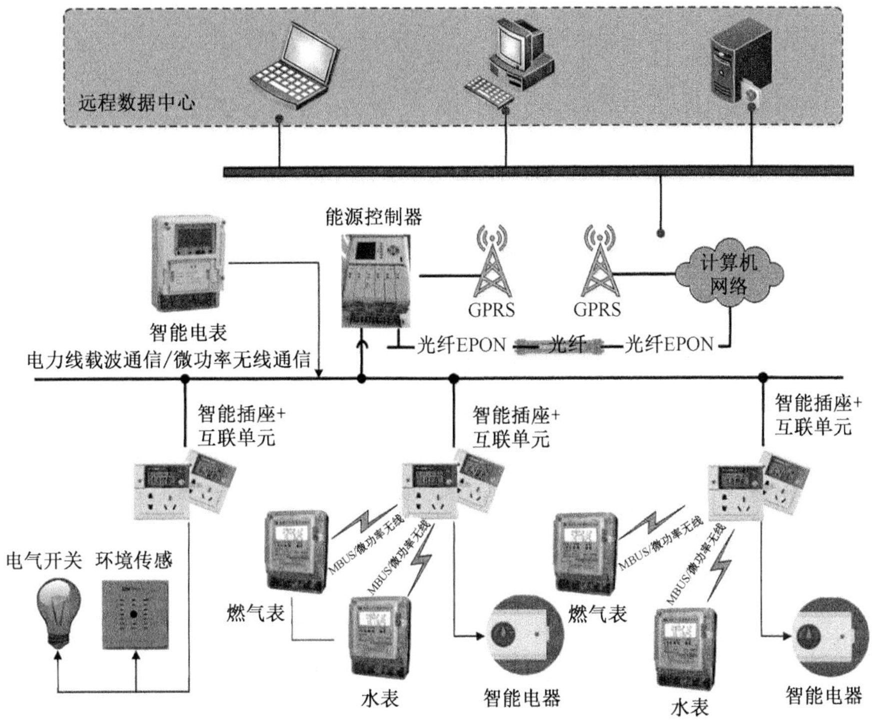

图 12-31　能源综合计量系统

该系统具备数据采集功能（电、水、气、热数据采集，状态量采集）、参数设置和查询功能（时钟召测和对时、终端参数、抄表参数等）、数据传输功能（与集中器通信、中继数据转发）、本地功能（运行状态指示、本地维护接口等）、终端维护功能（自检自恢复、终端初始化、模块信息等），同时具备档案自动同步、通信协议自适应、通信接口自动匹配、故障智能诊断等功能；满足 Q/GDW 1376.2—2013《电力用户用电信息采集系统通信协议　第 2 部分：集中器本地通信模块接口协议》、DL/T 645—2007《多功能电能表通信协议》、CJ/T 188—2018《户用计量仪表数据传输技术条件》等相关技术协议标准。

12.4.4 智慧园区的能源管理

1. 智能楼宇的能源管理

通过对商业楼宇实施智能化改造，实现智能楼宇整体用电能耗的监控和安全防护，通过集中部署智能配电箱，实现对各回路的总路分路计量，后台系统可根据各回路划分情况进行业务分类，实现各商户用电的计量和费控，并能实时监控其用电负荷情况，降低用电风险；同时实现对照明区域用电、电梯、空调等的精准能耗监控，支撑楼宇智能管理，提出节能整改手段，以减少用电浪费。

楼宇智能用电服务管理系统可实现各终端传感器海量数据的规范接入和有效管理，具有统一的数据模型和视图，可提供标准、规范的数据共享服务。该系统主要包括数据采集和归集、数据存储、加工与处理、数据服务和高级分析等功能，可对楼宇运行能耗数据和楼宇管理运营数据进行有效整合，进一步提升楼宇节能高级决策分析和信息的综合展现能力。通过对智能配电箱、智能墙插、智能灯光开关等智能化控制设备的联合控制，实现楼宇用能智能化控制。

1）楼宇能源管理的主要内容

（1）用电安全防护。楼宇智能用电服务工程通过智能配电箱可以实现防雷保护、漏电保护、过载保护、过压保护、过温保护等用电安全防护，总路和分路都具有漏电保护功能。发生漏电之后，智能配电箱会及时向智能用电服务管理系统和管理人员手机 App 推送报警消息，同时空开跳开，物业管理人员可根据报警类型、报警定位信息予以快速解决。

物业管理人员可通过楼宇智能用电服务管理系统来统一监控楼宇内各楼层、各房间、各用电主体的用电负荷情况，对接近负荷预警线的用电主体予以警告。在负荷达到预警线时，向楼宇智能用电服务管理系统或手机客户端发出提醒信息，防止由于过载导致电线过热而引发火灾，为用电提供更安全的保护。

（2）用电分项计量及用电统一费控管理。通过集中部署智能配电箱、智能插座、智能插排等设备，可实现对各回路的总路和分路计量，后台系统可根据各回路划分情况进行业务分类，很好地实现各商户用电的计量和费控。针对商业楼宇，物业管理人员可以通过楼宇智能用电服务管理系统，对楼宇内所有商户的用电进行统一费控，可通过短信等方式向电费余额不足的用户发送缴费通知，并可对欠费用户予以电器的远程控制。

（3）精准能效分析，助推楼宇节能。楼宇智能用电服务在国际先进节能环保理念的指导下，以控制技术和信息技术为依托，构建支撑楼宇节能的信息分析系统，实现楼宇节能的全过程信息化管控，促进楼宇节能的规范化、标准化、智能化，使楼宇智能用电服务管理系统与节能管控实现紧密结合，以技术手段支撑管理手段，推动楼宇节能。

楼宇节能是“节能环保”体系的重要基础条件。通过楼宇智能用电服务对楼宇能耗系统和信息分析系统的集成与整合，达到信息的共享和整合，为最终用户提供标准化、多元化、完整、一致的系统信息服务；通过楼宇智能用电服务管理系统的建设，极大地提高社会能源利用水平，提高楼宇运营的安全性和经济性，大幅提升楼宇的服务能力，带动社会楼宇节能模式的技术升级，满足社会节能环保体系全面、协调、可持续发展的要求。

2）楼宇智能用电服务工程的建设

（1）整体解决方案规划。楼宇智能用电服务工程通常分为五个关键阶段和一个考评手段，五个关键阶段即楼宇智能化设备、全方位数据监测分析、精确智能用电设计、标准化智能用电改造、精益化智能用电运营；一个考评手段即对可全方位对标的能效指标进行考评监督。楼宇智能用电服务如图 12-32 所示。

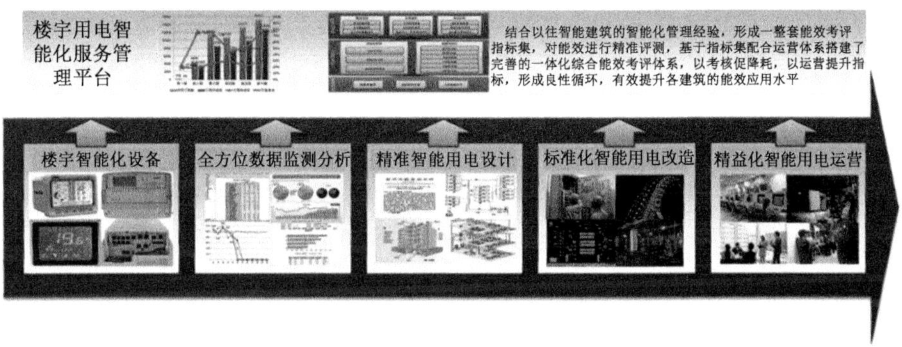

图 12-32　楼宇智能用电服务

（2）楼宇智能化设备。由于楼宇现场设施安装情况复杂，安装标准不统一，需要形成可兼容性较强的能耗采集设备和电器智能化控制设备。楼宇智能用电服务管理系统通常支持 BPLC、RS-485、MBUS、Ethernet、ZigBee、3G/4G/5G 等多种通信方式，采用的智能设备兼容性强，可有效降低数据采集和电路控制改造成本，提升数据采集效率和数据质量。楼宇智能化部分设备如图 12-33 所示。

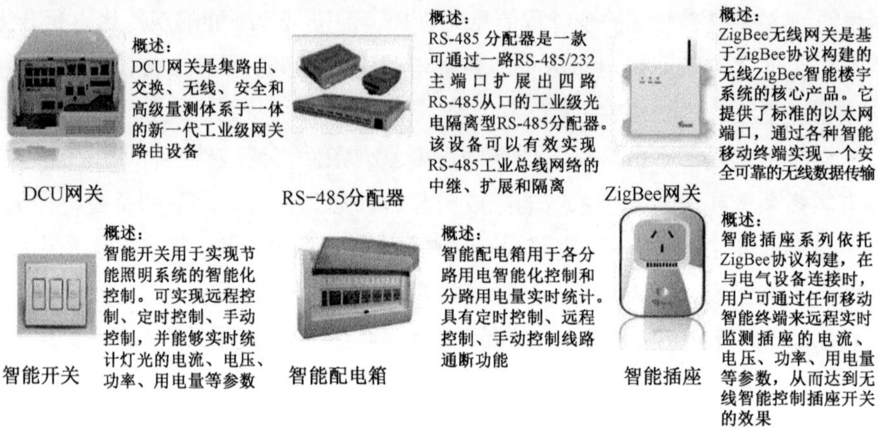

图 12-33　楼宇智能化部分设备

（3）数据监测分析。楼宇智能用电服务管理系统具有对采集的数据进行监测和分析的功能，提供多种专业的、实时的能效数据分析，汇总各种能效报表、趋势和分布专题图，为进一步实现精确节能方案与智能化控制奠定基础。楼宇数据监测分析如图 12-34 所示。

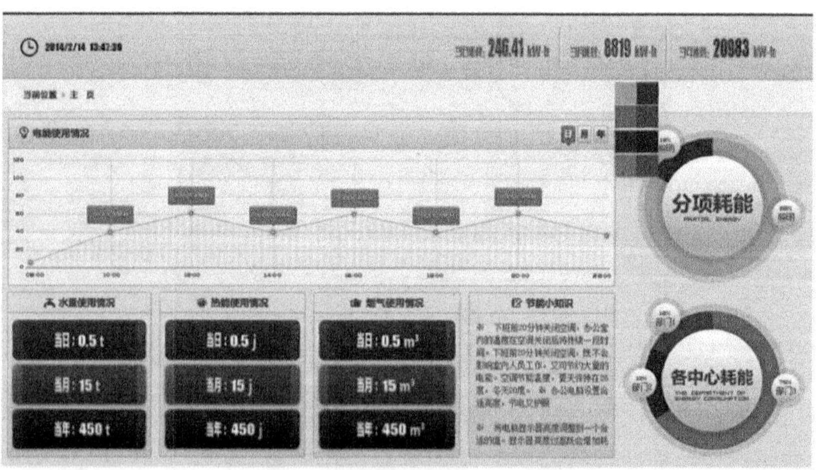

图 12-34　楼宇数据监测分析

（4）精确智能用电设计。基于数据监测与分析，能够精确定位建筑能耗中的症结所在，通过人工智能技术或专家综合评估系统，形成能够进行精准节能的方案。精确智能用电设计通常包括管理节能和技术节能方案，管理节能方案通过分析用电时间的不合理性，形成能耗管理制度，如下班时间公共照明的开关、同种用电类型、个别用电区域用电量异常大等情况；技术节能方案可分析出高耗能设备，建议更换低能耗设备和动态分时分区控制设备以降低能源消耗。精确智能用电如图 12-35 所示。

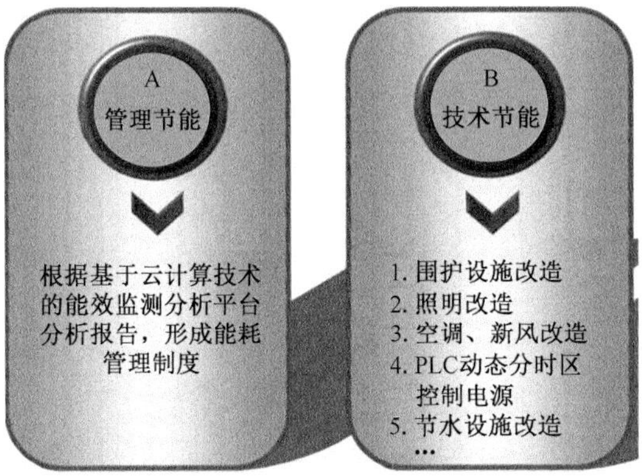

图 12-35　精确智能用电

（5）楼宇智能用电改造经验。楼宇智能用电改造要尽可能保证工程的规范化和通用化，实现改造设备的通信协议、通信方式、安装模式、维护服务的标准化作业规范，制定可行的改造实施方案。

① 安装智能终端设备，实现分时区用电动态控制。分时区用电动态控制架构如图 12-36 所示。

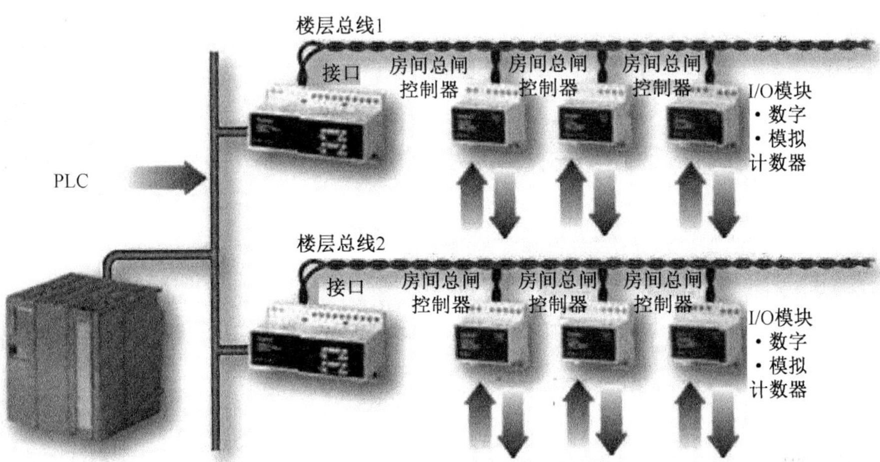

图 12-36　分时区用电动态控制架构

② 照明系统改造。楼宇照明设备尽可能更换为节能灯源，如 LED 灯源；在楼道、储藏室、卫生间等无驻留人员空间安装人体感应开关。楼宇照明设备如图 12-37 所示。

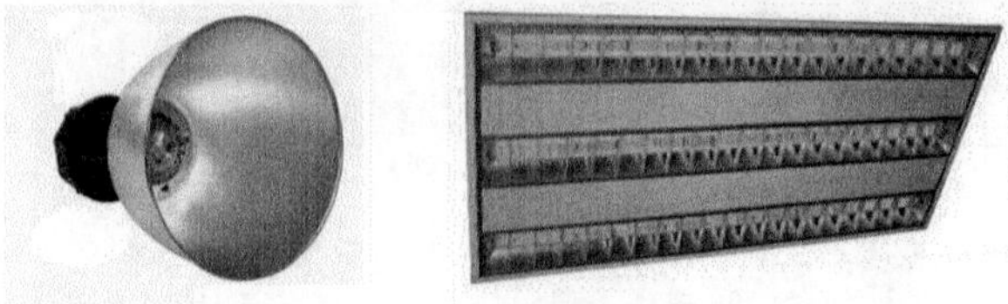

图 12-37　楼宇照明设备

③ 精益化智能用电运营。智能用电工作改造完成后，将进入智能化设备的常态运营阶段。要组建一支高素质的运营服务团队，为用户提供全面的运维支持，保障节能设备高效、持久运行，减少设备损耗，使智能用电服务管理系统最优运转，提高节能效率。

2. 智慧园区的能源管理

1）高耗能企业的能源管理

通常如果高耗能企业能做好能源管理，效益将非常显著。通常的做法是：在企业的生产、供冷/供热、加工等用能末端，安装用户侧能效互动服务终端，实现用能过程实时监测、数据统计分析等功能；基于电能服务管理平台，实现企业能效在线分析、测算，并周期性提供能效分析和用能指导方案；基于用电侧动态，预测实时用电趋势，结合需求响应经济补贴，为区域需求侧管理策略的制定提供技术支撑；适应售电市场变化，改善和提升售电模式，针对高耗能企业适当提供基于用户用能服务与需求侧管理相结合的增值服务，可有效支撑电力市场的柔性管理。

企业需求侧管理平台的逻辑架构如图 12-38 所示。

（1）数据源层。数据源分为终端采集数据和现有系统数据两种。对于未建设能效平台的用电企业，通过电能采集装置等数据采集终端得到相关用电数据信息。

（2）网络层。网络层中终端采集的数据和现有系统获取的数据将通过有线或无线传输的方式传入数据层。

（3）数据层。数据中心是数据层的核心，通过对服务器资源的虚拟化统一管理，实现资源的高效利用和数据的充分整合，管理各类用电数据，提供数据异动预警服务，完善数据安全认证，整合相关统计数据、宏观经济数据、政府相关政策等基本信息，提供辅助决策支持服务。

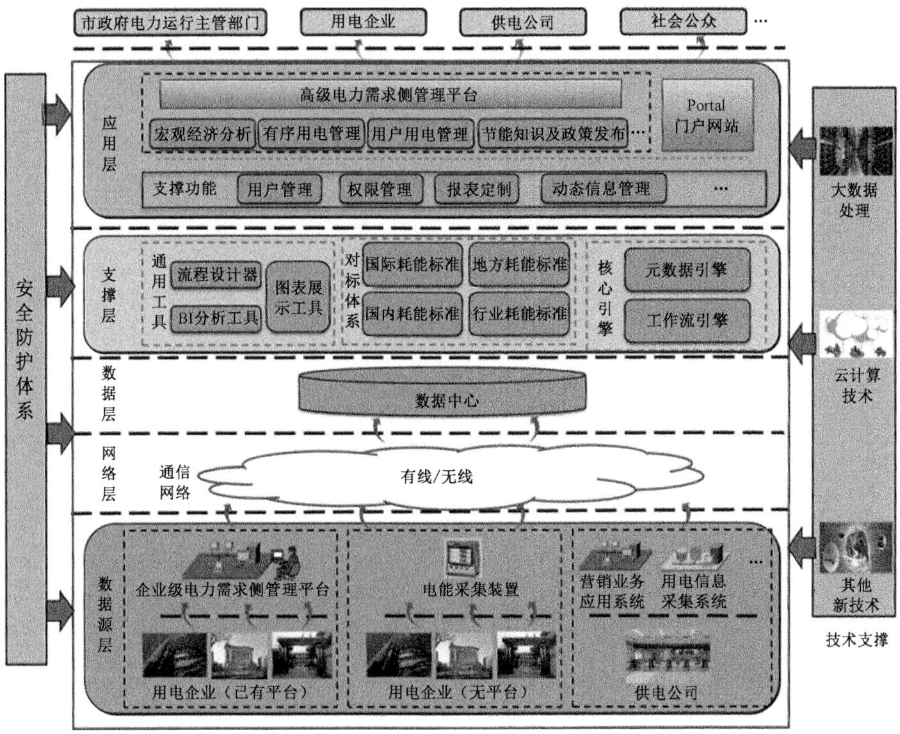

图 12-38　企业需求侧管理平台的逻辑架构

（4）支撑层。支撑层包括通用工具、对标体系及核心引擎等。通用工具有流程设计器、BI 分析工具及图表展示工具等；对标体系有国际、国内、地方及行业耗能标准等；核心引擎有元数据引擎和工作流引擎。

（5）应用层。应用层为政府电力运行主管部门、用电企业、供电公司和社会公众等提供丰富的服务，包括宏观经济分析、有序用电管理、需求响应管理等主要功能模块的统计分析和综合展示。

企业能源管理物理架构如图 12-39 所示。

2）智慧园区的能源管理

园区通常由各种企业、园区管理机构等组成，有效的园区管理可以使园区形成一个局域能源互联网，其典型架构如图 12-40 所示。

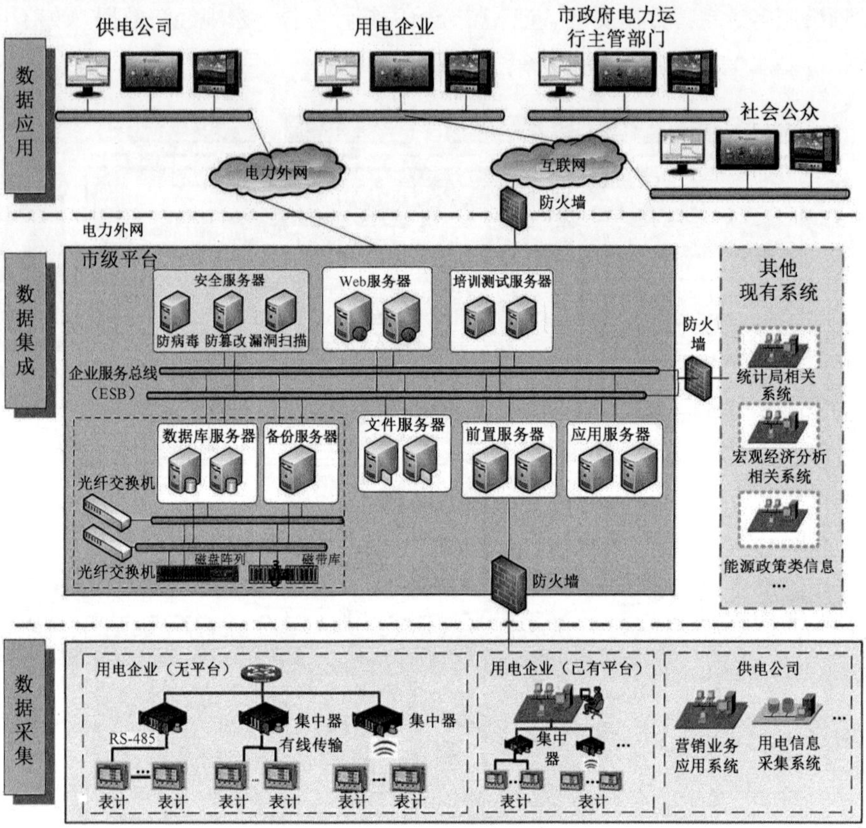

图 12-39　企业能源管理物理架构

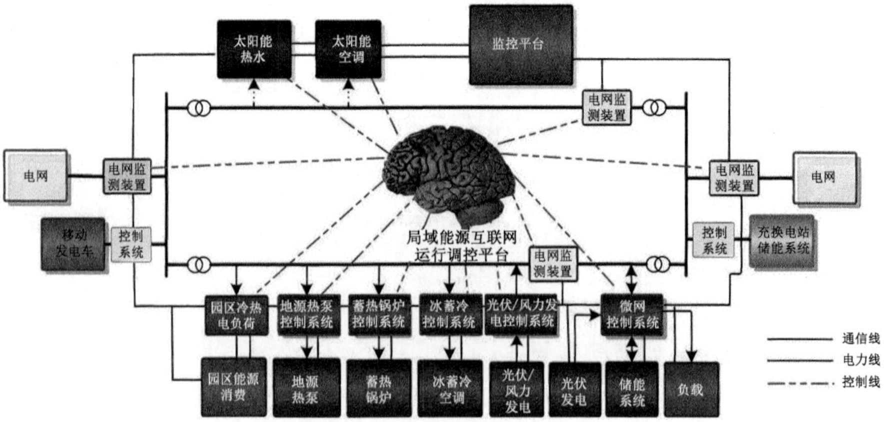

图 12-40　局域能源互联网典型架构

智慧园区服务系统基于云计算、物联网等技术，构建实现智慧园区弱电、生产、信息及智慧提升等业务一体化管理的综合管控系统。智慧园区服务系统架构如图 12-41 所示。该系统基于园区的数据进行智能分析，实现“智慧运营、智慧办公、智慧生活”的新型园区。园区智慧服务系统主要实现园区各能源系统的智能协同、全景监控及智慧分析等服务，让园区管理者全面、直观、快速地了解园区运营状况，协助物业单位提供及时、周到的服务，打造安全、节能、便捷、舒适的园区环境。其整体技术解决方案涵盖业务、应用、数据、技术、物理、集成、安全等架构设计内容。

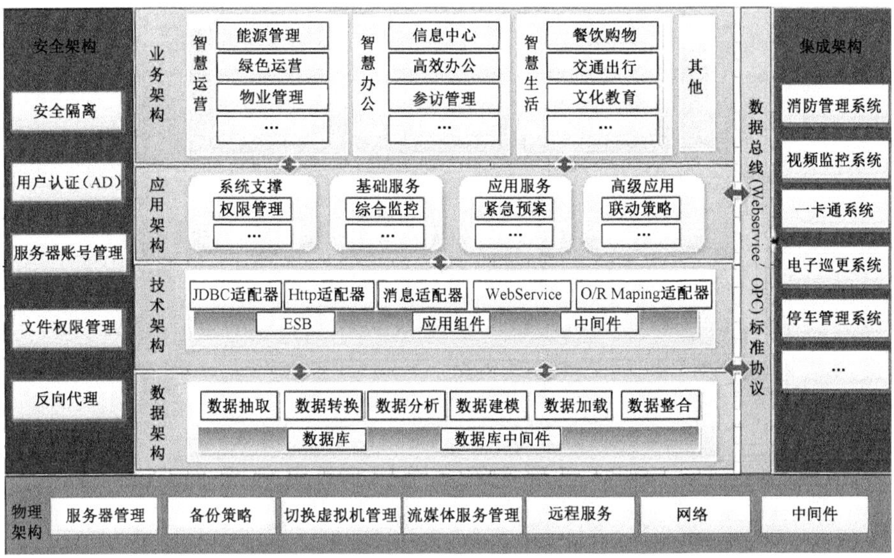

图 12-41　智慧园区服务系统架构

12.5　大规模源网荷友好互动

近年来，国网江苏省电力有限公司（以下简称“江苏电力”）变革电网互动模式，将传统单一的源随荷动模式转变为“源随荷动、荷随网动”的源网荷智能互动模式，建立全时间尺度大规模源网荷友好互动技术体系，研发了大规模源网荷友好互动系统并进行了工程应用，以提升清洁能源消纳水平，支撑新一代电力系统的安全经济运行，为社会提供更加优质、绿色的电力服务[11]。本节重点介绍江苏电力在大规模源网荷友好互动方面开展的工作。

12.5.1 大规模源网荷友好互动技术

大规模源网荷友好互动面向应急场景和非应急场景对负荷控制具有不同的要求[12]，其关键技术框架如图 12-42 所示。

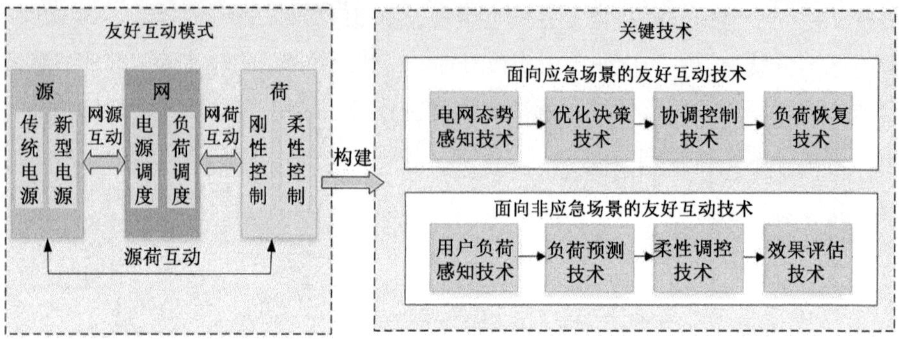

图 12-42 大规模源网荷友好互动关键技术框架

1. 大规模源网荷友好互动模式

大规模源网荷将电网运行调控从传统单一的源随荷动模式转变为“源随荷动、荷随网动”的源网荷智能互动模式，可显著提升新能源消纳水平，提升电网灵活调节能力和弹性恢复能力，支撑新一代电力系统安全经济运行。其模式如图 12-43 所示。

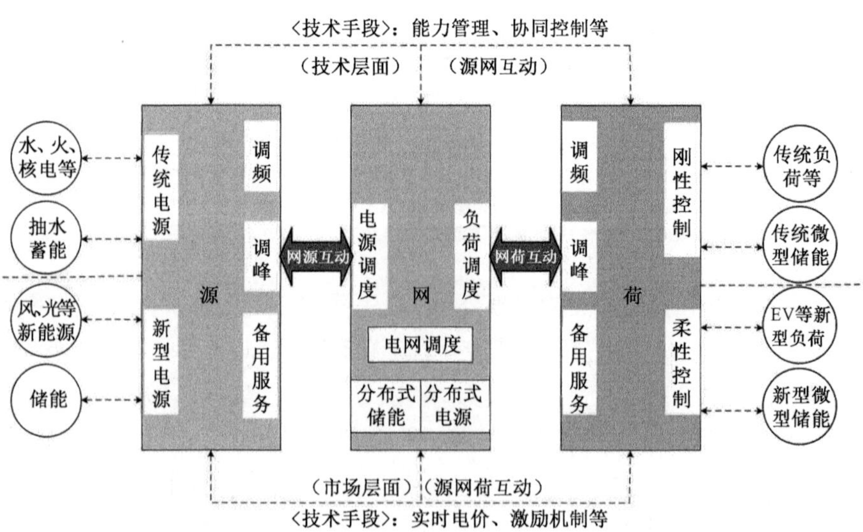

图 12-43 大规模源网荷互动友好互动模式

1）互动形式

大规模源网荷互动从本质上解决了电力系统复杂的功率动态平衡问题。因此，可以从“扰动-响应”的角度来探讨互动的内涵，建立源网荷的互动模型。基于“扰动-响应”模型，大规模源网荷友好互动技术研究主要基于荷随源动、荷随网动这两种互动形态。其特征及负荷调控应用场景说明如下。

（1）荷随源动。荷随源动是通过负荷来响应间歇性能源功率波动的互动模式。未来电网由时空分布广泛的多元电源和负荷组成，负荷可以作为有效的可调度资源。负荷侧的储能、电动汽车等可控负荷参与电网有功调节，电力用户中的工业负荷、商业负荷及居民生活负荷中的空调、冰箱等作为需求侧资源，能够实时响应电网需求并参与电力供需平衡。通过有效的管理机制，柔性负荷可成为平衡间歇性能源功率波动的重要手段。

（2）荷随网动。荷随网动是通过负荷来响应电网备用容量不足和线路/设备潮流越限的互动模式。负荷作为响应资源，按照其与电网互动的深度可以分为以下四种方式：①具备秒级甚至毫秒级响应能力的工业用户的可中断负荷参与电网调度，通过降低峰荷时段的电力需求或增加低谷时段的电力需求，有效缓解电网备用容量不足和大容量负荷缺额的问题；②具备分钟级响应能力的空调温控和电动汽车等海量柔性负荷参与虚拟调峰，通过智能参数调节实现柔性负荷，从而实现虚拟调峰，解决线路或设备潮流越限等问题；③具备小时级响应能力的需求响应负荷参与需求响应，通过将用电需求在不同时段内平移、转移或削减，实现电网错峰和限电；④具备快速响应能力的集中式和分布式储能负荷参与电网互动，在达到一定规模后，通过充放电控制，可为电网应对小概率高风险的备用容量不足及线路或设备潮流越限情况提供有效手段。

2）目标场景

在多样化互动形式的基础上，利用资源特点和互动手段，结合计算机技术、通信技术和智能电网技术，实现源、网、荷三侧各类可调度资源友好互动和综合高效优化利用，同时切实保障用户利益，提高用户互动的积极性，从而形成互动的良性循环，建立各类可调节负荷资源广泛参与的互动体系。

大规模源网荷友好互动服务于电力系统安全、稳定、经济运行，致力于实现刚性场景下的安全性和可靠性目标，以及柔性场景下的经济性和高效性目标。在应急场景下，大规模源网荷友好互动主要通过系统保护快速切负荷、故障预防、故障自愈恢复等相关刚性控制方式来满足安全性和可靠性。在非应急场景下，大规模源网荷友好互动主要通过刚柔并济的需求响应手段来满足经济性和高效性。

在电网紧急情况下，如出现大功率缺额事件，务必优先保证电网安全，以传统和先进的控制手段相结合的方式及时解决刚性需求，抑制事态发展。在紧急情况下，电网调度处于刚性场景，以安全性和可靠性为目标优先控制，进而开展的一系列互动行为均要满足一定时间范围、调控容量范围内的互动性能要求，使电网脱离紧急事故，及时减少损失。在正常情况下，电网调度处于柔性场景，以经济性和高效性为目标优先控制，统筹安排辖区内所有可调度资源，以实现经济高效的优化运行。大规模源网荷友好互动的目标需求理论如图 12-44 所示。

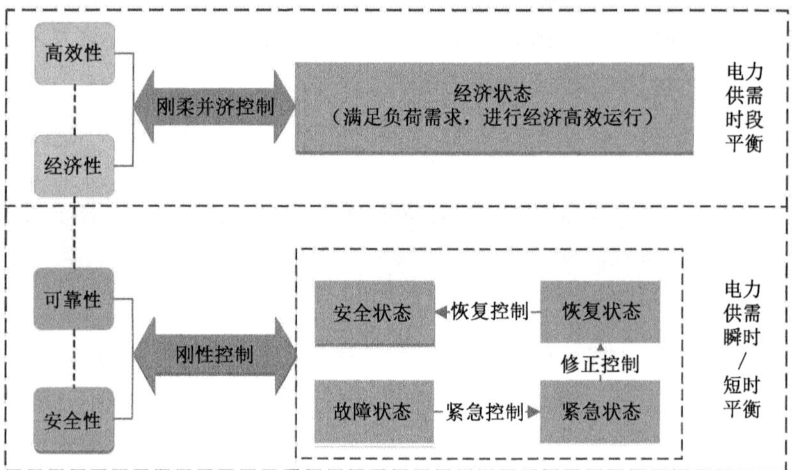

图 12-44　大规模源网荷友好互动的目标需求理论

3）时间尺度

大规模源网荷友好互动按照其互动形式的多样性和场景需求的多样性，在时间层面可形成多时间尺度的参与方案和协调控制的控制策略，多时间尺度的互动方案如图 12-45 所示。

在大规模源网荷互动中，负荷侧可调度资源在不同时间尺度上均可灵活、友好地参与系统调度。在合适的控制策略指导下，各类源荷互动在响应时间、互动能力的构成和互动调节范围上均可满足参与系统运行全过程的要求。源荷互动在安排可调度资源参与中长期、短期、日前调度甚至实时调度上，可进一步优化组合各类柔性资源，按照实际情况编制丰富多样的整合方案，充分发挥源荷互动参与系统运行全过程时的高效性和灵活性，同时，基于机制保障的源荷互动将突出其考虑用户利益的友好特性。

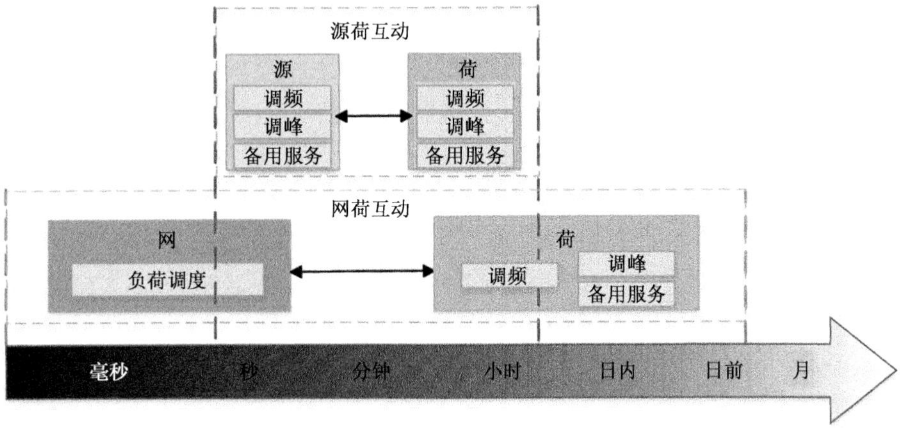

图 12-45　多时间尺度下的互动方案

2. 面向应急场景的友好互动

面向应急场景的友好互动技术主要包括时间尺度、态势感知技术、决策技术、调控技术、自动恢复技术五个方面[13,14]，如图 12-46 所示。

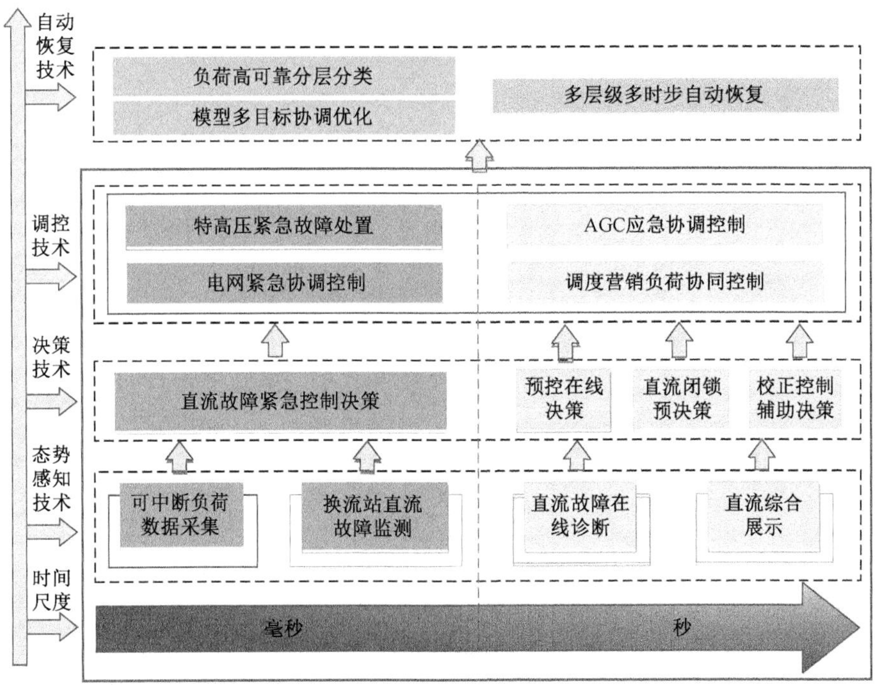

图 12-46　面向应急场景的友好互动

1）面向应急场景的互动态势感知

（1）源网荷毫秒级协调控制互动态势感知技术。

① 可中断负荷数据采集。大用户使用的传统负荷的管理终端，仅有四轮控制输出，无法对用户的负荷实现实时采集，对用户负荷的管理能力显得过于弱小，从特高压网络故障应急响应的要求看，现有负荷管理终端在数据采集实时性、通信安全性、负荷控制精细化等方面均不能满足负荷快速响应系统的要求。新型的网荷互动终端可以满足电网负荷应急响应的要求，支持多路用户负荷数据实时采集和实时传输、主站控制命令实时接收和负荷控制实时输出，可实现可中断负荷数据的实时采集。

② 换流站直流故障检测。在换流站双端按照双套配置原则，配置换流站故障检测装置。故障检测装置实时检测直流运行工况，判别直流发生换相失败、极闭锁等故障，计算故障导致的直流损失功率，通过调度数据网将直流关键信息上送给调度主站，为辅助决策提供支撑；通过 2M 通道将信息上送直流中心站，用于实时判别电网功率损失及直流提升裕度。

（2）源网荷秒级协调控制互动态势感知技术。态势感知是调度进行特高压故障处置的基础，以下从特高压直流故障在线诊断、特高压直流运行风险实时感知、故障信息综合展示及省地故障处置交互四个方面来介绍调度主站侧应用。调度主站侧特高压态势感知整体架构如图 12-47 所示。

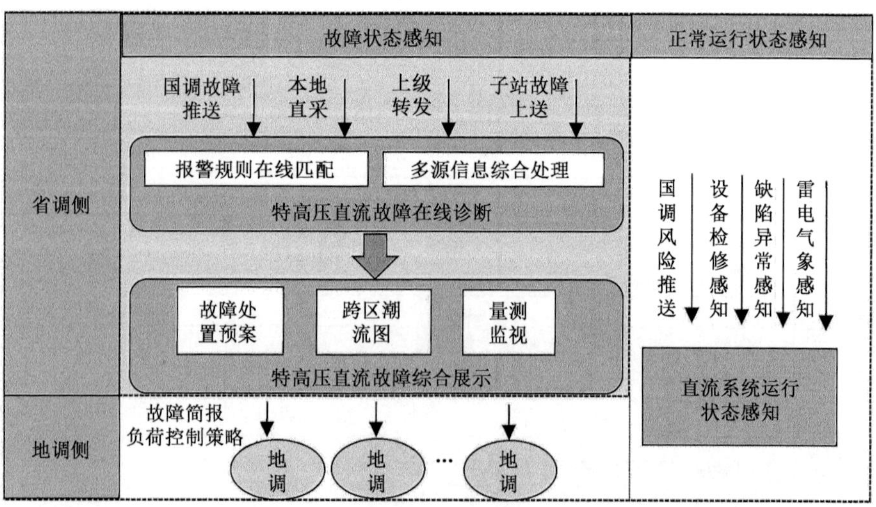

图 12-47　调度主站侧特高压态势感知整体架构

特高压直流故障诊断主要结合国调推送的故障简报、换流站故障检测装置上送的故障信息、调度主站直采或接收上级调度转发的原始数据，通过对多源信息的综合判断处理，实现特高压直流故障的在线诊断与报警。

故障信息综合展示利用调度多屏监视的特点，实现故障情况下特高压直流故障近区潮流图、调度故障处置预案及重要量测监视等关键信息的多屏联动触发展示，辅助调度全面掌握故障后电网整体运行状态。

省地故障处置交互在特高压直流闭锁情况下将故障相关信息、各地区/分区的负荷控制策略实时推送到各地区调度，实现故障处置的同步感知。

2）面向应急场景的优化决策

（1）源网荷毫秒级协调控制优化决策。直流双极闭锁等特高压输送通道故障后，由于外送通道功率突然消失，频率短时间内快速下降。此时，控制中心站接收协控总站切负荷容量命令，结合本地频率防误判据，根据切负荷原则，形成紧急控制决策，通过安稳系统对不同层级的可中断负荷进行快速切除，以缓解频率下降的速度，防止系统扰动大范围的扩散引发大面积的停机，从而将受影响的供电负荷限制在小范围内。

（2）源网荷秒级协调控制优化决策。应对潜在稳定问题的预防控制在线决策功能是基于预想直流严重故障下的安全稳定分析结果，以控制代价小为目标，针对安全自动装置动作后系统依然存在的严重设备过载、系统安全稳定性严重恶化等问题，实现预防控制措施的优化计算，并向调度员提供满足各类安全稳定限值约束的辅助决策信息。针对稳定破坏的预防在线决策功能主要包括静态安全预防控制在线决策、暂态稳定预防控制和预防控制综合分析。

直流故障校正控制辅助决策实现特高压实际故障后控制策略的在线计算和负荷快速控制，其整体架构如图 12-48 所示。校正控制辅助决策包括秒级控制模式和分钟级控制模式两类。

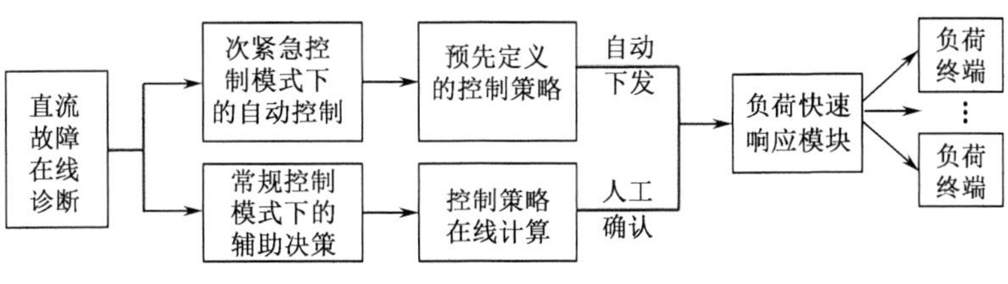

图 12-48　直流故障校正控制辅助决策整体架构

秒级控制模式针对特高压直流故障后，特高压直流落点近区重要断面过载问题，自动启动辅助决策生成负荷控制策略，将控制指令发送给营销负荷快速响应模块，负荷快速响应模块采用预先定义的控制用户，直接进行负荷控制。

分钟级控制模式针对特高压直流故障后，调度主站发出控制联络线超用及备用等指令，自动启动辅助决策，实时计算需要切除的负荷量，并将切负荷量采用多轮逐次逼近的方式，经调度员确认后下达给负荷快速响应模块进行负荷控制。

3）面向应急场景的协调控制

（1）源网荷毫秒级协调控制。紧急控制模式针对特高压故障情况，控制中心站接收协控总站切负荷容量命令，结合本地频率防误判据，并通过安全稳定控制系统实现对事先分级编组的可中断负荷进行快速切除。

源网荷友好互动的电网紧急协调控制是通过电网来响应电网备用容量不足和线路/设备潮流越限等扰动的紧急互动模式。电网作为紧急响应的主要途径有集中切可中断负荷、低频减负荷、低压减负荷、主动解列、直流功率调制和一次调频在线监测等，可在电网备用容量不足或潮流越限时，进行潮流紧急调节和优化。通过对集中切可中断负荷、低频减负荷、低压减负荷、主动解列和直流功率调制的适当控制，以及对发电机组一次调频在线监测系统的优化，可有效提高系统的暂态稳定性，实现区域源网荷友好互动的电网紧急协调控制。

（2）源网荷秒级协调控制。在特高压直流故障发生后，自动发电控制一键紧急调集省内机组增加出力，实施机组控制模式紧急切换，以支援频率快速恢复。基于优化调整辅助决策，针对关键断面实施预防和校正控制，实现功率支援和备用恢复过程的安全闭环控制。

调度主站与营销负控的交互内容主要包括基础模型交互，以及控制过程中的当前可切容量、控制命令和控制结果的交互。

4）面向应急场景的负荷恢复

针对负荷的不同用电性质、重要程度、恢复特点，提出了基于层次聚类的负荷聚合方法，实现负荷分层、分类、可靠辨识。在满足各类安全稳定约束的基础上，综合考虑被切除负荷的恢复量、恢复时间及经济补偿，建立满足工程应用的负荷协调恢复多目标优化模型，提出分阶段解耦算法高效求解。江苏电力毫秒级精准负荷控制系统，向不同层级、不同类型的负荷自主发出“负荷自动恢复”指令和“提醒恢复”信号，实现非生产性、生产性负荷恢复过程的安全、经济、高效、精准自动执行。面向应急场景的负荷恢复功能如图 12-49 所示。

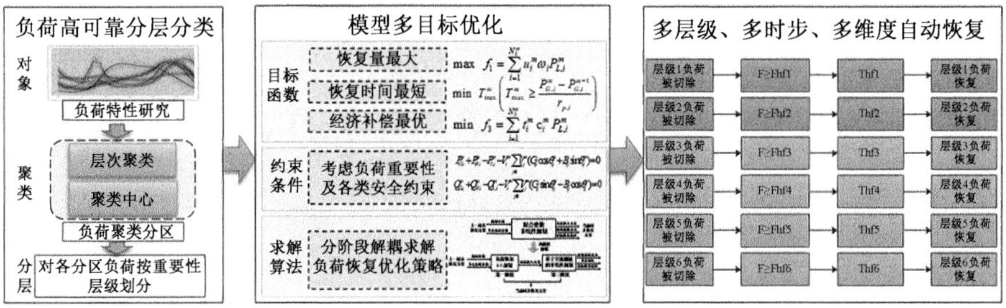

图 12-49　面向应急场景的负荷恢复功能

3. 面向非应急场景的友好互动

大规模源网荷友好互动系统工程非应急场景模式的友好互动技术主要是对工商业用户及居民用户的主要负荷通过负荷柔性调控和主动需求响应相关技术，实现非应急场景下的“供需平衡”。在非应急场景模式下，针对工商业用户需要通过系统快速计算出可中断负荷的要求，主站通过终端对工商业非工空调负荷进行灵活调控；针对居民用户，主站通过非入户终端采集的智能电表数据，根据用户使用情况分析，向用户发送主动响应邀请，通过激励政策实现负荷下降，实现供需平衡。面向非应急场景的友好互动如图 12-50 所示。

非应急场景模式的负荷控制技术通过用户负荷感知、负荷预测、柔性控制和效果评估技术实现需求侧平衡用电，达到与电网友好互动的效果。

1）面向非应急场景的用户负荷感知

面向非应急场景的用户负荷感知的两大基础技术是电力负荷的多元数据传感采集和海量用能数据处理与挖掘。

（1）电力负荷多元数据传感采集。非应急场景的负荷涉及的种类很多，根据负荷的特点，涉及生产设备、中央空调、分散式空调、大功率电器及相关环境参数传感器等。江苏电力面向非应急场景建立了一套多元数据传感采集系统：一是通过安装需求响应终端，采集用户的用电数据，实现计量装置在线监测和用户负荷、电量、电压等重要信息的实时采集；二是增加采集企业能效数据，实现企业用户热工数据、基本电量数据、热工电量数据、谐波电量及电能质量数据等多种数据的采集；三是通过非入户式终端，采集居民用户大功率电器的用电数据，支撑电力负荷的精细化设备调控。

电力负荷多元数据传感采集系统的关键是非入户式负荷辨识技术的实现。

通过非入户负荷辨识终端，完成对电力公司的细粒度用电行为信息采集，在此基础之上开展对用户的能源可视化诊断、需求侧管理等高级供需互动服务。

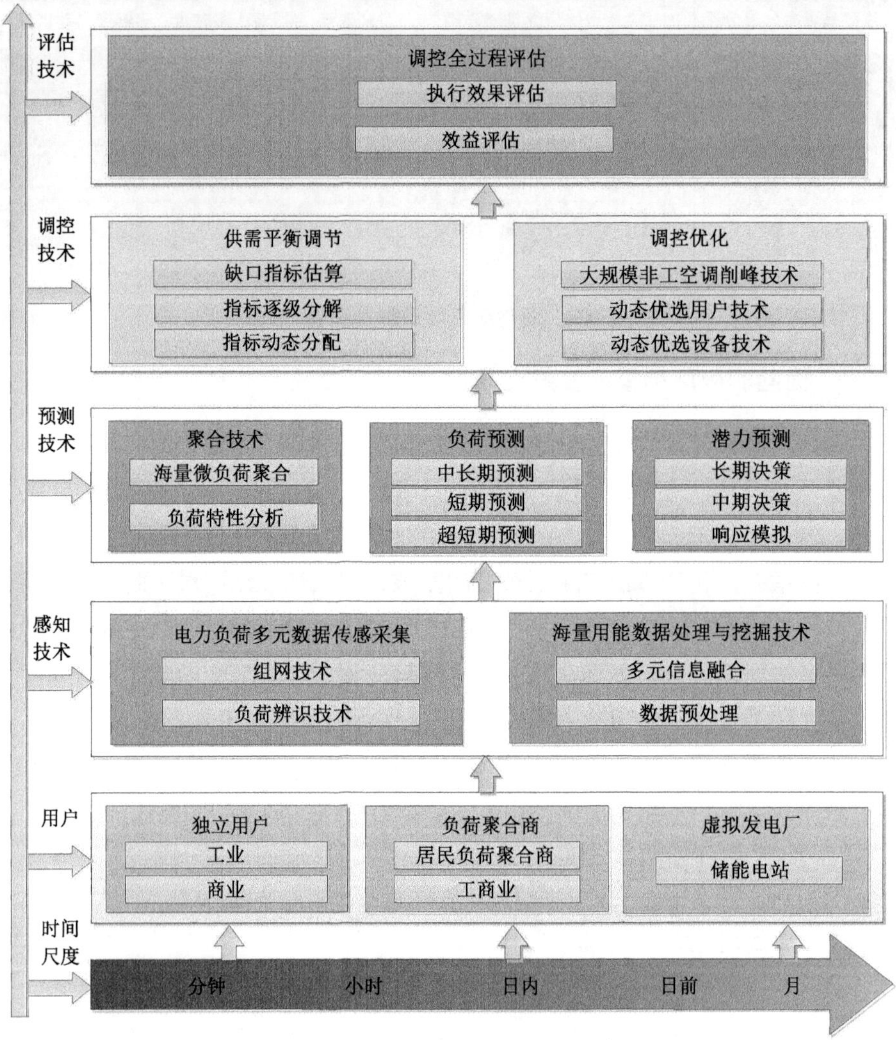

图 12-50　面向非应急场景的友好互动

江苏电力开展了包括多层分类快速分解算法、阶跃功率电器的多层分类架构辨识算法及多种用于特殊电器辨识和电量归集的智能辨识算法等在内的多种用户负荷辨识算法研究，流程如图 12-51 所示，实现了对负荷进行多层分类快速的分解，完成了对用户用电负荷细粒度的精准行为分析。

（2）海量用能数据处理与挖掘。面对海量、多元的用户侧数据，首先应实现用户负荷多元数据的采集，保证数据采集的实时性和成功率。然后从信息交互的角度出发，以用电统一数据模型和交互模型为支撑，对用户负荷多元数据进行集成和融合。由于信道错误、冲击负荷及突发事故等原因会产生一些异常负荷数据，因此还需要采用自适应能力较强的卡尔曼滤波等算法对负荷数据进行清洗和修正。

① 多元信息融合。目前电力全负荷的管理数据主要来源于关口数据采集子模块和精细化设备用能数据子模块，为更好地支撑非工空调调峰系统和需求响应系统的业务应用，须研究各系统间的信息集成和融合技术。信息的集成与融合基于当前的系统部署情况，从信息交互的角度出发，以用电统一数据模型和交互模型为支撑，在各类系统中按统一标准建立接口适配器，通过系统间信息交互的方式实现配用电综合性业务。信息集成技术根据手段的不同，可以分为数据中心式集成方式和信息交互式集成方式。数据中心式集成方式的构建方法如图 12-52 所示。

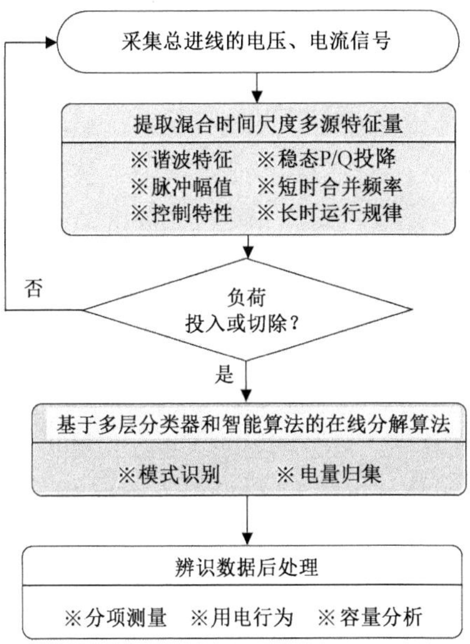

图 12-51　电力负荷快速辨识算法总体流程

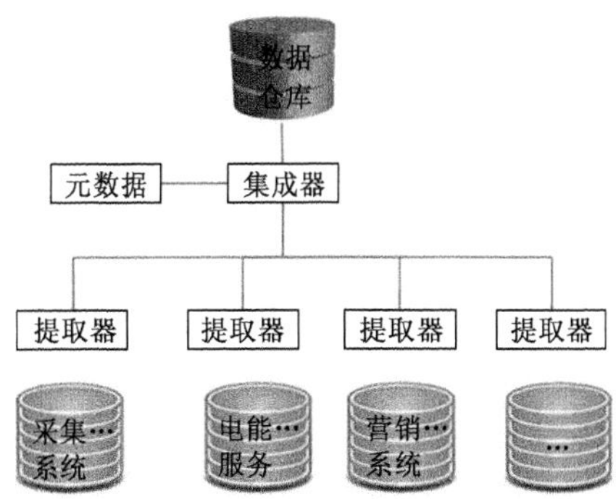

图 12-52　数据中心式集成方式的构建方法

构建电力企业数据中心，以数据仓库的方式来实现信息集成，整体结构比较简单，系统间的接口数量较少，但也存在数据仓库模型随应用变化而变化、重复存储、数据不一致等问题。

② 数据预处理。构建需求侧多系统海量用能数据分析集成架构，是开展电力需求侧管理大数据应用分析工作的基础，江苏电力通过对大数据处理系统的

整体架构研究，完成了相关工作。大数据分析集成架构如图 12-53 所示。

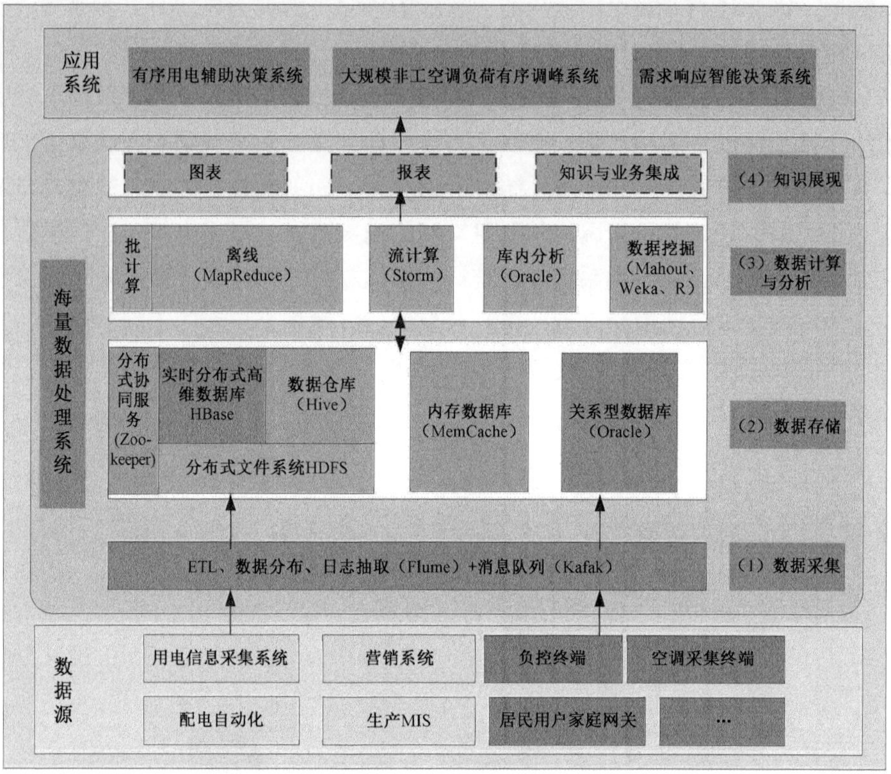

图 12-53　需求侧多系统大数据分析集成架构

非应急场景负荷的管理数据处理指的是在电力全负荷数据采集的基础上，对大量数据进行系统的分析、挖掘。非应急场景负荷的海量数据具有数据量大、类型多、价值密度低、须快速处理等特点。

2）面向非应急场景的负荷预测

面向非应急场景的预测包括负荷功率预测和调控潜力预测，而负荷聚合与特性分析是负荷功率预测和调控潜力预测的基础，因此面向非应急场景的负荷预测技术包括聚合技术、负荷预测技术和潜力预测技术。

面向非应急场景友好互动系统的协调控制技术的关键是非应急场景的电力负荷优化调控技术的灵活应用，从而解决电力负荷缺口问题。

针对工商业用户，工业负荷主要指非生产性空调负荷，商业负荷主要指大规模空调负荷，这里统一称为非工空调负荷。根据非工空调参与削峰方式的划分，制定了三种用户侧运行策略作为主站调控的策略。三种策略的制定主要是为了平衡用户侧的舒适度和最大限度地降低负荷容量，它们分别为最大限负荷策略、最佳舒适度策略和限负荷与舒适度平衡策略。

针对居民用户，主要负荷来自大功率电器，如分体式空调、电热水器、插座等，根据居民的使用特性，这部分负荷有很大的差异性和随机性，与使用习惯、气候等关系较大。为此，制定了动态优选用户/设备策略。

（1）大规模非工空调削峰。大规模非工空调削峰技术主要包括最大负荷削峰技术、最佳体验柔性调控技术和均衡适用调控技术，满足不同“网荷缺口”的要求。

① 最大负荷削峰。用户侧运行策略中的最大限负荷策略可以为削峰主站运行方案提供更多的削峰负荷，以便降低参与用户的数量，如图 12-54 所示。该运行策略的调控核心是基本不考虑用户的舒适度，通过改变运行模式和运行方式等调控手段，最大限度地降低楼宇空调系统主机的负荷，最后通过电量监测反馈确保主机负荷下降能够满足要求。

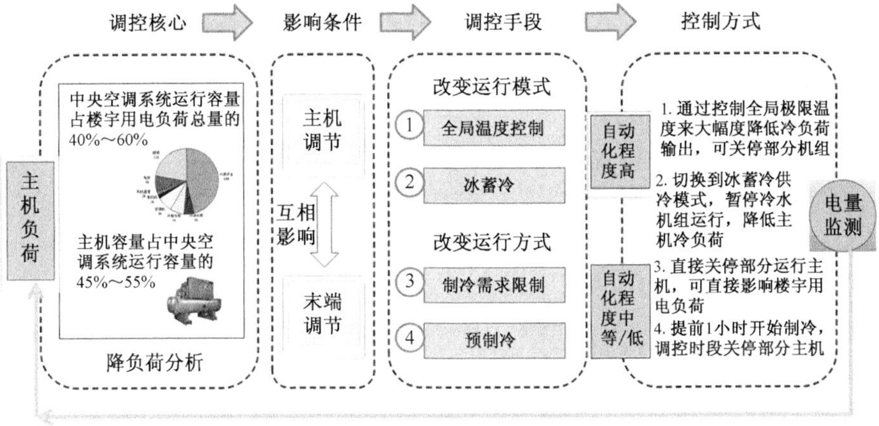

图 12-54　最大限负荷策略

其中，对于自动化程度较高的用户，可以通过控制全局极限温度来大幅度降低冷负荷输出，可关停部分机组；对于具备冰蓄冷模式的楼宇，切换到冰蓄冷供冷模式，暂停冷水机组运行，降低主机冷负荷。

对于自动化程度较低的用户，直接关停部分运行机组或提前 1 小时开始制冷，在调控时关闭部分主机。

② 最佳体验柔性调控。最佳用户侧运行策略中的最佳舒适度策略的调控核心是人体舒适度的调控，通过对楼宇空调系统进行微调，在不影响用户舒适度的情况下，改变运行参数、运行模式和运行方式，最后通过环境参量的监测来保证温度调节的合理性，如图 12-55 所示。

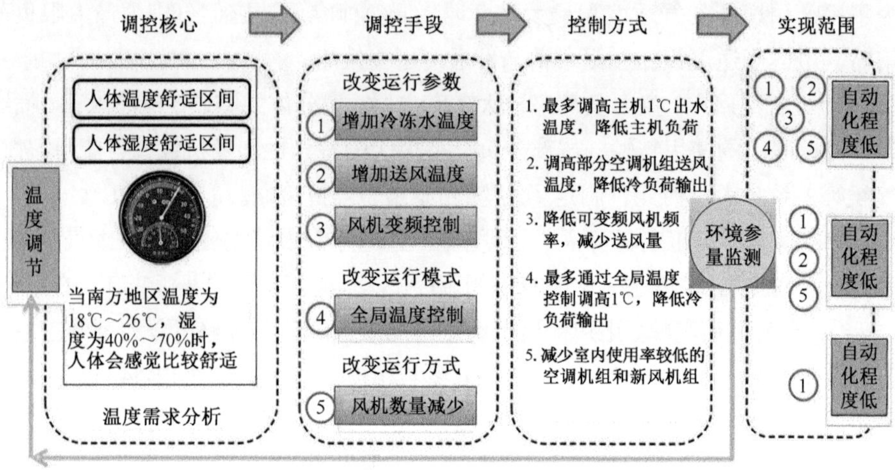

图 12-55　最佳舒适度策略

③ 均衡适用调控技术。以上两种运行策略虽然都能实现，但针对性较强，都是为了满足电力公司和用户各自的需求，运行策略的可调整性不强。针对这种情况，面向非应急场景友好互动系统设计了第三种运行策略：限负荷与舒适度平衡策略，如图 12-56 所示。该策略在执行过程中，在充分考虑用户舒适度的前提下，通过多种调控手段的单独或组合运用，同时监测电量和环境参量，并将其作为反馈数据，实现用户舒适度和限负荷的最佳平衡。

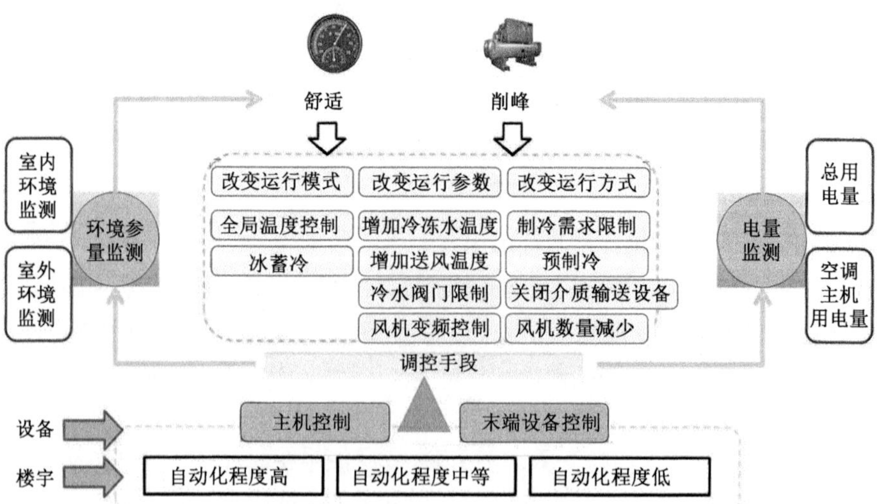

图 12-56　限负荷与舒适度平衡策略

（2）动态优选用户/设备。动态优选响应用户，在实际需求响应工作中，如果响应需求大于响应能力，必定选择所有用户参与。但当响应需求小于签约响应能力时，可通过动态优选技术在不同维度下选择参与需求响应的目标用户，具体的策略包括：一方面，应当明确响应时段和响应需求值，然后按照该时段内所有用户的需求响应实际能力从大到小进行排序，根据响应目标筛选出满足一定裕度的用户范围供决策者确认邀约，该策略偏重体现用户的响应效率；另一方面，应当明确响应时段和响应需求值，仍然邀约所有用户，但邀约量按照本次响应实际需求与用户签约响应能力的比例进行等比例换算，该策略偏重体现参与用户的公平性。动态优选响应设备，在实际需求响应工作中，也可通过动态优选技术选择参与需求响应的响应设备。

3）面向非应急场景的效果评估

（1）面向非应急场景的电力负荷全过程评估。江苏电力依托多年的电力负荷调控实践工作经验，逐步研究、归纳、总结出涵盖电力负荷调控工作全过程的多层级技术指标及其各级指标的计算方法，从时间、空间维度和价值方面综合分析建立电力负荷调控执行前、执行过程中、执行后整体评价体系模型，实现了对经济、技术和环境综合效益的准确、有效评估。通过研究电力负荷调控全过程各阶段评价结果合理的权重分配，优化权重分配参数，得到了执行全过程的综合评分。利用负荷调控全过程综合评分来引导各地区不断改善执行过程中的不足之处，提高了负荷调控的工作质量。

通过研究电力负荷调控评估指标及各个指标评估算法，进一步剖析电力负荷调控效益指标量化、相关性、权重的分析方法，建立一套全过程、多层级、广维度的评价指标体系。同时结合需求响应效益的量化分析方法，从时间、空间维度和价值方向综合分析建立电力负荷调控执行前、执行过程中、执行后效益评价体系模型，实现经济、技术与环境综合效益的准确、有效评估。然后研究各指标与智能代理模型参数的最优关联关系，优化智能代理模型的参数，实现方案的动态调整和优化。最后研究并建立电力负荷调控指标评价体系智能检验模型，实现评价指标体系和综合评价结果自适应修正。电力负荷调控评价指标结构如图 12-57 所示。

（2）电力负荷调控效益评估。电力负荷调控工作一方面降低了部分用户的生产负荷，对社会经济生产带来了一定影响；另一方面，此项工作的实施延缓了电厂的建设，鉴于我国目前仍以煤炭发电为主，开展电力负荷调控工作有助于降低煤的消耗。效益的评估就是评估电力负荷调控工作对经济、社会的影响程度。电力负荷调控效益评价指标体系如表 12-3 所示。

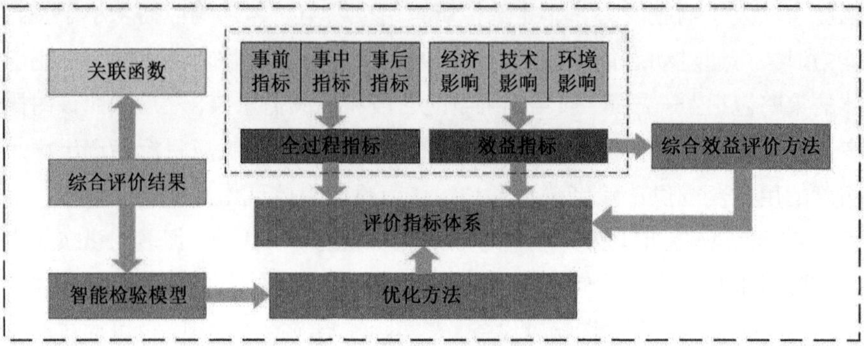

图 12-57　电力负荷调控评价指标结构

表 12-3　电力负荷调控效益评价指标体系

<table>
<tr><td rowspan="10">电力负荷调控效益评价指标</td><td rowspan="7">经济效益</td><td>政府影响</td><td>税收损失</td></tr>
<tr><td rowspan="2">用户影响</td><td>产值损失</td></tr>
<tr><td>管理成本</td></tr>
<tr><td rowspan="2">供电企业影响</td><td>电费损失</td></tr>
<tr><td>减少电网投资</td></tr>
<tr><td rowspan="2">发电企业影响</td><td>可避免煤耗</td></tr>
<tr><td>可避免峰荷容量费用</td></tr>
<tr><td rowspan="2">社会效益</td><td rowspan="2">环保效益</td><td>减少二氧化碳排放</td></tr>
<tr><td>减少二氧化硫排放</td></tr>
<tr><td>外衍效益</td><td>用户效益</td><td>参与需求响应用户可获得补贴</td></tr>
</table>

12.5.2　大规模源网荷友好互动系统的实施

1. 大规模源网荷友好互动系统架构

大规模源网荷友好互动系统整体架构如图 12-58 所示，整体分为服务层、信息层和物理层三个层次。服务层提供软件系统操作界面，实现人机交互等高级应用，通过服务层实现各类功能模块的灵活调用，进而完成面向应急场景和非应急场景的调控需求。信息层主要结合电网各类调控需求，完成数据处理和信息融合，通过算法模型实现用户潜力分析、策略编制、指令下达等功能。物理层通过用户改造和通信网络建设，实现参与用户的动态感知及各类型用户用能数据的采集和汇聚[15]。

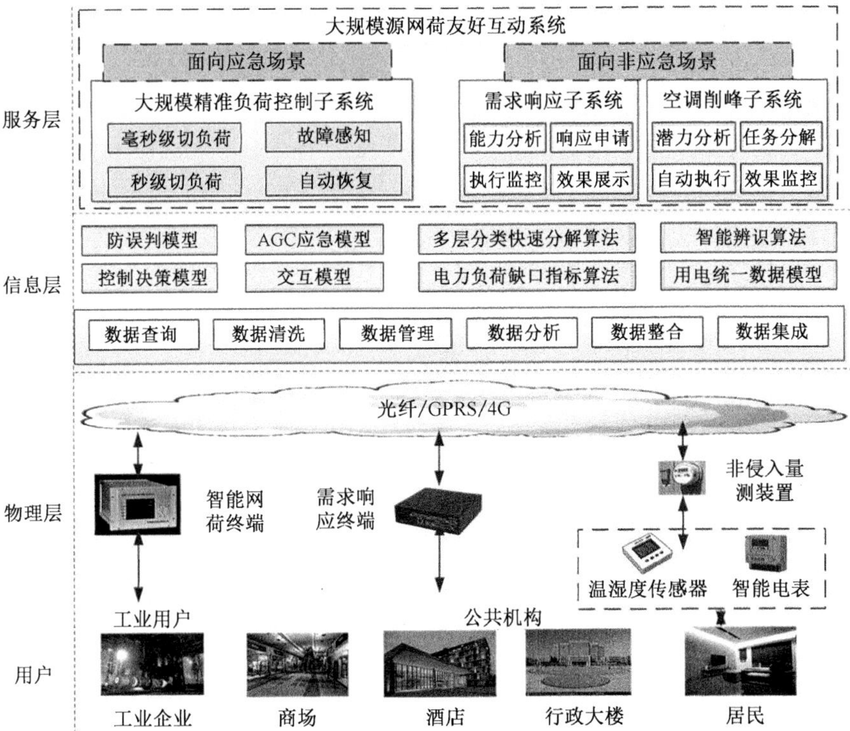

图 12-58　大规模源网荷友好互动系统整体架构

1）服务层

在大规模源网荷友好互动系统中，面向应急场景部署有大规模精准切负荷子系统，面向非应急场景有需求响应子系统和空调削峰子系统。大规模精准切负荷子系统主要围绕毫秒级和秒级切负荷场景，提供直流故障紧急控制决策、预防控制在线决策、直流故障校正控制辅助决策、电网紧急协调控制、AGC 应急协调控制、调度营销负荷协同控制及多维度负荷恢复功能。需求响应子系统和空调削峰子系统，主要面向工业负荷、楼宇空调负荷及居民大功率电器负荷场景。其中，需求响应子系统主要包括签约管理、响应执行、响应统计、响应监视、响应能力查询等功能；空调削峰子系统主要包括潜力分析、任务分解、自动执行、效果监控、用能分析等功能。

2）信息层

针对应急场景，信息层围绕切负荷容量命令，建立本地频率防误判模型、控制决策模型、预防控制模型，提供在线辅助决策所需的数据输出。同时针对控制建立 AGC 应急模型及调度营销负荷协同控制模型，提供控制策略，并形成多层级各类负荷的多时步、多维度自动恢复原则。在面向非应急场景的信息层中对物理层采集的数据进行管理、整合、分析、清洗等数据处理工作，通过多层分类快速分解算法和智能辨识等算法，识别采集数据中的有效信息，并通过统一的数据模型，采用聚类算法等对用户侧进行负荷功率预测和调控潜力预测，再通过电力负荷缺口指标算法，建立逐层分解机制，并制定动态优选用户及设备策略。

3）物理层

由于应急场景和非应急场景面向的调控资源不同，控制手段不同，响应时间不同，用户影响不同，所以在物理层面的互动终端性能要求、设备改造要求和通信网络要求都不同。面向应急场景的物理层主要通过部署新型的网荷互动终端来满足电网负荷应急响应的要求，设备支持多路用户负荷数据实时采集、用户负荷数据实时传输、主站控制命令实时接收和负荷控制实时输出，可实现可中断负荷数据的实时采集。由于数据量大，实时性高，应急场景数据采集主要用2MB 光纤直接将信息上送直流中心站，用于实时判别电网功率损失和直流提升裕度。

2. 面向应急场景的友好互动系统实施

江苏电力根据大规模源网荷友好互动项目总体目标的要求，针对不同的场景和用户开发了多个系统，如图 12-59 所示。面向应急场景，开发了大规模源网荷精准负荷控制子系统；面向非应急场景，开发了面向需求侧场景的大规模空调有序削峰子系统、需求响应辅助决策子系统。

2016 年 6 月 15 日，大规模源网荷友好互动系统一期工程在江苏建成投运，全省实现了 376 万千瓦的秒级精准切负荷能力，其中苏州地区具备 100 万千瓦毫秒级精准切负荷能力。2017 年 12 月，二期工程建成投运，江苏全省具备 200 万千瓦毫秒级精准切负荷能力。2018 年 5 月，三期工程建成投运，全省具备 260 万千瓦毫秒级精准切负荷能力。

江苏大规模源网荷友好互动系统精准切负荷控制中心站安装在 500kV 木渎变电站，装置实时监测两段 500kV 母线频率、500kV 梅木双线的运行情况。主要功能有：汇集木渎、凤城、上河、秦淮四个控制主站的六层级可中断负荷总容量并上送至华东协控总站、江苏调度主站；接收华东协控总站的切负荷总量后，根据直流故障信息，结合本站频率防误判据，切除木渎、凤城、上河、秦淮四个主站所辖可中断负荷；接收苏州直流子站发送的锦苏直流闭锁及直流功率损失信息，在未接收到华东协控总站切负荷命令时，根据梅木双回线断面越限情况，分轮次切除苏州南部地区可中断负荷；具备就地低频分六轮按层级切负荷功能；设置负荷恢复策略，根据频率定值及延时，结合已切除的轮次信息，分两轮恢复所切除的负荷层级。

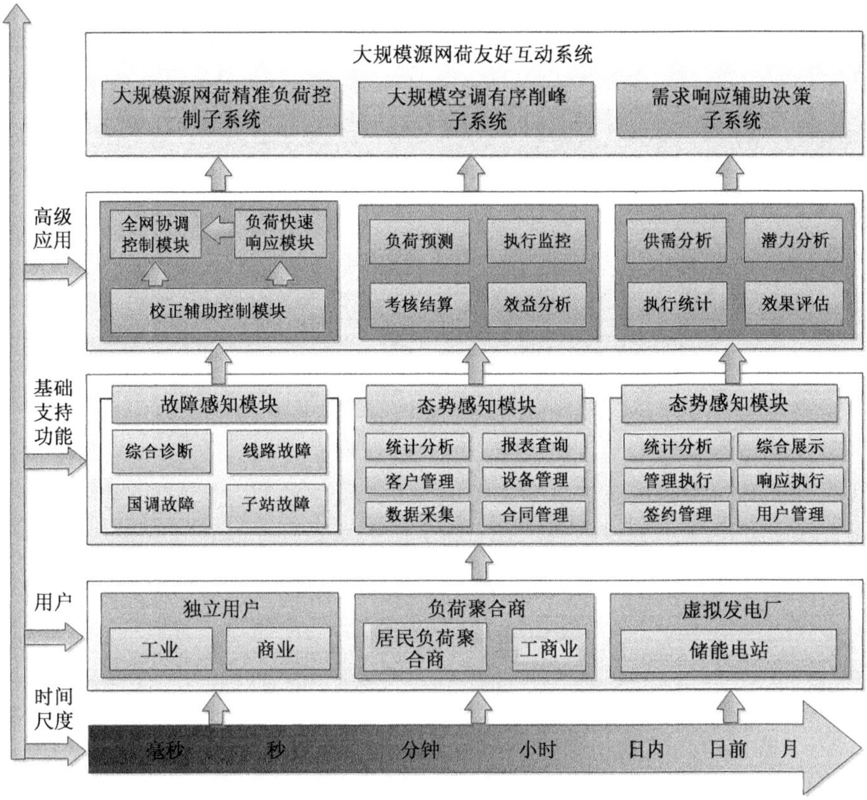

图 12-59　江苏大规模源网荷友好互动系统总体功能架构

该系统共设置四个控制主站，包括 500kV 木渎、凤城、上河、秦淮主站，其中木渎主站的功能集成于木渎控制中心站装置内。各主站通过采集两段 500kV 母线单相电压来计算并监测频率。主要功能有：汇集本站所辖控制子站分六层级可中断负荷总量，并上送至控制中心站；接收控制中心站切负荷层级命令，结合本站频率防误判据，切除下属子站对应层级可中断负荷；具备就地低频分六轮按层级切负荷功能；接收控制中心站发来的恢复负荷层级命令，根据频率定值，恢复指定负荷层级。

该系统共设置 16 个控制子站，包括木渎控制主站下属的 500kV 木渎、玉山、吴江、太仓四个控制子站，凤城控制主站下属的 500kV 凤城、仪征、三官殿三个控制子站，上河控制主站下属的 500kV 上河、任庄、盐都、双泗、艾塘五个控制子站，以及秦淮控制主站下属的 500kV 秦淮、茅山、访仙、惠泉四个控制子站。各控制子站通过采集两段 500kV 母线单相电压来计算并监测频率。主要功能有：将本站所辖终端负荷分六层级并分类上送至对应控制主站；接收控制主站切负荷层级命令，结合本站频率防误判据，切除对应层级负荷；具备就地低频分六轮按层级切负荷功能；接收主站负荷恢复层级命令，结合本地频率延时确认，依次恢复相应的负荷层级。

该系统在用户就近变电站安装光电转换装置（2MB 光纤转换装置），无稳定控制装置，主要功能有：接收负控终端可切的可中断负荷量信息并上送至对应的控制子站；接收控制子站并向负控终端发送切负荷命令[16,17]。

智能网荷互动终端安装在用户侧，包括大用户、储能电站、翻水站、燃煤电厂可中断辅机等，由光纤/以太网转换装置和智能网荷互动终端装置组成。光纤/以太网转换装置通过以太网口实现接收智能网荷互动终端可切负荷总量信息，转换成光纤信号并发送至用户就近变电站光电转换装置，再上送给控制子站，接收用户就近变电站光电转换装置发来的切负荷命令，并通过以太网口发送至智能网荷互动终端；智能网荷互动终端的主要功能是统计本终端可切负荷总量并上送至对应控制子站，执行切负荷命令。光纤/以太网转换装置和智能网荷互动终端通过以太网口以 IEC 60870-5-104 规约交换信息和控制命令。面向应急场景友好互动子系统架构如图 12-60 所示。

大规模源网荷精准负荷控制系统主站的硬件设备主要部署在 Ⅰ 区内，主要承载负荷快速响应模块的业务应用。用电信息采集模块和用户负荷管理模块的业务通过Ⅳ区内现有用电信息采集系统的硬件设备来实现，另外增配能效数据的采集设备。部署在 Internet 信息区内的硬件设备用于承载智能插座、居民空调等信息数据的采集。

3. 面向非应急场景的友好互动系统实施

面向非应急场景的友好互动系统以工业负荷、楼宇空调负荷和居民大功率电器负荷为调控对象。江苏省公司组织集中攻关开发团队进行非应急场景友好互动系统的研发，形成了江苏省电力灵活调控的体系，有力地支撑了大规模友好互动非应急场景的灵活调控工程应用。

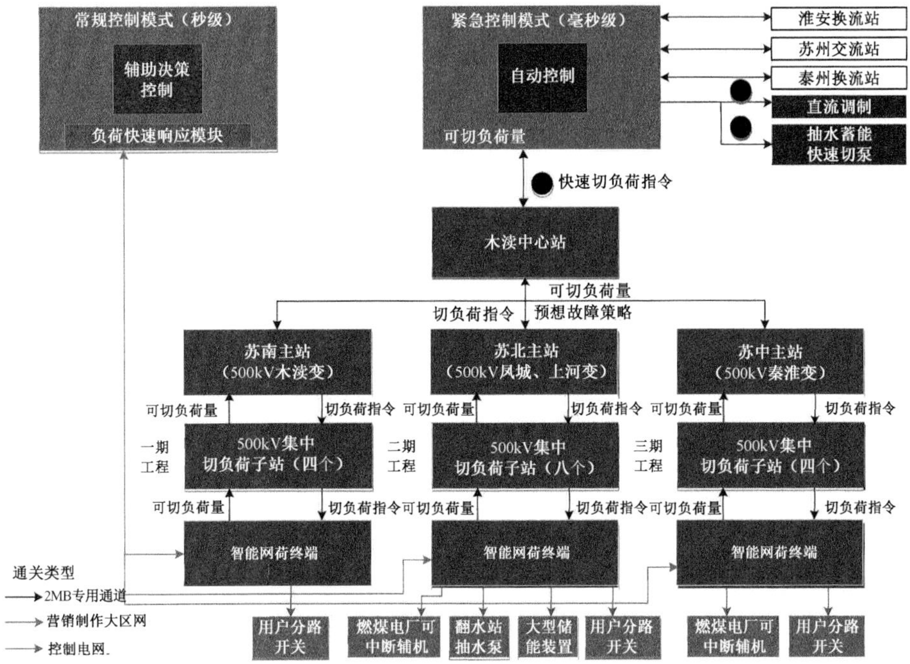

图 12-60　面向应急场景友好互动子系统架构

面向非应急场景的友好互动系统技术架构涵盖主站层、网络层、量测控制层和设备层四个层面，各层面间相互协作配合，实现需求侧负荷的灵活调控。其中，主站层由高级应用子系统和数据采集子系统两部分组成。高级应用子系统包含两个系统，分别是大规模空调有序削峰子系统和需求响应辅助决策子系统，各子系统为电力负荷精细化灵活调控提供相应的控制手段；数据采集子系统由关口数据采集模块和精细化设备用能数据采集模块构成，主要负责采集用户数据，并将数据提供给高级应用子系统作为电力负荷调控的决策依据。面向非应急场景友好互动子系统架构如图 12-61 所示。

2016 年江苏省电力公司创造了全球单次最大规模的需求响应，其中通过江苏电力大规模空调有序削峰 / 调峰系统，对公共楼宇用户的空调负荷直接进行调控，参与用户达到 140 户，实现空调负荷消减 1.8 万千瓦，大规模空调削峰曲线如图 12-62 所示。

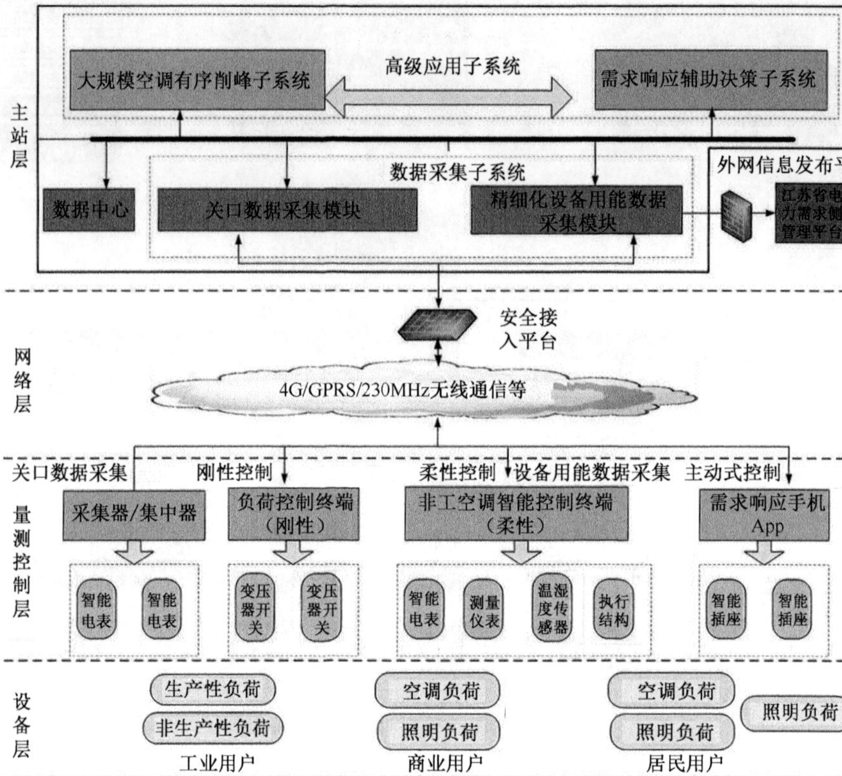

图 12-61　面向非应急场景友好互动子系统架构

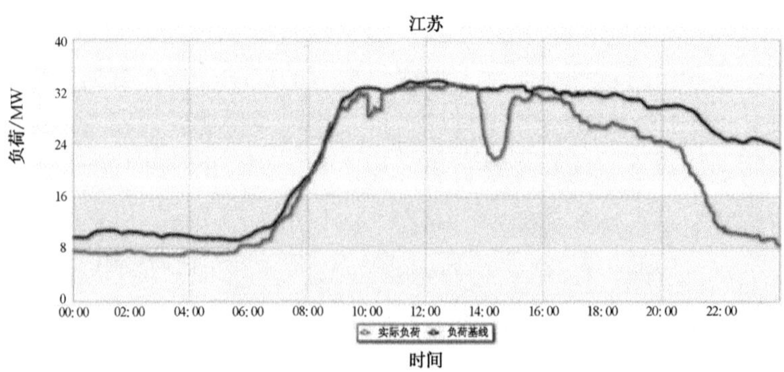

图 12-62　大规模空调削峰曲线

参考文献

[1] 罗建裕，李海峰，江叶峰，等．基于稳控技术的源网荷友好互动精准负荷控制系统[J]．电力工程技术，2017，36（1）：25-29.

[2] 刘华伟，李虎成，袁宇波，等．大规模源网荷友好互动系统实切试验技术[J]．电力工程技术，2017，36（6）：1-6.

[3] 姚建国，杨胜春，王珂，等．智能电网“源-网-荷”互动运行控制概念及研究框架[J]．电力系统自动化，2012，36（21）：1-6.

[4] 李琳，姚国风，唐新忠．中新天津生态城智慧家庭用电互动服务系统建设[J]．供用电，2016，1.

[5] 胡泽春，丁华杰，宋永华，等．能源互联网背景下储能应用的研究现状与展望[J]．电力建设，2016，37（8）：8-17.

[6] 中国能源研究会储能专委会，中关村储能产业技术联盟．储能产业研究白皮书[R]．北京：中关村储能产业技术联盟，2019.

[7] 郑耀东，李定林，夏清，等．电网侧储能关键技术及应用研究技术报告[R]．广州：2018 年电力行业研究课题，2019.

[8] Ruud K, Gustavo D V. Renewables and Electricity Storage: A Technology Roadmap for Remap 2030[R]. International Revewable Energy Agency (IRENA), 2015.

[9] 贝努瓦・雷恩，布鲁诺・弗朗索瓦，戈捷・德力尔．电网储能技术[M]．杨凯，等译．北京：机械工业出版社，2017.

[10] Abbas A A, Gerogiame H, Aileen B C, et al. DOE/EPRI Electricity Storage Handbook in Collaboration with NERCA[R]. Sandia National Laboratories, 2016.

[11] 赵新建. 南京地区大规模源网荷友好互动系统信息网络建设研究[J]. 机电信息，2017（9）：6-7.

[12] 刘娅琳，杜红卫，赵浚婧，等．基于源网荷互动模式的智能配电网调度业务优化[J]．华东电力，2014，42（7）：1290-1293.

[13] 陈庆，闪鑫，罗建裕，等．特高压直流故障下源网荷协调控制策略及应用[J]．电力系统自动化，2017，41（5）：147-152.

[14] 曾鸣，杨雍琦，向红伟，等．兼容需求侧资源的“源-网-荷-储”协调优化调度模型[J]．电力自动化设备，2016，36（2）：102-111.

[15] 周孝信，曾嵘，高峰，等. 能源互联网的发展现状与展望[J]. 中国科学：信息科学，2017（2）：5-26.

[16] 王柏勇，高明，张文斐，等. 移动互联技术在电网企业的应用[M]. 北京：中国电力出版社. 2018.

[17] 王柏勇，高明，张文斐，等. 物联网技术在电网企业的应用[M]. 北京：中国电力出版社. 2018.

反侵权盗版声明

举报电话：（010）88254396；（010）88258888

传　　真：（010）88254397

E-mail：　　dbqq@phei.com.cn

通信地址：北京市万寿路 173 信箱

　　　　　电子工业出版社总编办公室

邮　　编：100036